Peter Dyckhoff
Die leise Sprache Gottes

PETER DYCKHOFF

Die leise
Sprache Gottes

Geistlich leben
nach Johannes von Avila

FREIBURG · BASEL · WIEN

© Verlag Herder GmbH, Freiburg im Breisgau 2015
Alle Rechte vorbehalten
www.herder.de

Umschlaggestaltung: wunderlichundweigand, Stefan Weigand
Umschlagmotiv: El Greco, Christus der Erlöser, um 1600
Satz: Fotosatz Moers, Viersen
Herstellung: CPI books GmbH, Leck

Printed in Germany

ISBN 978-3-451-34794-8

Inhaltsübersicht

Ein kurzes Kennenlernen 23

Auszüge aus dem Apostolischen Schreiben
Der heilige Johannes von Ávila, Weltpriester,
wird zum Kirchenlehrer ernannt. 27

Die leise Sprache Gottes – Geistlich leben nach
Johannes von Avila 33

Erstes Kapitel
Wieder fähig werden, die leise Sprache Gottes zu hören und
seine Melodie in uns aufzunehmen. 34

Zweites Kapitel
Es sei davor gewarnt, sich die Sprache einer gottlosen Welt anzuhören, um nicht in Egoismus und Eitelkeit verstrickt zu werden. Diese gottlose Sprache sprechen viele, ohne zu bemerken, dass sie bereits Gefangene sind, die entsetzlichen Folgen ausgeliefert werden. 37

Drittes Kapitel
Was müssen wir tun, um den Versuchungen dieser Welt zu widerstehen? Bete zu Christus, dass er dir helfe, die zerstörenden Kräfte zu überwinden. 40

Viertes Kapitel
Unter gewissen Umständen ist es sogar erlaubt und notwendig, nach Anerkennung und Ehre zu streben. Mit diesen Ämtern ist jedoch eine große Gefahr verbunden. 43

Fünftes Kapitel
Die von aller wahrhaften Liebe losgelöste sexuelle Lust beherrscht viele. Die Unkeuschheit kann zu unserem gefährlichsten Feind werden. Wie können wir ihn besiegen? 48

Sechstes Kapitel
Situationen, Verhaltensweisen und Ursachen, die zur Unkeuschheit führen, und Mittel und Wege, in derartigen Versuchungen standhaft zu bleiben, besonders, wenn sie vom Widersacher angezettelt sind. 53

Siebtes Kapitel
Bleiben wir standhaft und fliehen nicht vor dem Feind, sondern bieten ihm die Stirn, wird Gott uns einen tiefen inneren Frieden schenken. Allzu vertraulicher Umgang mit fremden Menschen ist zu meiden, um kein Feuer zu entzünden, dessen wir nicht mehr Herr werden. 57

Achtes Kapitel
Gerade geistlich lebende und Gott zugewandte Menschen werden in besonderer Weise in Versuchung geführt – ohne es anfangs zu bemerken. Wie kann man rechtzeitig diese raffinierten Täuschungen aufdecken? 59

Neuntes Kapitel
Das innerliche Gebet trägt hauptsächlich dazu bei, dass wir nicht den mannigfaltigen Versuchungen dieser Welt erliegen, sondern in einem immer größer werdenden Frieden mit Gott, mit uns selbst und anderen Menschen leben. 61

Zehntes Kapitel
Weitere Hilfsmittel und Zufluchtswege, die wir anwenden und gehen müssen, damit das zügellose sexuelle Begehren frühzeitig zurückgewiesen und im Keim erstickt wird. Diesem Feind darf kein Zutritt in unser Inneres gewährt werden. 65

Elftes Kapitel
Ursachen, die begründen, dass jemand in Unkeuschheit versinkt. Die von diesen Menschen ausgehende dunkle und ansteckende Kraft ist nicht zu unterschätzen. Was uns ermutigt und kräftigt, diesem zerstörerischen Sog zu entkommen. 70

Zwölftes Kapitel
Bejaht der Mensch sein sündhaftes Tun, wird ihm Gott seinen Beistand entziehen. Der sündige Mensch wird das Kostbarste verlieren, was er besitzt. Die Demut ist ein starkes Mittel, die Unkeuschheit zu besiegen und sie unter Kontrolle zu bringen. 74

Dreizehntes Kapitel
Weitere Gefahren, durch die viele Menschen ihre edle Gesinnung verlieren und der Unkeuschheit anheim fallen. Das Wohlgefallen, das David an der fremden Frau hatte, möge abschrecken. 76

Vierzehntes Kapitel
Nur das Vertrauen auf sich selbst zu setzen, ohne Gott zu leben und nichts für die eigene Weiterentwicklung zu tun, bringt uns einen erheblichen Rückschritt. Durch Gebet und Einsicht schenkt sich uns Umkehr und die demütige Haltung, aus der wir erneut beten und Gott um Bewahrung der Keuschheit bitten. Maria, die Mutter Gottes, und alle Heiligen mögen uns Fürbitter sein. 79

Fünfzehntes Kapitel
Die Gabe, nicht den Versuchungen zur Unkeuschheit zu erliegen, ist nicht allen Menschen in gleicher Weise gegeben. Die Seele kann sich nicht entwickeln, wenn der Mensch immer wieder dieser Sünde verfällt. Widersteht er ihr aber, wird er selbst wie auch viele andere einen großen Gewinn davon haben. 83

Sechzehntes Kapitel
Sexuell enthaltsam oder vor Gott diesbezüglich recht zu leben, wird einigen Menschen in Hinblick auf ihre Seele verliehen. Diese Gabe kann uns aber auf zweifache Weise in Hinblick auf unseren Körper zuteil werden. 86

Siebzehntes Kapitel
Die Verlockungen der widergöttlichen Macht sind vielfältig. Sie zu erkennen und ihnen eine Absage zu erteilen, ist unsere Aufgabe. Eine dämonische Weise des Vorgehens besteht darin, dem Menschen Stolz einzuflößen, um ihn dann in Täuschungen zu verwickeln. Wie kann man sich davor schützen? 91

Achtzehntes Kapitel
Verzweiflung ist dem Stolz entgegengesetzt. Auch durch Verzweiflung sucht der Böse uns in seinen Bann zu ziehen und von sich abhängig zu machen. Es gibt Mittel, sich dem zu entziehen. 98

Neunzehntes Kapitel
Was hilft gegen Verzweiflung und Depression? Wir finden Mittel aus dem Reichtum, den uns der Vater durch seinen Mensch gewordenen Sohn, Jesus Christus, geschenkt hat. Dass wir aus diesem liebenden Entgegenkommen Nutzen ziehen dürfen, dafür danken wir. Einsicht und Kraft schenkt uns der Herr, um der Verzweiflung, mit der der Widersacher uns bekämpft, keinen Raum zu geben. 102

Zwanzigstes Kapitel
Der Widersacher geht erbost gegen die Versöhnung und das Heil vor, um uns zu entmutigen. An uns liegt es, Mut zu fassen und ihn nicht zu verlieren, wenn wir uns der unendlichen Barmherzigkeit Gottes gegenüber sehen. 104

Einundzwanzigstes Kapitel
Die Barmherzigkeit Gottes ist unendlich groß. Er lässt sie besonders denjenigen zukommen, die ihn von Herzen um Verzeihung bitten. 108

Zweiundzwanzigstes Kapitel
Die Barmherzigkeit Gottes, die jeder einzelne von uns erfahren darf, ist das vornehmste Geschenk. Damit überwindet der Herr unsere Feinde auf bewundernswerte Art und Weise. 112

Dreiundzwanzigstes Kapitel
Von dem großen Schaden, den Traurigkeit, Verzweiflung und Depression in der Seele des Menschen anrichten. Durch geistige Freude, durch Vertiefung des Glaubens und ein Tun, das dem Willen Gottes entspricht, erfahren wir Linderung, wenn nicht gar Heilung. 115

Vierundzwanzigstes Kapitel
Von den Möglichkeiten auf dem Weg in die Nachfolge Christi Hoffnung zu schöpfen. Wie man Mut bewahrt, wenn sich uns das Heilmittel gegen die Versuchung nicht sogleich schenkt. Demut ist vielen fremd und wird oft erst erfahren durch die Schläge der Versuchungen. 122

Fünfundzwanzigstes Kapitel
Gerade durch den Glauben und in göttlichen Dingen versucht der Widersacher uns zur Verzweiflung zu treiben. Wir können aber seine List rechtzeitig erkennen und Mittel einsetzen, die uns davor schützen, in diesen Versuchungen zu erliegen. 127

Sechsundzwanzigstes Kapitel
Der Widersacher versucht uns besonders beim Gebet zu stören. Wie können wir trotzdem im Gebet Fortschritte machen? Der Wunsch nach eher süßlichen religiösen Herzensregungen ist unangemessen. 130

Siebenundzwanzigstes Kapitel
Den genannten Versuchungen zu widerstehen, gelingt eher, wenn wir Geduld beweisen und unsere gesamte Hoffnung auf die Gnade Gottes setzen, als wenn wir Dunkles und Versucherisches mit Gewalt verhindern wollen. 136

Achtundzwanzigstes Kapitel
Ein weiteres wichtiges Mittel, nicht den Versuchungen zu erliegen, besteht in der Aussprache mit einem Gott nahen Menschen. Er sollte weise und in geistlicher Begleitung erfahren sein, und wir sollten ihm volles Vertrauen schenken. Vorgehensweise des geistlichen Begleiters. Wie überstandene Versuchungen Fortschritt bringen. 138

Neunundzwanzigstes Kapitel
Wie der unheilvolle Zerstörer uns durch äußere Mittel von unserer Gotteszuwendung und vom Gebet abzubringen versucht. Wie wir uns dagegen wehren können und zum Sieger werden. Weitere Hilfen, die die Angst nehmen und uns Mut machen, aus der Versuchung Nutzen zu ziehen. 141

Dreißigstes Kapitel
Gründe, die uns darauf vertrauen lassen, dass der Herr uns in jeder Drangsal und Not beistehen und beschützen wird. Das Wort »Glauben« und seine Bedeutung. 148

Einunddreißigstes Kapitel
Voraussetzung für einen lebenswahrhaftigen und tragfähigen Glauben ist die Erfahrung der göttlichen Wahrheit. Sie ist der Anfang und der Grund unseres geistigen Lebens. Nur der Herr kann den Grundstein des Glaubens legen, indem er uns Dinge lehrt, die weit über alle menschliche Einsicht und Erkenntnis hinausgehen. 155

Zweiunddreißigstes Kapitel
Alles, was uns der christliche Glaube in Verbindung mit unserer eigenen Glaubenserfahrung sagt, dürfen wir für wahr erachten – so sehr auch die Inhalte des Glaubens alles menschliche Denken und Erkennen übersteigen. 158

Dreiunddreißigstes Kapitel
Unser Glaube verfügt über eine Vielzahl höchst zuverlässiger, standhafter und glaubwürdiger Zeugen. Viele von ihnen sind so

vehement für die erkannten Glaubenswahrheiten eingetreten, dass sie dafür ihr Leben lassen mussten, ja, es für die Wahrheit opferten. 160

Vierunddreißigstes Kapitel
Diejenigen, die zutiefst im christlichen Glauben gelebt haben und auch in ihm gestorben sind, verkörpern ein wichtiges Zeugnis für die Wahrheit des katholischen Glaubens. Zwischen christlichen Völkern und nichtchristlichen Völkern bestehen auffallende Unterschiede. 162

Fünfunddreißigstes Kapitel
Wer bestrebt ist, nach Gottes Willen zu leben, wird sofort in seinem Inneren erkennen, dass die christliche Lehre von Gott stammt. Ein Gott fernes, ja, lasterhaftes Leben ist ein Hindernis, den christlichen Glauben zu erlangen. Wenn man den Glauben besitzt, führt ein solches Leben dazu, ihn zu verlieren. 166

Sechsunddreißigstes Kapitel
Ein weiteres Zeugnis für die Wahrheit unseres Glaubens: Menschen, die in schwerer Sünde leben, erfahren eine Wandlung ihrer Herzensgesinnung und lassen ab von allem Bösen. Welch wunderbare Gnaden werden bei denjenigen sichtbar, die umkehren und Jesus Christus zu ihrem Mittelpunkt machen. Welch großartiges Zeugnis des Glaubens geben die Betenden, die den Herrn anrufen und Erhörung finden. 169

Siebenunddreißigstes Kapitel
Der Herr hat Wunderbares in jedem von uns angelegt. Er möchte, dass wir es erkennen und entfalten. Die Mittel, diese Güter zu erlangen, hat er uns an die Hand gegeben. Wenn wir und andere sehen, wie die vom Schöpfer in uns angebauten Güter gedeihen, so ist dies ein wichtiger Beweis dafür, dass unser Glaube wahr ist. 174

Achtunddreißigstes Kapitel
Es ist etwas überaus Großes, dass der Herr uns diesen wunderbaren Glauben schenkt. Unser Verstand, der ebenso wie unser Herz dieses Geschenk in sich aufnimmt, kommt, wenn er den Glauben annimmt und ihm zustimmt, unweigerlich zu dem Schluss, Gott die Ehre zu geben und ihm zu dienen. 178

Neununddreißigstes Kapitel
Was gegen den Einwand zu sagen ist, der sich gegen den Glauben richtet: Gott lehre im christlichen Glauben allzu hohe, anspruchsvolle und unrealistische Dinge. 181

Vierzigstes Kapitel
Viele Menschen nennen als Grund, warum sie unseren Glauben nicht annehmen oder verwerfen: Der christliche Glaube lehrt von Gott nur allzu niedrige und banale Dinge. Antworten wir ihnen, dass gerade in diesen einfachen und »niedrigen« Dingen die größte Verherrlichung Gottes liegt. 183

Einundvierzigstes Kapitel
Gerade in der Demut und wenn nötig auch in der Erniedrigung, die uns der Glaube an Gott lehrt, leuchtet nicht nur die Verherrlichung des Herrn, sondern es liegt auch für uns ein großer Vorteil darin, dass wir durch Demut und Erniedrigung Mut und Kraft bekommen. 188

Zweiundvierzigstes Kapitel
Wenn der Glaube demütig und im Auftrag des Heiligen Geistes von Menschen gelehrt wird, dürfen wir sicher sein, dass diese Wahrheit untrüglich ist. Es gibt verschiedene Weisen, wie der Glaube angenommen werden kann. 190

Dreiundvierzigstes Kapitel
Die Größe und Wahrheit unseres Glaubens besteht darin, dass niemand aus den erwähnten Gründen oder anderen zum Glauben kommt und ihn für wahr hält, wenn Gott ihm dazu nicht seine besondere Gnade verleiht. 194

Vierundvierzigstes Kapitel
Wir schulden dem Herrn großen Dank für das Geschenk des Glaubens. Er wurde uns geschenkt, damit wir von unserem Glauben aktiv Gebrauch machen. Allerdings dürfen wir dem Glauben von uns aus nichts hinzufügen, was er nicht beinhaltet. Diese Versuchung liegt manchmal sehr nahe. 200

Fünfundvierzigstes Kapitel
Der Schöpfer hat es so angeordnet, dass wir durch den Glauben und nicht durch die menschliche Vernunft geistliche Fortschritte machen, um zur Seligkeit zu gelangen. Hochachtung

dem Glauben gegenüber und die besondere Verehrung dem gegenüber, was Jesus Christus selbst gelehrt hat. 205

Sechsundvierzigstes Kapitel
Die Heilige Schrift ist nicht auf jede beliebige Weise auszulegen, sondern nur im Sinn der Kirche. Da, wo die Kirche keine Erklärung gibt, sollten wir uns nach der Erklärung der Heiligen richten. Wir dürfen und sollten unserer heiligen Kirche vertrauen. 209

Siebenundvierzigstes Kapitel
Was geschieht, wenn jemand seinen Glauben verliert? Die göttliche Wahrheit kann vom Menschen zurückgewiesen und mit Füßen getreten, aber auch entzogen werden, wenn jemand nicht danach lebt, was der Glaube lehrt. 212

Achtundvierzigstes Kapitel
Vertiefung und Differenzierung des Gesagten. Anleitung zum Lesen und Hilfen zum Verstehen der Heiligen Schrift und der Schriften der Kirchenlehrer. 215

Neunundvierzigstes Kapitel
Werden wir niemals überheblich oder stolz, wenn wir sehen, dass ein anderer seinen Glauben verloren hat, und wir ihn in Fülle leben dürfen. Wir sollten hier demütiger und bescheiden sein. Dafür gibt es verschiedene Gründe. 221

Fünfzigstes Kapitel
Viele Menschen lassen sich durch falsche Offenbarungen täuschen und schenken ihnen Glauben. Auf der Grundlage dieser Irritation wird erklärt, worin die wahre Freiheit des Geistes besteht. 224

Einundfünfzigstes Kapitel
Wie kann man sich schützen vor falschen Vorspiegelungen und Vorstellungen, um nicht in die Irre zu gehen? Das Verlangen oder gar die Sucht nach geheimen Offenbarungen, Voraussagen und ähnlichen Dingen ist nicht nur groß, sondern auch äußerst gefährlich. 230

Zweiundfünfzigstes Kapitel
Zur besseren Beurteilung und Entscheidungsfindung werden sowohl Merkmale von guten Offenbarungen als auch von bösen und falschen Offenbarungen und Täuschungen vorgelegt. 234

Dreiundfünfzigstes Kapitel
Viele Menschen lassen sich auf ihrem geistlichen Weg von einem heimlich aufkommenden Stolz und von Überheblichkeit täuschen – ohne es selbst zu bemerken. Die Gefahr ist hier nicht nur gegeben, sondern auch sehr groß, sodass sie sich in die Vorspiegelungen des Bösen verstricken lassen. 238

Vierundfünfzigstes Kapitel
Weitere Eigenheiten derjenigen, die getäuscht werden. Die Notwendigkeit, die Meinung und den Rat anderer anzuhören und gegebenenfalls anzunehmen. Die üblen Auswirkungen der Ichsucht und der Eigenliebe. 240

Fünfundfünfzigstes Kapitel
Von größtem Vorteil ist es, wenn uns in wesentlichen Fragen des Lebens und des Glauben ein Gott naher und uns vertrauter Mensch zur Seite steht, dessen Meinung uns wichtig ist und auf dessen Rat wir hören. Wir dürfen nicht versucht sein, unsere Meinung immer an die erste Stelle zu setzen. Aus Liebe zu Gott können wir einem anderen einen wichtigen Platz in unserem Leben einräumen – ohne abhängig von ihm zu werden. Was muss dieser Mensch mitbringen und wie müssen wir uns ihm gegenüber verhalten? 245

Sechsundfünfzigstes Kapitel
Zum Hören auf das Wort Gottes muss im Lauf der geistlichen Entwicklung auch das Schauen kommen. Die Heilige Schrift wird uns lehren, außer dem Hören auch schauen zu können. Dabei schließen wir die leiblichen Augen und beginnen, die Augen der Seele zu öffnen. Je weniger wir abhängig von den Geschöpfen sind, umso klarer können wir schauen. 249

Siebenundfünfzigstes Kapitel
Um den rechten Ausgangspunkt und Standpunkt zu haben, müssen wir uns zuerst selbst kennenlernen, um uns lebenswahrhaftig auf Gott, unseren Schöpfer, ausrichten zu können. Eine gesunde Selbsterkenntnis ist Voraussetzung für alles. Durch den Mangel dieser Selbsterkenntnis entstehen viele Übel. 253

Achtundfünfzigstes Kapitel
Die Selbsterkenntnis ist ein wesentlicher Meilenstein auf unserem Weg zum Himmel. Darauf sollten wir großen Wert legen.

Praktische Angebote zur Selbsterkenntnis. Von der unbedingten Notwendigkeit, einen abgesonderten Ort zu haben, an den wir uns zu unserem Gebet zurückziehen können. 258

Neunundfünfzigstes Kapitel
Weitere Anwendungsmöglichkeiten zur Selbsterkenntnis. Durch das persönliche Gebet im Schweigen werden Zusammenhänge klar, die uns durch bloßes Denken nicht bewusst werden. Das Gebet der Hingabe ist das Fundament aller Selbsterkenntnis, aus der Gotteserkenntnis erwächst. Das Lesen geistlicher Texte unterstützt diesen Vorgang. 262

Sechzigstes Kapitel
Sich des Öfteren den Tod vor Augen zu führen, ist heilsam und führt zu einer besseren Selbsterkenntnis. In diesem Kapitel bezieht sich die Betrachtung des Todes auf den Körper des Menschen, und im nächsten Kapitel wird aufgezeigt, was beim irdischen Tod der Seele widerfährt. 264

Einundsechzigstes Kapitel
Die Selbsterkenntnis wird durch die Betrachtung des eigenen Todes unterstützt. Was geschieht mit unserer Seele, wenn der Körper sich durch den Tod von ihr trennt? 266

Zweiundsechzigstes Kapitel
Die abendliche Rückschau auf den vergangenen Tag sollte regelmäßig stattfinden, denn die Wahrnehmung unserer Mängel und Fehler, aber auch der guten Dinge, dienen der Selbsterkenntnis. Weitere Vorteile, die diese tägliche Übung mit sich bringt. Alles, was uns andere an Kritik sagen, hat für uns eine Bedeutung und ist wertvoll – viel mehr noch das, was der Herr uns innerlich zu verstehen gibt. 271

Dreiundsechzigstes Kapitel
Die Selbsterkenntnis allein auf der Grundlage unserer Fehler reicht nicht aus; es muss die Betrachtung dessen hinzukommen, was uns gut gelungen ist. Ohne Demut neigen wir dazu, zu übertreiben. Christus hat uns ein wunderbares Beispiel wahrer Demut gegeben. 276

Vierundsechzigstes Kapitel
Eine einfache, aber sehr nützliche Übung in der Erkenntnis unseres natürlichen Seins hilft uns, die Demut zu erlangen. ... 278

Fünfundsechzigstes Kapitel
Es ist notwendig, die Erkenntnis des übernatürlichen Seins vorzubereiten. Diese Erkenntnis ist und bleibt ein Gnadengeschenk Gottes – Voraussetzung, um Demut zu erlangen. 282

Sechsundsechzigstes Kapitel
Fortsetzung der Übung, um das übernatürliche Sein als Gnadengeschenk Gottes zu erkennen. 286

Siebenundsechzigstes Kapitel
Demut und Bescheidenheit können eingeübt werden. Der Herr aber schenkt der Seele Erleuchtung, die die Größe des Herrn bewusst macht und menschliche Unvollkommenheit erkennen lässt. 291

Achtundsechzigstes Kapitel
Betrachtung der Geheimnisse des Lebens und des Todes Christi, unseres Herrn. Gründe, warum es notwendig ist, uns in diesen Betrachtungen zu üben. Früchte, die uns aus diesen Übungen zur Vertiefung des Glaubens zuwachsen. 294

Neunundsechzigstes Kapitel
Fortsetzung des vorhergehenden Kapitels als Lied. 298

Siebzigstes Kapitel
Das Gebet ist lebensnotwendig und daher unverzichtbar. Die Früchte hingebungsvollen Betens wachsen uns in reichem Maße zu. 302

Einundsiebzigstes Kapitel
Um uns sowohl im Gebet als auch generell tiefer an Gott wenden zu können, ist es notwendig, unsere Sünden zu bereuen und den eventuell auftretenden Schmerz anzunehmen. Im nächsten Schritt sollten wir – bevor wir das Sakrament der Versöhnung empfangen – unsere Sünden aufrichtig bekennen. 310

Zweiundsiebzigstes Kapitel
Der zweite Schritt, den wir tun müssen, um uns nach sündigem Verhalten wieder an Gott zu wenden, ist der des Dankes. Es ist der Dank dafür, dass Gott uns von all unserer Last befreite. Eine mögliche Art, Dank zu sagen, wird vorgeschlagen – während wir verschiedene Ereignisse des Leidens Christi an verschiedenen Tagen betrachten. 312

Dreiundsiebzigstes Kapitel
Hinweise und Empfehlungen, wie wir bei der Betrachtung des
Lebens und Leidens Jesu Christi am besten vorgehen. 315

Vierundsiebzigstes Kapitel
Besonderheiten, die bei der weiteren Betrachtung des Lebens
und des Leidens unseres Herrn Jesus Christus beachtet werden
müssen, damit diese Form der Betrachtung die notwendigen
Auswirkungen zeigt. 318

Fünfundsiebzigstes Kapitel
Verfeinerung und Sensibilität der erwähnten Betrachtung und
des sich daraus ergebenden Gebetes. Durch Hingabe wird der
wesentliche Schritt unterstützt, in die Nähe Gottes zu kommen
und sie zu spüren. Hinweise oder Beurteilungen dürfen keinen
Einfluss auf uns haben. 321

Sechsundsiebzigstes Kapitel
Das Ziel unserer Betrachtung und unseres Gebetes besteht
darin, Jesus Christus nachzufolgen. Was steht für uns an erster
Stelle und was ist für uns das Wichtigste? 326

Siebenundsiebzigstes Kapitel
Gefährliche Leidenschaften abzutöten, bedeutet Verdrängung,
sodass sie uns zu einem späteren Zeitpunkt einholen und erneut
begegnen. Durch, mit und in Christus gelingt es, die blinden
Passagiere auf unserem Lebensschiff zu entdecken und auszu-
leuchten. 330

Achtundsiebzigstes Kapitel
Das Erhabenste, das uns in der Nachfolge Christi, ja, auch aus
seinem Leiden, entgegenkommt, ist die Liebe. In dieser Liebe
opfert er sich für uns dem ewigen Vater. 334

Neunundsiebzigstes Kapitel
Jesus Christus schöpft aus der Quelle ewiger Liebe. Und mit
dieser Liebe liebt er seinen göttlichen Vater und alle Menschen,
um des Vaters willen. Die Nicht-Liebe vieler Menschen lässt ihn
immer wieder erneut leiden. 339

Achtzigstes Kapitel
Die unendliche große und zarte Liebe Christi drängt sich dem
Menschen nicht auf, sondern wartet, bis wir die Tür unserer

Innerlichkeit öffnen. Was verursacht den innerlichen Schmerz Jesu Christi und wer hat ihm das schwere Kreuz auf sein Herz gelegt? 343

Einundachtzigstes Kapitel
Weitere Betrachtungen über das Leben und das Leiden Jesu Christi, die der Seele gut tun. Erwägungen zu Grenzsituationen. Hinweise für jene, die das Gesagte nicht befolgen können. 346

Zweiundachtzigstes Kapitel
Wie aufmerksam uns der Herr anhört, wenn wir zu ihm rufen; wie barmherzig er uns ansieht, wenn wir ihm unsere Verwundungen und den damit verbundenen Schmerz zeigen; und wie bereit er ist, unsere Wunden zu heilen und uns viele Gnaden darüber hinaus zu schenken. 348

Dreiundachtzigstes Kapitel
Durch unser Verhalten haben wir Einfluss auf Gottes Urteil, das er abwenden kann. Durch Umkehr von unserem sündigen Verhalten und Erfüllung seines göttlichen Willens wendet er sich uns zu. Doch macht er auch eine gute Verheißung zunichte, wenn wir ihm untreu sind. 352

Vierundachtzigstes Kapitel
Was der Mensch durch sein eigenes Bemühen und Streben ist, und von den großen Gütern, die wir durch unseren Herrn, Jesus Christus, besitzen. 353

Fünfundachtzigstes Kapitel
Christus hat in seinem Leiden laut zum Vater gerufen und ruft unseretwegen immer zum Vater. Christus empfängt die Bitten der Menschen, die Gott hört und zur rechten Zeit erhört und uns Gnade erweist. 358

Sechsundachtzigstes Kapitel
In unendlich großer Liebe blickt Gott auf uns herab. Allen Geschöpfen möchte er sie mitteilen. Er sucht für uns Wege, das Dunkel in Licht und die Sünde in Heil zu verwandeln. Gottes wirkmächtige Barmherzigkeit setzt voraus, dass wir die Sünde verachten. 364

Siebenundachtzigstes Kapitel
Von den vielen und großen Gütern, die den Menschen dadurch zuteil werden, dass der ewige Vater das Antlitz Jesu Christi, seines geliebten Sohnes, betrachtet. 368

Achtundachtzigstes Kapitel
Die Liebe Christi gilt nicht nur den Verlorenen, sondern auch den Begnadeten. Die Chance von seinen Sünden und der Sündenstrafe befreit zu werden, hat ein jeder durch die heiligen Sakramente der Kirche. Vergebung der Sünden und Erneuerung des Lebens gehen Hand in Hand. 373

Neunundachtzigstes Kapitel
An denen, die Gott lieben und ihm wohl gefallen, bleibt keine Sünde haften. Gott vernichtet nicht nur ihre Sünden, sondern auch die damit verbundene Schuld, sodass sie rein werden. 376

Neunzigstes Kapitel
Durch die Verdienste Jesu Christi schenkt uns der Herr Befreiung von unseren Sünden. Dieser unendliche Akt der Barmherzigkeit trägt dazu bei, in allem und immer Gott die Ehre zu geben. 379

Einundneunzigstes Kapitel
Um das vorherige Kapitel und den Ausspruch des Apostels Paulus noch besser zu verstehen: *Von ihm* (Gott) *her seid ihr in Christus Jesus, den Gott für uns zur Weisheit gemacht hat, zur Gerechtigkeit, Heiligung und Erlösung* (1. Korintherbrief 1,30), soll auf diese und ähnliche Stellen Bezug genommen werden. 382

Zweiundneunzigstes Kapitel
Aus den guten Werken, die wir mit der Hilfe Gottes vollbringen, entsteht schnell Stolz und Überheblichkeit, indem wir das Gutsein allein uns selbst zuschreiben. Der Herr zeigt uns, wie wir dieser großen Versuchung widerstehen können. 385

Dreiundneunzigstes Kapitel
Wenn der Christ seine Seele einigermaßen vor den erwähnten Gefahren sicher stellen kann, darf er auf die Wertschätzung seiner Werke durch den Herrn vertrauen. Großer Dank dem Herrn gegenüber wird seine Seele erfüllen und tiefe Freude bleibt nicht aus. 390

Vierundneunzigstes Kapitel
Aus der Liebe, die wir zu uns selbst haben, ist es nicht schwer, die Liebe zu unserem Nächsten zu schöpfen. Doch müssen wir dazu bereit sein. 392

Fünfundneunzigstes Kapitel
An der Liebe, die Christus uns entgegenbringt, können wir erkennen, welche Liebe wir zu unserem Nächsten haben sollen. . . 395

Sechsundneunzigstes Kapitel
Ein weiterer Aspekt, der uns hilft, unseren Nächsten anzunehmen, und wie wir uns ihm gegenüber zu verhalten haben. 397

Siebenundneunzigstes Kapitel
Vergiss dein Volk und dein Vaterhaus! Der Unterschied zwischen der irdischen und der himmlischen Stadt und ihrer Bewohner, die geographisch in derselben Stadt wohnen. 401

Achtundneunzigstes Kapitel
Einer Welt ohne Gott müssen wir entfliehen. Unter den Menschen, die in der rein irdisch orientierten Welt leben, herrscht Zank, Streit und Krieg. Viele enden auf grausame Weise. 405

Neunundneunzigstes Kapitel
Niemand sollte sich seiner leiblichen Abstammung rühmen. Wenn wir wissen, dass wir von Christus abstammen, spielt die familiäre Abstammung keine Rolle; selbst bei hochbegabten oder adligen Eltern. 411

Hundertstes Kapitel
Erklärung der zweiten Aussage in Psalm 45, Vers 11: *Vergiss dein Vaterhaus!* Unser eigener Wille darf nicht an der ersten Stelle stehen, wollen wir Christus nachfolgen. Nur in Hingabe an seinen Willen gelingt Nachfolge, und wir erhalten die Kraft, die mit der Nachfolge verbundenen Belastungen auf uns zu nehmen. 414

Kapitel Hundertundeins
Ein einfach gangbarer Weg, um unseren Eigenwillen in die Hände Gottes zu legen und von ihm her den nächsten Schritt zu empfangen. Rücksichtnahme auf die Menschen, die in unserer Umgebung leben und auf diejenigen, für die wir Verantwortung mittragen. 418

Kapitel Hundertundzwei
Wie können wir erkennen, was unserem Eigenwillen entspringt und was der Wille Gottes ist? Denn nicht alles, was wir als unseren eigenen Willen empfinden, ist Eigenwille – in dem Sinne, dass er nicht dem göttlichen Willen entspricht. 422

Kapitel Hundertunddrei
Die Sehnsucht Gottes ist der Mensch, denn Gott möchte dem Menschen seine ganze Liebe zuwenden. Diese Sehnsucht ist keine körperliche, sondern eine geistige. Eine von Gott gegebene körperliche Schönheit ist ein Geschenk, das jedoch auch Gefahren in sich birgt. 424

Kapitel Hundertundvier
Machen wir auf unserem Glaubensweg Fortschritte, werden wir aufgefordert, in allen Dingen große Sorgfalt zu wahren. Ohne es vielleicht zu wollen, werden wir sowohl durch unsere äußere Erscheinung als auch durch die Kraft unserer Innerlichkeit zum Vorbild für andere. 428

Kapitel Hundertundfünf
Selbstgewählt – nach Gottes Willen – ehelos zu leben darf einen Menschen niemals entmutigen, weil Jesus Christus ihm zur rechten Zeit das Notwendige zukommen lässt. Hierzu gehören: der Rat und die innere Aufforderung, ehelos zu leben, die Freude, die ein solch Gott geweihtes Leben mit sich bringt und die vielen guten Eigenschaften, die sich entwickeln und die vom Herrn geschenkt werden. 430

Kapitel Hundertundsechs
Vier Eigenschaften, die erforderlich sind, um etwas »schön« zu nennen. Diese Eigenschaften sind auf die Seele zu übertragen, damit sie die Sünde, die sie gefangen hält, ablegen und überwinden kann. 433

Kapitel Hundertundsieben
Durch Jesus Christus allein kann der Seele, die durch die Sünde teilweise hässlich geworden ist, ihre ursprüngliche Schönheit wiedergegeben werden. Diese Wandlung kann sich weder durch Einhaltung von Gesetzen noch durch den menschlichen Willen vollziehen, sondern nur durch die Gnade Gottes. 434

Kapitel Hundertundacht
Jesus Christus hat die einmalige Kraft, aus Liebe und durch sein Blut die Verwundungen der Seele zu heilen. Warum war es gerade der Sohn, der Mensch wurde, und nicht der Vater oder der Heilige Geist? 437

Kapitel Hundertundneun
Im Alten Testament finden sich Hinweise auf den kommenden Messias und Erlöser der Welt, Jesus Christus. König David wusste, auf welche Kraft er hoffen durfte, als er entsetzlich unter der Sünde des Ehebruchs litt. Das kostbare Blut Jesu Christi hat Verwandlungskraft. 440

Kapitel Hundertundzehn
Als Christus in diese Welt trat, verbarg er all seine göttliche Schönheit, um uns Menschen wieder die ursprüngliche Schönheit unserer Seele zu verleihen. Der Prophet Jesaja sah dieses Ereignis voraus. 443

Kapitel Hundertundelf
Das größte Verbrechen der Menschen bestand darin, Jesus Christus zu töten. Aus seiner Kreuzigung jedoch – und so unendlich gütig ist der Herr – entstanden und erstehen bis heute die größten Wunder. Die Auswirkung des Pilatuswortes: *Seht, da ist der Mensch!* 447

Kapitel Hundertundzwölf
Je mehr wir Jesus Christus in den Blick nehmen, umso präsenter wird er in unserem Herzen. Durch den Vorgang der Hingabe an Jesus Christus nehmen wir uns zurück und schenken dem Herrn Zeit und Raum. So kann er uns verwandeln, damit wir ihm immer ähnlicher werden. Diese Wandlung zur »Schönheit« geschieht nicht durch unsere Verdienste, sondern ist Gnade. 451

Kapitel Hundertunddreizehn
Jesus Christus möge im Mittelpunkt deines Lebens stehen. Lerne, über alle Betrachtung hinaus ihn mit geistigen Augen zu schauen. Alles an ihm ist vollendet und von unendlicher Schönheit. Auch seine Passion und sein grausamer Tod werden durch seine Auferstehung in Licht und Schönheit verwandelt. In diese Wandlung möchte er auch uns mit hinein nehmen. 455

Johannes von Avila 461
    Wer war Johannes von Avila? 465
    Sein Hauptwerk: »Audi, filia« 469
    Bekannte Persönlichkeiten seiner Zeit................. 472
    10. Mai 1569: sein Todestag 475
    Sein Leben und Wirken 477

Literaturverzeichnis 479

Ein kurzes Kennenlernen...

Papst Benedikt XVI. erhob am 7. Oktober 2012 den spanischen Heiligen und katholischen Reformer Juan de Avila (Johannes von Avila) gemeinsam mit der heiligen Hildegard von Bingen zum Kirchenlehrer.

Während der heiligen Messe zur Eröffnung der Bischofssynode sagte er in seiner Predigt an diesem Sonntag auf dem Petersplatz:

An dieser Stelle wollen wir einen Moment innehalten, um die beiden Heiligen zu würdigen, die heute in die erlesene Schar der Kirchenlehrer eingereiht worden sind. Der heilige Johannes von Avila lebte im 16. Jahrhundert. Er verfügte über eine gründliche Kenntnis der Heiligen Schrift und war von einem brennenden missionarischen Geist erfüllt. In einzigartiger Tiefe vermochte er die Geheimnisse der von Christus für die Menschheit erwirkten Erlösung zu durchdringen. Als ein wahrer Gottesmann verband er das ständige Gebet mit der apostolischen Tätigkeit. Er widmete sich der Predigt sowie der Förderung der sakramentalen Praxis und konzentrierte seine Bemühungen auf die Verbesserung der Ausbildung der Priesteramtskandidaten, der Ordensleute und der Laien, im Hinblick auf eine fruchtbare Reform der Kirche.

Der Ehrentitel »Kirchenlehrer« (»Doctor Ecclesiae universalis«) beinhaltet eine besondere Auszeichnung und wird daher nicht häufig vergeben. Mit der Erhebung der heiligen Hildegard von Bingen zur Kirchenlehrerin und dem heiligen Johannes von Avila zum Kirchenlehrer umfasst die Anzahl der katholischen Kirchenlehrer 35 Theologen und Heilige. Es sind die vom Papst offiziell ernannten Personen, die sich durch die Heiligkeit ihres Lebens, durch ihren Glauben und durch eine herausragende Lehre auszeichnen. Sie alle hatten einen prägenden Einfluss auf die Theologie der christlichen Kirche.

Johannes von Avila (1499/1500–1569) nannte sein Hauptwerk

»Audi, filia« (»Höre, Tochter«) nach dem elften Vers von Psalm 45: *Höre, Tochter, sieh her und neige dein Ohr, vergiss dein Volk und dein Vaterhaus!* In dieser Schrift, die mit der »Nachfolge Christi« des Thomas von Kempen und der »Philothea« des Franz von Sales auf einer Stufe steht, berücksichtigt er die besonderen Gnadenerweise, die seine geistliche Tochter Doña Sancha Carrillo auf ihrem Glaubens- und Gebetsweg erfuhr.

Um diese in »alter« Sprache formulierten kostbaren christlichen Weisheiten und Hinweise zum Umgang mit sich, mit anderen und mit Gott auch heute leichter zugänglich und nachvollziehbar zu machen, wurde die »Audi, filia« unter dem Titel »Die leise Sprache Gottes« in das heutige Verständnis übertragen. In dieser 113 Kapitel umfassenden Schrift ist Johannes von Avila darum bemüht, den Leser an die Hand zu nehmen, ihn zu lichtvollen Erfahrungen zu führen und ihm den Geist der heiligen Geheimnisse näher zu bringen. Lässt man sich auf diesen Weg ein, darf man spüren, wie im menschlichen Herzen Begeisterung und Liebe geweckt werden.

Die Sprache, in der das hohe Gut des Glaubens und der Glaubenserfahrung vermittelt wird, ist von großer Bedeutung. Daher beginnt »Die leise Sprache Gottes« zunächst damit, die Sprache Gottes von der Sprache der Welt, in der Gott nicht vorkommt, zu unterscheiden. Der Mensch muss sich entscheiden, ob er die leise Sprache Gottes wahrnehmen oder der Sprache des Widersachers sein Ohr schenken möchte.

Vom fünften Kapitel bis zum elften Kapitel befasst sich Johannes von Avila ausführlich mit einem für ihn sehr wichtigen Thema: den sexuellen Kräften im Menschen. Eine von aller wahren Liebe losgelöste Lust führt zu einer tiefen menschlichen Tragik. Subtile Texte, die uns zu tieferer Selbsterkenntnis führen, sprechen niemals eine Drohung aus, sondern sind licht- und hoffnungsvoll. Johannes war ein hervorragender Kenner der Heiligen Schrift – sowohl des Alten als auch des Neuen Testamentes. Daher lässt er viele Bibelzitate in den Text einfließen. Durch treffende Beispiele – besonders aus dem Alten Testament –, die vielen von uns nicht geläufig sind, wird uns unsere jeweilige Glaubenssituation vor Augen geführt. Dadurch wird ein Zusammenhang zwischen den beiden Testamenten und unserem Leben aktualisiert und erfahrbar gemacht, der oft vermisst wird.

Das aufmerksame Lesen der Texte birgt eine große Kraft und Wahrheit in sich, die uns stärkt und tiefe Freude und Erfüllung bringt. Hinweise, wie religiöser Text in die Praxis umzusetzen ist, geben dem Leser die Möglichkeit, die Lektüre zu unterbrechen und sich den geistlichen Übungen zu widmen. Die Vignetten vor den meisten Kapiteln sollen ebenso dazu beitragen, innezuhalten, zu betrachten und Gelesenes individuell zu vertiefen.

Sehr behutsam und rücksichtsvoll zeigt uns Johannes von Avila geistliche Wege, wie wir – vornehmlich im Gebet der Hingabe – unseren eigenen Willen im Willen und in der Liebe Gottes aufgehen lassen können. Gott möchte uns mit seiner leisen Sprache der Liebe berühren, wenn wir fähig werden, uns ihm hinzugeben. Um die Fülle göttlicher Mitteilungen wahrnehmen zu können, ist es immer wieder notwendig, sich im Gebet in Gott zu versenken.

Im Mittelpunkt von allem steht Jesus Christus: sein Weg über das Kreuz in die Auferstehung. Das wohl allen Menschen auferlegte Kreuz bildet den Anfang des mystischen Weges zur Vereinigung mit Gott. Johannes von Avila weist oftmals auf den Gekreuzigten hin, um uns zu zeigen, dass wir durch die Annahme unseres Kreuzes immer tiefer in Jesus Christus und die durch ihn erwirkte Erlösung hineinwachsen.

Wenn wir durch Selbsterkenntnis und ein Überströmen der göttlichen Gnade ganz und gar mit Freude und Dank an Gott erfüllt sind und aus tiefem Herzen bereit sind, ihm zu dienen, vermögen Worte dies kaum mehr auszudrücken. Ganz von selbst verdichtet sich dann der Text und geht über in eine Art Lied oder Lyrik. Dieser Wechsel lässt innehalten und möchte das Auge ein wenig ausruhen lassen, damit man die Wichtigkeit des Gesagten besser erkennt und sich zu Eigen macht.

»Die leise Sprache Gottes« möchte ein geistlicher Begleiter sein, der tiefere Ebenen des Glaubens für uns erfahrbar macht und unserer Sehnsucht nach Heil und bleibender Liebe entgegenkommt. Lassen Sie sich, liebe Leserin und lieber Leser, viel Zeit mit der Lektüre dieses Buches und gehen Sie langsam und kapitelweise vor. Am Ende zeigt Johannes von Avila die Schönheit des Glaubens und die Schönheit der menschlichen Seele, wenn sie nicht mehr durch die Sünde verdunkelt ist, sodass sie durch die Hinwendung zu Jesus Christus neu erblühen kann.

Die Texte fordern dazu auf, aufzuhorchen und hinzuhören, wie es im elften Vers von Psalm 45 gesagt ist: *Höre, Tochter, sieh her und neige dein Ohr, vergiss dein Volk und dein Vaterhaus!* So ist es zu verstehen, dass die Schrift »Audi, filia« mit dem folgenden Vers endet: *Der König verlangt nach deiner Schönheit; er ist ja dein Herr, verneig dich vor ihm«* (Psalm 45,12)

Auszüge aus dem Apostolischen Schreiben

Der heilige Johannes von Ávila, Weltpriester, wird zum Kirchenlehrer ernannt

Benedikt PP. XVI

»Caritas Christi urget nos – Die Liebe Christi drängt uns« (2 Kor 5,14). Die in Jesus Christus offenbar gewordene Liebe Gottes ist der Schlüssel der persönlichen Erfahrung und der Lehre des heiligen Lehrmeisters aus Ávila, eines »Verkünders des Evangeliums«, der, da er immer in der Heiligen Schrift verankert und von der Leidenschaft für die Wahrheit erfüllt blieb, ein qualifizierter Gewährsmann für die »Neuevangelisierung« ist.

Der Primat der Gnade, die dazu anspornt, das Gute zu tun, die Förderung einer Spiritualität des Vertrauens und der universale Aufruf zu der als Antwort auf die Liebe Gottes gelebten Heiligkeit sind zentrale Punkte der Lehre dieses Weltpriesters, der sein Leben der Ausübung seines priesterlichen Amtes widmete...

1531 wurde er wegen einer Predigt, die ihm falsch ausgelegt worden war, eingekerkert. Im Gefängnis begann er die erste Fassung von *Audi, filia* niederzuschreiben. In jenen Jahren empfing er die Gnade, mit einzigartiger Tiefe in das Geheimnis der Liebe Gottes und der großen Wohltat vorzudringen, die der Menschheit von Jesus Christus, unserem Erlöser, zuteil geworden ist. Von da an sollte das die tragende Achse seines geistlichen Lebens und das zentrale Thema seiner Verkündigung sein...

Als guter Kenner seiner Zeit und durch seine ausgezeichnete akademische Ausbildung war Johannes von Ávila ein hervorragender Theologe und ein echter Humanist. Er schlug die Einrichtung eines Internationalen Schiedsgerichtshofes vor, um Kriege zu vermeiden, und es gelang ihm sogar, einige Werke der

Ingenieurkunst zu erfinden und patentieren zu lassen. Während er persönlich in großer Armut lebte, konzentrierte er seine Aktivität auf die Förderung des christlichen Lebens derjenigen, die seine Predigten gern hörten und ihm überallhin folgten. Da ihm die Erziehung und die Unterweisung der Kinder und Jugendlichen – besonders derjenigen, die sich auf das Priestertum vorbereiteten – ein besonderes Anliegen war, gründete er mehrere Knabenseminare und Gymnasien, die nach dem Konzil von Trient zu Konzilsseminaren werden sollten. Außerdem gründete er die Universität von Baeza (Jaén), die Jahrhunderte lang ein wichtiges Zentrum für die qualifizierte Ausbildung von Klerikern und Laiengläubigen war...

Auch wenn »Pater Meister Ávila« vor allem Prediger war, versäumte er es nicht, von seiner Feder meisterhaft Gebrauch zu machen, um seine Lehren vorzulegen. Tatsächlich sind sein Einfluß und sein postumes Gedächtnis bis in unsere Tage nicht nur eng mit dem Zeugnis seiner Person und seines Lebens, sondern auch mit seinen untereinander so verschiedenen Schriften verbunden. Sein Hauptwerk *Audi, filia,* ein Klassiker der Spiritualität, ist sein am stärksten systematischer, umfassendster und vollständigster Traktat, dessen endgültige Ausgabe von seinem Verfasser in dessen letzten Lebensjahren vorbereitet worden ist... Der Ton ist voller Vertrauen in die Liebe Gottes, die den Menschen zur Vervollkommnung der Liebe aufruft. Seine Sprache ist das klassische, nüchterne Kastilisch seines Herkunftslandes La Mancha, manchmal vermischt mit der Phantasie und Wärme des Südens, dem Umfeld, in dem er den Großteil seines apostolischen Lebens verbracht hat...

In seinen Lehren verwies Meister Johannes von Ávila stets auf die Taufe und auf die Erlösung, um einen Impuls zur Heiligkeit zu geben, und erklärte, dass das christliche spirituelle Leben, das Teilhabe am trinitarischen Leben ist, vom Glauben an Gott, der Liebe ist, ausgeht, auf der göttlichen Güte und Barmherzigkeit beruht, in den Verdiensten Christi zum Ausdruck kommt und ganz vom Geist, das heißt von der Liebe zu

Gott und zu den Brüdern, bewegt wird. Und weiter: »Möge eure Barmherzigkeit sein kleines Herz zu jener Unermesslichkeit der Liebe steigern, mit welcher der Vater uns seinen Sohn und mit ihm sich selbst und den Heiligen Geist und alle Dinge geschenkt hat« (*Brief* 160). Und weiter: »Euer Nächster ist etwas, das Jesus Christus betrifft« (*ebd.* 62), deshalb ist »der Beweis der vollkommenen Liebe unseres Herrn die vollkommene Liebe des Nächsten« (*Ebd.* 103). Er beweist auch große Wertschätzung für die geschaffenen Dinge, indem er sie in die Perspektive der Liebe einordnet...

Um die Kirche zu reformieren, ist die Heiligkeit des Klerus unverzichtbar. Deshalb war die Auswahl und die angemessene Ausbildung derjenigen, die den Priesterberuf anstrebten, dringend notwendig. Als Lösung schlug der Meister die Errichtung von Seminaren vor und konnte sich schließlich mit der notwendigen Gründung eines Fachkollegs zum Studium der Heiligen Schrift in der Ausbildung der künftigen Priester durchsetzen. Diese Vorschläge erreichten die gesamte Kirche. Für ihn selbst stellte die Gründung der Universität von Baeza, der sein ganzes Interesse und sein Enthusiasmus galt, eine seiner gelungensten Bestrebungen dar, weil es ihm gelang, den Klerikern eine hervorragende Grundausbildung und ständige Weiterbildung zu bieten, wobei er dem Studium der sogenannten »positiven Theologie« mit pastoraler Ausrichtung besonderes Augenmerk schenkte. Diese von ihm gegründete Universität war jahrhundertelang eine hochangesehene Ausbildungsstätte für den Priesternachwuchs...

Der Titel »Meister«, mit dem Johannes von Ávila sein ganzes Leben lang und die Jahrhunderte hindurch bekannt gewesen ist, begründete nach seiner Heiligsprechung die Möglichkeit, dass er zum Kirchenlehrer ernannt wurde. So beschloß auf Ersuchen von Kardinal Don Benjamin de Arriba y Castro, Erzbischof von Tarragona, die XII. Vollversammlung der Spanischen Bischofskonferenz (Juli 1970), den Heiligen Stuhl darum zu bitten, ihn zum Lehrer der Universalkirche zu ernennen. Es folgten zahlreiche Ersuche, besonders anlässlich des 25. Jahrestages seiner Heiligsprechung (1995) und seines 500. Geburtstags (1999). Die Erklärung eines Heiligen zum Lehrer der Gesamtkirche hat zur Voraussetzung die Anerkennung eines vom Heiligen Geist zum Wohl der Kirche verliehenen und durch den segensreichen Einfluß seiner Lehre auf das Volk Gottes begründeten Charismas, Tatsachen, die in der Person und im Werk des Johannes von Ávila klar zutage treten. Sehr häufig wandten sich seine Zeitgenossen an ihn als Theologieprofessor, der als Spiritual die Unterscheidung der Geister beherrschte...

Meister Ávila wirkte nicht als Professor an Universitäten, auch wenn er Organisator und erster Rektor der Universität von Baeza war. Er erklärte die Theologie nicht von einer Lehrkanzel aus, sondern erteilte Lesungen der Heiligen Schrift für Laien, Ordensleute und Kleriker. Er hat nie eine systematische Synthese seiner theologischen Unterweisung ausgearbeitet, sondern seine Theologie ist eine Gebets- und Weisheitstheologie...

Die Lehre des Meisters Johannes von Ávila enthält zweifellos eine sichere und bleibende Botschaft und vermag zur Bestätigung und Vertiefung des Glaubensschatzes dadurch beizutragen, dass sie neue Lehr- und Lebenseinsichten ins Licht rückt. Die Tatsache, dass er sich an das Päpstliche Lehramt hält, macht seine Aktualität offenkundig, was beweist, dass seine *eminens doctrina,* seine herausragende Lehre, ein echtes Charisma, Gabe des Heiligen Geistes an die Kirche von gestern und heute, darstellt...

Im Jahr 2002 wurde die Spanische Bischofskonferenz darüber in Kenntnis gesetzt, dass die zusammenfassende Untersuchung der Glaubenskongregation über die in den Werken des hl. Johannes von Ávila festgestellte herausragende Lehre mit klarem positivem Urteil abgeschlossen wurde; und 2003 schlossen sich eine beachtliche Anzahl von Kardinälen, Erzbischöfen und Bischöfen, Vorsitzende von Bischofskonferenzen, Generalobere von Instituten des geweihten Lebens, Verantwortliche kirchlicher Vereinigungen und Bewegungen, Universitäten und andere

Institutionen und einzelne herausragende Persönlichkeiten mit Postulierungsschreiben der Bitte der Spanischen Bischofskonferenz an, die Papst Johannes Paul II. das Interesse und die Angemessenheit, den hl. Johannes von Ávila zum Kirchenlehrer zu erklären, zum Ausdruck brachten ...

Auf dem Petersplatz haben wir – in Anwesenheit vieler Kardinäle und Bischöfe der Römischen Kurie und der katholischen Kirche nach Bestätigung dessen, was vollbracht worden ist, und mit großer Freude über die Befriedigung der Wünsche der Antragsteller – während des Eucharistischen Opfers mit diesen Worten verkündet: »Indem wir nach Erhalt des Gutachtens der Kongregation für die Selig- und Heiligsprechungsprozesse den Wunsch vieler Brüder im Bischofsamt und vieler Gläubigen auf der ganzen Welt entgegennehmen, erklären wir, nachdem wir nach langer Überlegung zu einer vollen und sicheren Überzeugung gelangt sind, mit der Fülle Unserer apostolischen Autorität den hl. Johannes von Ávila, Diözesanpriester, und die hl. Hildegard von Bingen, Nonne des Ordens des hl. Benedikt, zu Lehrern der Gesamtkirche, im Namen des Vaters und des Sohnes und des Heiligen Geistes.« Das beschließen und ordnen wir an, indem wir festlegen, dass dieses Schreiben immer sicher, gültig und wirksam sei und bleibe und dass es seine vollen und unverkürzten Wirkungen erziele und erreiche, und dass man es dementsprechend beurteile und definiere. Außerdem wird entschieden und festgelegt, dass es vergeblich und zwecklos ist, hieran bewusst oder unbewusst etwas zu ändern, gleich von welcher Seite es ausgehen mag und mit welcher Autorität auch immer.

Gegeben zu Rom bei Sankt Peter, mit dem Siegel des Fischers, am 7. Oktober 2012, dem achten Jahr Unseres Pontifikats.

Benedikt XVI.

Die leise Sprache Gottes

Geistlich leben nach Johannes von Avila

Erstes Kapitel

Wieder fähig werden, die leise Sprache Gottes zu hören und seine Melodie in uns aufzunehmen.

Jesus, der durch seinen Tod und seine Auferstehung das Kreuz und damit alle Kreuze der Welt überwunden hat, ist zum Christkönig zur Rechten des Vaters aufgestiegen. Seine Botschaft – wenn auch nicht mehr irdisch – geht an einen jeden von uns, leise und daher immer wieder überhörbar. Wenn wir jedoch bei der Hinwendung zu Jesus Christus all das, was wir festhalten, aus der Hand legen, unsere Sorgen und Anhänglichkeiten vergessen und einzig und allein auf ihn schauen und ihm unser Ohr zuneigen, wird er uns mit seiner leisen Sprache der Liebe berühren.

Im Heiligtum unserer Seele treten wir wie bei einem Fest vor den großen König, schweigend, schauend und auf die Gegenwart Gottes horchend, indem wir für diese Augenblicke alles Irdische hinter uns lassen (vgl. Psalm 45,11–12). In diesen uns von Gott geschenkten gnadenvollen Momenten sind alle Spuren der Vergänglichkeit verflogen, alle Verborgenheit ist aufgehoben und alle Entstellung durch Schmerz und Leid ist abgestreift.

Möge sowohl beim Schreiben als auch beim Lesen dieser Zeilen Gottes Heiliger Geist anwesend und federführend sein und darüber hinaus das Ohr und die Seele der Leser für die Geistesgabe Gottes öffnen.

Damit christlicher Glaube zum Fundament unseres Lebens werden kann, sind zwei Elemente von großer Wichtigkeit: Wir haben sowohl auf die Botschaft des Wortes Gottes zu hören als auch sie praktisch in unserem Alltag zu verwirklichen. Wir sollten also den göttlichen Auftrag an uns hören, um zu wissen, wie wir in rechter Weise zu handeln haben. Ein auf diese Weise entstandener und aus Erfahrung gewachsener Glaube ist das Wesen des geistlichen Lebens, das uns trägt und einmal in die kommende Welt hinüber tragen wird.

So gründet der Glaube in der Botschaft, die Botschaft im Wort Christi. Aber, so frage ich, haben sie die Botschaft etwa nicht gehört? Doch, sie haben sie gehört; denn ihre Stimme war in der ganzen Welt zu hören und ihr Wort bis an die Enden der Erde (Römerbrief 10,17–18).

Wenn wir jedoch die Stimme der göttlichen Wahrheit nur von außen her wahrnehmen und unser eigentliches Ohr, das heißt, die Tür zur Innerlichkeit, nicht öffnen, kann kein lebenswahrhaftiger und tragfähiger Glaube entstehen. Am Schluss der Tauffeier vollzieht der Priester oder Zelebrant den Effata-Ritus, indem er betet: »So wollen wir den Herrn bitten, dass er diesem Kind helfe, seine Botschaft zu hören und zu bekennen.« Jetzt berührt er Ohren und Mund des Kindes und spricht: »Der Herr lasse dich heranwachsen, und wie er mit dem Ruf ›Effata‹ dem Taubstummen die Ohren und den Mund geöffnet hat, öffne er auch dir Ohren und Mund, dass du sein Wort vernimmst und den Glauben bekennst zum Heil der Menschen und zum Lobe Gottes.« Allein dieser Ritus genügt nicht, wenn uns nicht in der Entwicklung unseres Glaubens der Priester, unsere Eltern, Paten und Lehrer immer wieder symbolisch ihre Finger an unsere Ohren und unseren Mund legen und wir so aufmerksam und hellhörig gemacht werden für die Botschaft Gottes, die es dann – jeweils unserem Alter und unseren Aufgaben entsprechend – gilt, in die Tat umzusetzen.

Es darf sich nicht das mahnende Wort des Propheten an uns vollziehen, das er über die vom Menschen gemachten »Götter« gesagt hat: *Sie haben einen Mund und reden nicht, Augen und sehen nicht; sie haben Ohren und hören nicht* (Psalm 115,5–6).

Manche Menschen sprechen so reizvoll und verlockend, dass wir ihnen bedenkenlos unser Ohr leihen und dabei nicht bemerken, wie wir betört und zur Sünde geführt werden. Es ist sehr wichtig für uns und alle, die Gabe der Unterscheidung zu entwickeln, um die rechte Wahl zu treffen, wen wir anhören und wen nicht.

Vor dem Sündenfall werden die ersten Menschen nur eine Sprache gesprochen haben, durch die sie die Sprache, die Gnade und die Liebe Gottes verstanden, sich untereinander verständigten und den Ausdruck der gesamten Schöpfung wahrnahmen. Sie besaßen in ihrer Reinheit und Ähnlichkeit Gottes die Gabe, unverfälscht etwas vom Wahren zu nehmen und es weiter zu geben. So herrschte tiefer innerer Friede unter allem von Gott Geschaffenen. Jeder war mit sich selbst, dem anderen und Gott in Einklang, sodass Gottes Melodie aus all seinen Werken in vollendeter Harmonie widerhallte. Ohne die leiseste Frage oder gar Zweifel verstand jeder jeden und alles. Zwischen dem Sein Gottes und dem Fühlen, Denken Sprechen und Tun des Menschen und all dem von Gott Geschaffenen war göttliche Eintracht und paradiesisches Einvernehmen.

Als durch das Sein-wollen wie Gott sich der Mensch in einer gebrochenen Schöpfungsordnung wiederfand, musste er schmerzhaft erkennen, dass er die alles miteinander liebevoll verbindende göttliche Melodie verloren hatte und nicht mehr wahr-nehmen konnte. Worte voll Dunkelheit und Verwirrung spalteten die eine Sprache der Liebe in unzählige Ausdrucksformen, die dazu beitrugen, den Menschen von Gott noch tiefer zu trennen. Die Menschen stimmten auf einmal nicht mehr mit sich selbst überein – weder mit anderen noch mit Gott. Drei zur Sündhaftigkeit verleitende Hauptelemente zerstörten die eine Sprache der Liebe und führten und führen nach wie vor die Menschheit in Verwirrung, in Ratlosigkeit, Angst, Kriege und in Selbstzerstörung. Die eine Sprache der göttlichen Liebe, die im Grund jeder Mensch und die gesamte Schöpfung versteht, wird überschattet, gespalten und zersetzt durch

- die »Sprache der Welt«, die Vergängliches höher ansetzt und schätzt als Gott,

- die »Sprache der Begierde und Sinnlichkeit«, die für den Menschen zum beherrschenden Element wird,
- die »Sprache des göttlichen Widersachers«, die durch dämonische Kräfte alles in Frage stellt, spaltet und zerstört.

Zweites Kapitel

> Es sei davor gewarnt, sich die Sprache einer gottlosen Welt anzuhören, um nicht in Egoismus und Eitelkeit verstrickt zu werden. Diese gottlose Sprache sprechen viele, ohne zu bemerken, dass sie bereits Gefangene sind, die entsetzlichen Folgen ausgeliefert werden.

Die Sprache der Welt, die Gott als den Schöpfer des Himmels und der Erde leugnet, gibt vor, die Sprache der Wahrheit zu sein. In Wirklichkeit aber ist sie die der Lüge. Indem sie die wahre Wahrheit, Gott, nicht zulässt, sondern sich an materiellen und vergänglichen Dingen orientiert, stellt sie etwas zwischen Gott und die Menschen, das zu falschen und schädlichen Vorstellungen führt. Das Gefährliche besteht darin, dass die Sprache der Welt den Anschein der Wahrheit vermittelt und von vielen Menschen gehört und angenommen wird, da sie bereits zum Allgemeingut geworden ist. In dieser Sprache existiert Gott nicht, sodass die Menschen ihm den Rücken kehren oder bereits Gottlose sind, weil sie niemals etwas von ihm gehört haben. Diese Menschen richten ihr Leben nach dem Wohlgefallen der Welt aus; sie möchten hoch geachtet werden, streben nach immer mehr Besitz und lassen sich in die Richtung treiben, aus der jeweils der Wind weht, um vorn zu stehen und immer aktuell zu sein. Wer blindlings der Sprache der Welt und damit einem blinden Führer folgt, geht unweigerlich einen Weg, der in eine Sackgasse führt. Ein derartiger irreführender Fanatismus ist mit der Lebenseinstellung der alten stolzen Römer zu vergleichen, für die alles, was zu größerem Ansehen und Ruhm führte, gerechtfertigt war und die nicht davor zurückschreckten, um des Ruhmes willen zu sterben.

Gerade die nach Anerkennung und Macht Strebenden, die auf Kosten anderer »weiterkommen«, indem sie sie ausbeuten, geringschätzen und verschmähen, sind für sich selbst derart empfindlich, dass sie nicht einmal die geringste Kritik ertragen können. Selbst ein unbedeutendes Wort, das den Hauch einer Geringschätzung in sich trägt, lässt sie gleich in ihrer übersteuerten Ich-Empfindlichkeit beleidigt sein. Ob diese Menschen einmal wahrhaft vergeben und verzeihen können, sei dahin gestellt. In ihrem krankhaft übersteigerten Egoismus tragen sie lieber eine Auseinandersetzung oder Schmach auf dem Rücken eines anderen Menschen aus – nicht zuletzt auch zu Lasten der eigenen Familienangehörigen –, als selbst für begangenes Unrecht gerade zu stehen.

Um der eitlen Ehre willen – so glauben sie – müsse man selbst Gott und seine Gebote gering schätzen. Hat nicht gerade Christus durch seine unendliche Schmach am Kreuz diese Selbstherrlichkeit und Ehre zutiefst verurteilt? Durch deine fehlgesteuerte Ehrsucht, die sich vielleicht schon in deinem Herzen eingenistet hat, möchtest du wie der Antichrist höher geschätzt sein als Gott, der Allerhöchste! Wie ist es möglich, dass du zum Mitbewerber Gottes wurdest und ihm nicht nur in deinem Herzen, sondern auch in den Herzen anderer Menschen den höchsten Platz und Vorrang streitig gemacht hast? Indem du höher geschätzt werden möchtest als er, erneuerst du die Schmach, die Christus zugefügt wurde, als man ihm den Barabbas vorzog.

Inzwischen überredeten die Hohenpriester und die Ältesten die Menge, die Freilassung des Barabbas zu fordern, Jesus aber hinrichten zu lassen (Matthäus 27,20).

Überlege einmal, ob du vielleicht doch irgendeinen Zwang auf andere Menschen ausübst – ohne es recht zu wissen. Überlege und spüre nach, ob du vielleicht Herzen von dir abhängig gemacht hast, Herzen von Menschen, die schwächer sind als du und die dich brauchen. Aus Schwäche müssen sie sich dir unterwerfen – und du nutzt ihre Hilflosigkeit schamlos aus!

Oft geben Menschen für Äußerlichkeiten und um ihrer Ehre willen eine Menge Geld aus und investieren viel Zeit – und das auf Kosten der eigenen Familie, auf Kosten des Haushalts und der Kinder, die die Zuwendung der Eltern in jeglicher Hinsicht notwendig brauchten. Das Engagement mancher Erwachsenen dient einem Götzen und sie tun alles, damit ihm so viel Ehre wie möglich zuteil wird. Selbst wenn sie einsehen, wie gehaltlos und verderblich ihr Tun ist, bringen sie es aus Schwäche, aus Gewohnheit und Unaufrichtigkeit nicht fertig, davon abzulassen und Gott allein die Ehre zu geben. Wer Tag und Nacht fremden Göttern dient, auf sie hört und sie anbetet, wird zu einem Gefangenen dunkler Mächte, der durch die Missachtung des wahren Gottes schlimmen Folgen ausgeliefert sein wird. Der Evangelist Johannes berichtet, dass viele angesehene Personen und führende Männer zum Glauben an Jesus Christus kamen, es jedoch nicht wagten, sich als seine Anhänger zu erklären.

Dennoch kamen sogar von den führenden Männern viele zum Glauben an ihn; aber wegen der Pharisäer bekannten sie sich nicht offen, um nicht aus den Synagogen ausgestoßen zu werden. Denn sie liebten das Ansehen bei den Menschen mehr als das Ansehen bei Gott (Johannes 12,42–43).

Auf diese und ähnliche Weise verachten viele Menschen Gott und seine Gebote, um nur nicht von den Menschen beschämt und verachtet zu werden. Über allen, denen ihre eigene Ehre an erster Stelle steht, hat Christus das Urteil bereits gesprochen.

Denn wer sich vor dieser treulosen und sündigen Generation meiner und meiner Worte schämt, dessen wird sich auch der Menschensohn schämen, wenn er mit den heiligen Engeln in der Hoheit seines Vaters kommt (Markus 8,38).

Warum hast du dich geschämt, dem Herrn zu folgen und dich zu ihm zu bekennen? Du solltest dich eher schämen, dass das Ansehen bei den Menschen dir mehr bedeutet als das

Ansehen bei Gott. Die Anbeter der eigenen Ehre ähneln in ihrem Stolz immer mehr Luzifer, der das Böse an sich darstellt. Rückt ein Mensch sich selbst ständig in den Mittelpunkt, muss er damit rechnen, dass diese böse und Gott leugnende Neigung auch andere Übel nach sich zieht.

Bezeichne dich daher oftmals mit dem heiligen Kreuz und rufe den Namen Jesu an, damit er im Mittelpunkt deines Lebens stehe und dir Kraft und Stärke sende, dein nach Macht und Ansehen strebendes Ich in rechte Bahnen zu lenken. Wer schon einmal durch diese dunkle Macht in Versuchung geführt wurde und gegen sie gekämpft hat, weiß aus eigener Erfahrung, wie schwer es ist, sie zu besiegen und ihrer auch zukünftig Herr zu werden.

Drittes Kapitel

Was müssen wir tun, um den Versuchungen dieser Welt zu widerstehen? Bete zu Christus, dass er dir helfe, die zerstörenden Kräfte zu überwinden.

Ein vernünftig eingestellter und denkender Mensch wird von sich aus wissen: Wir müssen Handlungen vollbringen, die der Ehre würdig sind, aber nicht um der Ehre willen. Die Achtung und Anerkennung, die uns eventuell durch unser Tun zuteil wird, haben wir verdient – doch sollten wir keinen zu großen Wert darauf legen oder sie gar erwarten. Wenn dir nach Erfüllung einer Aufgabe Lob und Ehre zukommen, solltest du genauso damit umgehen, als wenn du sie nicht bekommen würdest. Schleicht sich jedoch eine gewisse Eitelkeit ein, die du nicht abwehren oder in den Griff bekommen kannst, so blicke auf den Gekreuzigten und du wirst erfahren, wie jämmerlich und schmachvoll dein eigenes Ich sich aufgeblasen hat. Beim Anblick Jesu am Kreuz werden dir die wahren und zeitüberdauernden Werte der Liebe bewusst und du wirst dich deiner ichbezogenen und nach Anerkennung trachtenden Einstellung schämen.

Vielleicht wählte der Herr nicht ohne Grund einen so außerordentlich entehrenden und schmachvollen Tod, da er wusste, wie die Eigenliebe und Selbstdarstellung das menschliche Herz tyrannisieren. Um den Menschen zur eigenen Erkenntnis zu führen und ihm gleichzeitig in unendlichen Schmerzen – seien es auch die der Unehre und der Schmach – liebend nahe zu sein, musste Jesus Christus diese entehrende und schmachvolle Todesart auf sich nehmen.

Betrachte, wenn du Augen dafür hast, den Gekreuzigten, der für den niedrigsten aller Menschen gehalten wurde, und der unendliche Schmach und Verachtung erlitt. Das Volk verspottete ihn ohne Ausnahme, ließ ihn bodenlose Verachtung erfahren, beschimpfte, kränkte und beleidigte ihn.

Betrachte den Gekreuzigten und höre auf die Worte Jesu, die er während eines Streitgesprächs den Juden sagt, die glauben, dass er von einem Dämon besessen sei: *Ich bin von keinem Dämon besessen, sondern ich ehre meinen Vater; ihr aber schmäht mich. Ich bin nicht auf meine Ehre bedacht* (Johannes 8,49–50). Sei auch du nicht auf deine Ehre bedacht. Wenn du die Ohren deiner Seele darauf richtest und hörst, wie Jesus als Missetäter beschimpft und letztlich gekreuzigt wurde, wirst du dich schämen, wenn man dich in besonderer Weise ehrt oder du geehrt zu werden wünschst. »Herr, du wirst für böse erklärt und schuldig gesprochen, während ich mir wünsche, gelobt und hervorgehoben zu werden! Welch ein Gegensatz, der mich zutiefst beschämt. Herr, verzeih mir, wenn ich dir durch meine Überheblichkeit und mein Streben nach Anerkennung einen noch größeren Schmerz zugefügt habe.«

Wenn dir die Ehre der Welt entzogen werden sollte, werde dir der großen Ehre bewusst, Christus nachfolgen zu dürfen, sodass du mit Paulus sprechen kannst: *Ich aber will mich allein des Kreuzes Jesu Christi, unseres Herrn, rühmen, durch das mir die Welt gekreuzigt ist und ich der Welt* (Galaterbrief 6,14).

Das zur Leidenschaft gewordene Verlangen nach eitler und selbstgefälliger Ehre kann durchaus ein gewaltiges sein, doch das Heilmittel des Beispiels Christi und seine Gnade sind weitaus gewaltiger und wirksamer, um dieses Verlangen nach eitler Ehre dem Herzen zu entreißen. Daher ermutigt uns der Herr mit seinem Wort und mit seinem Leben: *Habt Mut: Ich habe die Welt besiegt* (Johannes 16,33). Dem Dunklen und Bösen in der Welt hat Christus keine Aufmerksamkeit geschenkt und sich niemals auf die Ebene des Widersachers gestellt, sondern er hat sich immer wieder in die Einheit mit dem Vater hinein gebetet und in der Kraft des Heiligen Geistes die Welt und alles, was ihm angetan wurde, überwunden. Christus verspricht uns, dass auch wir mit dieser göttlichen Kraft, die er für uns erwirkt hat, die Welt und das, was uns an sie fesseln möchte, leicht besiegen und überwinden können.

Müssen nicht auch wir das in der Welt, was den Sohn Gottes, der die ewige Wahrheit und das höchste Gut ist, verachtet und verworfen hat, verachten? Wir sollten es daher in ganz besonderer Weise meiden, von denjenigen, die unseren Herrn verachten, geachtet und geehrt zu werden. Selbst wenn uns wenig Anerkennung und keine Ehre zuteil wird, so wissen wir doch, dass wir gerade dann umso mehr von Christus geliebt werden und ganz besonders, wenn wir von der Welt, die Gott leugnet, verachtet werden.

So wie diejenigen, die kein Ohr für die Wahrheit und die Lehre Gottes haben, so darf auch derjenige, der Christus nachfolgt, kein Ohr haben für die Lügen und die Unwahrheit, die aus einer Welt ohne Gott entstehen. Diese Welt, und mag sie noch so vielversprechend und verlockend sein, täuscht sich selbst in allem – und was noch weitaus schlimmer ist: Sie will täuschen. Mit diesen Augen der Wahrhaftigkeit sollten wir ihr auch begegnen. Haben wir nicht bereits in der Welt ohne Gott viele Lügen entlarvt und falsche Verheißungen entkräftet? Wie könnten wir da noch jemandem glauben, der diese Welt vertritt, die uns weder ein bleibendes Gut schenken noch ein immerwährendes Leid zufügen kann? Nur Gott allein kann uns seine liebende und heiligmachende Gnade zuströmen lassen oder zeitweilig auch entziehen, aber nicht die Welt, von der wir jetzt zur Genüge gesprochen haben. Was immer uns auch eine gottlose Welt verspricht: Sie vermag nichts zu halten. Ohne den Willen Gottes kann uns nicht einmal ein Haar gekrümmt werden. Ist es da nicht ein Leichtes für uns, gegen einen Feind zu kämpfen, der nichts vermag?

Viertes Kapitel

> Unter gewissen Umständen ist es sogar erlaubt und notwendig, nach Anerkennung und Ehre zu streben. Mit diesen Ämtern ist jedoch eine große Gefahr verbunden.

Geht es nur um Ehre, Anerkennung und Achtung und wir bleiben dabei stehen, so ist diese Einstellung und Haltung verwerflich. Aus einer guten Absicht heraus ist es durchaus möglich, Ehre und Achtung anzuerkennen und sie sogar zu lieben. Jemand, der ein Amt hat, um anderen Menschen nützlich zu sein und ihnen zu helfen, kann und sollte sogar nach einer gewissen Anerkennung streben, um somit sein Amt zum Größeren für die Anderen zu verwalten. Würde er gering geachtet, würde auch alles, was von ihm ausgeht – so gut es auch sei – gering geachtet. Aber nicht nur diese Person, sondern jeder Christ sollte das Wort erfüllen: *Sei besorgt um deinen Namen; denn er begleitet dich treuer als tausend kostbare Schätze* (Jesus Sirach 441,12).

Wir sollten unser Leben, unser Tun und Handeln, unsere Entscheidungen und unsere Wunscherfüllungen so einrichten, dass sie auf Gott hin transparent werden, und keiner, der uns beobachtet oder von uns hört, Anlass zu negativer Kritik findet, sondern eher Dank empfindet, wie wir dieses oder jenes tun. Wir sollten von anderen so wahrgenommen werden, als wenn jemand eine Rose betrachtet oder einen Baum mit Blättern und Früchten.

Unser Licht soll vor den Menschen, die unsere guten Werke sehen, so leuchten, dass sie den himmlischen Vater preisen, von dem alles Gute kommt (vgl. Matthäus 5,16). Der Wunsch, Gott zu verherrlichen und dem Nächsten zu dienen, bewog Paulus, von großen und verborgenen Gnadenzuwendungen im vierten Kapitel seines zweiten Korintherbriefes zu berichten. *Denn Gott, der sprach: Aus Finsternis soll Licht aufleuchten!, er ist in unseren Herzen aufgeleuchtet, damit wir erleuchtet werden zur Erkenntnis des göttlichen Glanzes auf dem Antlitz Christi* (2. Korintherbrief 4,6).

Paulus erwähnt dieses Lob, ohne mit dem Herzen daran zu haften, auf eine Weise, als würde er gar nicht davon sprechen. Das Zeitliche, ob es Glück oder Unglück ist, uns freudig oder traurig stimmt, sollte auf unser Herz keinen bleibenden Eindruck machen. Paulus bezeichnet das Zeitliche als etwas Eitles, das schnell vergeht, und dem wir keine zu große Aufmerksamkeit schenken sollten.

Es hört sich leicht an, etwas zu besitzen als besäßen wir es nicht, und sein Herz nicht an die Ehre zu hängen, die man uns erweist. Dieses jedoch im alltäglichen Leben umzusetzen und zu verwirklichen, bedarf eines konsequent geführten geistlichen Weges. Die Ehrerweisungen dankbar anzunehmen, ohne sie jedoch zu hoch anzusetzen und von ihnen abhängig zu werden, ist – so sagt der Kirchenlehrer Johannes Chrysostomus (349/350–407) – wie unter schönen Frauen weilen, ohne sie mit begierlichen Blicken anzuschauen.

Die Erfahrung hat gezeigt, dass Ehren-Ämter selten aus bösen Menschen gute gemacht haben, aber sehr oft wurden aus guten Menschen böse. Die Last der Ehre zu tragen und die Gefahren, die mit einem solchen Amt verbunden sind, zu bestehen, fordert eine kraftvolle und reife Persönlichkeit, die aus inneren Werten lebt. Die höchsten Berge werden immer von den gewaltigsten Winden bekämpft. Um Verantwortung gewissenhaft zu tragen und Dinge vorzugeben, ist eine weitaus größere innere gefestigte Haltung erforderlich, als lediglich Folge zu leisten.

Zum innersten Wesen Jesu Christi passte es nicht, sich zum irdischen König bestimmen zu lassen. *Da erkannte Jesus, dass sie kommen würden, um ihn in ihre Gewalt zu bringen und zum König zu machen. Daher zog er sich wieder auf den Berg zurück, er allein* (Johannes 6,15).

Wer von uns würde Nein sagen, wenn ihm ein hohes Ehrenamt angeboten würde? Viele Menschen verlangen sogar danach, eine solche Stellung einzunehmen und bemühen sich wahrhaft darum. Ja, sie bezahlen hohe Geldsummen, um sich einen Titel oder gar eine Ehrenstellung zu erwerben, das heißt, sie zu kaufen, in der Hoffnung, dass es niemand bemerkt. Es erstaunt immer wieder, dass ein Mensch, während er auf dem Landweg sicher reisen kann, die gefahrvolle Reise mit einem Schiff vorzieht. Und das nicht bei ruhiger See, sondern bei einem gewaltigen Sturm. Gregor der Große (540–604) bezeichnet Macht und Gewalt zu haben, als einen Sturm in der Seele.

Der große Aufwand, die vielen Mühen, Anstrengungen und Gefahren, die mit einer besonders hervorragenden Stellung verbunden sind, können nur sehr wenige Menschen auf sich nehmen und dabei bescheiden, demütig und dienend bleiben. Der Versuchung, in einer Machtposition zu entgleisen und die Macht für sich selbst auszunutzen, erliegen die meisten Machthaber dieser Welt. Daher sagt der Weisheitslehrer: *Über die Großen ergeht ein strenges Gericht. Der Geringe erfährt Nachsicht und Erbarmen, doch die Mächtigen werden gerichtet mit Macht* (Buch der Weisheit 6,5–6).

Anders war es mit König Saul. Ihm wurde die Königswürde von Gott zuerkannt, obwohl sie ihm in keiner Weise am Herzen lag. Er verbarg sich sogar, um diese hohe Würde nicht annehmen zu müssen (vgl. 1. Buch Samuel 10). Obgleich Gott Saul zum König erwählt hatte, bereitete ihm dieses hohe Amt viel Leid, ein schlimmes Leben und ein noch schlimmeres Ende: Nachdem der Waffenträger aus Angst seinem Herrn verweigert hatte, ihn zu töten, *nahm Saul selbst das Schwert und stürzte sich hinein* (1. Buch Samuel 31,4). Es ist schwer, selbst wenn man durch die rechte Tür dazu gelangt ist, ein solch hohes Amt zu bekleiden – wie viel schwerer jedoch ist es für jemanden, der nicht durch die rechte Tür an ein hohes Amt gekommen ist, sondern durch Korruption.

Um wahrhaft ein hohes Amt verantworten zu können, sind ein starker Charakter und ein tiefes Verwurzeltsein in Gott Voraussetzung. Oft geben sich allerdings die Amtsinhaber nur den Anschein, diese Voraussetzungen zu besitzen und geben vor, infolge ihres »guten« Gewissens eine gute Rechenschaft ablegen zu können. Das Verlangen nach Ehrenämtern und den damit verbundenen Vorteilen wie Machtbesitz, übertriebene Anerkennung und Verehrung, Geld und allen anderen irdischen Vorteilen ist bei vielen Menschen so stark und übertrieben, dass sie sich wie blind in die vor ihnen liegenden Gefahren und Schwierigkeiten hinein stürzen.

Viele, die – ohne eine persönliche Gottesbeziehung – nach Macht und Herrschaft über andere streben, sind so vermessen, zu glauben, dass Gott ihre Ausübung der Macht unterstützen würde. Der Herr könnte ihnen entgegnen: »Da du dich selbst mit aller Gewalt in diese große Gefahr gebracht hast, so nimm auch Zuflucht zu dir selbst und hilf dir selbst. Du hast dich zur Herrschaft über andere aufgeschwungen – aber nicht durch mich. Du bist König, Herrscher oder Fürst – aber ohne mein Wissen, denn ich habe es weder gebilligt noch für gut gehalten«. *Sie setzten Könige ein, aber gegen meinen Willen; sie wählen Fürsten, doch ich erkenne sie nicht an* (Hosea 8,4). Aurelius Augustinus (354–430), größter der lateinischen Kirchenväter, war bemüht, in einer unteren Stelle zu bleiben, um in einer hohen nicht Gefahr zu laufen, sich selbst und Gott zu verlieren.

Diese Einstellung zu verwirklichen ist besonders wichtig bei einem kirchlichen Amt, das an erster Stelle die Seelsorge beinhaltet. Menschen seelisch zu begleiten und zu führen, verlangt viel Einfühlungsvermögen, Geduld und Demut. Daher wurde früher die seelische Begleitung die »Kunst der Künste« genannt. Man sollte es reiflich überlegen und um ein Zeichen Gottes bitten, ob man ein hohes Amt, das an einen herangetragen wird, annimmt oder nicht.

Um ein hohes Amt in der Kirche oder im Staat anzunehmen, bedarf es einer besonderen göttlichen Offenbarung, die unter Umständen auch durch andere Menschen sichtbar gemacht werden kann. Es sollte schon ein Gott naher Mensch sein und jemand, der das Amt aus eigener Erfahrung kennt und die Gefahren, die damit verbunden sind. Ohne Gott im Herzen zu tragen und sich immer wieder nach ihm auszurichten, wird die Erfüllung der Aufgaben in einer höheren Position nicht gelingen und jeglicher wahrhafter Erfolg bleibt aus. In der gesamten Menschheitsgeschichte haben zwar viele Menschen hohe Positionen eingenommen und in ihrem Amt zufrieden gelebt. Als jedoch der Tod bei ihnen anklopfte, wandelte sich ihre Zufriedenheit in Unruhe, Furcht und in Angst davor, aufgezeigt zu bekommen, in welch großem Egoismus und Machthunger sie gelebt und wie wenig sie aus wahrer Liebe getan hatten. Je mehr wir uns von allem Irdischen entfernen und je mehr wir uns Gott nähern, bei dem alle Wahrheit ist, umso mehr erscheint uns unser Leben, wie es in Wahrheit ist.

Fünftes Kapitel

Die von aller wahrhaften Liebe losgelöste sexuelle Lust beherrscht viele. Die Unkeuschheit kann zu unserem gefährlichsten Feind werden. Wie können wir ihn besiegen?

Der Körper, losgelöst von Geist und Seele – also das Fleisch –, verlangt nach Lust und Annehmlichkeit. Dies geschieht zum Einen deutlich und klar, und zum Anderen unter dem Vorwand eines notwendigen Bedürfnisses. Wenn wir den Kampf mit diesem Feind aufnehmen oder gar aufnehmen müssen, sollten wir wissen, dass dieser mühevoll und durchaus gefahrvoll ist. Die Waffen des Feindes – wir müssen ihn rechtzeitig als solchen erkennen – sind die sexuelle Lust und die damit verbundenen körperlichen Freuden, die alle anderen Waffen an Stärke übertreffen. Viele Menschen, die starke Schmerzen ausgehalten haben ohne zu verzweifeln, die den Verlockungen des Geldes und des Reichtums widerstanden und der Sucht nach Anerkennung und Ehre nicht erlegen sind, konnten den sexuellen Verlockungen jedoch nicht widerstehen. Das verwundert nicht: Ist es doch sehr schwer, der freien und ungezügelten sexuellen Lust, die sich verborgen und verräterisch bei uns einschleicht, eine Absage zu erteilen. Nur zu schnell hat sie Besitz von uns ergriffen, sodass wir ihr erliegen. Im Bereich der Sexualität ist große Vorsicht geboten. Wir sollten daher sehr aufmerksam und wachsam sein und Wege und Möglichkeiten finden, um uns vor der von aller wahren Liebe losgelösten sinnlichen Lust zu schützen.

Wenn schmeichlerische sinnlich-sexuelle Lust den Menschen überfällt, kann er weder einsehen noch glauben, dass sich unter dieser verlockenden Süße das Bitterste verbirgt: der Tod. Ja, einige Lehrer des Glaubens und der Kirche sagen sogar, dass es der ewige Tod sei, der sich unter dem Gewand der vordergründigen Lust verbirgt. Die fehlgesteuerte und damit entartete sexuelle Lust und Befriedigung sind wie ein goldener Becher – mit Gift. Alle, die sich vom äußeren Schein einnehmen und fangen lassen, werden, wenn sie aus diesem Becher trinken, in einen gefährlichen Rauschzustand versetzt.

Joab sagte zu Amasa: Geht es dir gut, mein Bruder? und griff mit der rechten Hand nach dem Bart Amasas, um ihn zu küssen. Amasa aber achtete nicht auf das Schwert, das Joab in der linken Hand hatte, und Joab stieß es ihm in den Bauch... Amasa starb (2. Buch Samuel 20,9–10). Joabs Verhalten ist genau wie der Judaskuss ein Verrat. Christus leidet, ja, er stirbt, wenn die Seele aus dem goldenen Becher der sündhaften Lust trinkt. Und wenn Christus gestorben ist, stirbt auch die Seele, denn ihr Leben kommt von ihm.

- *Wenn ihr nach dem Fleisch lebt, müsst ihr sterben; wenn ihr aber durch den Geist die sündigen Taten des Leibes tötet, werdet ihr leben* (Römerbrief 8,13).
- *Wenn eine (Witwe) jedoch ein ausschweifendes Leben führt, ist sie schon bei Lebzeiten tot* (1. Timotheusbrief 5,6).
- *Die Hausgenossen eines Menschen werden seine Feinde* (Matthäus 10,36).

Je mehr die sexuellen Kräfte in unserem Leben die Oberhand gewinnen, umso mehr müssen wir sie fürchten. Das uns Eigene, wenn es sich verselbstständigt und abartige und sündhafte Wege geht, wird zu unserem größten Feind. Unser Leib ist nicht nur unser »Hausgenosse«, sondern er ist eines der beiden tragenden Elemente, auf die unser Leben gegründet ist. Wie die Jakobsleiter, die in den Himmel führt, zwei Längsbalken hat, die durch die Sprossen verbunden sind, gehören auch Leib und Seele zusammen. Nur wenn beide in guter Harmonie zusammenklingen, ist uns ein Aufstieg möglich. Benedikt von Nursia (um 480–547) bezeichnet die Sprossen als Stufen der Demut (vgl. Regel, Kapitel 7).

Die eigene Sexualität so in unser Leben einzuordnen wie es dem allen zugrunde liegenden Schöpfungsplan entspricht, ist ein Prozess, der unter Umständen ein ganzes Leben dauern kann. Augustinus meint, dass der Kampf mit den Begierden des Fleisches unaufhörlich und der Sieg schwierig sei. Es bedarf einer starken und tief verwurzelten Gottesbeziehung, um mit stärkeren Waffen ausgerüstet zu werden, die den sich immer wieder anschleichenden Feind zum Schweigen bringen und zunichte machen. Keuschheit bedeutet nicht völlige Enthaltsamkeit der sexuellen Kräfte, sondern sie bedeutet, in Einklang zu leben mit dem Ehepartner nach den Gesetzmäßigkeiten, die Gott in den Menschen hinein gelegt hat. Sowohl Eheleute als auch allein Lebende und diejenigen, die sexuelle Enthaltsamkeit gelobt haben, sind Versuchungen und Anfeindungen ausgesetzt, die nur durch eine lebendige Gottesbeziehung, einen starken Glauben, Gebet und Arbeit an sich selbst bestanden und abgewehrt werden können.

Josef von Arimathäa hüllte den Leichnam Jesu in ein rein weißes Leinentuch und legte ihn in ein neues Grab (vgl. Matthäus 27,57–60). Ehe ein rein weißes Leinentuch entsteht, bedarf es eines langen Prozesses: die aus Flachs gewonnene Faser wird gesponnen, gewebt, gewaschen und gebleicht. Um strahlend weiß zu werden, muss sich das Leinen einer vielfältigen harten Behandlung unterziehen. Wer Christus in sein Herz – wie in ein zweites Grab der Liebe – aufnehmen möchte, der muss vorher dafür sorgen, dass es keine Schatten und dunklen Flecken aufweist, sondern rein ist. Diese Lauterkeit ist Gnade und Geschenk Gottes, die allerdings auch durch unser Bemühen und Verzichten unterstützt werden muss.

Der eine wird mehr, der andere wird weniger von seinen sexuellen Kräften zu sündhaftem Tun gedrängt. Nur sehr wenigen bleibt eine Auseinandersetzung auf diesem Gebiet erspart. Daher müssen alle, die in dieser Welt leben, sich mehr oder weniger mit ihrer Sexualität früher oder später auseinandersetzen und sie mit kluger Mäßigung kultivieren, lenken und leiten. Dies darf jedoch nicht zu einem Extrem ausarten, das man Abtötung nennt. Um die sexuellen Kräfte nicht über uns Herr werden zu lassen, ist es empfehlenswert, weniger und nicht so scharf gewürzt zu essen und möglichst abends keine Mahlzeit mehr zu sich zu nehmen. Anregende und stimulierende Getränke, besonders ein Übermaß an Alkohol, sind zu meiden. Die Unterlage, auf der wir nachts liegen, sollte keine zu weiche sein. Von anzüglichen Bildern, Witzen und Gesprächen sollten wir uns fern halten und alles meiden, was zu unkeuschen Gedanken, Gefühlen und Handlungen führt.

Der Kirchenlehrer Eusebius Hieronymus (um 347–419) gibt in seinem 384 geschriebenen Brief an Eustochia Ratschläge, um mit Körper und Seele ein christliches Leben zu führen. In diesem 41 Kapitel umfassenden Brief schreibt er unter anderem:

- Wer sich zwischen Schlangen und Skorpionen bewegt, bleibt nicht ungefährdet. (Kap. 3)
- Töte den Feind, solange er schwach ist! (Kap. 6)
- Es ist unmöglich, dass die dem Menschen eingeborene, aus seinem Innern kommende Glut seine Sinne unberührt lässt. Deshalb gebührt dem Anerkennung, der die schlimmen Gedanken gleich im Entstehen tötet und am Felsen zerschmettert. Der Felsen ist Christus. (Kap. 6)
- Wein und Jugend sind die beiden Zündstoffe der Wollust. Auf die Trunkenheit folgt die Entblößung des Körpers (vgl. Genesis 9,21). (Kap. 8)
- Es gibt Frauen, die nehmen einen Trunk ein, um sich unfruchtbar zu machen, und werden so zum Mörder am Ungeborenen. (Kap. 13)
- Sei mäßig im Essen und überlade deinen Magen nicht! Vermeide bei der Mahlzeit die völlige Sättigung! (Kap. 17)
- Unzüchtige Augen verstehen es nicht, eine schöne Seele zu betrachten, sondern nur einen schönen Körper. (Kap. 23)
- *Wenn sie aber nicht enthaltsam leben können, sollen sie heiraten. Es ist besser zu heiraten, als sich in Begierde zu verzehren* (1. Korintherbrief 7,9). (Kap. 29)

- Mach dich für einen Augenblick frei von den Fesseln des Fleisches und male dir einmal den Lohn aus, der dir für die irdische Mühe winkt! (Kap. 41)

Das Fasten ist ein wunderbares Heilmittel, die überschüssigen und in Abwege drängenden Kräfte abzubauen und den Überblick und die Herrschaft über sich selbst zu gewinnen. Vor Übertreibung jedoch muss gewarnt werden, denn eine Schwächung des Körpers darf durch das Fasten nicht eintreten. Eine allgemeine Regel, die für alle angemessen ist, lässt sich nicht aufstellen.

Die Demut kann schwerlich bewahrt werden, wenn ein Mensch unter dem Einfluss von Ruhm und Ehre steht; die Mäßigkeit nicht in Fülle und Überfluss und die Keuschheit nicht inmitten aufwallender sexueller Lustgefühle. Wie sich derjenige lächerlich macht, der ein Feuer löschen will, das in seinem Haus ausgebrochen ist, indem er Reisig ins Feuer wirft, so zieht auch derjenige Spott auf sich, der einerseits die Keuschheit zu wahren sucht, andererseits aber sich an kostbaren Speisen und Getränken ständig berauscht, sich anzüglichen Bildern und Gesprächen aussetzt und keiner geregelten Arbeit nachgeht.

Die Ursache des unglücklichen Schicksals der Stadt Sodoma, die bis zur untersten Stufe der abscheulichsten Sünde gekommen ist, war der Überfluss an Essen und Trinken, die Gottlosigkeit und der Müßiggang. Wer sich von der Unkeuschheit abwendet, kann nur Erfolg haben und das sechste Gebot halten, wenn er in allem Maß hält und den Müßiggang meidet. Keuschheit und Mäßigung gehen Hand in Hand und sind nicht voneinander zu trennen. Was Gott verbunden hat, das soll der Mensch nicht versuchen zu trennen.

Sechstes Kapitel

Situationen, Verhaltensweisen und Ursachen, die zur Unkeuschheit führen, und Mittel und Wege, in derartigen Versuchungen standhaft zu bleiben, besonders, wenn sie vom Widersacher angezettelt sind.

Vielleicht ist es erlaubt, die Versuchungen zur Unkeuschheit in zwei Kategorien aufzuteilen. Oft kommen die lustbetonten sexuellen Gefühle, die nach Befriedigung drängen, einzig und allein aus der körperlichen Erregung – so, wie es gewöhnlich bei jungen, gesund lebenden Menschen vorkommt. Diesen Gefühlen nicht nachzugeben, sondern sie im Zuge des Wachstums zu kultivieren und auf andere Ebenen zu lenken, ist möglich und dürfte bei einer guten Anleitung auch nicht allzu schwer fallen.

Anders ist es dagegen, wenn unzüchtige Vorstellungen aus der inneren Welt des Menschen aufsteigen und sich erst einmal auf einer ganz feinen Ebene in Form von Gedanken und Bildern ausdrücken. Der Ausgangpunkt und die Ursache sind also hier nicht unzüchtige Empfindungen des Körpers, die in seiner Entwicklungs- und Wachstumsphase entstehen, sondern feinsinnig aufsteigende Gedanken, die dann erst zu unzüchtigen Reaktionen des Körpers führen. Der Körper scheint zunächst ganz unbeteiligt und unberührt zu sein und man meint, Herr über alle erotischen und sexuellen Gefühle zu sein. Die Entstehung der aus dem Inneren aufsteigenden Gedanken und Vorstellungen sind sehr komplexer Natur. Wir werden ihnen nicht gerecht, wenn wir diese sogenannten verkehrten sexuellen Angriffe einzig und allein dem bösen Widersacher zuschreiben.

Die dunklen, unkeuschen und zur Sünde führenden Gedanken, die langsam aufsteigen, werden immer konkreter und lebendiger und stecken zuletzt auch den Körper an. Es gibt noch ein anderes Anzeichen dafür, dass sich die Versuchungen vom Geistigen her zeigen, sich langsam heranschleichen und immer ungestümer werden – und das, wenn wir nichts dergleichen veranlasst und keine Gelegenheit gegeben haben. Die dunklen Gedanken und die absurden sexuellen Vorstellungen achten nicht darauf, ob ein Mensch sich gerade im Gebet befindet, die heilige Messe besucht oder sich an einem geweihten Ort aufhält. Selbst bösartig gesinnte Menschen würden hier zumindest ein wenig Ehrfurcht empfinden und nicht unbedingt an diese Dinge denken. Oft sind die sexuellen Bilder, die den Menschen – wo auch immer er sich befindet – überfallen, von nie da gewesener erdachter Art. Von dem, was ihm jetzt vorschwebt und vorgestellt wird, hat er vorher noch niemals etwas gehört, gesehen oder gelesen.

Es stellt sich die berechtigte Frage, woher diese abscheulichen Versuchungen kommen. Könnte nicht doch diese den Menschen plötzlich überfallene dunkle Gewalt – von der er genau weiß, dass er sie nicht verursacht hat, vom Bösen stammen? Die Psychologie wird viele eindeutige andere Erklärungen und Beweise liefern, aber trotzdem sollten wir Angriffe des zerstörerischen Widersachers nicht ausschließen.

Wir werden auf jeden Fall mit einer Anfechtung konfrontiert, die aller Wahrscheinlichkeit nach ihre Ursache und ihr Entstehen nicht in uns selbst hat. Die rein körperlichen sexuellen Begierden sind nicht der Auslöser, sondern eine dunkle Kraft, die in unserem Inneren wirkt. Die Auseinandersetzung mit diesem Überfall ist weitaus schwieriger und gefährlicher, als wenn lediglich unser Körper und seine sexuellen Wünsche die Ursache wären. Während des Wach- wie auch während des Schlafbewusstseins ist eine feindliche innere Kraft am Werk, die uns vom Wesentlichen ablenken und zerstören möchte.

Durch Müßiggang leisten wir dieser alles zersetzenden Kraft Vorschub, die nicht ruht, bis sie uns zu Fall gebracht hat. Ein hervorragendes Mittel, ihr Einhalt zu gebieten, besteht in einer guten Beschäftigung und einer uns fordernden Arbeit. Hieronymus, der zeitweilig sehr mit diesen Anfeindungen zu kämpfen hatte, empfiehlt die Vollbeschäftigung. Aus diesem Grund erlernte er die hebräische Sprache und gibt den Rat: »Immer finde dich der Teufel gut beschäftigt.« Er lobt das

Klosterleben, weil es hier keinen Leerlauf und keine längeren individuellen Rückzugszeiten gibt. Du wirst lernen, dem, den du vielleicht nicht liebst, Gehorsam zu leisten, pünktlich in Gemeinschaft zum Stundengebet zu gehen, für die fremden und Pilger liebend und dienend zur Verfügung zu stehen. Du lernst, wenn du beleidigt wirst, zu schweigen, zu vergeben und nichts nachzutragen; du lernst, Vorurteile abzubauen und über deine Vorgesetzten nichts Schlechtes zu sagen. Darüber hinaus gibt es noch viele weitere Vorzüge des Klosterlebens...

Wenn du in deinem Beruf und während deiner Arbeit mit wichtigen Aufgaben beschäftigt bist, dann gestatte anderen Gedanken einfach keinen Raum und keine Zeit, sich auszubreiten. Sind es verschiedene Aufgaben, die du verrichten musst, so lass dich auch in der Zwischenzeit nicht auf eventuelle verführerische sexuelle Versuchungen ein, sondern bleibe in einer gesunden Arbeitsspannung.

Manche Klöster wissen auch heute noch um die Notwendigkeit, jungen Männern und Frauen nützliche Beschäftigungen zuzuweisen, anstatt sie zu langen Gebeten und zum Alleinsein zu bewegen. Dies geschieht wegen der Gefahr, die ihnen die sexuellen Leidenschaften bereiten könnten. Aber auch hier gibt es keine gleich wirksame Regel für alle, denn jeder verfügt über individuelle Eigenschaften und ist in seiner Einmaligkeit verschieden von den anderen Menschen.

Die Kraft des Gebetes soll durch diese Aussage aber nicht herabgestuft werden. Es ist in jedem Fall und für jeden notwendig, um für den Lebensauftrag Mut, Entschlossenheit und Kraft zu gewinnen. Die Beschäftigten würden sich sonst beklagen, vom Gebet ausgeschlossen zu sein und sich fühlen wie ein Wagen, der schwer beladen ist, dessen Achse aber des Öls entbehrt. Gerade zur Zeit des Gebetes müssen wir damit rechnen – und Anfänger in ganz besonderer Weise –, dass uns wirre und zum Teil sündhafte Vorstellungen vorgeführt werden, um uns zu dem Entschluss zu bringen, das Gebet abzubrechen oder es gar ganz aufzugeben.

Das wahrhafte und tiefe Gebet der Hingabe jedoch besitzt die stärkste Waffe gegen alle Störenfriede, die sich von innen her erheben, um unser Beten zu zerstören. Dabei ist es wichtig, das Gebet und die damit verbundene Ausrichtung auf Gott nicht vorzeitig abzubrechen, sondern gegen unser momentanes Verlangen noch einige Zeit im Gebet zu verbleiben. Selbst wenn wir es nicht sofort einsehen: Das Gebet bewirkt Heil und ist das stärkste Mittel, dunkle und böse Kräfte abzuwehren.

Es kommt vor, dass während des Betens die verführerischen sexuellen Bilder, Vorstellungen und Gefühle derart überhand nehmen, dass es uns einfach nicht mehr möglich ist, in der stillen Ruhe vor Gott zu verweilen. Um jedoch nicht den widersacherischen Kräften das Feld zu räumen und zu kapitulieren, sollten wir, wenn wir sie geschlossen haben, die Augen öffnen, auf ein Kreuz schauen und laut beten. Sich dabei mehrere Male an die Brust zu schlagen, wirkt innerlich und äußerlich befreiend. Dabei bitten wir den Herrn inständig um seinen Beistand und seine Hilfe. Erleben wir des Öfteren eine solche Übermacht des Bösen, sollten wir uns einem Gott nahen und Gott liebenden Menschen anvertrauen und um seinen Rat bitten. Wir dürfen auf keinen Fall vor dem Bösen fliehen und uns vor ihm verstecken und damit den inneren und äußeren Ort der Auseinandersetzungen meiden.

Als die Leute Jesus in der Synagoge von Nazaret gehört hatten, entbrannten sie in Wut. *Sie sprangen auf und trieben Jesus zur Stadt hinaus; sie brachten ihn an den Abhang des Berges, auf dem ihre Stadt erbaut war, und wollten ihn hinabstürzen. Er aber schritt mitten durch die Menge hindurch und ging weg* (Lukas 4,29–30).

Wenn wir nicht aus Angst fliehen, sondern mitten durch die uns vernichten wollenden Kräfte hindurchgehen, wird der Herr unseren Feinden gebieten, sich ruhig zu verhalten oder gar sich aufzulösen.

Siebtes Kapitel

Bleiben wir standhaft und fliehen nicht vor dem Feind, sondern bieten ihm die Stirn, wird Gott uns einen tiefen inneren Frieden schenken. Allzu vertraulicher Umgang mit fremden Menschen ist zu meiden, um kein Feuer zu entzünden, dessen wir nicht mehr Herr werden.

Wenn der Herr sieht, dass es uns ein tiefes Anliegen ist, Unkeusches zu meiden, wird er uns in den Auseinandersetzungen und eventuellen Kämpfen auch unterstützen und uns zum Sieger machen. Wir empfangen seine alles vermögende Gnade und stellen erstaunt fest, dass unsere Feinde den inneren Frieden und das Gespräch mit Gott und die Stille vor ihm nicht mehr stören.

Wir sollten, um nicht in Versuchung zu geraten, den vertrauten und all zu persönlichen Umgang mit anderen Menschen meiden – der unter Eheleuten ist selbstverständlich ausgeschlossen. Seien wir nicht zu überheblich und meinen, dass ein sehr persönlicher Kontakt zu anderen uns absolut nichts anhaben kann. Wenn große Heilige schon schwer verwundet wurden durch unvorsichtigen Umgang, so dürfen wir erst recht nicht glauben, ohne Wunde davon zu kommen.

Leider kommt es immer wieder vor, dass Familienmitglieder derart von sexueller Leidenschaft ergriffen werden, dass sie sich an Personen der eigenen Familie vergreifen. Derartige schändliche Handlungen nehmen immer ein böses Ende (vgl. 2. Buch Samuel, 13). Selbst David, der ein Mann nach dem Herzen Gottes war, wurde durch den Anblick einer verheirateten Frau in Unglück und hässliche Sünden gestürzt. Er schickte den Ehemann Urija an die gefährlichste Front, sodass er fiel. Dann heiratete David Batseba, die ein Kind von ihm erwartete. *Dem Herrn aber missfiel, was David getan hatte* (2. Buch Samuel 11,27). Die Weisheit Salomos darf uns nicht darüber hinweg täuschen, dass er in seiner Jugend viele Nebenfrauen hatte, die, weil er sie liebte, sein Herz abtrünnig machten. *Als Salomo älter wurde, verführten ihn seine Frauen zur Verehrung anderer Götter, sodass er dem Herrn, seinem Gott, nicht mehr ungeteilt ergeben war wie sein Vater David* (vgl. 1. Buch der Könige 11,1–8).

Selbst wenn wir uns gegen das Laster der Unkeuschheit felsenstark fühlen, so dürfen wir uns hierin nicht täuschen und auf frühere oder gegenwärtige Keuschheit bauen. Die Geschlechtslust, wenn sie ungezügelt entflammt, ist im Stande, selbst die stärksten Gott zugewandten Herzen in einen Abgrund zu führen. Augustinus wollte nicht längere Zeit bei seiner Schwester wohnen, denn, so sagte er: »Die Frauen, die mit meiner Schwester verkehren und sie besuchen, sind ja nicht meine Schwestern.«

Es ist ratsam, diesen Weg der Vorsicht ebenso zu gehen, wie ihn viele Heilige gegangen sind.

Allzu sorglos mit diesem Thema umzugehen und sich in falscher Sicherheit zu fühlen, kann für uns und andere sehr gefährlich werden. Viele haben sich täuschen lassen und sind bedauernswürdig tief gefallen. Die Natürlichkeit und Unbeschwertheit, die innere Freude und Heiterkeit sind wohl kaum nach sündhaft sexuellem Verhalten wiederzugewinnen. Ein König, der seine Tochter sehr liebt, möchte sie ihrer hohen Würde gemäß verheiraten, greift aber nicht in die Partnersuche seiner Tochter ein. Als die Königstochter einen entsprechenden Königssohn gefunden hat und vor der Heirat steht, muss sie ihrem Vater gestehen und um Verzeihung bitten, dass sie nicht bis zu diesem Augenblick habe warten können und bereits mit einem Mann verkehrt habe.

Achtes Kapitel

Gerade geistlich lebende und Gott zugewandte Menschen werden in besonderer Weise in Versuchung geführt – ohne es anfangs zu bemerken. Wie kann man rechtzeitig diese raffinierten Täuschungen aufdecken?

Man sollte es nicht für möglich halten: Geistlich lebende Menschen und diejenigen, die konsequent einen Glaubens- und Gebetsweg gehen, bemerken oft gar nicht, dass sie sich im Fallen und Sinken befinden. Alles erscheint ihnen wie ein Fortschritt in ihrer Seele und im Vertrauen darauf suchen sie Gespräche und Unterhaltungen mit anderen. Dadurch entstehen menschliche Bindungen in ihrem Herzen, die sie als solche nicht erkennen, aber sie Schmerz fühlen lässt, wenn sie einander nicht sehen. Ruhe tritt erst wieder ein, wenn sie sich begegnen und miteinander sprechen. Allmählich gibt der eine dem anderen die Liebe zu erkennen, die sie zueinander haben, und sie genießen es, Zeit miteinander zu verbringen. Das, was zunächst für die Seele heilsam und gut war, dehnt sich auf körperliche Wünsche aus. Mit einem wachsenden Verlangen denken sie aneinander und schicken sich gegenseitig Briefe und Liebesgeschenke.

Diese Art von Schmeicheleien kennt die wahre und heilige Liebe nicht. Die Ursachen ihrer Begegnung und der Freude daran hielten die Beteiligten, die ihren Umgang zuerst ohne böse Regung empfanden, für eine Sache Gottes. Vielleicht steckt die gemeine Taktik des Zerstörers dahinter, der zunächst Sicherheit vortäuschte, um dann die Menschen in die Falle zu locken.

Ein Beichtgespräch sollten wir nicht zu lange ausdehnen. Es ist mit entsprechender Kürze das zu sagen, was notwendig ist, ohne dass wir andere Gesprächsthemen einmischen. Gott sei Dank, wenn wir einen guten Beichtvater gefunden haben. Wir dürfen ihn lieben als jemanden, den uns der Herr geschenkt hat. Doch immer wieder ist sehr gewissenhaft abzuwägen, ob diese Liebe auch geistig bleibt, da sie auch sündhaft werden kann, wenn sie die Grenzen überschreitet. Der Kontakt darf niemanden in Gefahr bringen, denn es ist etwas Leichtes, dass die geistige Liebe in eine körperliche übergeht. Räume also deinem Beichtvater nicht zu tief in deinem Herzen einen Platz ein, sondern lass dein Herz ihm nah sein als einem Freund. Denke an ihn, indem du das befolgst, was er dir rät – ohne dich an ihn zu binden. Sieh in ihm denjenigen, den dir Gott geschenkt hat, um dir den Weg zu immer tieferem Einswerden mit Jesus Christus zu zeigen – ohne dass er sich in deine Begegnung mit Christus einmischt.

Man sollte sich bemühen, jedes Ärgernis, das andere aufgreifen könnten, zu vermeiden. So hat man versucht, Maria, der Mutter Jesu, etwas Unehrbares zu unterstellen. Damit dies nicht geschehe, wollte Gott, dass sie vermählt ist. Daher ließ sich Jesus lieber für den Sohn Josefs halten, obgleich er es nicht war, als dass die Menschen etwas Böses von seiner Mutter sagen würden, wenn sie sähen, sie habe einen Sohn und sei nicht verheiratet.

Durch eine zu intensive Verbundenheit mit anderen Menschen kann ein Zustand herbeigeführt werden, der unserer Seele die Freiheit raubt, während des Gebetes und wann immer Gott es möchte, ungebunden und leicht zu ihm empor zu fliegen. Darum sollten wir darauf achten, dass wir den höchsten oder gar den tiefsten Platz in unserem Herzen nicht vergeben, sondern ihn unserem Herrn Jesus Christus vorbehalten. Die Vertraulichkeit mit anderen, besonders mit fremden Menschen, darf nicht zu groß werden, sonst entsteht Ärgernis und Verwirrung. Denn unser Herz darf nicht in Unruhe und Verwirrung geraten, weil sich gerade daraus eine gefährliche Versuchung entwickelt.

Neuntes Kapitel

Das innerliche Gebet trägt hauptsächlich dazu bei, dass wir nicht den mannigfaltigen Versuchungen dieser Welt erliegen, sondern in einem immer größer werdenden Frieden mit Gott, mit uns selbst und anderen Menschen leben.

Das beste Mittel, um Versuchungen nicht zu erliegen und in Sünde zu fallen, ist das Gebet. Das wahrhaft innerliche Gebet ist nicht nur eine Waffe, um siegreich gegen das Laster der Unkeuschheit zu kämpfen, sondern es ist auch das einzige Mittel, es ganz zu vernichten. Wenn die Seele nach Gott verlangt und sich mit ihm auseinandersetzt, wird Gott sie segnen und ihr eine Fülle von Gnaden und inneren Frieden schenken. So erging es Jakob am Jabbok, der mit einem Mann rang, von dem er nicht wusste, dass es Gott war. *Der Mann sagte: Lass mich los; denn die Morgenröte ist aufgestiegen. Jakob aber entgegnete: Ich lasse dich nicht los, wenn du mich nicht segnest* (Genesis 32,27). Jakob, der sich bis zum Letzten mit Gott auseinandergesetzt hatte und von ihm an der Hüfte verletzt wurde, empfing von ihm den Segen und sein Stamm wurde zum großen Volk Israel. Durch den Kampf wird der Körper zwar in seiner Funktion eingeschränkt, die Seele aber befreit, indem sie auf Gott hin bewegt und zu höheren Empfindungen befähigt wird.

Wenn die sexuelle Begierde und die damit verbundene Lust in sündhafter Weise missbraucht werden, schwindet die Spannkraft des Geistes. Aber glücklicherweise geschieht es auch umgekehrt: Diejenigen, die vom göttlichen Geist berührt wurden und von ihm gekostet haben, erleben, dass die körperlichen

Wünsche und deren Befriedigung keine Macht mehr über sie haben. Einige berichten, dass die göttliche Liebesgewalt, die sie für Augenblicke erleben durften, überwältigend gewesen sei und sie ihren Körper wie aufgehoben erlebt hätten.

Es wird aber auch von Erfahrungen berichtet, dass Gottesbegegnung und die damit verbundene Kräftigung des Geistes die körperlichen Kräfte auf eine ganz besondere Weise stärken. Die natürlichen Grenzen des Körpers und der Wahrnehmung werden entgrenzt und der gesamte Körper wird leicht und lichtvoll durchstrahlt von göttlicher Liebe. Vielleicht dürfen wir diesen ausgewogenen und erlösten Zustand von Körper, Geist und Seele einmal dauerhaft erfahren, wenn wir diese Welt hinter uns gelassen haben und in der Anschauung Gottes leben.

Doch wie viele Menschen gehen den umgekehrten Weg, indem sie wegen übersteigerter Lust und Freude an den Geschöpfen Gott beleidigt und verlassen haben. Sie sollten wissen und wenigstens einmal die Erfahrung machen, dass die dauerhafte innere seelische Freude, die Gott schenkt, unvergleichlich größer und erfüllender ist als die schnell wieder versiegenden Lustgefühle bei der körperlichen Befriedigung! In dieser Welt gibt es nichts Bleibendes und Dauerhaftes – alles vergeht. Die Früchte, die wir von den Bäumen dieser Welt ernten oder uns nehmen, bevor sie reif sind, bleiben nur eine kurze Zeit genießbar und verderben schnell. Die himmlischen Früchte jedoch, die uns der Schöpfer vom Baum des Lebens schenkt, werden uns zur Speise für das ewige Leben.

Die tiefe innere Freude, die wir empfangen, wenn wir uns dem Herrn zuwenden und uns ihm gegenüber öffnen, ist ein Geschenk des Himmels an uns, das nie vergeht. Das, was der Schöpfer uns an geistigen Gaben zukommen lässt, ist wie er selbst ohne Mangel: ewig, sanftmütig, gewaltlos, unendlich schön, vollkommen und unveränderlich. Der Geschmack, den ein zubereitetes Rebhuhn hat, ist der Geschmack von einem Rebhuhn, und die Lust, die ein Geschöpf gewährt, entspricht ihm und riecht nach dem Geschöpf. Wer aber auszusprechen vermag, was Gott ist, der wird das Wesen Gottes als unbegreiflich beschreiben und all das, was von ihm kommt, ebenso. Wenn jemand Geschmack an Gott gefunden hat und sich ihm zuwendet, um seine Gnade und Güte zu erfahren, den verlangt es danach, mehr und mehr in das unendliche Wesen Gottes einzutauchen. Die unendlichen Gnadenströme der Liebe, die Gott für einen jeden von uns bereitet hat, werden von ihm unsichtbar aufbewahrt bis wir einmal ganz und gar fähig geworden sind, sie zu empfangen. Nichts in dieser Welt der Vergänglichkeit und des Übergangs – auch nicht die Freude mit und an den Geschöpfen – wird uns dann mehr so fesseln können wie das Geschenk des Himmels aus Gottes Hand.

Du, Herr, bist voll der unendlichen Güte.
Aus dir entströmt Gnade über Gnade.
Die Engel und die Seligen im Himmel
genießen deine liebende Gegenwart
mit den Fähigkeiten, die du ihnen verliehen hast.
Möge auch uns einmal vergönnt sein, dich zu schauen.

Das Meer deiner Liebe ist unermesslich und unendlich.
Alle, die bei dir sind, durchdringst du mit deiner Liebe.
Du, Herr, bist unser Schöpfer und unser Vater.
Tiefe Ruhe und Frieden hast du in unsere Seele gelegt.
Du lädst uns zu dir ein, um sie wiederzufinden,
denn ohne geheiligte Ruhe und göttlichen Frieden
vermögen wir nicht, auf Dauer zu leben.

Wir haben sündhafte Freuden bei den Geschöpfen gesucht,
finden aber in dieser Welt keine erfüllende bleibende Freude.
Deinem göttlichen Wort folgen wir: »Kommt alle zu mir,
die ihr belastet seid, ich möchte euch Ruhe schenken.«
Zu deiner Rechten wird es unendliche Freuden geben,
die du allen verheißen hast, die auf dein Wort hören.

Aus Liebe ziehst du uns aus der Vergänglichkeit dieser Welt in dein ewiges Reich immerwährender Freude.
Aus dem Strom deiner Seligkeit wirst du uns trinken lassen und uns niemals mehr deine göttliche Liebe entziehen.

Wie wunderbar wäre es, wenn der Herr auch zu uns einmal sagen würde: *Komm, nimm teil an der Freude deines Herrn!* (Matthäus 25,23) Wie kann es andererseits sein, dass der Mensch die sinnliche sexuelle Lust, die auch die Tiere des Feldes genießen, weitaus höher schätzt, als die friedenstiftende geheiligte Ruhe in Gott? Deine ungezügelten sexuellen Leidenschaften sind wie gemeine Räuber, unter deren Füße du sooft den Herrn bringst, wenn du dich diesen Leidenschaften hingibst. Erhebe dich durch das Gebet über die schmutzigen Gelüste des Fleisches und bitte den Herrn, er möge dir ein Wohlgefallen an seiner Liebe und Güte schenken, das dich täglich neu sehnsuchtsvoll in seine Nähe zieht. Blickst du dann vom Berg des Gebetes, auf dem du dich sicher und geborgen fühlen darfst, auf die vielen Unglücklichen, die infolge ihrer sexuellen Verwirrung durch die tiefen Täler des Lebens irren, wirst du einen Schmerz in deiner Brust fühlen und Mitleid mit ihnen haben. Du wirst für sie beten, dass sie aufmerken und der Herr sie findet und mit seiner über alles stehenden Liebe ihre Seele berührt.

Man darf sich nicht vorstellen, was alles mit einem Menschen an qualvollen Dingen geschehen wird, wenn er nicht abläßt von seinen verkehrten Machenschaften und nicht zum Quell ewigen Lebens zurückkehrt.

Zehntes Kapitel

Weitere Hilfsmittel und Zufluchtswege, die wir anwenden und gehen müssen, damit das zügellose sexuelle Begehren frühzeitig zurückgewiesen und im Keim erstickt wird. Diesem Feind darf kein Zutritt in unser Inneres gewährt werden.

Die Mittel, die du erfährst, um den Feind rechtzeitig zurück zu weisen, solltest du nicht nur in der Zeit der Versuchung anwenden, sondern auch außerhalb dieser Zeit – wann immer du es vermagst.

- Wenn dir die sexuelle Versuchung den ersten Streich spielt oder gar den ersten Schlag versetzt, bezeichne sofort deine Stirn oder dein Herz mit dem Kreuzzeichen. Dann rufe laut oder, wenn die Umstände es nicht erlauben, nur innerlich den heiligsten Namen Jesu an, denn im Namen Jesu erfahren wir Heil. Tritt vor oder unter das Kreuz und vollziehe nach, was der Herr unserer Sünden wegen erlitten hat. »Herr, du giltst mir mehr als alle schnell vorüberziehende körperliche Lust. Sei du meine Stärke und mein Heil, ich möchte dich lieben.«
- Wenn sich die Versuchung immer noch nicht verflüchtigt, dann bete für die vom Feuer der Unkeuschheit entbrannten Menschen und für diejenigen, die in dieser Sünde verstorben sind und den Weg zum Vater nicht zurück gefunden haben. Denke daran und frage dich, wie es ihnen jetzt gehen mag und wo sie sich befinden. Möchtest du diesen Weg weiter gehen, wie sie ihn gegangen sind?
- Wenn die Versuchung immer noch nicht von dir weicht, dann steige im Geist zum Himmel empor und erlebe, dass dort keine Sünde zu finden ist. Atme die Atmosphäre reiner Keuschheit und sei davon überzeugt: Menschen, die nicht von ihrem sexuellen Fehlverhalten lassen konnten, haben hier keinen Platz. Bleibe einige Zeit in dieser Anschauung und spüre, wie du neue geistige Kraft gewinnst, die die Verlockungen der Versuchung nicht mehr wichtig sein lassen.

- Für einige – aber durchaus nicht für alle – kann es die Versuchung mildern oder gar ausräumen, wenn sie sich die im Grab liegenden männlichen und weiblichen Körper vorstellen, wie sie verfallen sind und in Verwesung übergehen.
- Am hilfreichsten jedoch ist es, sich an Jesus Christus zu wenden und sich die Situation vor Augen zu führen, wie er, an eine Säule gefesselt, gegeißelt wird oder wie er ans Kreuz genagelt ist – den Tod vor Augen.

»Du, Herr, bist voll der Schmerzen. Und ich begehre für meinen Körper verkehrte lustvolle Befriedigung und Gefühle der Wollust! Diese egoistischen Gefühle, die die Menschen beim Übertreten deiner Gebote genießen, nimmst du durch die grauenvollen Geißelhiebe und die Todesqualen am Kreuz büßend auf dich. Ich möchte Abstand nehmen von allem Tun, das dich beleidigt und dir weh tut. Hilf mir und schenk mir deine Gnade und die Kraft, der Versuchung zu widerstehen.«

- Auch Maria, die Mutter des Herrn, die bei allem, was geschieht, bescheiden im Hintergrund steht, wird dir helfen, der Versuchung nicht zu unterliegen und zu fallen. Stelle die Lauterkeit ihres Herzens und die Makellosigkeit ihres Leibes deiner Unlauterkeit und deinen verkehrten sexuellen Absichten gegenüber – und du wirst diese verabscheuen wie die Finsternis, die vor dem Licht schwindet.
- Ein hervorragendes Mittel gegen jede Versuchung ist die Versenkung, die beim innerlichen Gebet geschieht. Indem du bewusst keine neuen Gedanken denkst, schließt sich langsam die Pforte deines Verstandes. Wenn du dagegen die Pforte öffnest, um einen guten Gedanken aufzunehmen, geschieht es, dass ein böser Gedanke mit seinen sündhaften Vorstellungen bei dir Einlass findet. Befiehl dem Pförtner, deinem Gewissen, zum einen beim innerlichen Gebet keinen Gedanken in dein Inneres zu lassen, und zum anderen außerhalb des Gebetes keinem verführerischen Gedanken Einlass zu gewähren.
- Eine weitere kleine Übung kann vor oder nach deinem Gebet zusätzlich hilfreich sein: Breite die Arme zu beiden

Seiten horizontal aus. Beuge dann sanft und langsam deine Knie. Richte dich wieder auf, balle deine rechte Hand zur Faust und schlage dir mehrmals an die Brust. Wiederhole diese leichte körperliche Übung, die zum Gebet wird, mehrere Male mit der inneren unausgesprochenen Bitte, der Gekreuzigte möge die Versuchung von dir nehmen und dich nicht schuldig werden lassen.

* Eine andere wertvolle Übung besteht darin, die ungeordnete Sexualität Gott hinzugeben mit der Bitte, er möge sie wandeln. Atme – während du sitzt – etwas länger aus und tiefer ein. Lege deine Anspannung in das Ausatmen hinein und gebe sie somit ab. Stelle dir beim Einatmen vor, du atmest durch dein Geschlechtszentrum ein. Führe in deiner Vorstellung den eingeatmeten Luftstrom langsam deine Wirbelsäule hinauf bis in den Kopf. Atme jetzt den hochgezogenen Luftstrom aus. Wiederhole einige Male diese bewusst geführte Atmung.

Wenn die Vitalkraft der Lendengegend die ihr gesetzten Grenzen überschreitet, kann sie zu einer großen Last werden und drängt – durch die natürliche Veranlagung begünstigt – zum unerlaubten Verkehr. Es gehört eine große Sorgfalt dazu, die Geschlechtskraft in rechte Bahnen zu lenken. Der Lendengürtel symbolisiert die Keuschheit und möchte verhindern, dass ungeordnete diffuse sexuelle Kräfte nach außen drängen und befriedigt werden. *Johannes trug ein Gewand aus Kamelhaar und einen ledernen Gürtel um seine Hüften* (Matthäus 3,4). *Legt euren Gürtel nicht ab, und lasst eure Lampen brennen* (Lukas 12,35). *Der Engel aber sagte zu Petrus: Gürte dich und zieh deine Sandalen an!* (Apostelgeschichte 12,8)

* Der Empfang der heiligen Eucharistie steht über all den vorbeugenden Mitteln, nicht der Versuchung zu erliegen. Gehe mit gebührender Vorbereitung zum Tisch des Herrn und nimm seinen vom Heiligen Geist gestalteten Leib in dich auf. Dieses größte und wunderbarste sakramentale Heilmit-

tel wird deine unkeuschen Gedanken und Vorstellungen vertreiben und auflösen. Würden wir die Gnade, die uns geschenkt wird, wenn Jesus Christus in unser Herz eingeht, wahrhaft erkennen und wertschätzen, so würden wir unseren Leib als kostbares Gefäß oder gar Zuhause ansehen, in dem Gott wohnt. Allein schon aus diesem Grund würden wir vor aller Unlauterkeit und Unkeuschheit fliehen.

* Wird denn nicht unser Leib – abgesehen von unserer Seele – in ganz besonderer Weise geehrt und geweiht, wenn der Mensch gewordene Gott, Jesus Christus, in der heiligen Kommunion sich mit uns vereint? Es müsste für mich zur Selbstverständlichkeit werden, wenn ich den reinen Leib Christi mit meinen Augen sehe, mit meinen Händen berühre, mit meinem Mund empfange und in mein Herz aufnehme, dass ich mich entsprechend vorbereite – sowohl seelisch als auch körperlich. Die unaussprechliche Ehre, die mir der Herr erweist, gibt mir die Kraft, ihn gebührend zu empfangen, und dazu gehört, dass ich auch körperlich nicht sündige. Bei diesem liebenden Entgegenkommen darf ich den Herrn, der mich im Haus meines Leibes besucht, nicht durch sexuelle Vergehen kränken und beleidigen. Da er mich zu seinem Tisch geladen hat, bittet er mich, das Hochzeitsgewand anzulegen und ihn würdig zu empfangen.

* *Wer also unwürdig von dem Brot isst und aus dem Kelch des Herrn trinkt, macht sich schuldig am Leib und am Blut des Herrn. Jeder soll sich selbst prüfen; erst dann soll er von dem Brot essen und aus dem Kelch trinken. Denn wer davon isst und trinkt, ohne zu bedenken, dass es der Leib des Herrn ist, der zieht sich das Gericht zu, indem er isst und trinkt* (1. Korintherbrief 11,27–29).

* Wenn du trotz dieser Betrachtungen und der Anwendung der Hinweise zu keinem Erfolg gekommen bist und du das sexuelle Begehren immer noch nicht unter die Kontrolle deines Geistes gebracht hast, komme auf keinen Fall auf den Gedanken, dir Schmerz zuzufügen oder gar die Vitalkraft in

dir abzutöten. Denke vielmehr an den Schmerz, den die Nägel verursacht haben, mit denen unser Herr ans Kreuz geschlagen wurde. Stelle dir die vielen Geißelhiebe vor, die Jesus ertragen musste. Sie haben seinen Rücken und sein Gesicht getroffen und verursacht, dass sein linkes Auge auslief. Möge dein Körper endlich diese grausame Sprache verstehen und sich in seinem unbeherrschten Verlangen beruhigen.

Das, was von einigen Heiligen zur Abtötung ihrer sexuellen Begehren berichtet wird, darfst du niemals nachahmen. Einer legte sich mit entblößtem Körper auf ein Dornengestrüpp; ein anderer stieg im Winter bei Eis und Schnee in einen Teich und blieb so lange im Eiswasser, bis erste Erfrierungserscheinungen eintraten und gleichzeitig in der Freude, dass er seine sexuellen Wünsche besiegt und abgetötet habe. Jemand anderes hielt seine Hand in ein Feuer und berichtete, dass dadurch das Feuer aufhörte, das seine Seele peinigte. Es gibt viele weitere grausame Verhaltensweisen, die sich gegen den eigenen Körper richten, uns aber keinesfalls Vorbild sein dürfen. Viele Heilige haben sich am Ende ihres Lebens beim Herrn entschuldigt und um Vergebung gebeten, dass sie ihren Körper so misshandelt haben, anstatt auf andere Weisen ihre sexuellen Kräfte zu kanalisieren.

Wir dürfen jedoch nicht oberflächlich darüber hinweg gehen, wenn das Leben unserer Seele durch fehlgesteuerte sexuelle Vorstellungen und Handlungen beginnt, überschattet zu werden und Schaden zu nehmen. Es darf nicht soweit kommen, dass die Feinde unserer Seele, die von ihrer tiefsten Natur aus nach Gott verlangt, uns berühren und sogar mit der Lanze verwunden. *Flieh vor der Sünde wie vor der Schlange; kommst du ihr zu nahe, so beißt sie dich* (Jesus Sirach 21,2). Es gibt viele weitere Möglichkeiten, vor dieser Schlange zu fliehen. Jeder ergreife daher die Mittel, die er für sich selbst am angemessensten hält und mit denen er die beste Erfahrung gemacht hat, um nicht in den alles mitreißenden Sog verkehrter sexueller Kräfte zu geraten.

Elftes Kapitel

Ursachen, die begründen, dass jemand in Unkeuschheit versinkt. Die von diesen Menschen ausgehende dunkle und ansteckende Kraft ist nicht zu unterschätzen. Was uns ermutigt und kräftigt, diesem zerstörerischen Sog zu entkommen.

Es können nicht genügend Hinweise gegeben werden, um dem gefährlichen Sog zu entkommen, der uns auf das unterste Niveau sündhaft ausgelebter sexueller Kräfte ziehen möchte. Wir sollten nichts unversucht lassen und kein Aufwand darf uns zu groß erscheinen, um der Verkehrtheit zu trotzen und Herr über unsere Sexualität zu werden. Nach all dem Gesagten und noch weitaus mehr nach der inneren Stimme unseres Gewissens sollte uns der große Wert dieses Edelsteins – nicht unkeusch zu leben und keine unkeusche Handlung auszuführen – bewusst sein.

Es gibt die verschiedensten Ursachen, die bewirken, dass Menschen – Gott abgewandt – in Unkeuschheit leben.

- Viele Menschen, die von ihrer religiösen Prägung her unkeusches Verhalten meiden möchten, werden es leid, einen fortwährenden Kampf gegen sich selbst zu führen und übergeben sich mit einem bedauernswerten Entschluss ihrem Feind. Dieser ist schon nach kurzer Zeit in der Lage, den Menschen total zu fesseln.
- Es gibt Menschen – wenn sie auch nicht auf besondere Weise versucht werden –, die von Natur aus eine Beziehung zu niedrigen und schmutzigen Dingen haben, die sie dann auch mehr oder weniger ausleben. Die Unkeuschheit bietet sich ihnen an und sie geben sich ihr spontan hin. Da das Niveau

ihres Bewusstseins und ihres Herzens ein relativ niedriges ist, verstehen sie nicht, wie Menschen zu leben, die sich vom natürlichen Verstand leiten lassen. Ihr Leben folgt einzig und allein der sinnlichen Begierde.

- Wiederum andere, die sich von Natur aus nach der Vernunft richten und, wenn sie wollten, ein edles Herz haben könnten, beschäftigen sich zunächst intellektuell, dann visuell und letztlich praktisch mit perversen Dingen, die diese Menschen dann ganz in Beschlag nehmen. Kein Tier würde so unnormal leben wie sie es tun. Das Leben dieser Menschen kennt schließlich nichts anderes, als der sinnlichen Begierde und Befriedigung zu folgen. Menschen, deren Vernunft bei allem, was sie tun, ausgeschaltet ist und die von ihrer verkehrten Sexualität getrieben werden, werden zu einer Gefahr für die gesamte Menschheit. Sie übertragen seelische und körperliche Krankheiten, gegen die es eines Tages kein irdisches Heilmittel mehr gibt.

- Menschen in hochrangigen weltlichen und kirchlichen Positionen wie auch Menschen aus anderen Berufsschichten werden unsichtbar von ihren sexuellen Begierden und Praktiken am Zügel geführt – und oft ist ihnen diese Abhängigkeit nicht einmal bewusst. Weil es so viele sind, scheint es der Fall zu sein, dass sie niemand wahrnimmt. Man stelle sich dieses widernatürliche Bild vor, das nicht nur Staunen, sondern auch Entsetzen hervorrufen würde: Ein wildes Tier hält einen Menschen gefesselt und schleppt ihn dahin, wohin der Mensch von seiner ureigensten Natur aus nicht möchte. Der Mensch, der vor diesem Tier fliehen oder es beherrschen sollte, wird von ihm beherrscht. Warum sehen es so wenige Menschen, dass bereits in einem schönen und jugendlichen Körper eine Seele wohnen kann, die durch die sinnlichen Lüste bereits tot sein könnte? Hinzu kommt, dass, wenn Menschen die Einsicht haben, dies zu erkennen, sie sich eher schweigend zurückhalten als helfend einzugreifen.

Es gibt viele Seelen, die das Höllenfeuer der verkehrten sinnlichen Lust in Flammen gesetzt hat. Sollte es wirklich niemanden geben, der dies erkennt, von Mitleid gerührt ist und von Herzen betet: *Zu dir rufe ich, Herr; denn Feuer hat das Gras der Steppe gefressen, die Flammen haben alle Bäume der Felder verbrannt* (Joel 1,19). Wie viel Menschen müssten über ihre Familienangehörigen weinen, wenn sie bei ihnen bis auf den Seelengrund schauen könnten! Wenn es doch mehr Betende und Fürbitter gäbe, die wie die Witwe über ihren toten Sohn bitterlich weinen würden, um die Barmherzigkeit Jesu Christi anzuflehen, den seelisch Verstorbenen wieder in das Leben zurück zu führen.

Wir dürfen nicht schlafen und es versäumen, für die Menschen, die sich durch Sünde von Gott entfernt haben, fürbittend einzustehen. Möge es nicht geschehen, dass der Herr niemanden findet, der sich dieser Menschen erbarmt und sie betend dem Herrn empfiehlt. Jahwe suchte unter den Bürgern des Landes, die durch ihre Lebensweise heruntergekommen waren, *einen Mann, der eine Mauer baut oder für das Land in die Bresche springt, damit er es nicht vernichten muss; aber er fand keinen. Darum schüttete er seinen Groll über sie aus* (Ezechiel 22,30–31).

Die ungesteuerten sexuellen Kräfte, über die wir lange gesprochen haben, sind in der Lage, die Seelen auch junger Menschen völlig zu entstellen und sie dem liebenden Einfluss Gottes zu entziehen. Begegnet uns eine gut aussehende Frau oder ein gut aussehender Mann, so betrachte das Gesicht und den Körper der Frau oder des Mannes nicht allzu lange und schau ihnen auch nur kurz in die Augen, um nicht Kräfte in dir zu wecken, die du eventuell nicht mehr zähmen kannst. Richte lieber deine Augen auf die Seele dieses Menschen und denke daran, wie anfällig und vergänglich der Körper ist. Die Seele ist zwar verborgen, doch existiert sie – von Gott geschaffen für die Ewigkeit. Der Wert einer Seele ist unvergleichbar größer als alles Körperliche, das ebenso von Gott ins Leben gerufen ist.

Ganz von selbst wird jetzt das Gewicht, das wir auf die Seele eines Menschen legen, weitaus größer und erhabener sein, als die Betrachtung seines Körpers. Uns fällt für uns selbst wie auch für andere, die der Herr uns begegnen lässt, die wunderbare Aufgabe zu, sowohl im Leib als auch in der Seele eine Wohnung für Gott zu bereiten. In diesem Licht sind die folgenden Worte zu verstehen:

* *Wisst ihr nicht, dass ihr Gottes Tempel seid und der Geist Gottes in euch wohnt? Wer den Tempel Gottes verdirbt, den wird Gott verderben. Denn Gottes Tempel ist heilig, und der seid ihr* (1. Korintherbrief 3,16–17).
* *Oder wisst ihr nicht, dass euer Leib ein Tempel des Heiligen Geistes ist, der in euch wohnt und den ihr von Gott habt? Ihr gehört nicht euch selbst; denn um einen teuren Preis seid ihr erkauft worden. Verherrlicht also Gott in eurem Leib!* (1. Korintherbrief 6,19–20)

Der Heilige Geist möchte sich als Herr deines gesamten Hauses der Seele und des Körpers bedienen, um beide zu guten Werken anzuregen. Die übergroße Ehre, die uns Gott erweist, besteht darin, dass er in uns wohnen möchte und unseren Körper als seinen »Tempel« betrachtet. Damit Gott in uns wohnen kann, legt er uns ans Herz, Körper und Seele zu kultivieren und ihre Kräfte nicht wahllos zu vergeuden. Verehre Gott, indem du ihm auch mit deinem Körper dienst und nichts tust, was Gott entehrt und für dich zum Schaden gereicht. Augustinus schreibt: »Nachdem ich erkannte, dass Gott mich erlöst und mit seinem kostbaren Blut erkauft hat, da wollte ich mich nicht mehr verkaufen.«

Mache dir bewusst, dass dein Körper, der vergänglich und verweslich ist, Unverweslichkeit und Ewigkeit in sich trägt, ein Wesen, das von Stufe zu Stufe Gott immer ähnlicher wird. Die Sehnsucht des Menschen ist der Himmel, wo er ein neues Lied singen und dem Lamm folgen wird. *Sie sind es, die sich nicht mit Weibern befleckt haben… Sie folgen dem Lamm, wohin es geht* (Offenbarung 14,4). Schau auf Jesus Christus, der dich an der Schwelle zum ewigen Leben erwartet, und du wirst eine Ahnung davon bekommen, welch große Gaben und welch unendliches Gut er im Himmel für dich bereit gestellt hat. Betrachte dein Leben von der Ewigkeit her und es wird dir leicht fallen, vielen Verlockungen dieser Welt eine Absage zu erteilen.

Zwölftes Kapitel

> Bejaht der Mensch sein sündhaftes Tun, wird ihm Gott seinen Beistand entziehen. Der sündige Mensch wird das Kostbarste verlieren, was er besitzt. Die Demut ist ein starkes Mittel, die Unkeuschheit zu besiegen und sie unter Kontrolle zu bringen.

Sie vertauschten die Herrlichkeit des unvergänglichen Gottes mit Bildern, die einen vergänglichen Menschen… darstellen. Darum lieferte Gott sie durch die Begierden ihres Herzens der Unreinheit aus, sodass sie ihren Leib durch ihr eigenes Tun entehrten (Römerbrief 1,23–24).

Die eine Sünde zieht eine andere, die noch weitaus schwerwiegender ist, nach sich. Durch die zunehmende Folge sündhaften Tuns, in die der Mensch einwilligt, verliert er den Beistand des Heiligen Geistes und die liebende Zuwendung Gottes. Die Ehebrecherin gleicht dann einem tiefen Schacht, in den sie selbst hineinfällt; der Ehebrecher und die fremde Frau einem engen Brunnen, in den sie beide hinabstürzen (vgl. Sprichwörter 22,27).

Jeder, der es versteht, mit seiner Sexualität Gott gemäß umzugehen, kommt letztlich zu dem Schluss, dass es nicht menschliches Verdienst ist, sondern ein Geschenk Gottes. Dieses Geschenk, das Gott uns aus seiner übergroßen Gnade zuströmen lässt, kann er uns jedoch auch wieder entziehen, wenn wir auf andere Weise sündigen. Stolz und Überheblichkeit zum Beispiel können so tief in uns verwurzelt sein, dass wir dieses Übel überhaupt nicht an uns wahrnehmen. Viele – und zu ihnen gehört zeitweilig auch Petrus – waren oder sind derart mit sich selbst zufrieden und vertrauen selbstbewusst auf sich selbst im festen Glauben, diese sogenannte Stärke käme von Gott.

In seiner unendlichen Weisheit erkennt Gott diese Krankheit und infolge seiner großen Barmherzigkeit und Liebe kann er sie heilen. Die damit verbundene Erkenntnis des Menschen, dass er zu seinem Unglück mit sich selbst zufrieden war und Gott mehr oder weniger ausklammerte, kann ein Erschrecken auslösen und sehr schmerzhaft sein. Die vorübergehende dunkle Nacht, die das Erkennen ausgelöst hat, ist jedoch keinesfalls so schwerwiegend wie das geheime Übel des Stolzes und der Überheblichkeit. Vor seinem Erkennen litt zwar der Mensch an Körper, Geist und Seele, konnte aber keine Ursache feststellen und somit auch kein Heilmittel anwenden. Durch die Barmherzigkeit Gottes geschieht nicht nur Einsicht, die häufig einen tiefen Fall nach sich zieht, sondern Gott schenkt reichlich Gnade, um wieder aufzustehen.

Der stolze Mensch ist es zum einen für sich allein und zum anderen überhebt er sich verachtend über andere, weil er ihre Schwächen sieht, zu denen vornehmlich auch die Unkeuschheit gehört. Gott wird das Laster der Überheblichkeit missfallen, wie ihm auch der Dank des Pharisäers missfiel: *Gott, ich danke dir, dass ich nicht wie die anderen Menschen bin, die Räuber, Betrüger, Ehebrecher oder auch wie dieser Zöllner dort* (Lukas 18,11).

◆ *Richtet nicht, dann werdet auch ihr nicht gerichtet werden. Verurteilt nicht, dann werdet auch ihr nicht verurteilt werden..., denn nach dem Maß, mit dem ihr messt und zuteilt, wird auch euch zugeteilt werden* (Lukas 6,37–38).

◆ *Wer sich selbst erhöht, wird erniedrigt, und wer sich selbst erniedrigt, wird erhöht werden* (Lukas 14,11).

Wer der Unkeuschheit entsagen kann, sollte darüber dankbar sein und gleichzeitig auch Gott bitten, ihm zu helfen, nicht doch eines Tages in diese Sünde zu verfallen. Er sollte sich nicht über diejenigen erheben, die gefallen sind, sondern Mitleid mit ihnen haben und alles versuchen, die Gefallenen wieder aufzurichten. Denke daran, dass du wie auch der in Unkeuschheit Lebende aus einem Stoff seid, und dass auch du, wie der andere gefallen ist, ebenso fallen kannst. Es gibt keine Sünde, die ein Mensch tut, vor der wir absolut sicher sein können. Wir verdanken es Gott, unserem Schöpfer und Heiland, dass er uns durch Gefahren sicher geleitet und unser Leben vor einem Absturz bewahrt.

Siehst du, wie jemand sich in sexuelle Abhängigkeit verstrickt, so erhebe dich nicht über ihn, weil es zurzeit nicht dein eigenes Problem ist, sondern sei bescheiden und vor allem demütig. Versuche im anderen trotz allem das Gute zu sehen und sei nicht wie eine giftige Schlange, indem du aus dem Schlimmen des anderen auch für dich ein Gift machst und Stolz bei dir aus dem Fall anderer entsteht und Neid aus dem Glück anderer. Dann wird es dir gleich den anderen ergehen, sodass auch du in Sünde fällst. Sei klug und erhebe dich nicht über andere Menschen, wenn du siehst, dass sie vom Weg abgleiten. Schau auf das Gute in ihnen und hilf ihnen, sich wieder aufzurichten.

Dreizehntes Kapitel

> Weitere Gefahren, durch die viele Menschen ihre edle Gesinnung verlieren und der Unkeuschheit anheim fallen. Das Wohlgefallen, das David an der fremden Frau hatte, möge abschrecken.

Zu denen, die auf beweinenswürdige Weise der Unkeuschheit anheim fielen, gehörte König David. Er ist der Stammvater Christi und daher löst sein Vergehen ganz besonders großes Bedauern aus. Beim Lesen seiner Geschichte, die im zweiten Buch Samuel aufgezeichnet ist, wird man vielleicht auch an seine eigene Schwäche denken. Der Kirchenlehrer Basilius der Große (329/330–379) führt den Fall Davids auf ein unbesonnenes Wohlgefallen zurück, das David an sich selbst fand, nachdem er von Gott eine Fülle von Gnaden empfangen hatte. In diesem Zustand sprach er anmaßend die Worte aus: *Im sicheren Glück dachte ich einst: ich werde niemals wanken* (Psalm 30,7).

In seiner übergroßen Freude dachte David nicht, dass etwas Schlimmes auf ihn zukommen könnte. Oft sind wir an guten Tagen wie David fest davon überzeugt, dass uns nichts Sündhaftes etwas anhaben kann. Verleiht uns der Schöpfer Kraft und inneren Frieden, so sollten wir diese Gaben demütig als ein Geschenk annehmen und nicht glauben, dass dieser Zustand ein dauerhafter ist. David musste dies schmerzhaft erkennen und drückt es mit den folgenden Worten aus: *Herr, in deiner Güte stelltest du mich auf den schützenden Berg. Doch dann hast du dein Gesicht verborgen. Da bin ich erschrocken* (Psalm 30,8).

Zu der Zeit, in der die Könige Israels gegen die Ungläubigen in den Krieg ziehen, blieb David in Jerusalem. Als er sich eines Abends auf dem Flachdach des Königspalastes erging, erblickte er eine sehr schöne Frau, die badete. Sie, Batseba, die Frau des Hetiters Urija, war die Ursache seines Ehebruchs und des Mordes an ihrem Mann. *Sobald die Trauerzeit vorüber war, ließ David sie zu sich in sein Haus holen. Sie wurde seine Frau und gebar ihm einen Sohn. Dem Herrn aber missfiel, was David getan hatte* (2. Buch Samuel 11,27).

Anstatt wie in den vorhergehenden Jahren seine Pflicht zu tun und mit den anderen Königen in den Krieg zu ziehen, blieb David in Jerusalem und erging sich dort zu seinem Vergnügen. Du verfällst unweigerlich ebenso in die Sünde der Unkeuschheit, wenn

♦ du dich in eine bestimmte Gesellschaft begibst, während andere, die Gott dienen möchten, ihr fernbleiben
♦ du müßig bist und deine Zeit vertust, andere dagegen arbeiten und gute Werke tun
♦ du deine Augen in alle nur möglichen Richtungen umherschweifen lässt, während andere Menschen ihre Augen auf das Ziel ihres Glaubensweges richten

* du schläfst oder gar die Nacht verbringst mit dem, was dich gelüstet, andere dagegen in der Nacht zum Gebet aufstehen und auch immer dann, wenn die sexuelle Wollust dich überfällt.

Wie kannst du glauben, Gott gemäß mit deinem sexuellen Leben umzugehen, wenn du dich den Sünden des sechsten Gebotes gegenüber in falscher Sicherheit wiegst, unbesorgt bist und die Möglichkeit entbehrst, dich bei Anfeindungen richtig zu verhalten? Täusche dich also nicht, denn wenn dein Wunsch, nicht sexuellen Ausschweifungen zu erliegen, nicht gleichzeitig von guten Werken und denen der Nächstenliebe begleitet wird, ist all dein Wünschen vergeblich und es wird dir ergehen, wie es David ergangen ist.

Der kostbare Edelstein, der uns durch rechten Gebrauch unserer Geschlechtlichkeit geschenkt wird, war einmal in dauerhaftem Besitz des Menschen als dieser noch vor dem Sündenfall im Paradies weilte. Doch infolge der Sünde, sein zu wollen wie Gott, bestrafte Gott die Menschen eben mit dem, worin sie sich vergangen hatten: Da die ersten Menschen ihrem Herrn und Gott nicht gehorchten, sollte Ähnliches an ihnen selbst geschehen. Der Untergebene des Menschen, die Sexualität, wird dem Menschen gegenüber ungehorsam und lehnt sich immer wieder gegen ihn auf. Die an sich untergebenen und untergeordneten sexuellen Kräfte verselbstständigen sich in ihrer Übermäßigkeit und widersetzen sich ihrer Gebieterin, der Vernunft. Könnte dies nicht eine Strafe für den Ungehorsam des Menschen gegenüber Gott sein? Denn der Mensch erfährt auf der Ebene des Fleisches durch die Übertretung des sechsten Gebotes Ähnliches: den Ungehorsam seiner eigenen sexuellen Kräfte, dessen Folgen er letztlich sehr schmerzhaft erleiden muss.

Neben Hadad hatte Salomo noch einen anderen gefährlichen Widersacher: Reson, den Anführer einer Freischar, der später König von Damaskus wurde. *Er war ein Widersacher Israels, solange Salomo lebte, und vermehrte das Unglück, das von Hadad ausging, er hasste Israel und herrschte über Aram* (1. Buch der

Könige 11,25). Lass es nicht zu, dass sich bei dir – wie Adad sich gegen König Salomo, seinen Herrn, auflehnte – die Lust deines Fleisches gegen dich empört, dich geißelt und verfolgt und dich in die Tiefe der Gottesferne hinabstürzt.

Wenn du das Gesagte nicht nur gelesen, sondern auch innerlich auf- und wahrgenommen hast, wirst du erkennen, wie wichtig es ist und dass Grund genug besteht, erst einmal auf dich selbst zu blicken und auf das, was in dir vorgeht. Da du selbst nicht in der Lage bist, dich genügend kennen zu lernen, solltest du den Herrn um Einsicht bitten, um die geheimsten Winkel deines Herzens zu durchforschen. So kannst du mit Gottes Hilfe zu neuen Erkenntnissen über dich selbst kommen und rechtzeitig Störfaktoren ausrotten, die den kostbaren Edelstein in dir überschatten oder gar zerstören könnten.

Vierzehntes Kapitel

> Nur das Vertrauen auf sich selbst zu setzen, ohne Gott zu leben und nichts für die eigene Weiterentwicklung zu tun, bringt uns einen erheblichen Rückschritt. Durch Gebet und Einsicht schenkt sich uns Umkehr und die demütige Haltung, aus der wir erneut beten und Gott um Bewahrung der Keuschheit bitten. Maria, die Mutter Gottes, und alle Heiligen mögen uns Fürbitter sein.

Da das Vergehen gegen das sechste Gebot die Menschen im Nachhinein am meisten quält und ihnen zu schaffen macht, soll in diesem und in den nächsten beiden Kapiteln noch einmal Bezug darauf genommen werden, um dann dieses Thema zu verabschieden.

Bei allem bisher Gesagten ist es wie mit jemandem, der alles notwendige Material zum Bau eines Hauses – wie Steine und Holz – zusammenbringt, doch letztlich nicht in der Lage ist, ein Haus daraus zu bauen. *Wenn nicht der Herr das Haus baut, müht sich jeder umsonst, der daran baut* (Psalm 127,1). Wir können noch so viel wissen, Ratschläge beachten und Mittel anwenden, um nicht in Unkeuschheit zu fallen – wenn der Herr uns seinen Segen dazu nicht gibt, bleibt alles Mühen umsonst. Viele Menschen sehnen sich nach einem geordneten und Gott gefälligen sexuellen Leben, doch trotz guter Vorsätze und eines redlichen Bemühens kommen sie auf bedauernswerte Weise zu Fall. Es geling ihnen nicht, ihr ungestümes Begehren in rechte Bahnen zu lenken und zu kultivieren. Jemand nahm in dieser Situation das vielsagende Wort des Petrus auf und klagte: *Meister, wir haben die ganze Nacht gearbeitet und nichts gefangen* (Lukas 5,5).

Häufig liegt die Ursache in einem übersteigerten Selbstvertrauen, das manche glauben lässt, die Keuschheit sei eine Frucht einzig und allein ihrer Mühen und Anstrengungen und brauche nicht vom Schöpfer unterstützt werden. Gerade weil diese Menschen Gott ausklammern und alles ihrer eigenen Leistung zutrauen, wurde ihnen ein Gott gemäßes sexuelles Leben nicht zuteil. Hochmütig zu sein, undankbar dem Geber alles Guten gegenüber zu sein und aus eigener Leistung die Keuschheit zu bewahren, wäre auf dem Lebens- und Glaubensweg eher Stillstand oder gar Rückgang. Ein Fall aus sexueller Schwäche dagegen – wenn er auch als solcher innerlich erlebt wird –, nimmt alle Überheblichkeit und Besserwisserei, macht den Gefallenen demütig, lässt ihn Tränen vergießen und Gott bitten, zu verzeihen.

Aber auch derjenige, der erkennt, dass die Sexualität und die zu ihr gehörende Keuschheit eine Gabe Gottes ist, wird durchaus keinen leichten und kurzen Weg zurücklegen müssen. Die genannten heilsamen Mittel und Wege sollten unter allen Umständen von uns angewandt und gegangen werden, um nicht unkeusch zu werden. Dies soll jedoch immer unter der Bedingung geschehen, dass wir nicht einzig und allein unser Vertrauen auf uns selbst setzen, sondern uns immer wieder auf Gott ausrichten, von dem alle Hilfe und Unterstützung kommt. Das hat auch David getan, und er rät es uns mit den folgenden Worten: *Ich hebe meine Augen auf zu den Bergen: Woher kommt mir Hilfe? Meine Hilfe kommt vom Herrn, der Himmel und Erde gemacht hat* (Psalm 121,1–2).

Hieronymus berichtet von sich, dass ihn die unkeuschen stürmischen Regungen und Begierden so stark in die Enge getrieben und gefesselt haben, dass all sein Bemühen, dagegen anzugehen, erfolglos war: strenges Fasten, lange Nachtwachen, das harte Lager auf der bloßen Erde, die schockartige Abkühlung durch kaltes Wasser und andere Versuche, die Lust des Fleisches abzutöten. Wie jemand, der ohne Schutz und Hilfe war und der in keinem Heilmittel ein Heilmittel fand, warf sich Hieronymus zu den Füßen des Gekreuzigten nieder und weinte bitterlich. Dabei rief er sowohl am Tag als auch in der Nacht laut zu Christus. Gott erhörte ihn und erfüllte ihm das Verlangen und das Sehnen seines Herzens. Ja, ihm wurde geistiger Trost in Fülle und eine wunderbare Heiterkeit geschenkt, sodass es ihm zeitweilig so vorkam, als weile er unter den Chören der Engel.

Gott wird all denen beistehen, die ihn beharrlich und aus tiefstem Herzen solange anrufen, bis er ihnen Hilfe gewährt. Wir dürfen aber auch die Heiligen um ihren Beistand bitten, die durch die »Berge« versinnbildlicht werden, zu denen David seine Augen erhob. Vor allem aber ist es Maria, die Mutter Gottes, die wir im Gebet anflehen dürfen, dass sie als Fürbitterin bei ihrem Sohn Gnade für uns erbitte. Maria ermutigt uns sogar, uns in all unserer Bedrängnis und mit all unseren Anliegen an sie zu wenden.

Viele, die Maria zur Fürbitterin erwählt haben, berichten, dass ihnen gerade in der Auseinandersetzung mit der eigenen Sexualität besondere Hilfe zuteil wurde. Sie sprechen von einem besonderen Schutz, den sie durch Maria erfuhren, ja, von einem Schirm, der durch die Mutter Gottes über ihnen ausgebreitet wurde, und der sie vor den widerwärtigen Angriffen bewahrte. Warum sollten wir uns nicht ebenso an Maria wenden und sie zu unserer besonderen Fürsprecherin wählen, damit sie durch ihre Fürbitte die körperliche und seelische Lauterkeit und deren Bewahrung erfleht? Maria, der diese Lauterkeit zu eigen war, wird auch alle, die sich von der Sünde der Unkeuschheit abwenden möchten, mit all ihren Kräften unterstützen. Wir dürfen darauf hoffen, dass sie uns ihre Aufmerksamkeit und ihre Augen zuwendet, unsere gute Absicht unterstützt und uns vor einem Rückfall in alte Sünden bewahrt.

Wie Maria auf Christus geschaut hat und sicherlich weiterhin auf ihren göttlichen Sohn schaut, so sei auch dir empfohlen, immer wieder in kindlichem Vertrauen Christus in die Mitte deines Lebens zu stellen. Bete beharrlich zu ihm und halte durch, auch wenn er dich nicht sofort erhört, sondern du dich durch Warten und Ausdauer erst noch bewähren musst. Auch die Heiligen werden dein Anliegen, wenn es aus einem aufrichtigen Herzen kommt, mit all ihren Kräften unterstützen. Doch flehe zuerst die Barmherzigkeit Gottes an, damit er dir die Gnade und Gabe schenke, der Unkeuschheit in Gedanken, Worten und Werken endgültig eine Absage zu erteilen. Nur der Schöpfer selbst verleiht diese Gnadengabe und möchte, dass jeder Mensch, dem er sie verleiht, diese göttliche Gabe erkennt und somit zutiefst erfährt, wer der Geber alles Guten ist. Aus der Fülle dieser Gnadenzuwendungen wird der Mensch, der weiß, wem er sich zu verdanken hat, mit all seinen inneren und äußeren Kräften Gott Lob und Dank sagen.

Fünfzehntes Kapitel

> Die Gabe, nicht den Versuchungen zur Unkeuschheit zu erliegen, ist nicht allen Menschen in gleicher Weise gegeben. Die Seele kann sich nicht entwickeln, wenn der Mensch immer wieder dieser Sünde verfällt. Widersteht er ihr aber, wird er selbst wie auch viele andere einen großen Gewinn davon haben.

Die Gabe, der Versuchung zur Unkeuschheit zu widerstehen, ist durchaus nicht allen Menschen in gleicher Weise gegeben. Einigen wird sie in Fülle zuteil, anderen weniger und wieder andere verfügen kaum über eine Widerstandskraft. Bei einigen Menschen hilft ihr fester Entschluss und ihr Vorsatz, die Sünde der Unkeuschheit zu meiden. Andere wiederum werden von unzüchtigen Vorstellungen gequält und ihr Leib muss entsprechende Versuchungen aushalten. Es gelingt ihnen zwar, nicht in das Böse einzustimmen, aber allein das Vorhandensein dieser Bilder und der Verlockungen betrübt sie sehr, denn die Verteidigung gegen diese ungestümen Forderungen macht ihnen sehr zu schaffen. Im Zustand des Betens können diese unverschämten Zumutungen an uns heran treten. Vielleicht erinnert diese Situation an Mose, der auf dem Gipfel des Berges Gott begegnet, während unterhalb des Berges das israelitische Volk Götzen anbetet.

Wer diese Erfahrung macht, sollte trotz allem Gott für das Gute danken, das er der Seele gewährt, und gleichzeitig sollte er die Unruhe der sexuellen Kräfte in Geduld ertragen. Selbst wenn Eva von den verbotenen Früchten gegessen hätte, wäre die Erbsünde nicht begangen worden, wenn Adam, ihr Mann, nicht eingewilligt und nicht auch davon gegessen hätte. So kann durch die verkehrte Sinnlichkeit keine große Sünde entstehen, wenn der gute Vorsatz die Seele durchdringt, nicht in etwas Böses einzuwilligen, weil der Geist – im Bild des Paradieses der Mann – nicht mit ihr übereinstimmt und das Begehren tadelt, weil es Missfallen erregt.

Es ist jedoch darauf zu achten, dass die versucherischen Vorstellungen und Regungen nicht die Oberhand gewinnen und wir ihnen verfallen. Es heißt schon, genau hinzuschauen und die giftige Schlange zu erkennen und sie zu verscheuchen oder gar zu vernichten. Die Gefahr sehen, in der man sich befindet, und trotzdem der verführerischen Handlung zuzustimmen, ist nicht nur als Nachlässigkeit anzusehen, sondern als schwere Sünde. Dein Entschluss, nicht in die Wollust einzustimmen, sollte fest und dauerhaft sein – selbst wenn du dieser Versuchung nur leichten Widerstand leisten kannst. Erkennst du die Gefahr, in der du dich befindest, so wende dich an den Herrn und bitte ihn, dir zu helfen, der Versuchung zu widerstehen.

Allein wird man wohl kaum mit dieser Art von Versuchung fertig. Daher sollte man einen guten Seelsorger, einen Beichtvater oder einen Gott nahen Menschen aufsuchen, um bei ihm Rat zu holen. Die ungestümen sexuellen Versuchungen können uns schon gewaltig herausfordern, und es bedarf großer Kraft und Anstrengung, einen solchen Kampf zu bestehen. Ist diese Last uns vielleicht aufgebürdet, um anderes, was wir falsch gemacht haben, auszugleichen? Wir wissen es nicht. In allem erkennen wir jedoch unsere eigenen Schwächen und die uns ständig umgebende Gefahr. Uns wird zunehmend bewusst, dass wir der Zuwendung und Hilfe Gottes besonders bedürfen. Würde er uns seine liebende, segnende und schützende Hand auch nur ein wenig entziehen, kämen wir allein nicht mehr zurecht und der Abgrund der Sünde täte sich für uns erneut auf.

Wenn du den Verlockungen, die letztlich seelisch qualvolle Schläge für dich bedeuten, nicht widerstehen kannst, so werden sie dich so lange heimsuchen, bis du deine Schwäche eingesehen hast und bereit bist, sie auch als Sünde zu bekennen. Bist du auf diesem Weg, auf dem sich dir tiefere Zusammenhänge offenbaren und Gott alles in allem für dich geworden ist, wirst du alles Erdenkliche tun, um nicht wieder in deine alten Sünden zurückzufallen. Die Versuchungen werden für dich immer noch harte Schläge sein, doch festigen sie die Lauterkeit in deiner

Seele mehr und mehr. Du wirst das Wunder, das Gott an dir vollzieht, sehen und als großes Gnadengeschenk erleben. Vor dem Hintergrund deiner Schwäche und des Fehlens gegen das sechste Gebot erscheint dir jetzt Gottes liebende Zuwendung noch weitaus größer. Sie besteht darin, dass deiner Seele Mut und Kraft zuströmt und dein Geist zu dem, was das Fleisch begehrt, strikt und nachhaltig Nein sagen kann. Selbst bei starken Anfechtungen wirst du allem Unkeuschen eine Absage erteilen, weil Gottes liebende Gegenwart in deiner Seele dich über die Sünde und weit darüber hinaus erhebt.

So schafft Gott, der es unendlich gut mit dir meint, der Unkeuschheit, deinem Feind, der lästig und gemein ist, einen anderen Feind: die Keuschheit – einen so edlen und würdigen Gegner. Gute Auseinandersetzungen und damit ein guter Krieg ist besser als ein schlimmer oder gar fauler Frieden. Der Aufwand, in das verkehrte Ansinnen des Fleisches nicht einzuwilligen und damit Gott entgegen zu kommen, lohnt sich weitaus mehr, als eine kurzfristige Wollust zu genießen, die eine seelische Bedrängnis zurücklässt.

Rufe allemal den Herrn in Demut und mit Vertrauen an, dann wird er niemals aufhören, dir beizustehen und dich als Sieger aus dem Kampf hervorgehen zu lassen. Wenn du dich immer wieder der Liebe und dem Willen Gottes öffnest, so gewinnt deine Seele an Kraft und Substanz. Dies geschieht umso intensiver, je mehr du den Verlockungen deiner Sinne und der Welt eine Absage erteilst. Somit trägst du den Beweis in dir, dass du Gott liebst; denn aus Liebe zu ihm verzichtest du auf die schnell wieder verlöschenden sinnlichen Freuden – im Wissen, dass sie von Gottes Plan abweichen und seelischen Schmerz und ein noch größeres Verlangen hinterlassen.

Sechzehntes Kapitel

Sexuell enthaltsam oder vor Gott diesbezüglich recht zu leben, wird einigen Menschen in Hinblick auf ihre Seele verliehen. Diese Gabe kann uns aber auf zweifache Weise in Hinblick auf unseren Körper zuteil werden.

Viele Menschen haben Abscheu vor perversem sexuellen Verhalten. Diese Haltung scheint ihrer Seele eingeprägt zu sein. Zusätzlich wird auch einigen Menschen ein so wunderbares natürliches sexuelles Verhalten geschenkt, dass sie großen Frieden genießen und gar nicht wissen, was auf diesem Gebiet eine Versuchung ist. Dieses Geschenk kann beruhen auf

♦ einer natürlichen Veranlagung, die das gesamte Leben durchzieht oder
♦ auf einer freien Wahl und der hinzu kommenden Gnade Gottes.

Diejenigen, die infolge ihrer natürlichen Veranlagung in ihrem sexuellen Bereich innere Ruhe und tiefen Frieden finden, haben keinen Grund, eigens darauf stolz zu sein und sich über die zu erheben, die mit vielen Versuchungen zu kämpfen haben. Der Wert, nichts Unkeusches zu tun, wird nicht bemessen nach dem Besitz des Friedens, sondern nach dem festen Entschluss, sich durch diese Sünde nicht von Gott zu entfernen. Der gute Vorsatz, den jemand hat, nicht den Versuchungen zu erliegen, die immer wieder an ihn herantreten, steht höher als der Friede dessen, der diese Kämpfe nicht zu bestehen hat. Letzterer darf allerdings von sich nicht sagen: »Ich gewinne ja gar nichts, dass ich im sexuellen Bereich ein Gott gewolltes Verhalten lebe!« Ein von Natur aus nicht mit sexuellen Problemen belastetes Leben kann und sollte sich mit Unterstützung geistiger Kräfte zu noch reiferem Leben erheben, um durch Gefühle, Gedanken, Worte und Taten Gott und den Mitmenschen zu dienen. Die gute Veranlagung der körperlichen Kräfte verbindet sich dann durch freie Entscheidung auf harmonische Weise mit der Seele. Mit seinem gesamten Sein – Körper, Geist und Seele – hat sich jetzt dieser Mensch für Gott disponiert.

Es gibt andere, die zwar nicht durch natürliche Veranlagung vor einem verkehrten sexuellen Leben geschützt sind, doch tief die Gnade Gottes empfangen dürfen, sodass sie in ihrem Herzen Abscheu vor Unkeuschheit empfinden. Die Gnade des Herzens ist jedoch so stark, dass sie auf den Körper übergeht und ihn vor Gefahren schützt. All das, was die Vernunft in der Freiheit Gottes befiehlt, übernimmt der Körper gern und schnell. Diesen Menschen strömt von beiden Seiten tiefer Frieden zu.

Nach diesem vortrefflichen Zustand forschten und forschen zu allen Zeiten Weise und Wissenschaftler. Fasziniert sehen sie, dass es Frauen und Männer gibt, die eine klare Seele und ein reines Gemüt haben und das Gute ohne den Kampf mit den Leidenschaften tun. Die dunklen Kräfte hatten niemals die Macht, sie zu überschatten, ja, diese Menschen wurden nicht einmal von ihnen angegriffen. Was die Weisen und Wissenschaftler da sahen und sehen, ist etwas, was sie wahrscheinlich selbst nicht besaßen und besitzen, etwas, das weder nach außen dringt noch sichtbar wird: die den begnadeten Menschen zuströmende göttliche Gnade, ohne die es keine wahre Tugend gibt.

Nicht durch eigene Kraft und Leistung wird uns diese Gnade zuteil, sondern durch den Heiligen Geist, den wir durch Jesus Christus empfangen. Für uns ist es weder erklärbar noch vorhersehbar, in welche Herzen der Heilige Geist einkehrt. Er richtet die menschliche Seele vollkommen auf Gott aus und schenkt ihr Kraft, Stärke und Erleuchtung, indem göttlicher Geist sich vollkommen mit der Seele vereint und sie nach dem Willen Gottes lenkt und leitet. *Wer sich an den Herrn bindet, ist ein Geist mit ihm* (1. Korintherbrief 6,17). Die verkehrten sinnlichen Begierden des Körpers – soweit sie in diesem oder jenem Menschen vorhanden sind – lösen sich auf und der Körper mit all seinen sinnlichen Kräften beginnt, der Vernunft freudig zu gehorchen und sich ihr unterzuordnen.

Obgleich Vernunft und Körper ihrer Natur nach unterschiedlich sind – die Vernunft ist geistig, der Körper sinnlich – so schenkt doch die Sinnlichkeit der Vernunft Gehör und lässt sich von ihr leiten. Die Sinnlichkeit entbehrt zwar der Vernunft, doch sie wird dadurch »vernünftig«, dass sie dem Geist nicht hindernd in den Weg tritt, sondern ihm hilfreich zur Seite steht.

Es gibt nicht wenige Menschen, die ihrem Körper und besonders den sexuellen Kräften derart ergeben sind, dass sie sich von nichts anderem leiten lassen als von ihrer eigenen Begierlichkeit. Obwohl der Mensch von seinem eigentlichen Wesen her geistiger Natur ist, erniedrigen sich viele, indem sie sich ausschließlich den Wünschen und dem Verlangen ihres Körpers unterwerfen. Ihr Fühlen, Denken, Wollen, Reden und Trachten verliert mehr und mehr an geistigem Inhalt und wird einzig und allein gesteuert durch Regungen des Körpers. Das Gegenteil, das anzustreben ist, besteht darin, dass der Körper sich der gesunden Vernunft und den geistlichen Impulsen, die aus der Seele kommen, unterordnet und ihnen folgt – anstatt über Vernunft und Seele zu herrschen.

Für diejenigen, die noch weit entfernt von dieser Wirklichkeit sind, ist es schwer zu glauben, dass durch die Gnade Jesu Christi ein harmonischer Friede zwischen dem Wollen des Körpers und der Sehnsucht des Geistes und der Seele eintreten kann. *Dann wohnt der Wolf beim Lamm, der Panther liegt beim Böcklein. Kalb und Löwe weiden zusammen, ein kleiner Knabe kann sie hüten, Kuh und Bärin freunden sich an, ihre Jungen liegen beieinander* (Jesaja 11,6–7).

Die ungestümen sinnlichen Begierden, die wie wilde Tiere die Seele verwunden und verschlingen wollen, werden durch die uns zufließende göttliche Gnade beruhigt. Sie kämpfen nicht mehr um ihre Vorherrschaft, sondern leben in Frieden. *Von wilden Tieren hast du nichts zu fürchten. Mit den Steinen des Feldes bist du verbündet, die Tiere des Feldes werden Frieden mit dir haben* (Ijob 5,22–23). Sollte dann nicht auch das folgende Psalmenwort in Erfüllung gehen: *Nein, du bist es, ein Mensch aus meiner Umgebung, mein Freund, mein Vertrauter, mit dem ich, in Freundschaft verbunden, zum Haus Gottes gepilgert bin inmitten der Menge* (Psalm 55,14–15)?

Diese Worte spricht der innere Mensch zum äußeren Menschen, den er für sich gewonnen hat und ihn als seinen Freund und Vertrauten bezeichnet. Beide stimmen in ihrer Gesinnung überein und pilgern gemeinsam und einträchtig zum Haus Gottes. Die Freundschaft zwischen dem inneren und äußeren Menschen geht so weit, dass, wenn der innere Mensch jegliche Unkeuschheit meidet, betet oder fastet, auch der äußere Mensch dieses freudig und unterstützend mit vollzieht.

Wir müssen uns allerdings davor hüten, diese Freundschaft zu idealisieren und zu glauben, eine solche Fülle des Friedens während unseres Lebens in dieser Welt dauerhaft besitzen zu können. Es wird immer Regungen und Empfindungen des äußeren Menschen geben, die nicht im Einklang mit dem inneren Menschen stehen. Bei Jesus und seiner Mutter Maria – als sie noch in dieser Welt lebten – wird jedoch dieser innere und äußere Friede konstant und dauerhaft gewesen sein. Selbst wenn Gott dem Menschen das Geschenk des inneren und äußeren Friedens macht, so ist der Beschenkte doch nicht ganz frei von inneren Tendenzen, die ins Unkeusche weisen. Diese Regungen jedoch sind nicht von der Art und Größe, dass sie Auseinandersetzungen, Leid und Sünde verursachen. Sie vermögen es nicht, den wahren Frieden zu rauben, denn sie werden leicht besiegt und überwunden. Die Situation gleicht zwei Jungen, die kurz miteinander raufen, sich aber sofort danach aussöhnen. Der tatsächliche Frieden zwischen ihnen ist dadurch nicht gestört.

Was bedeutet es schon für einen Christen, zur Verherrlichung und Ehre Jesu Christi sich für den Glauben einzusetzen und, wenn nötig, diesen Glauben bei Angriffen zu verteidigen?

- Salomo weissagt von der Ankunft Jesu Christi: *Die Gerechtigkeit blühe auf in seinen Tagen und großer Friede, bis der Mond nicht mehr da ist* (Psalm 72,7).
- Diesen Frieden vergleicht der Prophet Jesaja mit einem Strom: *Hättest du doch auf meine Gebote geachtet! Dein Glück wäre wie ein Strom und dein Heil wie die Wogen des Meeres* (Jesaja 48,18).
- Paulus spricht von einem Frieden, der nicht mit Worten zu fassen ist: *Der Friede Gottes, der alles Verstehen übersteigt, wird eure Herzen und eure Gedanken in der Gemeinschaft mit Christus Jesus bewahren* (Philipperbrief 4,7).

Wenn der Körper mit all seinem Begehren sich dem Geist unterordnet und auf ihn hört, dann sind wir weit davon entfernt und sicher davor, dass der Friede des inneren und des äußeren Menschen durch unkeusches Verhalten erschüttert wird. Unser Körper wird dem Geist dienen und auf seine Stimme hören. An dieses Horchen der Vernunft wird sich der Körper mit all seinen Forderungen gewöhnen. All das, was der Körper im Sinn des Schöpfers benötigt, wird er bekommen – dessen dürfen wir sicher sein. Wenn unser Körper diese Haltung angenommen hat, können wir ihm vertrauen und auf seine Stimme hören. Und doch sollten wir das, was der Körper uns sagt, mit der Besonnenheit des Geistes prüfen, denn es könnten sich immer noch verborgene dunkle Elemente erheben, die uns zu Fall bringen möchten.

Siebzehntes Kapitel

Die Verlockungen der widergöttlichen Macht sind vielfältig. Sie zu erkennen und ihnen eine Absage zu erteilen, ist unsere Aufgabe. Eine dämonische Weise des Vorgehens besteht darin, dem Menschen Stolz einzuflößen, um ihn dann in Täuschungen zu verwickeln. Wie kann man sich davor schützen?

Die Vorgehensweise der dunklen widergöttlichen Kraft ist vielfältig und äußerst raffiniert. Dieser alles zu Grunde richtenden Macht wurden und werden zu allen Zeiten viele Namen gegeben, die allgemein sind oder das Böse in der Welt personifizieren: Verderben bringende Macht, Gegengöttliches, das Böse, böser Geist der Finsternis, Vater der Sünde und der Finsternis, Fürst der Welt, Feind, Irrlehrer, Versucher, Verführer, Hinderer, Dämon, Herrscher der Dämonen, Widersacher, Beelzebul, Zerstörer, Neinsager, Verleumder, Verwirrer, Teufel oder Diabolus (kommt 34-mal im Neuen Testament vor), Satan (kommt 36-mal im Neuen Testament vor).

Bei aller Problematik, die das Erscheinen des Bösen mit sich bringt, müssen wir mit einer geheimnisvollen diabolischen Wirklichkeit rechnen. Im »Teufel« oder »Satan« erkennen wir das in dieser Welt wirkende personal ausgerichtete Böse, das in seinem Verhalten über den wahrnehmbaren Bereich hinaus geht. Die Rede vom Teufel ist problematisch, denn sie kann eine falsche Angst erzeugen, die nicht dem von Jesus Christus gegebenen pastoralen Auftrag entspricht. Daher ist die folgende Aussage außerordentlich wichtig: *Da nun die Kinder Menschen von Fleisch und Blut sind, hat auch er in gleicher Weise Fleisch und Blut angenommen, um durch seinen Tod den zu entmachten, der die Gewalt über den Tod hat, nämlich den Teufel, und um die zu befreien, die durch die Furcht vor dem Tod ihr Leben lang der Knechtschaft verfallen waren* (Hebräerbrief 2,14–15). Dadurch ist die Einladung zum Verrat an der Treue zu Gott in ihrer absoluten Verlogenheit ein für alle Mal demaskiert.

Im Gegensatz zu Jesus Christus, der Quelle alles Guten, die sich denen erschließt, die ihm nachfolgen, steht der Vater der Sünden und der Finsternis, der die Menschen zur Gottlosigkeit und Lüge führt. Die Vorgehensweise des Widersachers und die Art und Weise seiner »Schlauheit« und Hinterlist sind so vielfältig, dass sie nur der Geist Gottes zu entdecken vermag. Augustinus bezeichnet den Teufel auch als Drache und als Löwe. Der Drache hat die Eigenschaft, im Geheimen dem nachzustellen, den er verschlingen möchte; der Löwe verfolgt seine Beute in offener Weise, allen sichtbar. Das geheime hinterlistige Nachstellen ist jedoch die schlimmere und »erfolgreichere« Art, zum Ziel zu gelangen. Wir werden – ohne dass wir es bemerken – auf eine eitle und lügenhafte Weise empor gehoben und anschließend rigoros fallen gelassen. Wir schätzen uns zu hoch ein und Stolz macht sich breit. Da der Widersacher aus eigener Erfahrung weiß, dass dieses Übel aus ihm, der einst ein Engel war, einen Teufel zu machen vermag, versucht er uns in die Sünde des Stolzes hinein zu ziehen.

Der Stolz, der dem Herrn besonders missfällt, vermag das Gute, das der Mensch besitzt, zu durchdringen und nutzlos zu machen. Der Böse streut eben gern diesen Samen in die Seele, indem er uns gut zuredet und fromme Empfindungen einflößt, um zur Überheblichkeit und zum Stolz zu verleiten. Das Gute, das vielleicht noch jemand zu tun vermag, wird mit Füßen getreten und durch Sünden, die dem Stolz folgen, ersetzt. Wie ein König, der auf Reisen von seinem Gefolge begleitet wird, so hat der Stolz weitere Sünden zum Gefolge. Der Stolz, so sagt die Heilige Schrift, ist der Anfang eines jeden Übels.

- Einem Einsiedler erschien der Teufel in der Gestalt eines Engels. Dieser offenbarte ihm vieles und bewirkte, dass nachts die Zelle des Einsiedlers hell erleuchtet war. Im Bewusstsein des Einsiedlers entstand die fixe Idee, seinen Sohn schlagen und quälen zu müssen. Der verblendete und in die Irre geführte Einsiedler schickte sich an, es zu tun, und er hätte es getan, wenn nicht der Sohn, der eine gute Eingebung hatte, vorher geflohen wäre.

◆ Einem anderen Mönch erschien der Teufel gleichfalls in Gestalt eines Engels und sagte ihm viele Wahrheiten, um Ansehen zu erlangen. Doch dann mischte er eine große Lüge gegen den Glauben unter diese Wahrheiten, die der Getäuschte ebenso glaubte. Durch diesen Irrweg wurde sein gesamtes Leben zersetzt. *Kein Wunder, denn auch der Satan tarnt sich als Engel des Lichts* (2. Korintherbrief 11,14).

◆ Wieder ein anderer Einsiedler, der über fünfzig Jahre in der Einsamkeit asketisch lebte und bei den Mönchen hoch angesehen war, wurde dadurch verführt, dass der Teufel in Gestalt eines Engels ihm einen absurden Gedanken einflößte. Dieser zwanghafte Gedanke bestand darin, dass er sich in einen tiefen Schacht stürzen sollte mit der Gewissheit, dass der Herr ihn retten würde, weil er dem Herrn ja so viele Jahre treu gedient habe. Der Einsiedler glaubte alles und vollzog den Schritt. Als man ihn schwer verletzt herauszog und ihm klarmachte, dass dies eine Täuschung des Teufels war, glaubte er es nicht. Am dritten Tag starb er. Und selbst im Sterben und Tod hatte er die Täuschung so lieb gewonnen, dass er immer noch glaubte, dies sei ihm durch einen Engel Gottes geoffenbart worden.

Es ist gefährlich für diejenigen, die sich selbst zu hoch einschätzen und glauben, Gott und seine Boten in allem zu erkennen. Sie sind der festen Überzeugung, in Gott verwurzelt zu sein, doch wissen sie selbst letztlich nicht, ob sie der Ablehnung oder der Liebe Gottes würdig sind. Daher muss man sich sehr davor hüten, sich selbst zu überschätzen und für eine wichtige Person zu halten. Augustinus sagt treffsicher: »Der Stolz verdient getäuscht und hintergangen zu werden.«

Wer auch nur ein wenig Einsicht in diese Dinge hat, wird erschreckt feststellen, wie viele Menschen getäuscht werden und es nicht wahrhaben wollen – selbst dann nicht, wenn realistische Beweise vorliegen. Einerseits erfüllt Gott die Herzen vieler Menschen mit seiner Liebe und Barmherzigkeit, die sich nicht nur äußerlich durch gute Handlungen zeigen, sondern auch innerlich den Menschen zu einem tiefen Glauben führen. Andererseits ist aber auch die widergöttliche Macht am Werk, um diejenigen, die stolz sind und nur ihre Meinung gelten lassen – unter dem Vorwand, es sei Gottes Meinung –, durch falsche Gefühle und Eingebungen zu täuschen, zu belästigen und zu beunruhigen.

Die Menschen, die demütig und bescheiden sind und Gott wahrhaft dienen, werden die Zeiten erkennen, in denen der Teufel entfesselt ist und die gemeinsten Angriffe jeglicher Art startet. Sie werden sich hüten, alles zu glauben, was ihnen vorgesetzt und vorgemacht wird. Durch ihren intensiv gelebten Glauben, durch Gebet und den Empfang der heiligen Eucharistie, werden die dunklen und zerstörerischen Kräfte nicht in der Lage sein, sie von der Liebe Gottes zu trennen.

Rette mich, Herr, vor bösen Menschen, vor gewalttätigen Leuten schütze mich. Wie die Schlangen haben sie scharfe Zungen und hinter den Lippen Gift wie die Nattern (Psalm 140,2.4). Wie wird sich in weit größerer Menge das Gift unter der Zunge des Satans finden, der weitaus böser ist als alle Bösen zusammen? Geschickt beginnt er damit, das Gute, das wir besitzen, zu loben und besonders hervorzuheben. Es ist notwendig, diese Vorgehensweise zu erkennen und zu entlarven und die genau gegenteilige Haltung anzunehmen. Wir üben uns in Demut und bitten Gott um Verzeihung, wenn wir Böses getan und Gutes unterlassen haben. Käme uns jetzt nicht der Herr in seiner großen Barmherzigkeit zu Hilfe: Wir würden uns von ihm entfernen und an Bosheit zunehmen wie an Jahren.

Herr, du unendliche Tiefe der Barmherzigkeit,
was hat dich bewogen, laut in unser Herz zu rufen:
»Warum verfolgst du mich mit deinem sündhaften Leben?«
Du hast unseren Stolz gebeugt und bei uns Reue bewirkt,
weil wir dich durch unsere vielen Sünden beleidigt haben.
Herr, nimm uns wieder auf in das Reich deiner Liebe,
gib uns ein Zeichen, damit wir wissen, was wir tun sollen.

Herr, das Heilmittel für unsere Sünden dürfen wir von dir erwarten.
Es ist dein heilendes und heiliges Wort und die heiligen Sakramente.
Zu ihnen zu gehen und dich zu empfangen, lädst du uns ein.
Wir wissen: Das Verderben war unser und das Heilmittel gehört dir.
Deine unendliche Güte bewog dich, den Verlorenen nachzugehen
und derer besonders zu gedenken, die sich von dir entfernt hatten.
Du schenkst uns Gnade über Gnade, die wir nicht verdient haben.

Herr, du nimmst uns als deine geliebten Söhne und Töchter auf
und kehrst als Christkönig in unsere Herzen ein, um in uns zu wohnen.
Wir staunen über deine Liebe und dein Licht, das du in uns entzündest,
denn unser Herz hatte sich lieblos von dir abgewandt und verdunkelt.
All unsere Sünden lastest du uns nicht an, sondern vergibst sie uns.
Und wenn wir jetzt etwas anderes sind, so in dir und durch dich, Herr.
Einst waren wir Finsternis, jetzt sind wir durch dich Licht geworden.

Wenn wir in dem befreiten und glücklichen Zustand bleiben möchten, in den Gott uns gehoben hat, sollten wir uns auch hin und wieder an den traurigen Zustand erinnern, in dem wir uns befanden, als Gott noch nicht seine allmächtige und barmherzige Hand über uns ausgebreitet hatte. Gott möge uns davor bewahren, dass wir niemals mehr in das Elend eines Sünders verfallen – eine entsetzliche Zeit, in der uns Finsternis umgab und unser Inneres verdunkelt war.

Unsere Freude über das Gute, das uns zuteil wird, darf nicht euphorisch werden. Denn ständig sind wir vielen Gefahren ausgesetzt, denen wir infolge unserer teilweisen Schwächen nicht immer unbeschadet entkommen können. Denken wir daher auch an diese Situation, um nicht überheblich zu werden, sondern demütig und bescheiden zu bleiben.

- *Wohl dem Mann, der den Herrn fürchtet und ehrt und sich herzlich freut an seinen Geboten* (Psalm 112,1).
- *Müht euch mit Furcht und Zittern um euer Heil. Denn Gott ist es, der in euch das Wollen und das Vollbringen bewirkt, noch über euren guten Willen hinaus* (Philipperbrief 2,12).
- *Wer also zu stehen meint, der gebe Acht, dass er nicht fällt* (1. Korintherbrief 10,12).

Die von uns begangene Sünde muss, um vom Herrn vergeben zu werden, uns Leid tun; sie muss uns Seufzer kosten und einen guten Vorsatz in uns wecken. Und die Sünde, die wir begehen wollen, muss Abscheu in uns wecken, sodass wir vor ihr bewahrt bleiben.

Oft folgen nach einer großen Gnade, die wir empfangen haben, Versuchungen und Prüfungen. Der Gesang des Mose mit den Israeliten ertönte als Lobeshymnus auf den Schöpfer, der sein Volk schützend durch das Meer geführt hatte: *Ich singe dem Herrn ein Lied, denn er ist hoch und erhaben. Rosse und Wagen warf er ins Meer. Meine Stärke und mein Lied ist der Herr, er ist für mich zum Retter geworden. Er ist mein Gott, ihn will ich preisen; den Gott meines Vaters will ich rühmen* (Exodus 15,1–2).

Die Israeliten machten die Erfahrung, trotz größter Gefahr in keiner Gefahr untergegangen zu sein. Dies machte sie überheblich im Glauben, nichts könne sie mehr zu Grunde richten. Die Erfahrung jedoch zeigte es anders, denn nach dieser großen Gnade wurden die Israeliten dem Herrn untreu; sie bestanden die Prüfungen nicht und erlagen den Versuchungen.

Wie können wir stolz sein und uns über andere erheben, wenn wir unser vergangenes Leben betrachten und die vor uns liegende Zeit? Wie oft haben wir die uns vom Herrn geschickten Prüfungen nicht bestanden und sind durch Versuchungen zu Fall gekommen? Wie können wir überhaupt noch stolz sein, wenn wir an das Ende unseres Lebens denken und das, was wir an Gutem mitbringen? Wenn wir die Wahrheit erkennen, dass alles Gute letztlich von Gott kommt, gibt es für den Stolz keinen Platz in unserem Leben. Unsere Haltung wird vielmehr eine demütige sein und wir spüren, dass wir uns in allem Gott verdanken. Nehmen die dir zuströmenden Gnaden zu, so nimmt auch die Rechenschaft zu, die du einmal darüber ablegen musst. Die empfangenen Güter werden dich dazu bewegen, demütiger zu sein und sorgfältiger mit ihnen umzugehen.

Da wir immer wieder dazu neigen, oberflächlich zu sein und uns über andere zu erheben – der geheime Stolz ist tief in uns verwurzelt –, reichen menschliche Kräfte nicht aus, um uns von dieser Sünde zu befreien. Wir müssen den Herrn um seine liebevolle Zuwendung bitten, sodass er uns nicht fallen lässt, wenn wir einmal wieder der Versuchung erliegen. Wir müssen ihn bitten, uns zu verzeihen und uns zu vergeben. Fasten ist ein hervorragendes Mittel, überschüssige Kräfte des Leibes, die versucht sind, sich in einer falschen Richtung zu entladen, abzubauen. Und das Gebet ist ein hervorragendes Mittel, Belastungen der Seele abzubauen und seelische Krankheiten zu heilen.

Derjenige, der eine beginnende Krankheit der Seele – ausgelöst durch Stolz und Überheblichkeit – in sich feststellt, darf nicht lange warten, sondern sollte gleich damit beginnen, konsequent einen Gebetsweg zu gehen. Es ist gut, sich täglich mehrmals in die Gegenwart Gottes zu versenken und ihn zu bitten, uns die Augen für die Wahrheit zu öffnen. Es besteht sonst die Gefahr, dass wir sowohl Gott als auch uns selbst etwas zuschreiben, was unsere Seele noch mehr belastet. Hüten wir uns davor, auf die lügenhafte Sprache des Widersachers zu hören, der uns übersteigerte Selbstachtung einredet und uns dadurch hintergehen und zu Fall bringen möchte.

Achtzehntes Kapitel

> Verzweiflung ist dem Stolz entgegengesetzt. Auch durch Verzweiflung sucht der Böse uns in seinen Bann zu ziehen und von sich abhängig zu machen. Es gibt Mittel, sich dem zu entziehen.

Eine weitere Kunst des Widersachers besteht darin, genau den umgekehrten Weg zu gehen, indem er nämlich nicht dem Herzen Stolz und Hochmut einflößt, sondern es beugt und entmutigt, bis er es zur Verzweiflung bringt. Die Vorgehensweise besteht darin, dem Menschen die Sünden, die dieser getan hat, ins Gedächtnis zu rufen und sie derart zu vergrößern, dass großes Entsetzen entsteht. Diese Bewusstmachung und Verschlimmerung der Sünden kann so weit gehen, dass der Mensch verzweifelt und in Depressionen fällt.

So verfuhr der Satan mit Judas, dem der Verrat an Jesus vorher nicht in der gesamten Tragweite bewusst war. Nachher jedoch erinnerte der Widersacher Judas daran, wie groß sein Vergehen war und dass er seinen Meister zu einem so geringen Preis verkauft hat. Und Judas wurde klar, dass er an dem schmachvollen Tod Jesu einen großen Anteil hatte. Zu den Hohenpriestern sagt er: *Ich habe gesündigt, ich habe euch einen unschuldigen Menschen ausgeliefert. Sie antworteten: Was geht das uns an? Das ist deine Sache. Da warf er die Silberstücke in den Tempel; dann ging er weg und erhängte sich* (Matthäus 27,4–5).

Den einen verblendet der Teufel durch gute Werke, die er dem Menschen aufgeblasen vor Augen stellt und ihm dabei seine Sünden verbirgt, damit Stolz und Überheblichkeit entstehen. Den anderen zieht er in seinen Bann, indem er ihm seine guten Werke verbirgt und ihm übermächtig seine Sünden ins Gedächtnis ruft, bis er verzweifelt. Der Teufel versucht alles, um diesem Menschen die Erinnerung an die Barmherzigkeit Gottes zu verstellen und jegliches Gute in weite Ferne zu rücken. Bei der ersten Täuschung besteht das Heilmittel darin, dass wir uns klein machen und demütig verhalten, wenn der Böse unsere Eitelkeit anspricht und das Gute, das wir getan haben, überdimensioniert in die Höhe hebt. Hier denken wir eher an die Sünden, die wir getan haben oder getan hätten, wenn uns der Herr nicht davor bewahrt hätte.

Bei der zweiten Täuschung besteht das Heilmittel darin, dass wir nicht unsere Sünden in den Blick nehmen, sondern unsere Augen auf die Barmherzigkeit Gottes richten und auf das Gute, das wir durch seine Gnade erfahren haben und tun durften. Denn gerade in der Zeit, in der uns unsere Sünden übermächtig erscheinen und zur Verzweiflung führen, ist es wichtig, an das Gute zu denken, das wir mit Gottes Hilfe vollbracht haben oder vollbringen.

* In diesem Sinn sagt Ijob in seiner Gegenrede: *Mein Fuß hielt fest an seiner Spur, seinen Weg hielt ich ein und bog nicht ab* (Ijob 23,11).
* Als der König Hiskija von Jesaja hörte, dass er bald sterben würde, drehte er sich mit dem Gesicht zur Wand und betete zum Herrn: *Ach, Herr, denk daran, dass ich mein Leben lang treu und mit aufrichtigem Herzen meinen Weg vor deinen Augen gegangen bin und dass ich immer getan habe, was dir gefällt. Und Hiskija begann laut zu weinen* (2. Buch der Könige 20,3).

Wir wenden das zweite Heilmittel nicht an, um uns und unsere guten Taten in den Mittelpunkt zu rücken, sondern um die

Barmherzigkeit Gottes in den Blick zu nehmen. Da er uns ja seine Gnade verlieh, um das Gute zu tun und uns damit in seinen Dienst nahm, dürfen wir fest darauf hoffen, dass er uns nicht auf der Mitte des Weges stehen lässt – sind doch seine Werke vollkommen, wie er es ist. Der Herr hat alles getan, um uns der Feindschaft mit ihm zu entreißen und eine Freundschaft zwischen ihm und uns aufzubauen. *Da wir mit Gott versöhnt wurden durch den Tod seines Sohnes, als wir noch Gottes Feinde waren, werden wir erst recht, nachdem wir versöhnt sind, gerettet werden durch sein Leben* (Römerbrief 5,10).

Wenn schon Jesu Tod stark genug war, die Toten zu erwecken – um wie viel mehr wird sein Leben stark genug sein, die Lebendigen am Leben zu erhalten und sie zum ewigen Leben zu führen. Wenn Jesus Christus uns bereits liebte, als wir ihn nicht liebten, so wird er uns seine Liebe jetzt nicht entziehen, da wir ihn lieben. *Ich vertraue darauf, dass er, der bei euch das gute Werk begonnen hat, es auch vollenden wird bis zum Tag Christi Jesu* (Philipperbrief 1,6). Wenn der Teufel uns dadurch beunruhigen will, dass er uns die Sünden, die wir begangen haben, größer und gewaltiger hinstellt als sie es sind, so bedenke, dass ja nicht er der Richter unserer Sünden ist, sondern Gott. Ihn haben wir durch unsere Sünden von uns gestoßen, und er ist es, der die Menschen und die bösen Geister richtet. Es darf uns nicht beunruhigen, wenn uns der Ankläger anklagt; vielmehr sollte es uns trösten, dass wir auf Gottes Verzeihen hoffen dürfen, dass die Gottesmutter und die Heiligen für uns Fürbitte einlegen und wir immer wieder aus der göttlichen Quelle, den heiligen Sakramenten, trinken dürfen.

Ist Gott für uns, wer ist dann gegen uns? Er hat seinen eigenen Sohn nicht verschont, sondern ihn für uns alle hingegeben – wie sollte er uns mit ihm nicht alles schenken? Wer kann die Auserwählten Gottes anklagen? Gott ist es, der gerecht macht. Wer kann sie verurteilen? (Römerbrief 8,31–34) Diese Worte möchten uns und unser Herz ermutigen, das zu hoffen, dessen wir bedürfen. Nein, unsere Sünden dürfen uns nicht in Schrecken versetzen und in eine Depression führen. Der ewige Vater hat seinen eingeborenen Sohn hingegeben, sodass demjenigen, der eigentlich Strafe verdient hat, Verzeihung zuteil wird – dies allerdings nur, wenn er sein falsches Verhalten einsieht, so wie bereit ist, bestraft zu werden und in Zukunft von der Sünde abzulassen. Was nutzt es dem Teufel, da Gott uns unter diesen Umständen verzeiht, laut die strafende Gerechtigkeit zu fordern? Diese ist bereits am Kreuz für alle Sünden der Welt vollzogen worden. Jeder Schuldige, der seine Schuld einsieht, und zu Jesus Christus kommt und sie bekennt, erlangt Verzeihung und darf mit seiner Erlösung rechnen.

Wäre es denn im Sinne des Erlösers, wenn die Sünden eines bußfertigen Menschen noch einmal bestraft würden, da Christus sie ein für alle Mal durch seinen Tod am Kreuz auf sich genommen hat? Durch das Sakrament der Versöhnung empfängt der Sünder Verzeihung, und die verlorene Gnade wird ihm wieder geschenkt. Die Strafe, die lange andauern würde, wird für ihn in eine überschaubare und zeitliche Strafe verwandelt, damit er in diesem Leben oder für eine kurze Zeit danach Genugtuung leistet. Wir dürfen fest daran glauben und darauf hoffen, dass wir gänzlich von der Strafe befreit werden, denn die Erlösung, deren Kraft in den Sakramenten wirkt, ist ein für alle Mal vollzogen. *Denn beim Herrn ist die Huld, bei ihm ist Erlösung in Fülle* (Psalm 130,7).

Die Gnade oder das heilende und heiligmachende Öl, das Jesus Christus uns gab, als er für uns litt, wirkt in den Sakramenten. Wenn wir sie empfangen – und das Sakrament der Versöhnung und der heiligen Eucharistie dürfen wir immer wieder empfangen – werden unsere Sünden getilgt, und bereits in dieser Welt dürfen wir ein Leben der Gnade führen und dort ein Leben ewiger Freude. Schritte zu einer guten Vorbereitung, um die Sakramente würdig zu empfangen, sind allerdings Voraussetzung. Dann wird uns Gnade über Gnade in Fülle geschenkt.

Neunzehntes Kapitel

Was hilft gegen Verzweiflung und Depression? Wir finden Mittel aus dem Reichtum, den uns der Vater durch seinen Mensch gewordenen Sohn, Jesus Christus, geschenkt hat. Dass wir aus diesem liebenden Entgegenkommen Nutzen ziehen dürfen, dafür danken wir. Einsicht und Kraft schenkt uns der Herr, um der Verzweiflung, mit der der Widersacher uns bekämpft, keinen Raum zu geben.

Warum vergessen wir allzu leicht – wofür wir Gott Tag und Nacht zu danken hätten –, dass er seinen eingeborenen Sohn für uns hingegeben hat? *Gott hat die Welt so sehr geliebt, dass er seinen einzigen Sohn hingab, damit jeder an ihn glaubt, nicht zu Grunde geht, sondern das ewige Leben hat* (Johannes 3,16). In dieser alles umfassenden Gnade, die uns zuteil wird, sind alle »kleineren« Gnaden eingeschlossen. Wer seinen geliebten Sohn für uns hingegeben hat – der Sohn, der für uns geboren wurde –, der wird uns keinesfalls versagen, was wir nötig haben. Wem es allerdings nicht vergönnt ist, das zu bekommen, was er sich vorstellt, der klage über sich selbst und denke über sich selbst nach, denn über Gott zu klagen hat er keinen Grund. Es heißt nicht, dass Gott, der den Sohn für uns hingegeben hat, uns alles mit ihm schenken wird, sondern uns alles mit ihm geschenkt hat. Gott hat uns bereits mit Christus alles geschenkt: Verzeihung, Gnade und den Himmel.

Es ist nicht zu verstehen, dass Menschen ein solch hohes Gut vergeuden und verschleudern. Warum sind sie einem solchen Liebenden wie Jesus Christus gegenüber undankbar, indem sie sein Geschenk nicht annehmen? Was würden wir wohl zu jemandem sagen, der verarmt und ausgehungert seiner Wege geht, obwohl ihn jemand mit einem bedeutenden Vermächtnis bedachte, von dem er seine Schulden bezahlen, seiner Not ein Ende bereiten und ruhig leben könnte? Der Beschenkte macht sich das Erbe nicht zu Nutze und lebt weiter in seiner verzweifelten traurigen Lage. Er nimmt es nicht einmal auf sich, dorthin zu gehen, wo er das ihm zugedachte Testament einsehen, es unterschreiben und wirksam werden lassen kann.

Die Erlösung ist in einer solchen Fülle vollbracht, dass das, was Jesus Christus an Leiden und durch sein Sterben am Kreuz auf sich genommen hat, die Schuld des Menschen an Größe weit überragt. In diese Fülle der Erlösung ist auch die Vergebung und Verzeihung unserer Sünden eingeschlossen. Dieses Gnadengeschenk übersteigt alle menschlichen Vorstellungen und Begriffe. Der tiefste Abgrund der Erde – so sagt Augustinus – stehe in keinem Verhältnis zu der höchsten Höhe des Himmels, die alles bei weitem überragt. Der sündige und zum Teil schuldbeladene Mensch hätte es durchaus verdient, das, was er angerichtet hat, selbst wieder gut machen zu müssen. Doch durch die Geißelung, die Leiden und den schmachvollen Tod dessen, der Mensch und Gott ist, wurde für alle ein Ausgleich für die Sünden und ihre Folgen geschaffen.

Es ist eine unaussprechliche Gnade, dass Gott die Menschen an Kindes statt annimmt! Es gibt keinen Zweifel an dieser Tatsache, denn es gibt eine noch größere uns entgegenkommende Gnade: *Das Wort ist Fleisch geworden und hat unter uns gewohnt, und wir haben seine Herrlichkeit gesehen, die Herrlichkeit des einzigen Sohnes vom Vater, voll Gnade und Wahrheit* (Johannes 1,14).

Über der wunderbaren Gnadenzuwendung, dass wir an Kindes statt angenommen sind, steht ein noch weitaus größeres Wunder: dass der Sohn Gottes Mensch geworden ist. Der Gottessohn hat die Qualen und die Schmach des Kreuzes auf sich genommen und erlitten und ist zwischen zwei Verbrechern gestorben. Der erdgeborene Mensch und Sohn Gottes weilt jetzt im Himmel – zu seiner unaussprechlichen Ehre von Engeln umgeben. Von hier aus möchte Jesus Christus uns alle an sich ziehen und mit der Fülle der Gnade beschenken, sodass aus unserem Leben ein Leben wird, das den Himmel verdient. Es besteht wirklich kein Grund mehr für uns, zu zweifeln oder gar zu verzweifeln, da wir ja einen Mensch gewordenen Gott an unserer Seite haben, der uns Versöhnung und Heil schenkt.

Du darfst Mut fassen, ja, du musst Mut fassen durch Jesus Christus, das Lamm Gottes, das hinweg nimmt die Sünden der Welt. Im Alten Testament weisen bereits viele Voraussagen darauf hin:

- *Er wird wieder Erbarmen haben mit uns und unsere Schuld zertreten. Ja, du wirfst all unsere Sünden in die Tiefe des Meeres hinab* (Micha 7,19).
- Daniel weissagt, dass es nicht mehr lange dauern wird, *bis der Frevel beendet ist, bis die Sünde versiegelt und die Schuld gesühnt ist, bis ewige Gerechtigkeit gebracht wird* (Daniel 9,24).

Mit diesem Bewusstsein, dass die Sünden hinweg genommen, ertränkt und getötet werden, solltest du die Kraft haben, schwache und bereits überwundene Feinde zu besiegen und dich niemals mehr zur Verzweiflung bringen lassen.

Zwanzigstes Kapitel

Der Widersacher geht erbost gegen die Versöhnung und das Heil vor, um uns zu entmutigen. An uns liegt es, Mut zu fassen und ihn nicht zu verlieren, wenn wir uns der unendlichen Barmherzigkeit Gottes gegenüber sehen.

Zum Thema von der Erlösung von den Sünden kommen von Seiten der Menschen viele Einwände.
- Was nutzt es mir, dass Christus für meine Sünden gestorben ist, wenn ich es nicht wahrnehme und spüre?

- Wenn auch Christus für alle Menschen gestorben ist, warum gibt es dann sehr viele Menschen, die weiterhin in schwerer Sünde leben und sowohl in dieser Welt als auch nach ihrem Tod unerlöst sind?

Die Kraft der Erlösung und die Liebe, die von Jesus Christus ausgehen, sind überreich und unermesslich, sodass sie ausreichen bis zur Vollendung der Welt und weit darüber hinaus. Der Grund, warum Erlösung und Liebe nicht alle Menschen gleichermaßen erreichen, liegt darin, dass viele Menschen sich dem liebenden und vergebenden Entgegenkommen Gottes nicht öffnen, sich nicht darauf vorbereiten, sondern sich verschließen und diese Wahrheit nicht wahr haben wollen. Vielleicht haben manche von uns intellektuell diese Dimension der Wirklichkeit verstanden, doch machen sie nicht den rechten Gebrauch davon.

Bernhard von Clairvaux (um 1090–1153) sagt sinngemäß: Wenn jemand die Freude der Hoffnung tiefgreifend und nachhaltig erfahren möchte, reicht es nicht aus, dass er im Allgemeinen glaubt, dass durch Christi Tod die Sünden verziehen werden. Es muss das unbedingte Vertrauen hinzu kommen, dass ihm seine eigenen Sünden vergeben werden mittels der entsprechenden Vorbereitung, die die Kirche vorgibt. Wenn er nur im Allgemeinen glaubt, kann ihn das verzweifeln lassen; doch hat er das persönliche Vertrauen und bereitet sich auf das Sakrament der Versöhnung vor, geht seine Hoffnung in Erfüllung über.

Gott, der himmlische Vater, hat sein Herz weit geöffnet, um es dem Sohn zu geben, den er in unsere Welt gesandt hat. Der Vater geht mit seinem eingeborenen Sohn so weit, dass er es zulässt, dass der Sohn geopfert wird. Wenn du betrachtest, dass Jesus Christus zum Opferlamm geworden ist und wir seinen Leib essen und sein Blut trinken dürfen, dann solltest du allen Kleinmut ablegen, alle Mittelmäßigkeit überwinden und danach streben, dich auf Christus hin auszurichten. Nur so wirst du voll in sein Erlösungswerk einbezogen – von dem Vertrauen erfüllt, dass Gott dir dabei helfen wird. Der Herr möchte, dass viele, ja, alle zu seinem Gastmahl kommen, das er für uns bereitet hat. *Spruch Gottes, des Herrn –, ich habe kein Gefallen am Tod des Schuldigen, sondern daran, dass er auf seinem Weg umkehrt und am Leben bleibt* (Ezechiel 33,11). Damit dieses geschehen kann, hat Jesus Christus sein Leben am Kreuz hingegeben.

Es ist durchaus nicht unmöglich oder schwierig, dich Christus zuzuwenden und leibhaftig zu erfahren, dass er auch an dir die Erlösung und Befreiung vollzieht. Du darfst die Hoffnung, ja sogar die Gewissheit haben, dass bereits ein Seufzer, der aus deinem Herzen aufsteigt und von Reue durchdrungen und mit dem Vorsatz gepaart ist, dich zu bessern, das Herz Jesu anrührt. Nur so wenig ist notwendig, um am Erlösungswerk Jesu Christi teilzuhaben. Du wirst das Gefühl haben, nicht demütig genug und zu wenig Gott gefällig zu sein und dadurch vielleicht den Mut verlieren – quäle dich nicht. Das Verlangen und die Sehnsucht, die der Herr nach deinem Heil hat, ist so groß und überreich, dass er alles, woran es dir mangelt, ergänzt und das von dir Begonnene vollendet. Vergiss dabei auch nicht die wandelnde und heilende Kraft des Sakramentes.

Wenn du das Gefühl hast, auch dieses Wenige nicht aufbringen zu können, so mache dir auch darum keine Sorgen. Rufe den himmlischen Vater an und bitte ihn durch Jesus Christus, seinen Sohn, dein vergangenes Leben wahrhaft zu überblicken und dir zu helfen, dich für die Zukunft zu bessern. Der Herr wird dich in seiner Liebe führen und dir zu allem verhelfen, was du nötig hast. Du hast keinen Grund, aus seinen Händen etwas anderes zu erwarten als vergebende und fürsorgende Liebe. Da er uns die Vergebung der Sünden zugesagt hat, wird er auch bei dir zu seinem Wort stehen und dich in das Mysterium der Wandlung aufnehmen.

Solltest du immer noch zweifeln oder keinen Trost und keine Linderung empfinden – obwohl du die Sakramente der Vergebung und der Eucharistie empfangen hast –, so verliere nicht den Mut, auf deinem begonnenen Weg zu bleiben. Gott hört zwar dein Rufen, doch der Zeitpunkt der Erhörung liegt ganz allein bei ihm. Lass nicht nach und habe Mut, einfach weiter zu gehen in dem sicheren Bewusstsein, dass sich auch bei dir das Wort erfüllt: Herr, es wird eine Zeit für mich kommen, in der du all meine Bitten erhörst und mich mit Freude sättigen wirst. Du wirst all meine Missetaten tilgen und mir ein reines Herz und einen neuen beständigen Geist schenken (vgl. Psalm 51,10–12). Alle Mal wird sich deine Seele wieder erheben und sich auf Höheres ausrichten, Beruhigung und neue Kraft finden, sodass du aus dem Tal der Sünde – gestärkt durch seine Vergebung und seine Liebe – deinen aufwärts strebenden Weg freudig fortsetzen kannst.

Bitte aus tiefstem Herzen um die Vergebung deiner Sünden. Wenn dies beharrlich geschieht, wird der barmherzige Vater dir entgegenkommen und dir Verzeihung gewähren. Er ist voll der Freude über deine Umkehr und Rückkehr zu ihm, sodass er dich mit neuer Gnade überreich beschenkt. Es hört sich zwar unglaublich an, doch Gott kommt dem Sünder verzeihend, gütig und liebevoll entgegen, obwohl er mit seinem Sohn wesentlich strenger verfuhr. Hinzu kommt, dass Gott seinen Sohn unendlich liebt und dieser für fremde Sünden büßte.

Jesus Christus hat uns mit dem Vater ausgesöhnt, der in seiner göttlichen Gerechtigkeit allen verzeihend und liebend entgegenkommt, die sich dem göttlichen Lamm nähern, um einmal ganz mit ihm geeint zu sein. Daher ist Gott für uns kein erzürnter Richter, sondern ein barmherziger Vater.

Einundzwanzigstes Kapitel

Die Barmherzigkeit Gottes ist unendlich groß. Er lässt sie besonders denjenigen zukommen, die ihn von Herzen um Verzeihung bitten.

Sünde ist mit gefährlichem Gift zu vergleichen. Würde man das Angesicht der Sünde sehen, sähe man ein überaus hässliches und abschreckendes. Hätten wir die Gabe, wahrhaftig zu erkennen und lebendig zu sehen, was wir begangen haben und gegen wen wir es begingen, würden wir am liebsten im Boden versinken. Jeglicher Lebensmut würde uns genommen, wenn wir die Verheißung betrachten, die wir durch unsere Sünde verloren haben. David, der ein mutiger und tapferer Mann war, sprach die folgenden Worte, als ihm ein tieferer Zusammenhang bewusst wurde:

Meine Sünden holen mich ein, ich vermag nicht mehr aufzustehen. Der Mut hat mich ganz verlassen (Psalm 40,13).

Gott bietet uns zur Überwindung und Tilgung unserer Sünden ein Heilmittel an, das zutiefst in seiner unendlichen Barmherzigkeit gegründet ist und über das wir bereits gesprochen haben. All diejenigen, die dieses Mittel nötig haben, müssen umkehren und Gott um Verzeihung bitten; sie müssen es von sich aus ergreifen, denn Gott drängt sich uns nicht auf. Daher ist es wichtig, noch einmal über die Barmherzigkeit Gottes zu sprechen. Der Widersacher wird das Seine tun, indem er dich aufschreckt und im Übermaß dir deine Sünden vor Augen führt. Gib ihm keine Antwort und begib dich somit auch nicht auf sein Niveau, sondern wende dich an Gott und sprich zu ihm: *Um deines Namens willen, Herr, verzeih mir; denn meine Schuld ist groß* (Psalm 25,11). Wenn dich der Herr in das Geheimnis dieser Worte einführt und sie dich wahrnehmen und empfinden lässt, dann wirst du weit davon entfernt sein, dir neue Angst einflößen zu lassen und zu verzweifeln.

Gott ist gerecht und barmherzig. Würde er unsere Sünden nur mit den Augen der Gerechtigkeit betrachten, käme er zu einem harten Urteil. Doch wenn Gott unsere Sünden mit den Augen der Barmherzigkeit betrachtet, dann bewegen sie ihn zum Mitleid, denn er sieht sie nicht als eine Beleidigung gegen sich, sondern als unser Unglück und Elend.

- Viele Menschen, die ständig gesündigt haben und es auch weiterhin tun, zweifeln daran, dass es Heilung gibt, und wenden, wie Kain es tat, Gott den Rücken zu. Sie verlieren sich in weiteren Sünden – vornehmlich in der Sünde der Unzucht. *Haltlos wie sie sind, geben sie sich der Ausschweifung hin, um voll Gier jede Art von Gemeinheit zu begehen* (Epheserbrief 4,19). Ihr Herz verhärtet sich täglich mehr und mehr und sie verschließen sich allem Guten gegenüber. Selbst wenn sie an den Abgrund aller Sünden kommen, kümmert sie das nicht, sondern sie rühmen sich sogar noch ihrer Bosheit. Je weniger sie sich selbst beweinen, umso beweinenswürdiger sind sie. *Ein trotziges Herz nimmt ein böses Ende. Ein trotziges Herz schafft sich viel Leid, und der Frevler häuft Sünde auf Sünde* (Jesus Sirach 3,26–27).

- Es gibt aber auch andere Menschen, die, wenn sie viele Sünden begangen haben, mit dem Beistand Gottes in sich gehen und voll Schmerz, Reue und Scham sich an ihre Brust schlagen. Sie entwickeln eine große Demut und ihre Seufzer sind tief, weil ihnen ihre Sünden Leid tun. Sieht sich der Herr einem Herzen gegenüber, das aufrichtig all das bekennt, was es falsch gemacht hat, wird er ihm große Gnaden schenken. *Das Opfer, das Gott gefällt, ist ein zerknirschter Geist, ein zerbrochenes und zerschlagenes Herz wirst du, Gott, nicht verschmähen* (Psalm 51,19).

Die Reue darf je nach dem Schweregrad der Sünde tief sein, doch darf weder Zweifel noch Verzweiflung damit

einher gehen. Der um Vergebung Bittende spricht die Barmherzigkeit Gottes an: »Meine Not, Herr, ist groß, nach all dem, was ich durch meine Verfehlungen ertragen musste. Möge doch, Herr, auch deine Barmherzigkeit mir gegenüber groß sein.«
* *Gott, sei mir gnädig nach deiner Huld, tilge meine Frevel nach deinem reichen Erbarmen* (Psalm 51,3).
* *Wo jedoch die Sünde mächtig wurde, da ist die Gnade übergroß geworden. Denn wie die Sünde herrschte und zum Tod führte, so soll auch die Gnade herrschen und durch Gerechtigkeit zum ewigen Leben führen, durch Jesus Christus, unseren Herrn* (Römerbrief 5,20–21).

Wenn wir erkennen, wie notwendig es ist, gerade dann, wenn wir gesündigt haben, den Herrn anzusprechen, ihn bei seinem Namen zu rufen und ihn zu verherrlichen, dann wird keine Verzweiflung über uns kommen. Voll Vertrauen werden wir dagegen beten: »Um deines Namens willen, Herr, vergib mir meine Sünden.« Und wir dürfen sicher sein, dass Gott es auch vollzieht. Die Verherrlichung, die Gott aus meinem inneren Gebet zuteil wird, entspringt nicht aus der Sünde, da sie Gott verachtet und ihm niemals zur Ehre gereichen kann. Die Verherrlichung geht aus der allmächtigen Güte Gottes hervor, der Böses in mir in Gutes wandelt und damit bewirkt, dass seine früheren Feinde zu seinen Freunden werden, die Gott jetzt loben und preisen.

Nachdem das Volk Israel aus Ägypten gezogen war, geriet es in große Not und Bedrängnis, denn die den Tod bringenden Ägypter setzten ihnen nach. *Mose aber sagte zum Volk: Fürchtet euch nicht! Bleibt stehen, und schaut zu, wie der Herr euch heute rettet. Wie ihr die Ägypter heute seht, so seht ihr sie niemals wieder* (Exodus 14,13). Diesen Auszug aus Ägypten symbolisch zu übertragen, bedeutet, dass Gott uns geleitet und fern hält von allem Bösen, das er vor unseren Augen zu Grunde gehen lässt. Das Meer überrollte die Ägypter, und die Kinder Israels sahen sie dann später tot am Strand liegen. Alle Furcht und jegliches Zittern waren von den Israeliten gewichen, und sie lobten und priesen Gott. In anbetendem Staunen sang Mose stellvertretend für das gesamte Volk: *Ich singe dem Herrn ein Lied, denn er ist hoch und erhaben. Rosse und Wagen warf er ins Meer. Meine Stärke und mein Lied ist der Herr, er ist für mich zum Retter geworden. Er ist mein Gott, ihn will ich preisen; den Gott meines Vaters will ich rühmen* (Exodus 15,1–2).

Die Ägypter sind ein Sinnbild der Gefahr, in die uns unsere Sünden bringen. Sie erscheinen uns als mutig tapfere Feinde, die uns vernichten wollen. Von beglückender Hoffnung ist das göttliche Wort, das uns ermutigt und stärkt, sodass wir nicht zu den Lastern Ägyptens zurückkehren und somit auch nicht verzweifeln. Wir werden des Weges geführt, den wir mit der Hilfe des Herrn innerlich gefunden und bereits betreten haben. Bleiben wir – durch seinen Beistand gestärkt – auf unserem Weg, der jetzt zu dem seinen geworden ist, werden wir das göttliche Wunder erfahren: Unsere Sünden und mit ihnen der Widersacher werden im Roten Meer – dem Blut des göttlichen Sohnes – ertränkt, sodass sie uns nicht schaden können.

Wenn wir an unsere Sünden denken und uns auch an die weiter zurück liegenden erinnern – es kann unter Umständen sehr weh tun –, sollte die Gelegenheit noch stärker genutzt werden, Gott dafür zu danken, dass er uns von unseren Sünden erlöst hat. Er war und ist uns ein gütiger und barmherziger Vater, da er uns nicht nur verzieh, sondern aus unseren Sünden Gutes bereitete und damit in Wahrheit die Sünde tötete, die bereits damit begonnen hatte, uns das Leben zu nehmen. Die Erinnerung daran, dass wir und wie wir gesündigt haben, lässt die göttliche Pädagogik zu, damit wir eindeutiger auf dem von Gott geführten Weg bleiben, uns noch weit mehr als früher vervollkommnen und in allem Gott verherrlichen.

Zweiundzwanzigstes Kapitel

> Die Barmherzigkeit Gottes, die jeder einzelne von uns erfahren darf, ist das vornehmste Geschenk. Damit überwindet der Herr unsere Feinde auf bewundernswerte Art und Weise.

Die alles überragende Tat Gottes, die aus der Sünde die Zerstörung der Sünde hervorruft, geht aus einem anderen Tun Gottes hervor. Beide Taten, die der Allmächtige vollbrachte, haben Ähnlichkeit miteinander, doch ist das Werk seiner Menschwerdung sowie des Leidens und Sterbens ein wohl noch größeres. Da Gott nicht gegen seine Feinde mit göttlichen Waffen kämpfen wollte, benutzte er die Waffen unserer menschlichen Niedrigkeit und bekleidete sich mit der Hülle des menschlichen Leibes. Der Leib des Gottessohnes – obgleich rein von aller Sünde – war der eines Menschen, dem Leiden und dem Tod unterworfen, den die Sünde in die Welt brachte. *Da nämlich durch einen Menschen der Tod gekommen ist, kommt durch einen Menschen auch die Auferstehung der Toten* (1. Korintherbrief 15,21). Jesus Christus besiegte und vernichtete durch sein Leiden und durch seinen Tod unsere Sünden. Nachdem unsere Sünden vernichtet sind, werden auch alle Leiden und der Tod vernichtet werden, die wiederum durch die Sünden ihren Anfang genommen haben.

Wie groß ist, Herr, deine Herrlichkeit!
Wir haben Grund, dich über alles zu loben und zu preisen.

Du, unser Herr und König, hast die Waffen deiner Allmacht
und die Waffen deines göttlichen Lebens verborgen.
Vielmehr hast du den Stab deines Kreuzes genommen
und mit den fünf Steinen – die Wundmale an deinem Leib –
den Tod bringenden Widersacher besiegt und erschlagen.
Doch auch nur ein Stein deiner hingebenden Liebe
hätte ausgereicht, Satan zu entmachten und uns zu erlösen.

Wie deine Gnade, die du uns aus hingebender Liebe
   zuwendest,
möchtest du auch, dass deine Erlösung überschwänglich sei.
Die Schwachen sollen ermutigt und die Lauen entflammt
   werden,
wenn sie deine außerordentliche Liebe sehen und erfahren,
mit der du in den Tod gegangen und unsere Sünden
   getötet hast.

Der Herr hat nicht mit seinen eigenen Waffen, den Waffen seiner göttlichen Allmacht, gegen unsere Sünden und den Tod gekämpft und sie vernichtet, sondern er hat sie besiegt, ohne sein Schwert zu ziehen, indem er das Schwert der Sünde selbst nahm.

- *Weil das Gesetz, ohnmächtig durch das Fleisch, nichts vermochte, sandte Gott seinen Sohn in der Gestalt des Fleisches, das unter der Macht der Sünde steht, zur Sühne für die Sünde, um an seinem Fleisch die Sünde zu verurteilen* (Römerbrief 8,3).

   Gott bot sich in seinem Sohn selbst dar, und obwohl er ohne Sünde war, wurde er gepeinigt, gemartert und getötet, so, als wäre er ein Sünder. Auf diese Weise sollte die Forderung des Gesetzes durch uns erfüllt werden.

- *Dies tat er, damit die Forderung des Gesetzes durch uns erfüllt werde, die wir nicht nach dem Fleisch, sondern nach dem Geist leben* (Römerbrief 8,4).

Jesus Christus hat die Sünde vollkommen besiegt, indem er für uns Verzeihung der begangenen Sünden erwirkte und uns die Kraft gab, keine Sünden mehr zu begehen. Auf diese Weise befreite er unsere Seele von dem Gesetz der Sünde, damit sie nicht mehr allein und einzig über uns herrscht. Christus verleiht uns die Gnade, das Unabänderliche, das uns in dieser Welt zustößt oder auf uns geladen wird, geduldig zu ertragen. Somit haben wir die Möglichkeit, uns schon auf Erden den Himmel zu verdienen.

Nicht nur vom Gesetz und der Macht der Sünde befreite uns Christus, sondern auch von dem Gesetz und der Macht des Todes. Selbst wenn wir den Tod auf uns nehmen und durchschreiten müssen, so werden wir nicht in der Gewalt des Todes bleiben. Wie jemand, der sich zum Schlafen hinlegt und wieder erwacht, so wird uns auch der Herr aufwecken, um ein Leben zu leben, das nicht mehr stirbt. Unser irdischer Körper wird umgestaltet und in einen verklärten Leib verwandelt. Freudig, sicher und triumphierend sprechen wir dann: *Tod, wo ist dein Sieg? Tod, wo ist dein Stachel?* (1. Korintherbrief 15,55)

Der Stachel ist die Sünde, durch die der Tod seine Kraft und Stärke hat, wie auch die Biene durch ihren Stachel Kraft und Stärke beweist. *Durch einen einzigen Menschen kam die Sünde in die Welt und durch die Sünde der Tod, und auf diese Weise gelangte der Tod zu allen Menschen, weil alle sündigten* (Römerbrief 5,12).

Die beiden Erzfeinde der Menschen, die Sünde und der Tod, sind ertränkt worden im Blut Jesu Christi, sind getötet worden durch seinen Tod am Kreuz. An ihre Stelle tritt die ewige Gerechtigkeit, in die die Seele bereits in dieser Welt eingeübt wird, damit ihr in der jenseitigen Welt die Anschauung Gottes und ein ewig glückseliges Leben zuteil werde.

> Ewiger, barmherziger Gott, dir sei Lob und Dank,
> da du uns den Sieg durch Christus geschenkt hast.
> Ich bete dich an aus tiefem und dankbarem Herzen.
> Die gesamte Erde bete dich in tiefer Dankbarkeit an
> und lobe und preise deinen allerheiligsten Namen.

Dreiundzwanzigstes Kapitel

Von dem großen Schaden, den Traurigkeit, Verzweiflung und Depression in der Seele des Menschen anrichten. Durch geistige Freude, durch Vertiefung des Glaubens und ein Tun, das dem Willen Gottes entspricht, erfahren wir Linderung, wenn nicht gar Heilung.

Wenn man sieht, wie die Mutlosigkeit und Verzweiflung bei vielen Menschen um sich greifen und ihre Seele, ihr Gewissen und ihr Bewusstsein schwer belasten, ist es wichtig, nach einem Gegenmittel Ausschau zu halten. Es gibt Menschen, die mit einer Menge schwerer Sünden belastet sind, jedoch nicht wissen, was Verzweiflung ist. Sie fürchten sich vor nichts und sind beruhigt durch die falsche Hoffnung und die törichte Vermessenheit, dass ihnen trotz ihres sündhaften Lebens nichts passieren könne.

Wenn jedoch die Barmherzigkeit Gottes ihre Seele berührt, beginnen sie, den Umfang ihrer Sünden wahrzunehmen. Sie beten zu Gott und bitten ihn um Hilfe mit dem Vorsatz, sich umgehend zu bessern; sie empfangen die heiligen Sakramente und man sollte meinen, dass sie jetzt im Hinblick auf ihre Vergangenheit Mut schöpfen und nach vorn schauen. Doch dem ist nicht so: Eine außerordentlich große Furcht überfällt sie, so groß, wie vorher ihre falsche Sorglosigkeit war.

Andere dagegen vollziehen eine radikale Umkehr, werden demütig, empfangen die heiligen Sakramente und sind in allem bemüht, dem Willen Gottes zu folgen. Trotz ihrer begangenen Sünden entwickeln sie den Mut, nach vorn zu schauen, und das unbedingte Vertrauen, dass Gott mit ihnen ist. Im Rückblick erleben sie Gott als Feind des Bösen und fürchten ihn für

Momente, da sie selbst auf der Seite des Bösen standen. Doch jetzt erleben sie Gott und haben Grund genug, ihn für den Freund der Guten zu halten. Wegen des guten Willens, den er ihnen verliehen hat, glauben sie vertrauensvoll, dass Gott auf ihrer Seite steht und ihr Freund geworden ist und dass er das Gute, das er in sie gepflanzt hat, wachsen lassen und vollenden wird.

An deinen Geboten habe ich meine Freude, ich liebe sie von Herzen. Ich erhebe meine Hände zu deinen Geboten; nachsinnen will ich über deine Gesetze (Psalm 119,47–48). Gott wendet seine Augen und sein Herz dorthin, wohin der Mensch seine Arme ausbreitet, um ihm Gnade zu erweisen. Da Gott die unendliche Güte ist, kann er nicht anders, als sich den Menschen zuzuwenden, die ihn anrufen, um ihnen seine Hilfe anzubieten. So nimmt er jeden in Schutz und kräftigt ihn. Mit dieser Voraussetzung gelingt es dem Menschen, sich selbst kennen zu lernen, an sich zu arbeiten und durch sein Denken, Sprechen und Tun Gott zu gefallen.

Wenn wir unser Leben immer mehr auf Gott und den Empfang seiner Liebe ausrichten, wird einerseits der Herr uns ermutigen, tatkräftig unseren Weg fortzusetzen und dabei auf den inneren Ruf zu hören. Andererseits jedoch werden sich auch böse Geister und dunkel gesinnte Menschen gegen uns erheben, uns nachstellen und uns in Kämpfe verwickeln. Dies geschieht umso stärker, je mehr wir uns innerlich von allem Vergänglichen distanzieren und uns somit geistlich von der Erde abheben, um die erste der fünf Treppen zu betreten, die zur Vollkommenheit führen.

- *Ich rief zum Herrn in meiner Not, und er hat mich erhört* (Psalm 120,1).
- *Herr, rette mein Leben vor Lügnern, rette es vor falschen Zungen!* (Psalm 120,2)

Lügner sind in der Regel bestrebt, das Gute zu verhindern, und »falsche Zungen« sind diejenigen, die andere arglistig hintergehen. Oftmals stellen sich uns so große Hindernisse entgegen – es kann uns manches Mal auch nur so vorkommen –, die es uns unmöglich machen, das Begonnene zu vollenden.

♦ Die Kundschafter, die neues Land für das Volk Israel in Augenschein nahmen, berichteten in einem Fall: *Das Land, das wir durchwandert und erkundet haben, ist ein Land, das seine Bewohner auffrisst. Sogar die Riesen haben wir dort gesehen. Wir kamen uns selbst klein wie Heuschrecken vor, und auch ihnen erschienen wir so* (Numeri 13,32–33). Dies ist ein Bild dafür, wie sehr uns Hindernisse auf unserem geistlichen Weg erschrecken und mutlos machen können.

♦ Andere Kundschafter berichteten Mose von dem Land, in das er sie geschickt hatte: *Aber das Volk, das im Land wohnt, ist stark, und die Städte sind befestigt und sehr groß* (Numeri 12,28). Um zu zeigen, wie unüberwindlich diese Mauern scheinen, sagen einige Übersetzer: »Die Mauern der Stadt, die wir erstürmen sollen, scheinen uns bis an den Himmel zu reichen.«

Die Mutlosigkeit und Verzweiflung der Kinder Israels missfiel dem Herrn, denn ihre Sünden, die sie in der Wüste begangen haben, waren zahlreich und groß. Sie hatten ihren Gott mit anderen Göttern vertauscht und beteten das goldene Kalb an. Der Herr verzieh ihnen und verlieh ihnen erneut seine Gnade, ihr begonnenes Unternehmen fortzusetzen. Dass die Israeliten jedoch der Barmherzigkeit Gottes misstrauten und an seiner Macht zweifelten, ließ der Herr allerdings nicht durchgehen. Er musste mit ansehen, wie das Herz seines auserwählten Volkes in die Irre ging, da sie die göttlichen Wege nicht kannten. Daher wurde, wie der Sänger der Psalmen sagt, Gott zornig und er lässt ihn die folgenden Worte aussprechen: *Darum habe ich in meinem Zorn geschworen: Sie sollen nicht kommen in das Land meiner Ruhe* (Psalm 95,11). Mutlosigkeit, Hoffnungslosigkeit, Zweifel und Misstrauen an der Barmherzigkeit Gottes sind dem Herrn ein Gräuel. Er möchte nicht seine Güte durch unseren mangelnden Glauben beeinträchtigt wissen. Die Feinde auf unserem geistlichen Weg in uns und um uns herum werden stark und ausdauernd sein. Da können wir nichts Schädlicheres mitbringen als Mutlosigkeit und mangelndes Vertrauen in Gott. Wem Mut und Vertrauen fehlen, der ergreift vor einem Schatten die Flucht.

Geraten wir in einen geistlichen Konflikt oder gar Kampf, werden uns unser Intellekt oder ähnliche Waffen nicht helfen. Mit dem Schutz und Schirm des Herrn jedoch – wenn wir uns an ihn wenden und darum bitten –, werden wir diesen Krieg gewinnen. Die oben genannten gewaltigen Riesen, vor denen die Kundschafter große Angst hatten, wird der Herr mühelos besiegen – und, wenn es sein muss, sogar durch winzige Heuschrecken. Alle, die sich auf den Weg machen und ihn auch konsequent gehen wollen, müssen immer wieder mit einem geistigen Kampf rechnen. Ihnen sei ermutigend gesagt: *Werdet stark durch die Kraft des Herrn! Zieht die Rüstung Gottes an, damit ihr den listigen Anschlägen des Teufels widerstehen könnt* (Epheserbrief 6,10–11).

- Von Antonios (um 251–356), der Große oder auch der Stern der Wüste genannt, der im Kampf gegen die Dämonen sehr erfahren war, stammen die Worte: »Die geistige Freude ist ein wunderbares und gewaltiges Mittel, um unseren Feind zu besiegen. Es ist unzweifelhaft so: Die Freude, die wir aus einem Werk schöpfen, erhöht die Kraft zu dessen Ausführung.«
- Die gleiche Ermahnung gibt uns mit Nachdruck der Apostel: *Freut euch im Herrn zu jeder Zeit! Noch einmal sage ich: Freut euch!* (Philipperbrief 4,4)
- Franziskus von Assisi (1181/82–1226) tadelte seine Brüder, wenn er sie traurig oder mürrisch sah: »Wer dem Herrn dient, darf sich nicht so benehmen – ausgenommen, er hat eine Sünde begangen. Wenn du eine Sünde begangen hast, so bereue und beichte sie. Dann hast du Grund, wieder freudig zu sein.«

♦ Von Dominikus (um 1170–1221) wird gesagt: »Sein Gesicht spiegelte immer eine gewisse Heiterkeit wider. Sie gab Zeugnis von der inneren Freude, die aus der Liebe Gottes und aus der lebendigen Hoffnung auf seine Barmherzigkeit entspringt.«

Durch die Liebe Gottes und durch die Hoffnung auf seine Barmherzigkeit wird es uns möglich, das Kreuz Christi anzunehmen und nicht nur mit Geduld, sondern auch mit Freude zu tragen. Wir wissen von Menschen, denen man ihre gesamte Habe raubte, und die doch freudig und heiter blieben. Der Grund war: Ihre Habe lag in ihrem Herzen, denn sie hatten einen bleibenden Schatz im Himmel. Sie kannten es aus Erfahrung, was der Apostel aussprach: *Seid fröhlich in der Hoffnung, geduldig in der Bedrängnis, beharrlich im Gebet!* (Römerbrief 12,12)

Wenn jedoch die Fröhlichkeit, die Geduld und die Beharrlichkeit fehlen, begegnen uns Menschen, die sich zwar auf dem Weg des Herrn befinden, deren Herz aber von unnützer Traurigkeit ist. Sie haben keine Freude an göttlichen Dingen, sondern sind verdrießlich und mürrisch über sich und die Mitmenschen. Ihr Vertrauen auf die Barmherzigkeit Gottes ist so gering, als ob sie überhaupt kein Vertrauen hätten. Viele dieser zur Traurigkeit neigenden Menschen begehen kaum Sünden, doch geben sie den Grund ihres Pessimismus an: Ihre Vorstellung, Gott zu dienen, entspricht nicht dem, wie sie es von sich aus sollten und wünschten. Hinzu kommt, dass die kleinen Ungereimtheiten und Sünden des Alltags ihnen schwer auf der Seele liegen und ihren dunklen Zustand bewirken.

Hier sieht man deutlich, dass der übergroße Kummer, die Traurigkeit und das Niedergedrücktsein nicht durch die Sünde selbst verursacht werden, sondern erst aus der Sünde und der bangen Erkenntnis der eigenen Grenzen hervorgehen. Dies bringt ihnen einen weitaus größeren Nachteil, ja, sogar Krankheit, als die Sünden selbst, die sie begangen haben. Hier könnte eine von vielen Ursachen zur Depression liegen. Menschen mit dieser Veranlagung mangelt es an Selbstwertgefühl und sie glauben von sich, dass sie ständig von einer Sünde in die andere fallen. Aus diesem wahrhaften Teufelskreis müssen sie durch menschliche und göttliche Hilfe erlöst werden. Wer einmal unter dieser Krankheit gelitten hat oder gar leidet, weiß, welche Höllenqualen sie der Seele verursacht und aufbürdet.

Für diese schwer heimgesuchten Menschen ist es nicht einfach, eine für sie passende Heilmethode zu finden, wenn nicht der Herr mit seiner sich erbarmenden Liebe eingreift. Für Menschen, die nicht unter Depressionen leiden, ist es einfach, gute Ratschläge zu geben, doch die Krankheit ist weitaus differenzierter als nur jemandem zu sagen:

- Du musst bestrebt sein, Gott freudig und mit ganzem Herzen zu dienen.
- Du darfst ja weinen über etwas, was in deinem Leben nicht gut war, aber nicht mutlos werden und verzweifeln.
- Überfrachte nicht durch ständiges Grübeln dein Gewissen. Es macht dich sonst krank.
- Wenn du siehst, dass du schwächer bist als du glaubtest, so darfst du unter keinen Umständen in dieses Vakuum hinein fallen.
- Nimm dich in allem nicht so wichtig und ordne dich Gott demütig und dienend unter.

Wie viel gut gemeinte Ratschläge müssen sich viele depressive Menschen anhören, ohne dass ihnen dadurch geholfen wird, weil immer neue Forderungen an den Kranken gestellt werden, die er aus sich nicht leisten kann. Er sollte möglichst nicht allein gelassen werden und die Chance haben, all das auszusprechen, was auf seiner Seele lastet. Mit sehr viel Liebe und Behutsamkeit – ohne Besserwisserei und guten Ratschlägen – sollten wir den Menschen begegnen, deren Gemüt verdunkelt ist. Wir dürfen und müssen für sie göttliche Hilfe erflehen, die sich dann auch in guter ärztlicher Therapie ausdrücken kann.

Viele Menschen tun das Gegenteil, indem sie sich nicht helfen lassen wollen – weder von Gott noch von den Menschen. Im Dienst Gottes sind sie eher sorglos und träge. Geraten sie aber in Sünde, die ihnen anhängt und sie verfolgt, wissen sie sich nicht zu helfen und geraten in große Mutlosigkeit. Das Aussprechen der Wahrheit ist das beste Mittel, der Verzweiflung zu entgehen. Doch nach außen zeigen diese Menschen Lauheit und Sorglosigkeit – besonders, was den Gottesdienst betrifft. Wenn dieses Verhalten einmal Wurzeln geschlagen hat, lassen sie sich nicht helfen und können sich selbst ebenso wenig helfen, da sie innerlich weder Kraft noch Mut haben. Aus den verzweifelten Gefühlen, die aus der permanenten Traurigkeit entstehen, leiden sie einen noch größeren Schmerz, als wenn sie die Verkapselung Gott und den Menschen gegenüber und die Abwehr, sich von beiden helfen zu lassen, mit der Wurzel aus sich herausreißen würden. Sie würden dann die Widerwärtigkeiten und Unannehmlichkeiten, denen sie früher gern aus dem Weg gegangen sind, bewusst angehen, auf sich nehmen und ans Licht bringen. Dadurch wird das Herz gereinigt und die menschliche und die göttliche Liebe können wieder in Fülle fließen und zur Gesundung von Körper, Geist und Seele beitragen. *Das Ziel der Unterweisung ist Liebe aus reinem Herzen, gutem Gewissen und ungeheucheltem Glauben* (1. Timotheusbrief 1,5).

Ein gutes Gewissen – wie Augustinus sagt – ruft Hoffnung hervor. Wenn wir kein gutes Gewissen haben und unser Glaube, die Liebe und die Werke, die daraus entstehen, nicht tief genug gegründet sind, dann wird in uns auch keine Hoffnung leben, die uns Freude bereitet. Der Trost und die Freude, die die Hoffnung verursacht, werden bei einem schlechten Gewissen brüchig sein. Obwohl die Hoffnung nicht stirbt, da der Mensch im Stand der Gnade ist, wird die Hoffnung nur wenig bewirken können, wenn sie auf keinem guten Nährboden gegründet ist.

Diejenigen täuschen und irren sich, die nur oberflächlich und lau zu sich und anderen sagen: »Glaube nur, Gott verzeiht dir und liebt dich...« Sie beweisen damit, dass sie nur auf Grund ihrer leeren Einbildung sprechen und nicht aus ihrer wahren Glaubenserfahrung. Diese sogenannten Ermutigungen, die nicht von Gott sind, vermögen den Menschen nicht gesund und aufrecht zu erhalten, wenn ihm Trübsal, Trauer und Depressionen entgegentreten. Die Freude, die aus einem guten Gewissen und einem Gott gefälligen Leben entspringt, breitet sich überall aus und hat Mut und Vertrauen im Gefolge. Diese Erfahrung machen alle, die einen geistlichen Weg in der Nachfolge Jesu Christi gehen. Zuerst nehmen sie es in ihrem tiefsten Inneren wahr, bis sich die tief empfundene und unendliche Freude, der Lebensmut und das Vertrauen in Gott auch nach außen hin zeigen und auf andere übergehen. Das Eine zieht jeweils das Andere nach sich. So geschieht es aber auch leider in umgekehrter Richtung und eine entgegengesetzte Wirkung zeigt sich: *Aus Kummer entsteht Unheil; denn ein trauriges Herz bricht die Kraft* (Jesus Sirach 38,18).

Vierundzwanzigstes Kapitel

> Von den Möglichkeiten auf dem Weg in die Nachfolge Christi Hoffnung zu schöpfen. Wie man Mut bewahrt, wenn sich uns das Heilmittel gegen die Versuchung nicht sogleich schenkt. Demut ist vielen fremd und wird oft erst erfahren durch die Schläge der Versuchungen.

Zwei Möglichkeiten werden dir empfohlen, um auch bei Erschütterungen immer wieder neue Hoffnung zu schöpfen: Die erste besteht darin, die göttliche Liebe und Güte wahrzunehmen, die sich uns durch Jesus Christus schenkt. Die zweite Möglichkeit zu neuer Hoffnung besteht darin, darauf zu achten, dass uns nicht Dumpfheit und Trägheit gefangen hält. Wir sollten jeweils neu immer wieder erkunden, womit wir dem Herrn dienen können. Wenn wir zwischenzeitlich sündigen, heißt es, den Mut nicht zu verlieren, sich um ein Heilmittel zu bemühen und auf Vergebung zu hoffen.

Selbst wenn du wiederholt in alte Fehler fällst: Steh jedes Mal wieder auf und vermeide dabei jede Schwerfälligkeit und Ermüdungserscheinung. Bitte inständig erneut um Vergebung, denn Gott wird niemals müde, dir zu verzeihen. Der Herr hat geboten, unserem Nächsten nicht nur siebenmal zu verzeihen, sondern siebenundsiebzigmal, das heißt, wir sollen ihm vergeben ohne Maß und Ziel (vgl. Matthäus 18,21–22). Da Gottes Güte unendlich groß ist, wird er uns noch weitaus lieber vergeben, so oft wir ihn darum bitten.

Wir blicken auf Christus, denn er stellt uns die unendliche Güte Gottes vor, damit auch wir Güte und Barmherzigkeit entwickeln, um sie anderen zukommen zu lassen. Werde nicht ungeduldig, wenn du nicht sofort gütig und barmherzig bist, so wie du es dir vorstellst! Resigniere nicht und denke auch nicht, dass du niemals zum Ziel kommst. Dem ist nicht so. Ein starkes Beispiel zur Ermutigung, auf Gott zu vertrauen, lesen wir im Buch Judit.

- Die verzweifelten Bewohner von Betulia resignierten und waren bereit, sich den Assyrern zu ergeben. *Jetzt gibt es für uns keine Rettung mehr; denn Gott hat uns an sie verkauft. Darum müssen wir verdursten und vor ihren Augen elend zu Grunde gehen* (Judit 7,25).
- Judit hörte, dass das Volk wegen des Wassermangels den Mut verlor, und sie erfuhr zusätzlich, dass Usija den Leuten unter Eid versprochen hatte, nach Ablauf von fünf Tagen die Stadt an die Assyrer auszuliefern. Sie war erbost darüber, dass die Ältesten ihrer Heimatstadt Gott eine Frist gesetzt hatten, in welcher Zeit er zu handeln habe. *Durch diesen Eid, den ihr geschworen habt, habt ihr Gott und euch selbst festgelegt; denn ihr habt erklärt, dass ihr die Stadt unseren Feinden ausliefern wollt, wenn der Herr euch nicht inzwischen Hilfe schickt. Wer seid ihr denn, dass ihr am heutigen Tag Gott auf die Probe stellt und euch vor allen Leuten an die Stelle Gottes setzt?* (Judit 8,11–12)

- Im Gespräch mit den Ältesten hält Judit ihnen weiterhin vor, dass sie auf diesem Weg niemals zu einer Gotteserkenntnis kommen. *Nicht einmal die Tiefe des Menschenherzens könnt ihr ergründen und die Gedanken seines Geistes erfassen. Wie wollt ihr dann Gott erforschen, der das alles geschaffen hat? Wie wollt ihr seine Gedanken erkennen und seine Absichten verstehen? Nein, meine Brüder, reizt den Herrn, unseren Gott, nicht zum Zorn! Auch wenn er nicht gewillt ist, uns in diesen fünf Tagen Hilfe zu schaffen, so hat doch er zu bestimmen, zu welcher Zeit er uns helfen will* (Judit 8,14–15).

Schreibe dem Herrn nichts vor und setze ihm auch kein Ultimatum, wie es die Ältesten von Betulia getan haben. Judit bricht ihr enges Verhalten auf und öffnet ihnen somit wieder den freien Weg zu Gott und sorgt dafür, dass Gottes Vorhaben wieder bei ihnen ankommt. Lerne auf den Herrn zu hoffen und, wenn es sein muss, auch auf ihn zu warten, bis er dich mit seiner Barmherzigkeit berührt und erfüllt. Werde darin nicht müde und lass keine zweifelnden Gedanken aufkommen, die dich einengen und krank machen. Selbst wenn Not und Bedrängnis deine Hoffnung auf Gott schwächen, dann sollten gerade sie – als Vorboten einer Hilfe – dich ermutigen. Die Stunde, in der der Herr kommt, wird oft eingeleitet durch eine vorhergehende Drangsal, die anzeigt, dass jetzt die Hilfe und Zuwendung am dringendsten sind.
- Der Herr befreite sein Volk aus der ägyptischen Knechtschaft als die Not, die es litt, am größten war (vgl. Exodus 13,17–14,31).
- Bevor Jesus seine ersten Jünger berief, ließ er sie in der Nacht vorher erfolglos fischen (vgl. Lukas 5,1–11).
- Beim Sturm auf dem See erfuhren seine Jünger die zu Grunde richtende Widermacht, die Angst, bis er sich und seine göttliche Macht zu erkennen gab (vgl. Markus 4,35–41).
- Erneut kam bei den Jüngern überwältigende Angst auf, als sie allein im Boot vom Sturm überrascht wurden. Jesus kam über das Wasser und schenkte den Jüngern ein solches Ver-

trauen, dass Petrus ausstieg, um Jesus entgegen zu gehen (vgl. Matthäus 14,22–33).

Auf diese und ähnliche Weise wird auch der Herr mit uns verfahren. Selbst, wenn wir es jetzt noch nicht glauben, wird er zur rechten Zeit bei uns sein und uns beschützen und führen. Auf der einen Seite sind viele Menschen auf dem richtigen, ihnen von Gott gewiesenen Weg, auf dem sie die Erfahrung von Gottes Nähe machen. Auf der anderen Seite gibt es viele stolze und rechthaberische Menschen, die nicht wissen, was Demut heißt. Wenn sie dann durch Schicksalsschläge und Leid geprüft werden oder Versuchungen nicht widerstehen können, sind sie dermaßen entmutigt, dass sie dem Herrn gegenüber erst recht keine Liebe zeigen können. Wahrscheinlich ist ihr steinernes Herz nicht anders zu erweichen als durch Leiderfahrung.

Es fehlt so vielen Menschen die Klugheit, die Vorsicht und die Behutsamkeit. Oft werden sie erst ein wenig sensibler für die Spur Gottes, wenn sie sich geirrt oder wenn sie Fehler begangen haben. Bei wenig Gutem stehen Stolz und Eitelkeit an erster Stelle. Erst ein langer schmerzhafter Weg lehrt sie, demütiger zu sein und ein offenes Herz für Gott und die Mitmenschen zu bekommen. Leider müssen bei manchem Heilungsvorgang brennende und ätzende Mittel angewandt werden, damit das eigentliche Wesen des Menschen unter der Verkrustung frei gelegt werden kann. Um von bestimmten schlechten Eigenschaften loszukommen, sind manchmal Umwege, Vergehen oder gar Sünden notwendig, die dann der Herr auch zulässt.

Viele Menschen entwickeln erst durch Fehltritte und Vergehen ein Gefühlsniveau, das man mit Beschämung bezeichnen könnte. Von dieser Ebene aus wird Gott für sie auf einmal wichtig und sie beginnen, ihn um Hilfe anzurufen und ihn um Verzeihung zu bitten. Diese wesentliche Erfahrung hätten viele Menschen nicht gemacht und sie wären in ihrem Stolz verhaftet geblieben, wenn sie nicht notwendige Umwege durch seelisches Leid geführt worden wären.

Ewiger Dank sei dir, Herr: Du kommst uns entgegen
und bereitest aus solchen Übeln Güter des Himmels.
Wir preisen dich, dass du den Sündern verzeihst.
Wir loben dich, dass du uns zur Gerechtigkeit führst
und uns nach jedem Vergehen dein Verzeihen schenkst
und bereit bist, uns nach jedem Fall wieder aufzurichten.

Wer nicht die Eigenschaft hat, dir in Treue zu dienen,
den machst du, Herr, in deiner Liebe dazu fähig
durch ein zerknirschtes und demütiges Herz.

Du bewirkst, dass die Sünden Veranlassung geben,
zu dir in Demut und Aufrichtigkeit zurückzukehren.
Der Sünderin, die dir, Herr, die Füße küsste und salbte,
sagtest du zum großen Erstaunen der Anwesenden:
Dir sind deine vielen Sünden vergeben,
weil du mir viel Liebe gezeigt hast.

Deine Güte, Herr, erscheint darin am größten,
dass du allen Sündern, die umkehren zu dir,
vergibst und ihnen sogar Seligkeit verleihst.

Wir wissen, sagt der Apostel Paulus, *dass Gott bei denen, die ihn lieben, alles zum Guten führt, bei denen, die nach seinem ewigen Plan berufen sind* (Römerbrief 8,28).

Augustinus geht noch einen Schritt weiter, indem er sagt: »Denen, die Gott lieben, gereichen sogar die Sünden zum Besten.« Nimm das Gesagte aber jetzt auf keinen Fall zur Gelegenheit, hier und da aus Lauheit zu sündigen. Dies darf um nichts in der Welt geschehen! Solltest du das Unglück haben, unseren Herrn zu beleidigen, wird diese Sünde eine noch größere sein, wenn du mit der Liebe Gottes spekulierst.

Fünfundzwanzigstes Kapitel

> Gerade durch den Glauben und in göttlichen Dingen versucht der Widersacher uns zur Verzweiflung zu treiben. Wir können aber seine List rechtzeitig erkennen und Mittel einsetzen, die uns davor schützen, in diesen Versuchungen zu erliegen.

Der Widersacher versteht es auf raffinierte Weise, uns Gedanken gegen den Glauben und verabscheuungswürdige Gedanken gegen Gott einzuflüstern. Das besonders Gemeine daran ist, dass er uns die Meinung mitliefert, als käme das alles von Gott selbst und dieser hätte ein Wohlgefallen daran. Der Widersacher verursacht dem Menschen einen solchen Kummer, dass jegliche Freude ausbleibt. Die teuflische Absicht besteht darin, den Mut zu schwächen und dafür zu sorgen, dass der Mensch sein Vertrauen auf Gott verliert. Der Böse weiß genau, wie er vorgehen muss und dass ein Christ nicht ohne Weiteres verabscheuungswürdigen Dingen zustimmt. Durch kleine Ungelegenheiten ermüdet er den Menschen und raubt ihm die Geduld. Missmut und Unruhe im Herzen breiten sich dann ganz von selbst aus. Die bösen Geister können in ein so vorbereitetes dunkles Herz jegliches weitere Übel einprägen.

Ein sorgfältiges Mittel, um zu verhindern, dass dies geschieht, besteht in der rechtzeitigen ruhigen Betrachtung unseres Gewissens. Entdecken wir Sünden darin, sollten wir so schnell wie möglich das Sakrament der Versöhnung empfangen und unser Leben so ordnen, als wenn es an diesem Tag zu Ende gehen würde. Vielleicht entspringt daraus, dass wir in Zukunft mit mehr Sorgfalt dem Herrn dienen. Leider schleichen sich allzu oft in unserem Glaubensleben Nachlässigkeit, oberflächliche Routine, Langeweile und Mittelmäßigkeit ein. Da in uns allen die Tendenz steckt, verbotene Weide zu betreten anstatt in unserer Entwicklung fortzuschreiten, müssen wir sehr darauf achten, unsere Gangart nicht unnötig zu verlangsamen und damit neuen Versuchungen ausgesetzt zu sein.

Um uns in Bewegung zu halten und uns seine Liebe kundzutun, bedient sich der Herr in seiner Weisheit auch oft der Mittel, die uns nicht immer angenehm sind, ja, sie können sogar empfindlich wehtun. Welche Ursachen auch immer uns zur Erkenntnis führen – wir sollten dann sofort unser eventuell belastetes Gewissen befreien und versuchen, einen neuen Weg zu finden, dem Herrn noch eifriger zu dienen. Der Widersacher schickt uns gegen unseren Willen Gott lästernde Gedanken, sodass wir förmlich gezwungen werden, seine Sprache anzuhören. Daher ist es so wichtig, sein Vertrauen auf Gott zu setzen und ihn im Gebet um seinen Beistand zu bitten. Von uns aus müssen wir versuchen, die dunklen und verführerischen Gedanken nicht in unser Inneres zu lassen, indem wir uns nicht mit ihnen auseinandersetzen und ihnen mit dem Anruf des Namens Jesu Christi eine Absage erteilen. So bleiben wir, ohne mit dem Feind zu sprechen, ruhig und verlieren nicht den Mut. *Ich bin wie ein Tauber, der nicht hört, wie ein Stummer, der den Mund nicht auftut* (Psalm 38,14).

Das beste Mittel, nicht durch beunruhigende und verabscheuungswürdige Gedanken in Versuchung zu geraten oder gar zu sündigen, besteht darin, sich nicht um sie zu kümmern. Nichts beleidigt den Widersacher mehr als eine solche Verachtung, da er hochmütig und stolz ist. Das Schlimmste und Gefährlichste besteht darin, auf sein Niveau herabzusteigen und mit ihm zu streiten. Er setzt alles daran, uns zu überlisten. Wenn es ihm jedoch einigermaßen gelingt, so bewirkt er, dass wir Zeit verlieren und das Gute, das wir hätten tun können, unterlassen. So gut wir es vermögen, müssen wir die Tür zu unserer Innerlichkeit, ja, bereits die zu unserem Denken, verschließen, indem wir unserem Feind keine Antwort geben, sondern uns in Jesus Christus auf Gott hin ausrichten und eine Zeit lang im Gebet bei ihm verweilen. Sollte uns dies während des Tagesgeschehens nicht möglich sein, reichen auch kurze Anrufungen Jesu Christi, indem wir seinen Namen aussprechen und um sein Erbarmen bitten. *Meine Augen blicken ermattet nach oben: Ich bin in Not, Herr. Steh mir bei!* (Jesaja 38,14)

Wir dürfen vertrauensvoll darauf hoffen, dass Gott in seiner großen Barmherzigkeit zu uns stehen und uns stützen wird. Wir allein sind zu schwach, aus diesem Kampf als Sieger hervorzugehen. Daher steht an erster Stelle die Hinwendung zu Gott und der Anruf seines heilbringenden Namens. Würden wir dagegen mit unseren Feinden sprechen und ihnen antworten, bliebe weder Raum noch Zeit für Gott, um zu ihm unsere Zuflucht zu nehmen.

• Wenn wir schweigen, wird der Herr für uns eintreten. *Der Herr kämpft für euch, ihr aber könnt ruhig abwarten* (Exodus 14,14).
• Ebenso mahnt auch der Prophet Jesaja zum Schweigen, denn gerade durch dieses Stillsein wird uns am meisten geholfen. *Nur in Umkehr und Ruhe liegt eure Rettung, nur Stille und Vertrauen verleihen euch Kraft* (Jesaja 30,15).

Durch die Auseinandersetzung mit den bösen Eingebungen wird der Mensch schwach, verwirrt und sogar krank. Durch das Schweigen jedoch und die in ihm enthaltene Hoffnung, die zum Gebet wird, wendet der Mensch das schlagkräftigste Mittel an, die Angriffe des bösen Feindes zu zerstreuen und zu Nichte zu machen. Indem wir ihn weder anhören noch ihm antworten, bringen wir den Widersacher dazu, dass er von uns ablässt und schweigt. Wenn wir auf einen bellenden Hund zugehen und ihn beachten, wird er umso lauter bellen; wenn wir jedoch schweigend fortgehen, so schweigt auch er und bellt nicht mehr.

Sechsundzwanzigstes Kapitel

Der Widersacher versucht uns besonders beim Gebet zu stören. Wie können wir trotzdem im Gebet Fortschritte machen? Der Wunsch nach eher süßlichen religiösen Herzensregungen ist unangemessen.

Ein noch im Glauben und Gebet eher schwacher Mensch sagt: »Diese dunklen Gedanken, die besonders beim Beten über mich herfallen, rauben mir die Zuwendung und die Verbindung zu Gott. Ich überlege mir ernsthaft, dann das Gebet abzubrechen und ein anderes Mal neu zu beginnen. Doch leider bleibt es häufig dabei, es nicht zu tun.« Diese Entgegnung ist genau das, was der Widersacher mit seinen listigen Einsprechungen bewirken will: uns von Gott zu trennen. Damit ihm dies nicht gelingt, dürfen wir nicht auf ihn und seine hinterhältigen zerstörerischen Gedanken eingehen, sondern unser Beten ungeachtet dieser Störungen fortsetzen. Und gerade durch unsere Konsequenz, indem wir uns an den Herrn halten – was auch immer uns zustößt –, erleidet der Widersacher einen großen Verlust.

Solltest du beim Beten und darüber hinaus keine andächtigen Gefühle und keine frommen Vorstellungen haben, so ist dies eher ein gutes als ein schlechtes Zeichen. Auch all deine Erwartungen solltest du dem Herrn im Gebet opfern. Gedanken, Vorstellungen und Gefühle kommen und gehen und sind jederzeit austauschbar. Das, was wirklich zählt, ist die Liebe und nach ihr werden einmal unser Tun und unser Lassen bemessen. Die Liebe hat nichts mit zarten Andachtsgefühlen zu tun, sondern sie wird zu einem Geschenk des Herrn, wenn wir uns ihm gegenüber bejahend öffnen. Damit die Gottes- und die Nächstenliebe in uns wachsen können, müssen wir bestimmte Voraussetzungen schaffen.

- Freiwillig sollten wir uns sowohl im Gebet als auch in unserem Alltag dem Herrn immer wieder zuwenden und uns nicht durch Attacken des Widersachers davon abbringen lassen.

- Um die Zeichen der Liebe Gottes auf unserem Weg zu erkennen, ist es unabdingbar, unseren Willen dem Willen Gottes unterzuordnen. Die Kirche schenkt uns hervorragende Richtlinien, an denen wir uns orientieren können.
- Ein dritter und wesentlicher Faktor, der bereits im zweiten Punkt enthalten ist, besteht darin, auch das Unabwendbare aus Gottes Hand anzunehmen. Hier bedrückt uns am meisten eigenes körperliches und seelische Leid wie auch das anderer Menschen. Wir sollten jedoch mit allen guten uns zur Verfügung stehenden Mitteln versuchen, es zu lindern und erträglicher zu machen.

Viele verlassen, um Gott zu dienen, radikal ihren materiellen Besitz. Das ist jedoch nicht unbedingt notwendig, um dem Herrn zu folgen und seinen Willen zu erfahren. Viel wichtiger ist es, nicht nach frommen Gefühlen und Vorstellungen zu streben oder, wenn sie vorübergehend eintreten, sie nicht festzuhalten. Auf sie können wir radikal verzichten. Wem dies gelingt, der lebt fröhlicher und gibt dem Widersacher weniger Gelegenheit, ihn anzugreifen, zu quälen und zu hintergehen.

Jesus Christus ist – seiner Kleider beraubt – in entblößter Armut am Kreuz gestorben. Für uns geht es um die Armut des Geistes, von der der Herr zu Beginn der Bergpredigt spricht. Unsere »Kleider«, das heißt, unsere Gedanken, Gefühle, Erwartungen und Vorstellungen, sollen wir vor ihm im Gebet des Schweigens aufgeben, sodass wir frei werden für die liebende Zuwendung Gottes. Die einzige »Kleidung« besteht für uns darin, in Wachheit seinen allerheiligsten Namen anzurufen und empfangsbereit zu sein für das, was er uns kundtun möchte. Auch auf diesem Weg kann sich der Widersacher noch einmischen, um uns zu Fall zu bringen. Wir machen einen Prozess der Reifung durch, der auch schmerzhaft sein kann, bis wir umso klarer die Liebe und den Willen Gottes erkennen.

Müssen wir nicht Gott für alles, was uns auf unserem Weg zu ihm begegnet, danken? Zu dem, was uns auf diesem Weg

begegnen kann und wird, gehört auch die Befreiung von dem, was uns hindert, weiterzugehen:
- Dunkelheit schwindet durch das aufgehende Licht
- Verdrängtes tut sich auf
- Unausgesprochenes wird ausgesprochen
- Unwahrheiten werden entlarvt
- verschlossene Türen öffnen sich
- Hemmungen und Blockaden lösen sich auf und
- vieles, das nicht zu uns gehört, gerät in Bewegung, um uns zu verlassen.

Dieser Prozess der Erlösung wird immer mit Schmerzen verbunden sein, die jedoch erträglich sind, weil wir uns Schritt für Schritt auf Gott hin bewegen. Daher dürfen wir unendlich dankbar sein für alles, was in seinem Namen geschieht. *Sagt Gott, dem Vater, jederzeit Dank für alles im Namen Jesu Christi, unseres Herrn!* (Epheserbrief 5,20) Vieles erscheint nach außen herb und zu ungeeignet, um dafür Dank zu sagen. Schauen wir jedoch tiefer und sehen größere Zusammenhänge, leuchtet uns – wie unter einer Hülle verborgen – das Gutsein und die Gnade Gottes ein. Ein Christ wird auf seinem fortschreitenden Weg zu Gott andere Augen und eine andere Wahrnehmung bekommen, die es ihm ermöglichen, Gott tiefer zu lieben. Wenn uns etwas schmerzt, werden wir schnell die Ursache erkennen und sie entweder beseitigen oder – wenn wir erfahren, dass sie in Gott gegründet ist – den Schmerz annehmen und versuchen, ihn zu ertragen.

An der ersten Stelle sollte nicht unser Wille und unser Wünschen stehen, sondern das, was der Schöpfer mit einem jeden von uns vorhat. Er spricht auf ganz individuelle Weise zu uns – durch andere Menschen, durch Dinge und Ereignisse in der Schöpfung oder gar durch unsere Intuition in uns. Verstehen wir seine Sprache und lassen sie zu, werden unser Wollen und Wünschen von Gottes Liebesimpulsen durchflutet und zu seinem Wollen und Wünschen. Auf diese Weise nehmen wir

Anteil an der göttlichen Ruhe und Unveränderlichkeit und entgehen somit den ständigen Veränderungen, die schmerzhaft unser Herz durchziehen, wenn die Befriedigung unserer Sinne an erster Stelle steht.

Wenn unser Ankerplatz die Begierlichkeit ist und die Befriedigung der Lust allein von unserem Ego bestimmt wird, leugnen wir Gott und geben seiner Liebe zu uns keine Chance, uns zu erreichen und zu wandeln. Entsprechend ist es – wie bereits gesagt – mit den frommen Empfindungen, die kommen und gehen, weil sie von vielen mitbestimmenden Faktoren abhängig sind. Nach ihnen sollten wir nicht streben, sondern sie außer Acht lassen und uns immer wieder dem gekreuzigten und auferstandenen Herrn hingeben und das annehmen, was er uns schenkt oder gar auferlegt.

Unserem Alter und unserer Lebenserfahrung entsprechend verfügen wir über Einsichten, die uns den Weg der Hingabe mehr oder weniger nahe legen und erschließen. Anfänger auf dem geistlichen Weg dürfen ihre Ansprüche jedoch nicht zu hoch ansetzen und möglichst überhaupt keine Erwartungen haben. Wichtig ist es einzig und allein, die Hingabe zu üben und damit das Losgelöstsein von allem. Jedes Alter hat seine eigene Beschaffenheit und sein natürliches Vermögen. Demgemäß sind auch die Gangart und die geistliche Nahrung unterschiedlich. Den Weg zur Vollkommenheit, der Erfüllung unserer tiefsten Sehnsucht, dürfen wir nicht – wie Bernhard von Clairvaux sagt – überfliegen, sondern wir müssen ihn »durchwandeln«. Sich der Vollkommenheit nähern ist grundlegend etwas ganz anderes als sie zu besitzen.

Verleiht uns der Herr zeitweilig eine größere Gnade, so dürfen wir sie dankbar annehmen, um bei späterer Gelegenheit sein Kreuz umso kräftiger mittragen zu können. Auf gleiche Weise lässt der Herr seine Jünger auf dem Berg Tabor an seiner Verklärung und Auferstehung teilhaben, damit sie später mit Christus zusammen Golgota bestehen und bei ihrem eigenen Kreuz und Leid, bei ihrer Verfolgung und ihrem Tod die

Fassung und den Glauben nicht verlieren. Gewöhnlich sendet der Herr uns vor allen großen Ereignissen Einsicht und die Kraft, sie zu bestehen, da er nicht möchte, dass wir überfordert werden und uns bewusst sind, dass er immer bei uns ist.

Auch im Leben eines jeden von uns wird es Abschnitte geben, in denen Drangsal, Trostlosigkeit und Leid nicht auszuschließen sind. Christus hat jedoch den Grundstein der immerwährenden Liebe in unsere Seele gelegt. Deshalb dürfen wir den Mut nicht verlieren, sondern müssen den Kelch, den uns der Vater zu trinken gibt, in Geduld annehmen und trinken. Im Wissen, dass die Kraft dazu und das Durchhaltevermögen in uns eingestiftet sind, können wir zu allem Unabänderlichen, das uns der Vater schickt, Ja sagen. Dieses Ja entspringt dem Ja-Geist Gottes, der in allem von ihm Geschaffenen wohnt; und wir brauchen keine Befürchtung zu haben, in die Hände unserer Feinde zu fallen. Voraussetzung für alles jedoch ist, uns täglich neu im Gebet der Hingabe in Gottes Hände fallen zu lassen. In diesem Prozess des vertrauensvollen Loslassens wird unser Wollen mehr und mehr vom göttlichen Willen durchtränkt, sodass wir unnötige Sorgen, Kleinmut und Angst verlieren.

Bitte den Herrn, er möge dir die Augen öffnen, die Augen deiner Seele, für das Wunderbare, das er für dich bereit gestellt hat. Du wirst alles noch weitaus klarer und lichter sehen als unter der Sonne; du wirst alles Irdische als zweitrangig betrachten vor Staunen und Begeisterung über das, was du vom Herrn erwarten darfst. In den Augen des Herrn gibt es nichts Geringfügiges, sondern alles hat seinen ganz besonderen Wert – selbst wenn es einmal bitter sein wird, was er dir auferlegt.

Wenn unsere geheime Begierlichkeit einmal sichtbar würde – für Gott ist sie es jederzeit –, müssten wir uns einen Baum vorstellen, der viele faule Früchte trägt. Wenn dagegen unsere Hingabe an den göttlichen Willen sichtbar wird, fallen all diese faulen Früchte in schneller Folge ab und gesunde Früchte wachsen nach. Diese Früchte, reich an innerer Freude und tiefem Frieden, sind bleibend und können uns daher nicht durch Trübsal und andere dunkle Kräfte geraubt werden. Wir spüren zwar die Bedrängnis und die Versuchung, geben jedoch den Glauben, die Hoffnung und die Liebe nicht auf, die uns mit Jesus Christus verbinden und uns wahres Leben schenken. Wenn der Weg auch manches Mal zum Kreuzweg wird, so wissen wir, dass Christus an unserer Seite geht und das Kreuz mitträgt – oder genauer gesagt: dass wir sein Kreuz mittragen.

- Christus, unser Erlöser, betet für einen Augenblick im Gefühl seiner Verlassenheit: *Mein Gott, mein Gott, warum hast du mich verlassen?* (Matthäus 27,46)
- Doch schon bald darauf setzt er sein Gebet mit folgenden Worten der Hingabe fort: *Vater, in deine Hände lege ich meinen Geist* (Lukas 23,46).
- *Ich werde euch wiedersehen; dann wird euer Herz sich freuen, und niemand nimmt euch eure Freude* (Johannes 16,22).

Wer sich an der Seite Jesu eines solchen Zustandes erfreut – und sei es auch mit Unterbrechungen –, den wird weder Trübsal noch irgendeine andere Unruhe aus der Ruhe bringen, weil er in Gott gegründet und mit ihm verwurzelt ist. Ist dies nicht für uns Ansporn genug, uns tiefer mit Gott zu verbinden und in ihn hinein zu wachsen? Wenn uns dies einerseits gelingt und es uns andererseits geschenkt wird, so würden wir damit den teuflischen Betrüger betrügen. Denn durch seine bösen Worte, die er uns zuflüstert, würden wir den Mut nicht verlieren und von dem begonnenen Guten nicht ablassen, sondern alles, was der Herr uns schickt, dankbar annehmen. Ohne Nachteil und ohne zu verlieren gehen wir aus der Begegnung oder dem Kampf mit dem Widersacher hervor – mag er uns auch ein ganzes Leben lang mit dieser oder jener Versuchung bedrängen.

Bleiben wir standhaft – und dies wird uns durch, mit und in Christus gelingen –, wird das Fundament unseres Glaubens gestärkt. Unser Glaube wird so lebendig sein, dass er es vermag, die Erde mit dem Himmel zu verbinden und somit die gestörte Schöpfungsordnung wieder herzustellen. Diese und andere wunderbare Dinge werden durch uns geschehen, wenn wir durch Hingabe an den göttlichen Willen immer wieder neu unseren Eigenwillen opfern und uns von der Liebe und dem Willen Gottes durchströmen lassen.

Siebenundzwanzigstes Kapitel

> Den genannten Versuchungen zu widerstehen, gelingt eher, wenn wir Geduld beweisen und unsere gesamte Hoffnung auf die Gnade Gottes setzen, als wenn wir Dunkles und Versucherisches mit Gewalt verhindern wollen.

Es ist eine Kunst, Geduld zu haben und nicht vorschnell einzugreifen. Wir können nicht auf alles, was uns zustößt, sofort und vielleicht noch mit Gewalt reagieren. Es ist uns nicht möglich, mit aller Gewalt eine Versuchung zu verhindern. Hier sind eher Ruhe und Geduld angesagt. *Fangt uns die Füchse, die kleinen Füchse! Sie verwüsten die Weinberge, unsere blühenden Reben* (Hohelied 2,15).

Der Weinberg Christi ist unsere Seele, die von seiner Hand bepflanzt und mit seiner Liebe durchtränkt ist. Die Zeit ist vorüber, als sie unfruchtbar war. Jetzt hat unsere Seele ein neues Leben begonnen. Sie beginnt zu blühen und demjenigen, der sie bepflanzt hat, Früchte zu bringen. Wenn etwas im Namen Jesu erblüht, entstehen gleichzeitig durch die Hinterlist des Widersachers Versuchungen, denen wir erliegen sollen. Daher ist es wichtig, da unsere Seele, Gottes Weinberg, in Blüte steht, die Versuchungen zu »fangen«. Dies muss klug, gekonnt und gewandt geschehen.

Wenn die Versuchungen mit Füchsen verglichen werden, so bedeutet dies, dass sie hinterlistig kommen. Es sind kleine Füchse, die für den, der sie kennt, gefährlich werden können und daher zu fürchten sind. Es heißt daher, sie zu besiegen oder sie zu schwächen, da sie sonst die Weinberge zerstören. Bei den

Menschen, die diese »kleinen Füchse« nicht kennen, richten sie großen Schaden an. Diese Menschen lassen sich schnell einschüchtern, geben die Hoffnung auf und fallen aus der göttlichen Ordnung. Sie verlassen den begonnenen Weg, erliegen den Versuchungen und geben sich der Sünde hin. Dies entspricht dann dem Bild eines verwüsteten Weinbergs. *Geht durch das enge Tor! Denn das Tor ist weit, das ins Verderben führt, und der Weg dahin ist breit, und viele gehen auf ihm* (Matthäus 7,13).

Sobald wir uns zu Jesus Christus bekennen und ernsthaft versuchen, seine Worte in unserem Leben umzusetzen, ziehen wir ganz von selbst dunkle, ja, sogar böse Geister an, wie wir sie bisher noch nicht gekannt haben. Sie würden sofort von unserer Verfolgung ablassen, wenn wir Christus nicht mehr folgen würden. Um jedoch in der Nachfolge Christi zu bleiben, müssen wir die Verfolgung aushalten und unter Umständen sogar erleiden. *Denn euch wurde die Gnade zuteil, für Christus da zu sein, also nicht nur an ihn zu glauben, sondern auch seinetwegen zu leiden* (Philipperbrief 1,29).

Wenn die Engel im Himmel die Menschen auf Erden beneiden könnten, dann ginge es darum, dass die Menschen für Christus etwas Wesentliches tun können: Durch ihr Leiden helfen sie Christus, das Kreuz zu tragen. *Glücklich der Mann, der in der Versuchung standhält. Denn wenn er sich bewährt, wird er den Kranz des Lebens erhalten, der denen verheißen ist, die Gott lieben* (Jakobusbrief 1,12). Es lohnt sich, dieses Ziel näher zu betrachten, um Mut zu bekommen, weder im Handeln träge zu sein noch im Leiden Schwäche zu zeigen und zu resignieren. Allein die Liebe zum Gekreuzigten kann uns unterstützen und helfen, eigene unabwendbare Schmerzen durch, mit und in ihm anzunehmen und zu ertragen.

Wenn wir in den Dienst Jesu Christi getreten sind, dürfen wir fest darauf hoffen, dass er unseren Schmerz als den seinen ansieht und ihn mit uns teilt und uns entlastet. Gott kommt uns in Jesus Christus entgegen, und in dieser Hoffnung sollten wir sogar unser Leben für ihn einsetzen.

Achtundzwanzigstes Kapitel

> Ein weiteres wichtiges Mittel, nicht den Versuchungen zu erliegen, besteht in der Aussprache mit einem Gott nahen Menschen. Er sollte weise und in geistlicher Begleitung erfahren sein, und wir sollten ihm volles Vertrauen schenken. Vorgehensweise des geistlichen Begleiters. Wie überstandene Versuchungen Fortschritt bringen.

Vielen Menschen, die unter bestimmten Versuchungen leiden, die immer wieder an sie herantreten, ist es äußerst peinlich, diese ihrem Beichtvater gegenüber rückhaltlos zu äußern. Sie empfinden diese Dinge als so hässlich, dass sie sich schämen, sie auszusprechen. Andererseits glauben sie, dass sie nicht recht gebeichtet hätten, wenn sie nicht jeden diesbezüglichen Gedanken, so klein er auch sei, bis ins Kleinste ausführen würden. In dieser selbsterzeugten Spannung finden sie im Sakrament der Versöhnung keine seelische Entspannung und sie verlassen das Beichtgespräch mit mehr Traurigkeit als sie mitgebracht haben.

Diese Menschen benötigen einen sehr einfühlsamen Priester oder Pater, der sehr schnell die Wurzeln der Versuchung erkennt, ohne dass der Beichtende weitere Ausführungen machen muss, bei denen er sich peinlich berührt fühlen würde. Damit es zu einem guten Einvernehmen kommt, ist es andererseits erforderlich, dass der Beichtende dem Priester volles Vertrauen schenkt und das, was dieser sagt, befolgt. Dies ist umso wichtiger, da die erwähnten Personen entweder zu wenig Einsicht haben oder überaus leidenschaftlich sind und somit ihre Lage selbst nicht richtig beurteilen können. Der Priester braucht Zeit und viel Geduld und wird den Herrn oft und lange um die Genesung dieses Kranken bitten. Er darf nicht müde werden, nach dem Wesentlichen zu fragen, und bei leidenschaftlichen Personen sollte er eher die ausführlichen Schilderungen bremsen. All dies sollte voll Mitgefühl und in Sanftmut geschehen. *Wenn einer sich zu einer Verfehlung hinreißen lässt, meine Brüder, so sollt ihr, die ihr vom Geist erfüllt seid, ihn im Geist der Sanftmut wieder auf den rechten Weg bringen. Doch gib Acht, dass du nicht selbst in Versuchung gerätst* (Galaterbrief 6,1).

Der Priester oder Pater lege dem Beichtenden die Besserung ans Herz sowie den Empfang der heiligen Eucharistie und gebe zu verstehen, dass es keinen so schmutzigen Gedanken gibt, der die Seele verdunkeln kann, wenn sie nicht in diesen Gedanken einwilligt. Weiterhin wecke er die Hoffnung auf die Barmherzigkeit Gottes, der zu seiner Zeit auf rechte Weise eingreifen wird.

Der Beichtende darf und muss Ermutigung erfahren, das Kreuz, das ihm auferlegt ist, anzunehmen und geduldig zu ertragen – selbst wenn es sein ganzes Leben hindurch zu tragen ist. Mit dieser bedingungslosen Bejahung wird er weitaus mehr gewinnen und anders vor Gott dastehen als mit frommen Andachtsgefühlen. Mit diesen Voraussetzungen und auf dieser Grundlage geschieht es, dass unsere Seele die ersten Blüten trägt, die sich zu Früchten entwickeln möchte. Unsere geistliche Entwicklung macht Fortschritte:

- Anfangs vertrug unsere Seele nur zarte Speisen wie zum Beispiel Milch – ein Bild für die ersten sanften Glaubensimpulse.
- Allmählich wird das Fundament unserer Seele tragfähiger und wir beginnen, Brot mit dicker, harter Rinde zu essen – ohne davon gestört oder krank zu werden.
- Und es wird eine Zeit kommen – und bei vielen ist sie bereits gekommen –, in der wir uns von den harten Steinen der Versuchungen nähren müssen, die uns Gott schickt. Damit will er uns prüfen, ob wir Kinder Gottes sind, so wie er seinen Mensch gewordenen Sohn prüfte, als er nach vierzig Tagen

und Nächten des Fastens vom Teufel in der Wüste versucht wurde: *Wenn du Gottes Sohn bist, so befiehl, dass aus diesen Steinen Brot wird* (Matthäus 4,3).

Auf diese Weise gewinnen wir im wahrsten Sinn aus bitterem Gift süßen Honig und aus den Wunden Heilung. So gehen wir aus den Versuchungen bewährt hervor – beschenkt mit vielen anderen Gütern, die wir nicht dem Widersacher zu verdanken haben, der uns nur Ketten schmieden will, sondern dem allmächtigen Gott. Er lässt Böses nur geschehen, um auf eine erhabene Weise Gutes daraus hervorgehen zu lassen. Gott gestattet es zeitweilig, dass unser und sein Feind uns quält und versucht, damit es ihn beschämt, wenn wir unbeschadet aus der Versuchung hervorgehen und dies uns zum Heil gereicht. *Doch er, der im Himmel thront, lacht, der Herr verspottet sie* (Psalm 2,4). Gemeint sind alle, die sich gegen den Herrn und seinen Gesalbten verbündet haben.

Wenn auch der Drache im Meer der Welt sein böses Spiel treibt, indem er besonders die Gottsucher versucht, quält und zur Verzweiflung bringt, so steht doch Gott über ihm und spottet seiner. Er lässt aus diesen Übeln Gutes hervorgehen, denn während der Drache den Gottesfürchtigen am meisten zu schaden scheint, nützt er ihnen am meisten. Dadurch fühlt sich der Böse so beschämt und verspottet, dass er seines Stolzes und Neides wegen ein solches Intrigenspiel nicht angefangen hätte, das sich zum Vorteil derjenigen wandelte, denen er übel zusetzen wollte. In die Falle, die er anderen gestellt hat, ist er selbst hinein geraten. Vor Neid und Wut möchte er vergehen, wenn er sieht und hört, dass es denen, die er versuchte, gut geht, sie in Freiheit leben und freudig singen: *Unsere Seele ist wie ein Vogel dem Netz des Jägers entkommen; das Netz ist zerrissen, und wir sind frei. Unsere Hilfe steht im Namen des Herrn, der Himmel und Erde gemacht hat* (Psalm 124,7–8).

Neunundzwanzigstes Kapitel

Wie der unheilvolle Zerstörer uns durch äußere Mittel von unserer Gotteszuwendung und vom Gebet abzubringen versucht. Wie wir uns dagegen wehren können und zum Sieger werden. Weitere Hilfen, die die Angst nehmen und uns Mut machen, aus der Versuchung Nutzen zu ziehen.

Die bösen Geister beneiden uns so sehr um unser Glück, dass sie mit allen Mitteln versuchen, das, was sie verloren haben, auch uns zu rauben und uns ihnen gleich zu machen. Wenn sie durch unser Verhalten und durch unsere Absage an das Böse bloßgestellt werden, erregen sie sich umso mehr und suchen neue Wege, um uns zu verschlingen. In der Nachfolge Christi versuchen wir in allem, was der Herr uns von innen oder von außen schickt, ruhig und geduldig zu sein. Seinen Willen zu erkennen und ihm folgen, ist unser Ziel. Die Dämonen fühlen ihre List und Schlauheit durchschaut, und da sie im Verborgenen nichts bewirken können, führen sie jetzt einen offenen Kampf: Die verborgene Schlange wird zu einem wilden Löwen.

Der Widersacher will offenbar bewirken, dass wir uns vor ihm fürchten, denn durch Einschüchterung glaubt er das zu erreichen, was ihm durch List nicht gelungen ist. Ein wilder Löwe will uns mit seinem Gebrüll erschrecken: *Seid nüchtern und wachsam! Euer Widersacher, der Teufel, geht wie ein brüllender Löwe umher und sucht, wen er verschlingen kann. Leistet ihm Widerstand in der Kraft des Glaubens!* (1. Petrusbrief 5,8–9)

Diejenigen, denen ein solcher Feind auflauert, dürfen nicht unbesonnen und sorglos sein. Die Schafe, die sich von einem so wilden Löwen umringt sehen, müssen wachen und zu dem wahren Hirten, Jesus Christus, beten. Was sind die Waffen, mit denen dieser Feind besiegt wird, sodass er sich beschämt zurückzieht? Die Erfolg bringendste Waffe gegen das Böse ist ein zutiefst gelebter Glaube. Wenn die Seele durch die Liebe Gottes, die das Leben des Glaubens ist, sich weder durch irdisches Glück noch Unglück erschüttern lässt und auf Gott vertraut, findet der Widersacher bei ihr keinen Eingang. Besonders bei Gefahren gilt es, fest auf die Barmherzigkeit Gottes zu vertrauen und um Mut zu bitten, dem Widersacher, wenn nötig, den Kampf anzusagen. *Denn wir haben nicht gegen Menschen aus Fleisch und Blut zu kämpfen, sondern gegen die Fürsten und Gewalten, gegen die Beherrscher dieser finsteren Welt, gegen die bösen Geister des himmlischen Bereichs* (Epheserbrief 6,12).

Wir dürfen nicht müde werden – trotz unserer Sünden, die uns immer wieder einholen –, im Gebet den Herrn anzurufen und damit den bösen Feind zu vertreiben. Auf diese Weise betete auch Jesus am Ölberg zu seinem himmlischen Vater – Angst vor dem Kommenden hatte ihn überfallen. Und aus diesem Gebet schöpfte er so viel Kraft, dass er sogar seinen Feinden entgegenging. Die Hauptabsicht des Widersachers besteht immer darin, uns den Mut zu nehmen, damit wir resignieren und somit auch das Gute nicht mehr tun. Mit innerem Lärm und Getöse, was auch äußerlich vernehmbar werden kann, stört er das Gebet und raubt die notwendige Ruhe des Schlafes, wie er es bei Ijob getan hat. *Sagte ich: Mein Lager soll mich trösten, mein Bett trage das Leid mit mir!, so quältest du mich mit Träumen, und mit Gesichtern jagtest du mich in Angst* (Ijob 7,13–14).

Der Widersacher will uns auf die verschiedensten Weisen einschüchtern, doch fürchtet er sich, wenn wir entschlossen gegen ihn vorgehen, Mut haben und nicht auf uns, sondern auf den Herrn vertrauen. Das Vertrauen – es kann nicht oft genug betont werden – besiegt alle Angst.

- *Ja, Gott ist meine Rettung; ihm will ich vertrauen und niemals verzagen. Denn meine Stärke und mein Lied ist der Herr. Er ist für mich zum Retter geworden* (Jesaja 12,2). Auf Gott darfst du dein ganzes Vertrauen setzen und auf ihn hoffen. Er wird dich niemals enttäuschen.
- *Die Hoffnung aber lässt nicht zu Grunde gehen; denn die Liebe Gottes ist ausgegossen in unsere Herzen durch den Heiligen*

Geist, der uns gegeben ist (Römerbrief 5,5). Wenn du die Hoffnung nicht aufgibst, wird sie auch dich nicht verlassen. Die Hoffnung verlässt dich nur dann, wenn du die Liebe verlierst, die das Leben der Hoffnung ist.

Einsiedler aus früheren Zeiten wussten, wie notwendig ein mutiges Herz ist, um in den Kämpfen mit den bösen Geistern nicht zu unterliegen. Oftmals gingen sie nachts an die Gräber der Verstorbenen, um zu beten, dass ihnen alle Angst auf ihrem weiteren Weg zu Gott genommen werde. Christus gibt uns einen Rat, indem er uns auf eine große Gefahr hinweist, die wir nicht aus unseren Augen verlieren dürfen: *Ich will euch zeigen, wen ihr fürchten sollt: Fürchtet euch vor dem, der nicht nur töten kann, sondern die Macht hat, euch auch noch in die Hölle zu werfen. Ja, das sage ich euch: Ihn sollt ihr fürchten* (Lukas 12,5).

Wer ein belastetes Gewissen hat, wird vor der Welt und dem Widersacher angstvoll zurückschrecken; wer aber Gott fürchtet, der fürchtet den Teufel nicht. Wenn wir demütig und ehrfurchtsvoll vor Gott wandeln, dann können wir uns auch vor dem Widersacher mutig zeigen – gestärkt durch die Hoffnung auf Gott. Antonios, der erste bekannte Wüstenvater, hatte sich als Einsiedler zurückgezogen. Er musste viele harte Kämpfe mit bösen Geistern ausfechten, aus denen er letztlich immer als Sieger hervorging. Einmal sah er sich von ihnen in Gestalt von wilden Tieren umringt:

- »Wenn ihr Kraft und Stärke genug hättet, so würde ein einziger von euch stark genug sein, gegen einen Menschen zu kämpfen. Da Gott euch aber Kraft und Stärke entzogen hat, schart ihr euch zusammen, um somit Angst einzujagen. Wenn der Herr euch Gewalt über mich gegeben hat, dann verschlingt mich; wenn ihr sie aber nicht habt, warum bemüht ihr euch vergebens?«
- »Das heilige Kreuzzeichen und der Glaube an den Herrn und das Vertrauen auf ihn sind für uns eine unüberwindliche Mauer gegen die bösen Geister.«

Unsere Widerstandskräfte sind wahrscheinlich kleiner und schwächer als die des heiligen Antonios, doch dürfen wir darauf vertrauen, dass der Herr Beschützer aller ist, die auf ihn hoffen. Gott hat uns aus väterlicher Güte in Jesus Christus den Retter und Erlöser gesandt und seinen Beistand im Heiligen Geist – wer könnte und sollte da noch an seiner Verheißung zweifeln? Damit sich jedoch die Verheißung an uns erfüllt, reicht es nicht aus, passiv zu sein und auf sie zu warten. Um in den Stand der Gnade zu gelangen, müssen wir uns immer wieder neu auf den Weg machen, der uns durch Gebet und den Empfang der Sakramente immer tiefer in den Glauben und zu Christus führt.

Es schleicht sich jedoch bei vielen Menschen, die auf dem Weg sind, eine Ungewissheit ein, sodass wir nicht zuverlässig wissen, ob wir uns der Freundschaft Gottes erfreuen dürfen. Diese Unsicherheit hat den Vorteil, dass sie uns hilft, demütig zu werden und zu bleiben, unsere Mitmenschen wertzuschätzen und das Gute anzustreben und zu tun. Entmutigen lassen dürfen wir uns jedoch nicht, denn unser Herz beginnt, mehr und mehr an Glaubensgewissheit zu gewinnen.

- *Mag ein Heer mich belagern: Mein Herz wird nicht verzagen. Mag Krieg gegen mich toben: Ich bleibe dennoch voll Zuversicht* (Psalm 27,3).
- *Gott hat versprochen: Ich lasse dich nicht fallen und verlasse dich nicht. Darum dürfen wir zuversichtlich sagen: Der Herr ist mein Helfer, ich fürchte mich nicht. Was können Menschen mir antun?* (Hebräerbrief 13,5–6).

Diese Worte entkräften die Ungewissheit bis zu einem gewissen Grad, sodass berechtigte Hoffnung entsteht. Je größer die Liebe wird, umso mehr nimmt auch die Hoffnung zu und die Unsicherheit schwindet. Diesen Entwicklungsprozess kannst du allerdings nur miterleben, wenn du aus deinem verkrusteten Umfeld aufbrichst, die Routine des Alltags hinter dir lässt und jegliche Lauheit von dir weist. Allem Bösen, das dich umkreist, um dich zu vereinnahmen, erteilst du eine Absage und gibst ihm nicht einmal eine Chance, dich zu berühren. Jesus Christus, unsere Hoffnung, wird uns begleiten und uns zur rechten Zeit verteidigen. Wenn wir unser gesamtes Vertrauen auf ihn setzen, wird er zu jeder Zeit in uns siegen. Hüten wir uns jedoch davor, vorschnell mutlos zu werden und uns vom Bösen die Hände binden zu lassen, sodass wir unfähig werden, uns an der Seite Christi gegen das Böse zu wehren. *Glücklich der Mann, der in der Versuchung standhält. Denn wenn er sich bewährt, wird er den Kranz des Lebens erhalten, der denen verheißen ist, die Gott lieben* (Jakobusbrief 1,12).

Manche Prüfung und Versuchung müssen wir in Geduld über uns ergehen lassen. Solange Christus, unser wahrer Freund, bei uns ist, werden wir sie jedoch siegreich bestehen. In guten Zeiten dem Freund zur Seite zu stehen, ist noch kein Kennzeichen einer wahren Freundschaft; wohl aber, ihn in schlechten und bedrängten Zeiten nicht zu verlassen. Wie jeder sich freut, in Bedrängnis, Not und Verlassenheit Freunde um sich zu haben, so freut sich auch Christus, wenn wir ihm zum Freund werden.

- *In allen meinen Prüfungen habt ihr bei mir ausgeharrt* (Lukas 22,28).
- »Da ihr meine Gefährten in der Drangsal und Not wart, werdet ihr auch meine Gefährten in meinem Reich sein.« *Darum vermache ich euch das Reich, wie es mein Vater mir vermacht hat: Ihr sollt in meinem Reich mit mir an meinem Tisch essen und trinken* (Lukas 22,29–30).

Gott ist dein Helfer auf Erden und dein Vergelter im Himmel. Als eines Tages Antonios, der Einsiedler, wieder von bösen Geistern angegriffen, gegeißelt und mit Füßen getreten wurde, erhob er seine Augen und sah, wie sich das Dach seiner Zelle auftat. Ein wunderbarer Lichtstrahl erfüllte seine Zelle und alle bösen Geister flohen in diesem Augenblick. Der Schmerz seiner Wunden begann augenblicklich aufzuhören und mit tiefen Seufzern sprach er zum Herrn: »Wo warst du, mein Herr und mein Gott? Wo warst du, als ich von meinen Feinden so übel behandelt wurde? Warum bist du nicht von Beginn des Kampfes an dabei gewesen, um meine Wunden zu verhindern?« Der Herr antwortete: »Antonios, ich bin schon von Anfang an da gewesen; ich habe dir zugesehen, wie du dich im Kampf bewährtest. Weil du in meinem Namen mutig gestritten hast, werde ich dir immer beistehen, dich in Versuchungen stärken und dich Sieger sein lassen über das Böse.« Nach diesen Worten erhob sich Antonios und fühlte, dass er sowohl körperlich als auch seelisch vom Herrn mehr Kräfte erhalten als verloren hatte.

Auf diese und ähnliche Weise verfährt der Herr mit uns allen. Er lässt uns oft in so große Gefahr geraten, dass wir weder aus noch ein wissen. Jeglicher Mut, an den wir uns klammern könnten, ist geschwunden und von den Gnaden, die wir früher empfangen haben, ist keine mehr verfügbar. Wir kommen uns vollständig entblößt vor und fühlen uns in nächtlicher Finsternis den Verfolgungen unserer Feinde ausgesetzt.

Doch dann, in einem Augenblick, in dem wir nicht daran denken, wird uns die Gegenwart des Herrn bewusst und er befreit uns von allem Bösen. Er legt uns unsere Feinde unter die Füße und wir fühlen in unserer Seele einen solchen Mut und eine so gewaltige Stärke, als ob wir den Widersacher ein für alle Mal besiegt hätten. Der Mut, der uns vom Himmel geschenkt wird, lässt uns froh und dankbar in die Worte des Psalmisten einstimmen: *Ich verfolge meine Feinde und hole sie ein, ich kehre nicht um, bis sie vernichtet sind. Ich schlage sie nieder; sie können sich nicht mehr erheben, sie fallen und liegen unter meinen Füßen* (Psalm 18,38–39).

Augustinus bittet: »Herr, ich beginne dein Tun mit liebreicher Erkenntnis zu erkennen. Doch steh mir bei, dass auch ich mich erkenne!« Ist es nicht am hilfreichsten für uns, wenn wir uns – von Gefahren bedroht – selbst erblicken? Hier müssen wir unsere Selbsteinschätzung korrigieren, denn wir greifen in diesen Situationen unsere Schwachheit mit Händen. Andererseits erkennen wir, wenn es uns geschenkt ist, in der uns umgebenden Gefahr die Barmherzigkeit Gottes, der uns die verheißene Hilfe gewährt. Er befreit uns augenblicklich von unserer Schwachheit und lässt uns eine wunderbare Stärke zuströmen. Gott ist anwesend bei allen, die gequält werden und hat Mitleid mit ihnen.

Bei diesem wunderbaren Eingreifen Gottes erkennen wir unsere Schwachheit und, dass wir uns ihm in allem verdanken. Diese Erfahrung schafft den Grund für die Anbetung Gottes aus unserem tiefsten Herzen. Im schweigenden Aufschauen zu Gott entfaltet sich eine wahrhafte Liebesbeziehung zu ihm und gleichzeitig die Hoffnung, in neuen Gefahren wiederum seine Hilfe und seinen Beistand erfahren zu dürfen. In seiner Abschiedsrede von Milet erwähnt Paulus, dass von Stadt zu Stadt Fesseln und Drangsale auf ihn warten. Doch steht für ihn an erster Stelle, den Dienst zu erfüllen, der ihm von Jesus übertragen wurde: das Evangelium von der Gnade Gottes zu bezeugen. *Jetzt vertraue ich euch Gott und dem Wort seiner Gnade an, das die Kraft hat, aufzubauen und das Erbe in der Gemeinschaft der Geheiligten zu verleihen* (Apostelgeschichte 20,32). Von uns selbst dürfen wir, besonders in Bedrängnis und Not, wenig erwarten, doch von Gott alles. Er ist es, der die Toten erweckt und uns aus allen Gefahren befreit. Auf ihn dürfen wir erneut unsere Hoffnung setzen und darauf vertrauen, dass er uns auch in kommenden Zeiten von allem Bösen befreit.

Dreißigstes Kapitel

Gründe, die uns darauf vertrauen lassen, dass der Herr uns in jeder Drangsal und Not beistehen und beschützen wird. Das Wort »Glauben« und seine Bedeutung.

»Die Vollendung der Vergangenheit gibt Gewissheit im Hinblick auf die Zukunft«, sagt Gregor der Große. Da Gott uns in vergangener Zeit oft in Drangsalen beigestanden hat, dürfen wir großes Vertrauen haben, dass er auch in Zukunft in jeder Not und Gefahr uns zur Seite stehen und beschützen wird. Jemand, der uns vielleicht zehn oder zwölf Mal Hilfe geleistet hat, zeigt uns damit sein Vertrauen und seine Liebe zu uns. Wir dürfen davon ausgehen, dass er uns auch in kommenden Notfällen nicht fallen lässt, wenn wir seiner bedürfen. So glauben wir auch, dass Gott uns in Gefahr, Not und Drangsal beistehen wird, da er uns bisher ja nicht nur zwölf Mal, sondern immer Beistand geleistet hat.

Denke daran, wie oft er dich aus Gefahren errettet und vor deinen Feinden beschützt hat; denke daran, wie dankbar du ihm jedes Mal dafür warst und neues Vertrauen geschöpft hast. Gott hat dich spüren lassen, dass er dich liebt, weil er die Stürme, in die du verwickelt warst, beruhigt und deine Tränen in Freude verwandelt hat. In allen Situationen deines Lebens ist er dir ein wahrer Vater, der immer alles zum Guten wendet – vorausgesetzt du bist im Einklang mit dem, was er für dich vorgesehen hat. Verliere also auch dann nicht das Vertrauen, wenn er dich, um deine Liebe und Geduld zu prüfen, durch gegenwärtige Dunkelheit, Trübsal und Traurigkeit führt und sich dabei scheinbar so verhält, als verberge er sich und gebe auf dein

Rufen keine Antwort. Verliere also bei einer Prüfung, die du zu bestehen hast, nicht den Mut, den du bei vielen vorhergehenden bestandenen Prüfungen gewonnen hast.

Deine augenblickliche Bedrängnis wird dich glauben lassen, dass der Herr dich niemals daraus befreit, weil er dich aus seinen Augen verloren hat. So erging es den Jüngern, die beim Sturm auf dem Meer ihren Herrn schlafend sahen, während sie voller Angst fast umkamen: *Meister, kümmert es dich nicht, dass wir zu Grunde gehen?* (Markus 4,38)

- Wo bleibt in der jetzigen Bedrängnis dein Vertrauen, das du vorher besaßest?
- Trifft also der Tadel der Heiligen Schrift auf dich zu: *Der Tor ändert sich wie der Mond* (Jesus Sirach 27,11)?
- Gleichst du der Wetterfahne, die sich am Tag mehrmals nach dem Wind dreht? Sie dreht sich bei jedem Wind anders.

Der Herr hat bisher immer für dich Sorge getragen und dir in jeglicher Not beigestanden. Mit dem günstigen Wind seiner Barmherzigkeit beschützte er dich, und du hast ihm dafür unendlich gedankt. Weil aber jetzt für dich ein anderer Wind weht, mit dem du nicht gerechnet hast und mit dem der Herr dich prüfen will, verlierst du auf einmal jegliches Vertrauen. Glaubst du denn nur das, was du siehst? Oder legst du sogar die Liebe des Herrn fest, indem du glaubst, er müsse dir in immer gleicher Weise begegnen? Mit ein wenig mehr Vertrauen könntest du die gegenwärtige Prüfung wesentlich gelassener angehen und zusammen mit Christus glänzend bestehen.

Das auserwählte Volk war von einer derartigen Ungläubigkeit, dass es trotz der Wunder Gottes in Ägypten und trotz der göttlichen Hilfe und seines Beistands in der Wüste dem Wort Gottes immer noch nicht glaubte: die Verheißung, in das gelobte Land eintreten zu dürfen. *Darum habe ich in meinem Zorn geschworen: Sie sollen nicht in das Land meiner Ruhe kommen* (Hebräerbrief 3,11). Ähnlich, aber nicht von gleicher Größe, sind das Misstrauen und der Kleinmut derjenigen, die Gott zwar oftmals aus Gefahren gerettet hat, die dann aber in einer neuen Notsituation zu zweifeln beginnen. Wenn wir auf ihn unsere Hoffnung setzen, wird Gott uns niemals enttäuschen.

- Das Wort »Glauben« hat verschiedene Bedeutungen. Es kann eine Äußerung des Verstandes bezeichnen, die sich mit höchster Gewissheit auf die katholischen Glaubenswahrheiten stützt. Wer Widersprechendes glaubt, wird als »Ungläubiger« bezeichnet.
- Vom gewöhnlichen Sprachgebrauch her bedeutet »Glauben«, eine Meinung zu haben, die sich auf Vernunftgründe oder Folgerungen stützt.
- Wenn Glaubwürdigkeit mit Stärke und Nachdruck verbunden ist, wird sie zum »Glauben«. Diese Art Glauben besitzt jemand, der sicher ist, dass Gott ihm verziehen hat und er jetzt im Besitz der göttlichen Gnade ist. Er weiß: Gott unterstützt und hilft ihm auch weiterhin.

Damit sich wahrer Glaube auf der Ebene der Erfahrung entwickeln kann, meide das Misstrauen und die Unbeständigkeit. Es ist wie ein langsames, aber sich stetiges Verwurzeln in Gott, das mit zunehmender Standfestigkeit, Sicherheit und Selbstverständlichkeit verbunden ist. Veränderungen finden statt, doch getragen werden sie vom Unveränderlichen, von Gott, dem unbewegten Beweger. Ihn in dir wahrzunehmen und sein Handeln zu spüren, führt zu einem unauslöschlichen Glauben. Die Beständigkeit führt zu Bleibendem, was das Entscheidende ist. Von einem Extrem in ein anderes zu fallen, raubt Kraft und macht krank. Daher lass dich weder total vom Glück noch total vom Unglück mitreißen, sondern bewahre in allem deine gesunde Mitte und lerne von dem einen Geschehen, wie du dich in einem anderen am besten verhalten kannst. Es ist leider bei vielen Menschen so, dass die augenblickliche Situation wesentliche Erfahrungen aus früherer Zeit überschattet. *Das Glück von heute lässt das Unglück vergessen, das Unglück von heute lässt das Glück vergessen* (Jesus Sirach 11,25).

Du solltest also das Schlimme des einen Tages mit dem Guten des anderen Tages mäßigen und umgekehrt. Auf diese Weise entwickelst du Gleichmut, der dich davor bewahrt, in trüben und traurigen Zeiten nicht gänzlich zu Boden geworfen zu werden, oder in guten Zeiten überheblich und stolz zu werden. Jesaja vergleicht die Herrlichkeit des Herrn mit einer Hütte, die ihm in guten wie in schlechten Tagen Schutz bietet. *Über allem liegt als Schutz und Schirm die Herrlichkeit des Herrn; sie spendet bei Tag Schatten vor der Hitze und ist Zuflucht und Obdach bei Unwetter und Regen* (Jesaja 4,5–6).

Wir dürfen darum beten und unser Leben entsprechend ausrichten, um in dieser »Hütte« leben zu dürfen, die von der Herrlichkeit des Herrn erfüllt ist und uns in jeglicher Lebenssituation Schutz bietet.

- *Ich schließe mit ihnen einen Friedensbund: Ich rotte die wilden Tiere im Land aus. Dann kann man in der Steppe sicher wohnen und in den Wäldern schlafen* (Ezechiel 34,25). Dieses Versprechen bezieht sich auf das damals erwartete messianische Reich und den neuen Bund. Vielleicht erscheint es uns als etwas Seltsames, sich in der Wildnis der Ruhe und Sicherheit zu erfreuen. Im Verhältnis zur Ruhe und Sicherheit, wie sie im Himmel herrschen, ist die in der Wildnis recht klein, jedoch umso erfreulicher und wertvoller, wenn man an die fehlende Ruhe und Sicherheit der Menschen denkt, die dem Bösen verfallen sind.
- Von dieser Furchtlosigkeit dem Bösen gegenüber spricht auch Ijob, wenn er die wahre Aufgabe des Menschen in den Mittelpunkt rückt: *Wenn du selbst dein Herz in Ordnung bringst und deine Hände zu ihm ausbreitest – wenn Unrecht klebt an deiner Hand, entfern es, und lass nicht Schlechtigkeit in deinem Zelte wohnen! –, dann kannst du makellos deine Augen erheben, fest stehst du da und brauchst dich nicht zu fürchten* (Ijob 11,13–15).
- Paulus spricht davon, dass wir unsere Zuflucht dazu genommen haben, die uns von Gott gegebene Hoffnung zu ergrei-

fen. *In ihr haben wir einen sicheren und festen Anker der Seele, der hineinreicht in das Innere hinter dem Vorhang; dorthin ist Jesus für uns als unser Vorläufer hineingegangen* (Hebräerbrief 6,19–20). Wenn wir auch einerseits den Teufel zum Feind haben, der uns durch Anfechtungen einschüchtern und entmutigen will, so haben wir doch andererseits einen festen Anker in unserer Seele, die Hoffnung auf Jesus Christus als unseren Freund, der in allem stärker und weiser ist.

Je mehr der Widersacher uns hasst, umso mehr liebt uns Christus. Wie ein brüllender Löwe umschleicht uns das Böse und versucht, uns zu Fall zu bringen. Und gleichzeitig wachen die Augen des Herrn über uns, damit wir nicht vom Heilsweg abgelenkt werden. Wenn Gott der Allmächtige für uns ist: Wie sollen wir uns dann vor dem Teufel fürchten, dessen Macht im Vergleich zur göttlichen Macht nur Schwäche ist? Wir brauchen uns daher vor dem Bösen nicht zu fürchten, wenn wir tief im Glauben in Gott verankert sind.

- Ijob spürte, dass die bösen Geister die Erlaubnis hatten, ihn und die Seinigen zu berühren, er aber hielt stand.
- *Werdet stark durch die Kraft und Macht des Herrn! Zieht die Rüstung Gottes an, damit ihr den listigen Anschlägen des Teufels widerstehen könnt* (Epheserbrief 6,10–11).
- *Vor allem greift zum Schild des Glaubens! Mit ihm könnt ihr alle feurigen Geschosse des Bösen auslöschen* (Epheserbrief. 6,16).

Der Feind vermag mehr als wir. Daher müssen wir uns dieses übernatürlichen Schildes des Glaubens bedienen, indem wir uns »bewaffnen« mit einem Glaubenssatz aus unserer persönlichen Erfahrung, mit einem Wort Gottes oder mit dem Empfang der heiligen Eucharistie. Auch unser Glaube, dass alle wahre Macht einzig und allein von Gott kommt, schützt uns gegen das Böse – ebenso die lebendige Hoffnung und im Gebet die Hingabe an Gott.

Mit diesen Mitteln des Glaubens werden wir unseren Feind verspotten und den Herrn anbeten, der uns den Sieg über das Böse verliehen hat. Wir dürfen auch nicht den Beistand der Engel vergessen, die der Herr beauftragt hat, an unserer Seite zu stehen und für uns zu kämpfen. Der Diener des Propheten Elischa hatte große Angst um seinen Herrn, weil ein starkes feindliches Heer die Stadt umlagerte. *Als der Diener des Gottesmannes am nächsten Morgen aufstand und hinaustrat, hatte die Truppe die Stadt mit Pferden und Wagen umstellt. Da sagte der Diener zu seinem Herrn: Wehe, mein Herr, was sollen wir tun? Doch dieser sagte: Fürchte dich nicht! Bei uns sind mehr als bei ihnen. Dann betete Elischa: Herr, öffne ihm die Augen, damit er sieht. Und der Herr öffnete dem Diener die Augen: Er sah den Berg rings um Elischa voll von feurigen Pferden und Wagen* (2. Buch der Könige 6,15–17). Es waren Engel des Herrn, die gekommen waren, den Propheten Gottes zu schützen.

Wenn wir uns an den Herrn halten und ihn zur Mitte unseres Lebens machen, dann werden wir eine Schar von Engeln auf unserer Seite haben. Ein einziger von ihnen vermag mehr als alle höllischen Mächte. Aber weitaus wichtiger ist: Wir werden den Herrn der Engel auf unserer Seite haben, der allein mehr vermag als die höllischen und die himmlischen Mächte.

Der Beistand des Herrn und all seiner Engel sollte doch dafür sorgen, den Teufel zu verachten, alle Angst und Furcht aufzugeben und uns mutig an die Seite Jesu Christi zu stellen. Er hat sich am Kreuz für uns hingegeben und danach der Hölle ihre Beute entrissen, die bösen Geister überwunden und sie an Ketten gefesselt. Er ist auferstanden und sitzt zur Rechten des Vaters. Mit seinem starken Arm beschützt er seine geliebten Söhne und Töchter.

Es darf auf keinen Fall vorkommen, dass wir es aus Furcht vor dem Bösen unterlassen, Gott die Ehre zu geben und ihm zu dienen. Der Feind fordert uns zu harten Kämpfen heraus, zu Kämpfen die blutiger sein können als die hier erwähnten. Und gerade in der äußersten Bedrängnis, wenn wir keine Kraft mehr besitzen, wenn derjenige, der das Schiff lenkt, vor lauter Sturm besinnungslos geworden ist und der höllische Löwe das Schaf schon zwischen seinen Zähnen zu haben glaubt, kommt Jesus Christus und gibt uns neue Kraft, lenkt unser Lebensboot und entreißt dem Löwen das Schaf. Wir können in Drangsale verstrickt werden, die größer sind als wir uns jemals vorstellen. Und auf der anderen Seite ist die wunderbare und barmherzige Vorsehung Gottes, der uns in aller Drangsal und Not nicht verlässt, selbst wenn Mängel und Fehler uns anhaften. Den vielen Berichten, die seelische Kämpfe von verzweifelten Gott suchenden Menschen beschreiben, kann man über die Jahrhunderte entnehmen, dass niemand ein schlechtes Ende genommen hat.

Wenn es dir in manchen Kämpfen und Bedrängnissen vorkommt, als wärest du im Bauch des Walfisches eingeschlossen, so rufe zu Jesus Christus und gib nicht auf, ihn um Hilfe zu bitten. Setze deine ganze Hoffnung auf ihn, der es zulässt, dass wir in Abgründe gestürzt werden, der uns aber wieder daraus befreit. *In meiner Not rief ich zum Herrn, und er erhörte mich. Aus der Tiefe der Unterwelt schrie ich um Hilfe, und du hörtest mein Rufen. Du hast mich in die Tiefe geworfen, in das Herz der Meere. Doch du holtest mich lebendig aus dem Grab heraus, Herr, mein Gott* (Jona 2,3–4.7).

Einunddreißigstes Kapitel

> Voraussetzung für einen lebenswahrhaftigen und tragfähigen Glauben ist die Erfahrung der göttlichen Wahrheit. Sie ist der Anfang und der Grund unseres geistigen Lebens. Nur der Herr kann den Grundstein des Glaubens legen, indem er uns Dinge lehrt, die weit über alle menschliche Einsicht und Erkenntnis hinausgehen.

In den vorherigen Kapiteln hast du vornehmlich erfahren, auf wen und auf was du nicht hören darfst, um nicht vom Bösen umgarnt zu werden und nicht in seine Fänge zu geraten. Jetzt ist es an der Reihe, dir das nahe zu legen, auf was du hören sollst. Was es verdient, gehört zu werden, ist einzig und allein die Wahrheit. Von der Ebene des Menschen aus gibt es viele Wahrheiten. Um die Diskussion, welche Wahrheit anderen Wahrheiten oder Halbwahrheiten vorausgeht, soll es hier nicht gehen. Das Wort der Heiligen Schrift ist die Wahrheit, die wir zu Grunde legen. Das von Menschen prophetisch empfangene Wort kann die Wahrheit sein, doch entstehen oftmals auch berechtigte Zweifel daran.

Der durch das Wort der Wahrheit entstandene Glaube ist der Anfang unseres geistlichen Lebens. *So gründet der Glaube in der Botschaft, die Botschaft im Wort Christi* (Römerbrief 10,17). Aus diesem Glauben heraus betet die Seele voll Ehrfurcht ihren Schöpfer an, und außerhalb der Anbetung denken wir unendlich erhaben von Gott. Einiges, was Gott betrifft, können wir durch die Vernunft erfassen; die Geheimnisse des Glaubens jedoch sind durch die menschliche Vernunft nicht einsehbar (vgl. Römerbrief 1). Über alles Versteh- und Sichtbare hinaus glaubt der Glaube das, was er nicht sieht und betet das an, was dem Verstand verborgen ist.

- Die Serafim, die der Prophet Jesaja im Tempel sah, verhüllten ihr Angesicht vor dem Herrn. *Serafim standen über ihm. Jeder hatte sechs Flügel: Mit zwei Flügeln bedeckten sie ihr Gesicht* (Jesaja 6,2).
- Als Mose sich auf dem Berg Sinai dem Herrn näherte, um mit ihm zu sprechen, umgab ihn eine Wolke, sodass er nichts mehr sehen konnte. *Die Herrlichkeit des Herrn ließ sich auf den Sinai herab, und die Wolke bedeckte den Berg sechs Tage lang. Am siebten Tag rief der Herr mitten aus der Wolke Mose herbei. Mose ging mitten in die Wolke hinein und stieg auf den Berg hinauf. Vierzig Tage und vierzig Nächte blieb Mose auf dem Berg* (Exodus 24,16.18).
- Es erscheint seltsam, dass der Herr seine Wohnung in den Wolken hat. Sagt doch der Evangelist Johannes: *Gott ist Licht, und keine Finsternis ist in ihm* (1. Johannesbrief 1,5). Für unsere Augen allerdings, die die Geheimnisse nicht schauen können, ist das Licht wie eine Wolke.
- Timotheus spricht vom Erscheinen Jesu Christi, unseres Herrn, *das zur vorherbestimmten Zeit herbeiführen wird der selige und einzige Herrscher, der König der Könige und Herr der Herren, der allein die Unsterblichkeit besitzt, der in unzugänglichem Licht wohnt, den kein Mensch gesehen hat noch je zu sehen vermag* (1. Timotheusbrief 6,15–16).

Für uns wird das unzugängliche Licht, in dem Gott wohnt, zu einer Wolke oder zur Dunkelheit, weil es ein Licht ist, das die menschliche Wahrnehmung übersteigt und auch der menschliche Verstand nicht begreifen kann. Das Beispiel eines sich schnell drehenden Rades macht dies noch einmal deutlich. Wir haben den Eindruck, dass das Rad sich nicht bewegt, weil unsere Augen auf eine so schnelle Bewegung nicht eingestellt sind. Die Bewegung selbst ist nicht mangelhaft, aber für unsere menschlichen Augen ist sie zu schnell. Ähnlich verhält es sich mit unserem Glauben. Wir verehren Gott, indem wir das glauben, was der Verstand nicht begreifen kann. Gott ist so erhaben, dass ihn weder die Wahrnehmung eines Menschen oder Engels schauen, noch jemals ein Verstand begreifen kann. Kein Herz kann so groß sein – und mögen sich alle Herzen vereinen –, dass auch nur ein Bruchteil der Liebe Gottes durch ein menschliches Herz erfasst werden könnte.

Wir mögen Gott mit aller Kraft unseres Herzens noch so tief verehren, im Hinblick auf das jedoch, was ihn wirklich ausmacht, ist all unser Erkennen und das, was wir für ihn tun, äußerst gering. Daher fallen auch die himmlischen Heerscharen in tiefem Schweigen auf ihr Angesicht, beten Gott an und bekennen, dass er allein sein vollkommenes Lob ist, das für sie in unerreichbarer Ferne liegt. Das Schweigen und die das Schweigen umgebende Stille sind angemessen, um Gott die Ehre zu geben. Durch schweigende Anbetung bekennen wir, dass dem Herrn ein solches Lob gebührt, das für jedes Geschöpf unaussprechlich ist.

- *Dir gebührt Lobgesang, Gott, auf dem Zion* (Psalm 65,2).
- Auch im Himmel ertönt der Lobgesang durch die Engel: *Heilig, heilig, heilig ist der Herr der Heere. Von seiner Herrlichkeit ist die ganze Erde erfüllt* (Jesaja 6,3).
- Auch andere wunderbare Lobgesänge ertönen im Himmel ohne Unterlass, womit ein jeder bekennt, dass der Herr über alles unendlich erhaben ist. *Er fuhr auf dem Kerub und flog daher; er schwebte auf den Flügeln des Windes* (Psalm 18,11). Niemand, so hohe Kenntnis er auch besitzt, ist fähig, Gott zu begreifen.
- Alle Menschen, die die Zeichen Gottes wahrnehmen, müssen wie die Kinder Israels fragen, als sie das Brot sahen, das vom Himmel kam: »Was ist das?« *Als das die Israeliten sahen, sagten sie zueinander: Was ist das? Denn sie wussten nicht, was es war. Da sagte Mose zu ihnen: Das ist das Brot, das der Herr euch zu essen gibt* (Exodus 16,15).

So unbegreiflich ist Gott, dass wir nur eine leise Ahnung von dem haben, was und wie er wirklich ist. Der Glaube, der aus

Wissen und Erfahrung besteht, möchte uns dem Herrn näher bringen und unsere Sehnsucht erfüllen. Das Geheimnis Gottes, was er ist, weiß nur er, da nur er sich zu begreifen vermag. *Der Himmel ist der Himmel des Herrn* (Psalm 115,16).

Zweiunddreißigstes Kapitel

> Alles, was uns der christliche Glaube in Verbindung mit unserer eigenen Glaubenserfahrung sagt, dürfen wir für wahr erachten – so sehr auch die Inhalte des Glaubens alles menschliche Denken und Erkennen übersteigen.

Viele Aspekte unseres Glaubens können wir nicht mit der Vernunft erfassen. Wir dürfen jedoch weder davon ausgehen noch daraus schließen, dass diese Glaubenswahrheiten vernunftwidrig sind. Uns ist es noch nicht vergönnt und viele von uns sind noch weit davon entfernt, die Glaubensinhalte klar einzusehen. Für den Umgang mit dem Glauben jedoch ist es unangemessen, wenn der Christ darin leichtfertig ist.

Du hörst, ein Blindgeborener hat plötzlich das Augenlicht erhalten und kann sehen, oder ein Toter ist auferstanden. Dein Verstand kann nicht begreifen, wie so etwas möglich ist, da es außerhalb des Kreises der Natur liegt. Glaubwürdige Zeugen bestätigen dir, dass sie es gesehen haben und dass es Unglaube und Hartherzigkeit ist, es nicht zu glauben. Dein Verstand kann zwar nicht begreifen, wie plötzlich ein Blinder sehen kann oder ein Toter ins Leben zurückgeführt wird, doch könnte er es wenigstens billigen, den vielen Zeugen Glauben zu schenken. Würden diese ihr Leben hingeben zur Bekräftigung dessen, was sie gesehen haben, so hättest du noch mehr Grund, es zu glauben. Würdest du die Aussagen von Zeugen noch größerer Wunder hören, liegt es nahe, auch ihnen zu glauben – obgleich das, was sie berichten, etwas Seltsames und Neues ist, was dein Verstand nicht begreifen kann.

Das Volk Israel glaubte wegen der wahren Wunder, die Mose vollbrachte, dass er ein Gesandter Gottes sei und in ständigem Kontakt mit ihm stehe. Und so nahm das Volk aus der Hand des Mose die Gebote als eine Gabe Gottes an. Betrachte die Wunder Jesu, die er zur Bestätigung des Glaubens gewirkt hat; betrachte die seiner Apostel und die anderer Heiliger, die bis auf den heutigen Tag ebenso zur Festigung des Glaubens gewirkt wurden. Du vermagst eher die Sandkörner am Meer zu zählen als die Wunder, die bis zum heutigen Tag geschehen sind. Die von Gott gewirkten Wunder übertreffen bei weitem alle sogenannten Weltwunder – in Hinsicht auf ihre Anzahl, ihre Beschaffenheit und ihre Größe.

Es ist in Erfüllung gegangen und es geht immer wieder neu in Erfüllung, was der Herr uns verheißen hat: *Amen, Amen, ich sage euch: Wer an mich glaubt, wird die Werke, die ich vollbringe, auch vollbringen, und er wird noch größere vollbringen, denn ich gehe zum Vater* (Johannes 14,12). Gott möchte nicht nur durch seinen Sohn Jesus Christus seine Macht und Herrlichkeit zeigen, sondern auch durch uns Menschen, in denen und durch die er wirkt. Gott vermag alles, so voll der Wunder es auch sei, zu vollbringen.

Die Wunder, die am Anfang der Kirche zur Bestätigung des Glaubens geschehen sind, setzen sich auch heute noch fort, um die Richtigkeit des Glaubens zu beweisen. Der Herr möchte, dass alle zur Erkenntnis der selben Wahrheit kommen und diejenigen, die sie schon erkennen und begreifen, noch tiefer im Glauben gefestigt werden. Der Herr trägt Sorge dafür, dass diese eine Wahrheit durch Wunder immer neu bestätigt und erneuert wird. Es gab wohl keine Zeit, in der nicht jemand heilig gesprochen wurde. Dies geschieht nur durch umfangreiche Prüfungen des Lebens und durch die Feststellung von geschehenen Wundern. Die katholische Kirche lässt sich sehr viel Zeit, manchmal Hunderte von Jahren, bis alle Bedingungen für eine Heiligsprechung erfüllt sind. Ist jemand neugierig auf die vielen Wunder, so wird er sie zu allen Zeiten und in allen Teilen der Welt finden.

Dreiunddreißigstes Kapitel

> Unser Glaube verfügt über eine Vielzahl höchst zuverlässiger, standhafter und glaubwürdiger Zeugen. Viele von ihnen sind so vehement für die erkannten Glaubenswahrheiten eingetreten, dass sie dafür ihr Leben lassen mussten, ja, es für die Wahrheit opferten.

Viele Menschen zweifeln an den Worten und Taten der Glaubenszeugen und an den Wundern, die es in der katholischen Kirche gegeben hat und gibt. Sie sind sogar dem Glauben gegenüber feindlich gesinnt und halten ihn für einen großen Irrtum. Wenn sie den Glaubenszeugen kein Vertrauen schenken und unseren Glauben nicht annehmen, warum glauben sie dann vertrauensvoll den Zeugen des Glaubens, denen sie sich angeschlossen haben? Wenn sie genau hinschauten, erlebten sie, dass die Glaubwürdigkeit des katholischen Glaubens die Glaubwürdigkeit ihres eigenen Glaubens weitaus übertreffen würde.

Es gibt Männer und Frauen in der Kirche, deren Leben Zeugnis gibt vom Freisein aller Habsucht, allem Ehrgeiz, allem Machtstreben und von allem, was in der Welt von den meisten Menschen hoch geschätzt wird, was glänzt und sich hervor tut. Diese Männer und Frauen sind erfüllt von der einen Wahrheit, die Jesus Christus ist; und sie sind sogar bereit, ihr Leben für Christus hinzugeben.

- Welchen Vorteil gibt es für den, der nichts von der Welt begehrt und bereit ist, auch auf das zu verzichten, was er besitzt?
- Welchen Vorteil kann derjenige haben, der zu seinem Glauben steht und unter den größten Qualen zur Bekräftigung seiner Aussage sein Leben opfert?
- Was kann ihn dazu bewegen, ein falscher Zeuge zu sein?

Obwohl es gegen die Wahrheit ist, sagen viele unter den entsetzlichen Qualen und Foltern das aus, was der Richter hören möchte. Sie hätten zwar ihr Eigentum und das Leben nicht verloren, doch wären sie mit dem, was ihnen der Richter obendrein noch in Fülle gegeben hätte, niemals glücklich und zufrieden geworden. Andere verschmähen es, unter Druck eine Falschaussage zu machen; sie geben ihr Leben hin, um nicht den Glauben zu verraten oder zu verlieren. Sie lieben weder Zeitliches noch fürchten sie es – wie verlockend auch jenes und wie abschreckend auch dieses sein mag. Deshalb kann in Folge ihrer gelebten und bezeugten Aussage der Glaubenswahrheit kein Verdacht der Unwahrheit aufkommen.

Es könnte behauptet werden, dass Zeugen des Glaubens zwar niemanden wissentlich täuschen wollten, aber doch sich selbst und andere getäuscht haben, ohne es zu wissen. Es gab in der Kirche Menschen, die ihr Blut für Christus vergossen haben und so von tiefer Weisheit erfüllt waren, dass man nicht glauben kann, sie hätten sich in etwas getäuscht, was für sie und uns so wichtig war und was sie so standhaft mit dem Verlust ihres Lebens bekräftigten.

Eine zutiefst erfahrene Wahrheit, die zum starken Glauben führt, wird von allen, die sich engagieren, sehr ernst genommen und wieder und wieder bedacht. Man wird sein Leben nicht zur Bestätigung einer Wahrheit hingeben, wenn man von dieser nicht ganz und gar überzeugt ist. Es gab Perioden innerhalb der Kirche, in der gehäuft viele mit einer besonderen Glaubensweisheit begnadet waren, sodass sie vorausgehende und nachfolgende Generationen übertrafen. Es ist ein großes Zeugnis für die Wahrheit unseres Glaubens, dass viele ihr Leben zur Bestätigung des Glaubens opferten.

Vierunddreißigstes Kapitel

Diejenigen, die zutiefst im christlichen Glauben gelebt haben und auch in ihm gestorben sind, verkörpern ein wichtiges Zeugnis für die Wahrheit des katholischen Glaubens. Zwischen christlichen Völkern und nichtchristlichen Völkern bestehen auffallende Unterschiede.

Besonders die christlichen Märtyrer legten ein großes Zeugnis für unseren Glauben ab. Sie haben ihr Leben in Gottes Hände zurückgelegt, wissend, dass Gott gut ist und alles Gute vollbringt. Wenn ein wahrer Freund seinen Freunden in ihren Nöten beisteht, so ist dies für ihn selbstverständlich. Bei aller aktiven Hilfe weiß er aber, dass das Wichtigste vor allem die Befreiung von seelischer Not ist sowie die Ausrichtung der Seele auf Gott. Damit diese dauerhaft und tragfähig wird, bedarf es der Erkenntnis Gottes. Die Erkenntnis Gottes aber muss dem Menschen erst einmal erschlossen werden, denn es ist die Voraussetzung, dass er einmal selig wird. Die Anwege kann ein guter Freund aufzeigen, doch die Erkenntnis Gottes auf Erden selbst kann nur Gott verleihen. Wenn vom Menschen her die Voraussetzungen stimmen und der Herr es vorgesehen hat, wird uns Gotteserkenntnis geschenkt. In der Geschichte der Kirche gibt es Unzählige, die diese Offenbarung empfangen durften.

Vergleicht man die Weisen dieser Welt, die man als Blüte der Natur und deren Schönheit bezeichnen kann, mit den Heiligen, so übertreffen die heiligen Frauen und Männer die Weltweisen bei weitem. Der Kirchenlehrer Hieronymus berichtet von den hoch geschätzten und gefeierten Größen dieser Welt, dass ihnen oftmals die hässlichsten Laster anhafteten, obwohl sie nach außen tugendhaft erschienen. Keiner von ihnen kann zum Beispiel der heiligen Katharina, der heiligen Agnes oder der heiligen Lucia und vielen anderen nahekommen, die aus Liebe zur Wahrheit entsetzliche Qualen und den Tod auf sich genommen haben.

Wenn schon viele heilige Frauen durch ihre Tapferkeit und die erlittenen Qualen hochgepriesene Weltmänner übertreffen, wie weit sind sie ihnen dann erst einmal durch ihre Demut und Liebe voraus? Es gab unzählige Frauen und Männer, die versucht haben, dem Herrn auf vollkommene Weise zu dienen. Manche von ihnen stammten aus einem vornehmen Geschlecht, erfreuten sich großer Reichtümer und hatten als Erbteil Fürstentümer, ja, sogar Königreiche zu erhoffen. Sie ließen alles zurück, um Jesus Christus und seiner Botschaft zu folgen; sie nahmen ein Leben in Armut und Not, in Drangsalen und Leiden auf sich – im Gehorsam gegen Gott und die Menschen. Für sie war die Bejahung dieses Lebens selbstverständlich, sodass alle, denen sie begegneten, in große Verwunderung versetzt wurden.

Es gab in der Kirche Menschen – und bestimmt gibt es sie auch heute –, die auf Erden leuchten wie Lichter des Himmels (vgl. Philipperbrief 2,15). Vergleicht man sie mit anderen großen Menschen in der Welt, so übertreffen sie die Weltmenschen bei weitem. Selbst wenn jemand der Kirche äußerst kritisch gegenüber eingestellt ist, so muss er zum Beispiel das Leben des heiligen Paulus, der anderen Apostel und apostolischen Männer und Frauen, die es in der Kirche gab, wertschätzen und zugeben, dass sie das Leben vieler weltlicher Persönlichkeiten übertrafen. Aus ihren Werken ging eine solche Rechtschaffenheit und Gottesnähe hervor, die keinen Zweifel mehr aufkommen lassen, dass es eine Erkenntnis Gottes auf Erden gibt. Diese Erkenntnis können wir am besten anwenden, indem wir dem, der sie uns verliehen hat, die Ehre geben und versuchen, ihm wohl zu gefallen.

Gerade durch Gott nahe Menschen und durch alles, an dem wir die Spuren Gottes wahrnehmen, schenkt uns der Schöpfer die Möglichkeit, ihn zu erkennen und auf unserem geistlichen Weg Fortschritte zu machen. Gottes Vorsehung und seine unendliche Liebe zu uns haben dafür gesorgt, dass uns Mittel und Wege zur Verfügung stehen, um schon bedingt in dieser Welt und einmal für immer selig zu werden. Wenn wir auf dem rechten, das heißt, auf dem Gott gewollten Weg, sind, wird Gott uns alle Türen und Tore öffnen, damit wir die Möglichkeit haben, ungehindert und von Tag zu Tag mehr in seine Nähe zu kommen.

Wir dürfen und sollten uns immer wieder am Leben besonders herausragender Christen orientieren, um für unser eigenes geistliches Leben Motivation und Ansporn zu bekommen. Am Beginn der christlichen Kirche legten die Apostel besonderen Wert darauf, immer wieder auf leuchtende Vorbilder im Glauben zu verweisen. Petrus erwähnt in seinen beiden Briefen des Öfteren, wie außerordentlich wichtig es ist, genau auf das Wort des Evangeliums zu hören und es zu beachten, um durch gelebtes Beispiel andere, die dem Glauben fernstehen, zu überzeugen. Paulus versichert, dass er bei einem Besuch in einem fremden Land, in dem ihn niemand kennt, kein Empfehlungsschreiben von denen nötig habe, zu denen er gepredigt hat. Er ist davon überzeugt, dass ihm auch ohne Empfehlung durch seinen Auftrag und den Geist Gottes Gehör und Ansehen verschafft wird.

Unser Empfehlungsschreiben seid ihr; es ist eingeschrieben in unser Herz, und alle Menschen können es lesen und verstehen (2. Korintherbrief 3,2). Diesen Brief können alle lesen, selbst diejenigen, die der Sprache nicht mächtig sind, weil es hier um die Sprache des Herzens und des guten Beispiels geht. Das gesprochene Wort ist austauschbar, das Werk jedoch hinterlässt kräftigere Spuren, die über diese Welt hinaus führen können.

Arbeitet nicht nur, um euch bei den Menschen einzuschmeicheln und ihnen zu gefallen, sondern erfüllt als Freunde Christi von Herzen den Willen Gottes. Dient freudig, als dienet ihr dem Herrn und nicht den Menschen (Epheserbrief 6,6–7). Unser

Leben mit all seinen Ausfächerungen sollte so beschaffen sein, dass es Zeugnis von der Wahrhaftigkeit unseres christlichen Glaubens gibt. Jesus gibt ein Zeugnis wahrer Gottesliebe und geht bis zum Äußersten: *Alle sollen eins sein: Wie du, Vater, in mir bist und ich in dir bin, sollen auch sie in uns sein, damit die Welt glaubt, dass du mich gesandt hast* (Johannes 17,21).

Jesus Christus, der die höchste Wahrheit ist, spricht eine große Wahrheit aus, wenn er sagt, dass wir bei vollkommener Beachtung der Gebote, deren Hauptgebot die Liebe ist, bei denen, die in der Welt sind, ein so großes Staunen auslösen, dass sie wahrhaft glauben, Gott wohnt in uns. Sie sehen den großen Unterschied, der zwischen ihnen und uns besteht. Durch die Beachtung der Gebote erscheint ihnen unser Leben geordneter, stärker, selbstbewusster und Gott verbunden. Jetzt könnte das Wort des Paulus in Erfüllung gehen, dass wir ein Brief Christi sind, worin jeder das für sich Entsprechende lesen kann. Wie wunderbar wäre es, wenn sich an uns das Wort verwirklicht, die Erkenntnis Christi wie ein Leben verheißender Duft überall zu verbreiten (vgl. 2. Korintherbrief 14–16).

Du, Herr, weißt, dass es Schatten in deiner Kirche gibt.
Du weißt aber auch um viele, die wie ein Stern leuchten,
und durch die viele Ungläubige zur Wahrheit gelangen.
Du verwandelst ihr Leben und führst den rechten Weg.

Doch du weißt, Herr, dass es viele böse Christen gibt,
die anderen kein Vorbild sind, um dich zu erkennen.
Die Fernstehenden entfernen sich noch weiter von dir
und in ihrer Verblendung lästern sie sogar über dich.

Du, Herr, hast dir jedoch einen Tag vorbehalten,
um dich über diese Beleidigungen zu beklagen:
Ständig, jeden Tag wird mein Name gelästert.
Darum soll mein Volk meinen Namen erkennen. (Jesaja 52,5–6)

Wer nicht für mich ist, sagst du, Herr Jesus,
der ist gegen mich; wer nicht mit mir sammelt,
der zerstreut, und er wird zu einem Hindernis. (Lukas 11,22)
Doch allen, Herr, zeigst du, dass du gut bist.

Fünfunddreißigstes Kapitel

Wer bestrebt ist, nach Gottes Willen zu leben, wird sofort in seinem Inneren erkennen, dass die christliche Lehre von Gott stammt. Ein Gott fernes, ja, lasterhaftes Leben ist ein Hindernis, den christlichen Glauben zu erlangen. Wenn man den Glauben besitzt, führt ein solches Leben dazu, ihn zu verlieren.

In der Selbstoffenbarung Jesu beim Laubhüttenfest im Tempel von Jerusalem sagt Jesus: *Meine Lehre stammt nicht von mir, sondern von dem, der mich gesandt hat. Wer bereit ist, den Willen Gottes zu tun, wird erkennen, ob diese Lehre von Gott stammt oder ob ich in meinem eigenen Namen spreche. Wer im eigenen Namen spricht, sucht seine eigene Ehre: wer aber die Ehre dessen sucht, der ihn gesandt hat, der ist glaubwürdig, und in ihm ist keine Falschheit* (Johannes 7,16–18).

Wir haben einige Wege und Mittel besprochen, um die Wahrheit unseres Glaubens festzustellen und ihn zu vertiefen. Der lohnendste und wahrhaftigste Weg führt über das eigene Herz. Diese Weisung gründet sich auf den obigen Ausspruch des Herrn. Wenn jemand bereit ist, den Willen Gottes zu tun, wird er sofort spüren und erkennen, dass die Lehre Jesu eine göttliche ist. Sei gepriesen, Herr, dass wir auf die Wahrheit deiner Lehre vertrauen dürfen und du das Urteil darüber in die Hände eines jeden legst – wer auch immer er sei. Die einzige Bedingung, die du stellst, Herr, besteht darin, den Willen Gottes zu tun.

Ein Mensch mit guten Absichten, der wahrhaft gut sein möchte – Gott, den Mitmenschen und sich selbst gegenüber –, sucht den besten Weg und die entsprechende Lehre, es zu werden und zu sein. Wenn er das Evangelium und die christliche Lehre erkannt hat, würde er alle Gesetze und Lehren, die es auf Erden gibt – wahre und falsche –, zur Seite legen und einzig und allein sein Auge auf die bereits erkannte christliche Wahrheit richten. Er wendet sich dem Wort Gottes zu, das Jesus verkündet hat, und weiß, dass die christliche Lehre ihn besser als alles andere dahin zu führen vermag, wohin seine Sehnsucht geht und zu dem, was er sich von Herzen wünscht.

Im Grunde seines Herzens möchte jeder in Einklang mit den göttlichen Gesetzen leben – selbst wenn er diese Sehnsucht mit anderen Worten bezeichnet. Auf dem Weg der Erfüllung dieser Sehnsucht wird man mit jedem Fortschritt – vorausgesetzt, man ist Christ und im Glauben beheimatet – die Wahrheit und Kraft der christlichen Lehre spüren. Und es ist ebenso umgekehrt der Fall: Durch die Lehre Jesu und die der Kirche, in der sich die Lehre Jesu widerspiegelt, werden wir motiviert und angespornt, unser Leben in all seinen Ausfächerungen zu verbessern. Wenn wir die Kraft der heiligen Worte erfahren, werden wir unweigerlich bekennen müssen, dass diese Lehre eine göttliche ist. Jesus sagt: *Meine Lehre stammt nicht von mir, sondern von dem, der mich gesandt hat. Wer bereit ist, den Willen Gottes zu tun, wird erkennen, ob diese Lehre von Gott stammt oder ob ich in meinem eigenen Namen spreche* (Johannes 7,16–17).

Wie muss das Wort Jesu auf jemanden wirken, der nicht glaubt: *Wer Durst hat, komme zu mir* (Johannes 7, 37). Würde ein Außenstehender erst einmal die Fülle der christlichen Lehre erfahren und zudem gewillt sein, das Leben in diese Richtung zu verändern, dann würde jegliche Verblendung von seinen Augen fallen und er würde klar sehen. Doch leider gibt es viele Menschen, die zu sehr die weltlichen Dinge lieben und weder die Wahrheit noch die Erkenntnis Gottes suchen. Für sie ist es schwer, diese anzunehmen und nach ihr zu leben, da sie ja von der eigentlichen Wahrheit in Jesus Christus niemals etwas hören. Selbst wenn einige von ihnen diese Wahrheit hören würden: Sie würden sie in den seltensten Fällen annehmen, weil sie ihren Wünschen und Vorstellungen entgegengesetzt ist.

- *Wie könnt ihr zum Glauben kommen, wenn ihr eure Ehre voneinander empfangt, nicht aber die Ehre sucht, die von dem einen Gott kommt?* (Johannes 5,44)
- *Denn die Wurzel aller Übel ist die Habsucht. Nicht wenige, die ihr verfielen, sind vom Glauben abgeirrt und haben sich viele Qualen bereitet* (1. Timotheusbrief 6,10).

Der Glaube ist nicht gleich verloren, wenn jemand eine Sünde begeht – welche es auch immer sein mag. Was zum Verlust des Glaubens führt, liegt vielmehr darin, dass jemand ganz und gar sein Herz an zeitliche und vergängliche Dinge hängt und nicht gewillt ist, seinen Lebensstil zu ändern. Da er in der christlichen Lehre mit Wahrheiten konfrontiert wird, die seinen unchristlichen Neigungen widersprechen, sucht er sich andere Lehren, die seine Neigungen und unguten Werke unterstützen und nicht ihre Stimme dagegen erheben. Auf diese Weise kann er vorerst ruhig sein und so leben, wie er es sich wünscht. Die unguten Neigungen aber verblenden Herz und Verstand. Die Folge ist, dass er seinen christlichen Glauben aufgibt, weil der Glaube seine Stimme gegen die Schlechtigkeit dieses Menschen erhebt.

Man kann also auf diese Weise seinen Glauben verlieren oder ihn erst gar nicht annehmen, wenn man ungute Neigungen nicht aufgeben will und diese sogar noch in irgendeiner außerchristlichen Lehre bestätigt findet. So kann eine Abneigung oder gar ein Widerwille gegen das Christentum entstehen, weil es nicht die schlechten Verhaltensweisen unterstützt, sondern sie anprangert. Man geht der Wahrheit des Glaubens aus dem Weg, weil sie Schlechtigkeiten aufdeckt und genau das Gegenteil von dem ist, was man liebt und gern tut.

Sechsunddreißigstes Kapitel

Ein weiteres Zeugnis für die Wahrheit unseres Glaubens: Menschen, die in schwerer Sünde leben, erfahren eine Wandlung ihrer Herzensgesinnung und lassen ab von allem Bösen. Welch wunderbare Gnaden werden bei denjenigen sichtbar, die umkehren und Jesus Christus zu ihrem Mittelpunkt machen. Welch großartiges Zeugnis des Glaubens geben die Betenden, die den Herrn anrufen und Erhörung finden.

In jedem Menschen ist das Verlangen, Gott zu dienen; doch nicht allen wird es bewusst. Diejenigen aber, die wahrhaft glauben und ihren Glauben auch in die Tat umsetzen, dürfen sich darüber freuen, dass sie mehr und mehr die Wahrheit erkennen. Alle, die darauf bedacht sind, den Willen Gottes wahrzunehmen und ihn zu ihrem eigenen Willen machen, alle, die sich für die entgegenkommende Liebe Gottes öffnen, gestalten ihr Leben völlig neu und werden dadurch zu einem Zeugnis lebendigen Glaubens. Schaut man zurück auf das Leben vieler Menschen, die den Weg der Umkehr und geistlichen Erneuerung gegangen sind, wird man feststellen, dass sie Sklaven der Sünde waren. In diesem bedauernswerten Zustand schien es, als ob selbst ihr Herz zur Sünde geworden war. Sie waren fest entschlossen zu sündigen und rannten ständig in »offene Messer«, nur um ihren sündhaften Trieb zu befriedigen.

Mitten in ihrem falschen und sündigen Tun wurden viele Menschen einer liebenden, aber starken Hand gewahr, die den Tyrannen fesselt, der sie gefesselt hielt. Sie selbst waren zu schwach, um sich aus den Fesseln eines so starken Tyrannen zu befreien. Wodurch ist eine so intensive Wandlung möglich?

- Ein göttliches Wort, das der Liebe und der Vorsehung Gottes entspricht, kann spontan zur Umkehr führen.
- In einem geistlichen Gespräch – verbunden mit dem Empfang des Sakramentes der Versöhnung – findet Einsicht statt und das bisher verhärtete Herz öffnet sich der Gnade Gottes.
- Ein Mensch spürt auf einmal tief in seinem Inneren eine Intuition, von der er genau weiß, dass sie nicht aus ihm selbst kommt, sondern nur eine göttliche sein kann – ihm geschickt zur Umkehr und zu seinem Heil.
- Schwere Krankheit, Enttäuschungen oder seelisches Leid führen den Menschen an seine äußerste Grenze und er macht die Erfahrung einer Grenzüberschreitung. In Hinblick auf diese Offenbarung tut er in der für ihn zur Verfügung stehenden Zeit alles, um sein Leben auf Gott auszurichten.
- Es gibt viele andere Situationen, in denen der Herr einen verhärteten und Gott fernen Menschen, an seiner empfindsamsten Stelle berührt und ihm Erkenntnis und Wandlung schenkt.

Wir dürfen staunen, wie der Herr schon nach kurzer Zeit einen Menschen zu einer tiefgreifenden Veränderung führt, sodass man ihn fast nicht wiedererkennt. Aus dem, der in voller Bejahung diesem oder jenem Laster frönte, ist auf einmal ein Mensch geworden, der das Böse verabscheut und von Herzen betet:

Ich freue mich über deine Verheißung
wie einer, der reiche Beute gemacht hat.
Ich hasse die Lüge, sie ist mir ein Gräuel,
doch deine Weisung habe ich lieb.
   (Psalm 119,162–163)

Diese Wahrheit kommt aus einem so lebenswahrhaftigem Herzen, dass der Betende fest entschlossen ist, seinem lasterhaften Leben radikal den Rücken zu kehren. *Denn ich bin gewiss: Weder Tod noch Leben, weder Engel noch Mächte, weder Gegenwärtiges noch Zukünftiges, weder Gewalten der Höhe oder*

Tiefe noch irgendeine andere Kreatur können uns scheiden von der Liebe Gottes, die in Jesus Christus ist, unserem Herrn (Römerbrief 8,38–39).
- Wer hat in so kurzer Zeit diese wunderbare und heilsame Veränderung bewirkt?
- Wer hat einem so harten Felsen einen Quell strömender Tränen entlockt?
- Wer hat ein so versteinertes Herz zu einem Herzen aus Fleisch und Blut gemacht?
- Wer hat einen so unglücklichen Toten erweckt und ihm ein so ausgezeichnetes Leben geschenkt?

Es war und ist die liebende und uns immer entgegenkommende Hand Gottes, die all diese Wunder vollbringt. Der Glaube an unseren Herrn Jesus Christus und die Liebe zu ihm lassen Wirklichkeit werden, woran die Kirche bereits immer glaubt und was sie seit Beginn lehrt.

Viele, die diese Umkehr auf die verschiedensten Weisen erlebt haben, verließen den ihnen aufgezeigten Weg nicht mehr und widmeten ihr Leben Gott, der ihre Fesseln zerbrach. Zwar ist der Weg zum Leben schmal, doch wer ihn einmal zutiefst erkannt hat, wird ihn nicht mehr verlassen. Selbst wenn der Herr den Sturmwind sich erheben lässt, der hoch die Schicksalswogen auftürmt und die Seele an die Grenze ihrer Existenz führt –, selbst wenn unsere Seele in höchste Not gerät und wir wie Trunkene wanken, weil wir mit unserer Weisheit am Ende sind (vgl. Psalm 107,25–27), wird uns der Herr nicht verlassen, sondern uns seine rettende und erlösende Hand reichen. Dies geschieht, weil wir:
- in jeder Not und Gefahr und immer in unserem täglichen Gebet den Namen Jesu anrufen und uns vertrauend in seine Hände legen
- den einmal beschrittenen Weg nicht mehr verlassen
- das Sakrament der Versöhnung und der heiligen Eucharistie empfangen

- das Wort Gottes hören und teilnehmen an der heiligen Messe, dem Geheimnis des Todes und der Auferstehung Jesu Christi
- in der Heiligen Schrift lesen und versuchen, das Wort in die Tat umzusetzen
- einen der vielen anderen Wege beschreiten, auf denen uns der Herr seine rettende und erlösende Hand reicht.

Wer spüren darf, dass ihm der Herr auch in Zeiten der Not und der Bedrängnis liebend und behütend entgegenkommt, erfährt sich so wunderbar begnadigt, wenn er der plötzlichen Meeresstille seines Herzens gewahr wird. Und er wird sich fragen: *Wer ist dieser, dass ihm sogar die Winde und der See gehorchen?* (Matthäus 8,27) Wahrhaftig, es ist der Sohn Gottes.

Bernhard von Clairvaux berichtet von einer ganz einfachen alten Gebetsweise, bei der in Wachheit und Lebenswahrhaftigkeit der Name Jesus oder mit ihm die Bitte um Erbarmen angerufen und wiederholt wird. Er spricht davon, dass diese Gebetsweise ein wahres Heilmittel gegen alle Krankheiten der Seele ist. Auch Hieronymus, den wir schon mehrfach erwähnt haben, spricht von großer Hilfe durch dieses Gebet. Als er übermäßig von seinen sexuellen Kräften bedrängt wurde und er kein Mittel fand, um etwas dagegen zu tun, warf er sich vor dem Bild des Gekreuzigten zu Boden und rief in ständig sich wiederholender Weise den Namen Jesus an. Verzweiflung und gleichzeitig tiefe Andacht und Hochachtung vor dem allerheiligsten Namen führten ihn zu diesem Gebet, von dem er sagt, dass es das beste Heilmittel sei. Schon nach kurzer Zeit vor dem Kreuz und in der Anrufung Jesu legte sich der Sturm und es trat eine so tiefe Stille ein, dass er glaubte, unter den Engeln zu weilen.

Die Gnade, die Gott gibt, besteht nicht nur darin, dass die Drangsal, die jemand zu ertragen hat, aufhört, sondern sie ist auch eine Gnade, durch die Gott der Seele eine Richtung gibt, die ganz und gar dem entgegengesetzt ist, was der Mensch vorher fühlte und empfand. Durch die Anrufung des Namens

Jesu denken wir bewusst keine eigenen Gedanken mehr, bleiben aber wach und richten uns ohne jegliche Anstrengung auf Gott aus. Wir dürfen sicher sein, dass schon nach kurzer Zeit eine Veränderung eintritt, die eine Befreiung zur Folge hat. Wir müssen nur zulassen, dass nicht wir handeln, sondern Gott der Handelnde ist. Durch diese tiefgreifende Erfahrung und Erkenntnis erhalten wir Einsicht in wunderbare Zusammenhänge von Himmel und Erde und in wesentliche Bereiche, die unser Leben betreffen. Wir werden dankbar, bescheiden und demütig, wenn wir erleben, dass dies alles ohne unser Zutun geschieht, sondern eine Gnadenzuwendung Gottes ist. Wir sehen die Wirklichkeit des Wortes ein: Jesus Christus, der Gekreuzigte, ist für die von Gott Berufenen Gottes Kraft und Gottes Weisheit (vgl. 1. Korintherbrief 1,23–24).

Wenn wir nicht nur in Zeiten der Drangsal, sondern täglich im Gebet der Stille den göttlichen Namen anrufen, schenkt der Herr uns Licht und Stärke. Zuerst wird der Weg von allen Hindernissen befreit, sodass wir ihn mühelos fortsetzen können und voll Freude singen:
- *Groß ist die Herrlichkeit des Herrn* (Psalm 138,5).
- Ja, Herr, wenn ich im Gebet der Ruhe deinen Namen anrufe, weichen meine Feinde von mir. Ich habe es erfahren, dass du mein Gott bist und mir immer zur Seite stehst (vgl. Psalm 56,10).

Nicht nur für den Betenden, dem Gott Hilfe und Befreiung schickt, sondern auch für diejenigen, die ihn kennen, wird dieses wunderbare Geschehen zu einem Zeugnis, dass Gott ein wahrer und lebendiger Gott ist, der für uns Sorge trägt. Es sind keine himmlischen Visionen und Offenbarungen, die uns zuteil werden, nein, Gott zeigt uns seine Liebe inmitten unseres gewöhnlichen Alltags, durch Dinge, die wir kaum für möglich halten.

Siebenunddreißigstes Kapitel

Der Herr hat Wunderbares in jedem von uns angelegt. Er möchte, dass wir es erkennen und entfalten. Die Mittel, diese Güter zu erlangen, hat er uns an die Hand gegeben. Wenn wir und andere sehen, wie die vom Schöpfer in uns angebauten Güter gedeihen, so ist dies ein wichtiger Beweis dafür, dass unser Glaube wahr ist.

Ein nicht ganz leicht zu verstehendes Wort in der Heiligen Schrift wird für all diejenigen erfahrbar, die den innerlichen Weg zur Vollkommenheit gehen. Sie werden nicht nur in Zeiten der Gefahr von Gott beschützt und geführt, sondern erleben, dass das kostbarste Gut in ihnen selbst verborgen ist.

- *Das Reich Gottes ist mitten unter euch* (Lukas 17,21).
- *Denn das Reich Gottes ist nicht Essen und Trinken, es ist Gerechtigkeit, Friede und Freude im Heiligen Geist* (Römerbrief 14,17).

Den Freunden Gottes und damit den Freunden des Guten und Rechten sind die Gebote der Liebe – würden sie aus allen Büchern getilgt – so tief in ihre Herzen eingeschrieben, dass sie immer und überall verfügbar sind. Nicht, dass sie diese etwa auswendig wissen, nein, die entschlossene Liebe ihres Herzens hat die Gebote präsent, die sonst von außen aufgenommen werden. Der Wille der Freunde Gottes ist bereits in die Liebe zum Guten und zu dessen freudiger Umsetzung in die Tat verwandelt, weil ihr Herz sich danach sehnt, Christus zu folgen und der Sünde zu entfliehen. Nur derjenige, der es selbst erfährt, kann ermessen, welch große Freude und innerer Friede daraus erwachsen, nach den Geboten der Gottes- und Nächstenliebe sein Leben auszurichten.

- Achtest du Gottes Gebote, dann ist dein Glück wie ein Strom und dein Heil wie die Wogen des Meeres (vgl. Jesaja 48,18).
- *Der Friede Gottes, der alles Verstehen übersteigt, wird eure*

Herzen und eure Gedanken in der Gemeinschaft mit Christus Jesus bewahren (Philipperbrief 4,7).
♦ *Ihn habt ihr nicht gesehen, und dennoch liebt ihr ihn; ihr seht ihn auch jetzt nicht; aber ihr glaubt an ihn und jubelt in unsagbarer, von himmlischer Herrlichkeit verklärter Freude* (1. Petrusbrief 1,8).

Die göttliche Freude, die ein Mensch bereits in dieser Welt empfangen kann und genießen darf, ist wie ein verborgenes Himmelsbrot, von dem die Offenbarung spricht: *Wer siegt, dem werde ich von dem verborgenen Manna geben* (Offenbarung 2,17). Diese göttliche Zuwendung kennt niemand außer denen, die sie empfangen. Woher kommt die innere ausgewogene Ruhe, aus der die rechten Handlungen und guten Taten entstehen? Woher kommt diese tiefe Ruhe, die Geborgenheit und Frieden für die Seele? Diese Ruhe ist der Anfang der ewigen Seligkeit – sie ist ein Geschenk Gottes. Weder der Mensch selbst noch der Widersacher können so etwas vollbringen.

Selbst der Teufel gibt oftmals den Rat, etwas Gutes zu tun, aber nur um Ansehen damit zu gewinnen, das dann in Stolz und Machtstreben übergeht. So benutzt er das Gute, um nachher zu hintergehen und zu betrügen. Doch einen Mensch gut werden und gut sein zu lassen, sodass er das natürliche Gesetz ganz von selbst vollzieht – dieses Gesetz ist gut, da Gott der Urheber der Natur ist –, ein solches Werk vermag der Widersacher nicht zu vollbringen. Denn er kann nichts Gutes geben, was er nicht besitzt. Aber auch dem Menschen kann man ein solches Werk nicht zuschreiben, denn es ist eine Gabe vom Vater. *Jede gute Gabe und jedes vollkommene Geschenk kommt von oben, vom Vater der Gestirne, bei dem es keine Veränderung und keine Verfinsterung gibt* (Jakobusbrief 1,17).

Es ist kaum mit Worten zu beschrieben, wie sich ein Mensch fühlt, wenn er von einem seelischen Druck befreit ist. Er weiß, da er selbst alle Mittel erfolglos angewandt hat, dass die Gabe der Befreiung eine göttliche ist. Sie kommt weder vom Bösen noch ist sie durch den menschlichen Geist und Willen entstanden, sondern als heilig machende Gnade von Gott eingegossen. Im Gebet der Anrufung richten wir uns auf ihn aus und unser Tun wird mehr und mehr durch seinen Willen und seine Liebe zu uns geprägt. Der so Handelnde und Betende erlebt diese liebende Zuwendung des Herrn als Geschenk des Glaubens, und gleichzeitig wird ihm bewusst, dass sein Glaube der göttlichen Wahrheit entspricht. Aus einer Lüge und damit generell aus der Unwahrheit kann diese tiefe Erkenntnis niemals entstehen. Wenn wir Gott im Schweigen innerlich immer wieder anrufen, er möge uns gnädig sein, wird er sich uns liebevoll zuwenden.

Paulus stellt uns eine entscheidende Frage: *Habt ihr den Geist durch die Werke des Gesetzes oder durch die Botschaft des Glaubens empfangen?* (Galaterbrief 3,2) Sind nicht der Empfang des Heiligen Geistes und die Fülle der Gaben, die er uns vermittelt, ein unvergleichbar größeres Geschenk als all das, was ein Gesetz vermag?

Unser Glaube, wenn wir ihn wahrhaft leben, vermittelt uns unzählige Möglichkeiten, ein dem Schöpfer angemessenes Leben zu führen, das auch uns mit Freude erfüllt und große Dankbarkeit aufkommen lässt. Ohne es zu wollen oder es zu bemerken, wird unser Leben zu einem Zeugnis des wahren Glaubens. Menschen, die durch, mit und in Christus ihr Leben gestalten und von ihm reich beschenkt werden, folgen umso intensiver seinen Spuren und haben nicht den leisesten Wunsch, ihre Erfüllung in anderen Religionen zu suchen – weder in asiatischen Glaubensanschauungen noch im Judentum oder im Islam, in dem Mohamed ein wunderbares Paradies verheißt. Die Wahrheit in Jesus Christus zu erleben ist so überwältigend und stark, dass keine außerchristliche Verheißung oder gar sinnliche Freude im Stande sind, die Liebe zu Jesus Christus zu schmälern.

- Der Prophet Ezechiel spricht vom messianischen Reich: *Sie (die Menschen) werden auf ihrem Grund und Boden sicher sein. Wenn ich die Stangen ihres Jochs zerbreche und sie der*

Gewalt derer entreiße, von denen sie versklavt wurden, werden sie erkennen, dass ich der Herr bin (Ezechiel 34,27).
- *Ich schenke euch ein neues Herz und lege einen neuen Geist in euch. Ich nehme das Herz von Stein aus eurer Brust und gebe euch ein Herz von Fleisch* (Ezechiel 36,26).
- Jeremia verkündet den neuen Bund: *Ich lege mein Gesetz in sie hinein und schreibe es auf ihr Herz. Ich werde ihr Gott sein, und sie werden mein Volk sein* (Jeremia 31,33).

Menschen, die diese oder ähnliche Erfahrungen in ihrem Innern machen, können diese zwar kaum in Worte kleiden, aber es erfüllt sie ein großer innerer Friede und eine tiefe Ruhe. Sie sind gefestigt im Glauben und in Jesus Christus verwurzelt. Wenn ein falscher Messias auftritt, so glauben sie ihm nicht, selbst wenn er große Zeichen und Wunder tut, um irrezuführen. Menschen mit tiefer innerer Gotteserfahrung lassen sich nicht so leicht erschüttern, und sie denken an das Wort Jesu, das er vorausgesagt hat: *Wenn sie also zu euch sagen: Seht, er ist draußen in der Wüste!, so geht nicht hinaus; und wenn sie sagen: Seht, er ist im Haus!, so glaubt es nicht* (Matthäus 24,26).

Der wahre Christus ist nur Einer, und wenn wir an ihn glauben, finden wir die Eigenschaften des wahren Christus. Haben wir uns für ihn entschieden, trennen und scheiden wir uns von allem anderen, was nicht Jesus Christus ist. Ein Christ glaubt dem Glauben gemäß, den Gott ihm eingießt. Es gibt unzählige Gründe, die uns zum Glauben führen und dann auch unseren Glauben bestimmen. Das Wesentliche des Glaubens geschieht innerlich, das heißt, im Herzen des Menschen. Unseren eigenen lebendigen Glauben finden wir weder in Büchern noch im Leben anderer, sondern nur in uns selbst – vorausgesetzt, wir verlassen den geistlichen Weg nicht, den wir gewählt haben. Der Quell lebendigen Wassers füllt die Zisterne unserer Innerlichkeit und wir werden niemals mehr Durst haben. *Trink Wasser aus deiner eigenen Zisterne, Wasser, das aus deinem Brunnen quillt* (Sprichwörter 5,15).

Achtunddreißigstes Kapitel

Es ist etwas überaus Großes, dass der Herr uns diesen wunderbaren Glauben schenkt. Unser Verstand, der ebenso wie unser Herz dieses Geschenk in sich aufnimmt, kommt, wenn er den Glauben annimmt und ihm zustimmt, unweigerlich zu dem Schluss, Gott die Ehre zu geben und ihm zu dienen.

Würden wir ein Licht haben, das unseren Glauben ausleuchtet, und eine Waage, um ihn zu gewichten, dann gibt es weder Unsicherheit noch Zweifel am Glauben. Wir würden in ihm eine unendliche Schönheit, Selbstverständlichkeit und Gottesnähe finden, sodass wir Grund genug haben, unseren Glauben zu lieben und ihn unbedenklich anzunehmen. Wir sehen ein, dass es eine natürliche Folge und etwas sehr Gerechtes ist, wenn das Geschöpf zu seinem Schöpfer aufschaut, ihn ehrt und ihm dient. Wenn wir Gott mit allen uns zur Verfügung stehenden Mitteln dienen, so sollten wir doch bedenken, dass der geistige Dienst der wichtigste und intensivste ist, denn unser Geist und unsere Seele haben am meisten Ähnlichkeit mit Gott.

Dass unser Geist auch unseren Verstand und unseren Willen einschließt, geht daraus hervor, dass Verstand und Wille des Menschen sich ebenso Gott öffnen und ihm dienen müssen. Der Mensch darf Gott nicht mit etwas Geringerem dienen als mit dem, was er besitzt. Zu den höchsten Gaben gehören neben unserer Seele der Verstand und der Wille. Die Aufgabe des

Willens besteht nicht nur darin, Gott zu gehorchen und zu versuchen, nach seinen Gesetzen zu leben, sondern vornehmlich darin, im Gebet des Schweigens sich selbst zu verleugnen und damit auch unseren Willen aufzugeben und ihn in die Hände Gottes zu legen.

So besteht auch die Dienstleistung unseres Verstandes darin, ihn Gott zu übereignen, um Wille und Verstand, erfüllt mit Gottes Gnade, von ihm zurück geschenkt zu bekommen. Diese Hingabe bedeutet, bedenkenlos an Gott zu glauben. Würde hingegen der »Dienst des Verstandes« darin bestehen, dass er sich etwas ausdenkt oder etwas gut heißt, das er in Folge seiner eigenen Tätigkeit begreift, so kann man dies keinen eigentlichen Gottesdienst nennen. Zumindest wäre es ein sehr geringer, da keine wahre Hingabe an Gott darin enthalten ist.

Unseren Verstand und unseren Willen einzusetzen, gehört zu den Hauptaufgaben unseres Lebens, da durch sie jede unserer Handlungen bestimmt wird. Durch unseren Willen und unseren Verstand Gott zu ehren und ihm zu dienen, ist durchaus gut, aber es ist nicht das Höchste. Der Wille befiehlt dem Verstand, an dieses oder jenes zu denken; und wiederum hat der Verstand Einfluss auf den Willen, der sich dann entscheidet, dass wir dieses oder jenes tun. Wir können bei diesen Vorgängen durchaus den Willen Gottes – wie wir ihn uns vorstellen – einschließen. Viel wichtiger jedoch ist es, den Verstand auf seinen Ursprung zu lenken und in etwas einzustimmen, das er nicht einsieht. Dies bedeutet Hingabe an die Liebe und den Willen Gottes. Dabei üben sich Wille und Verstand in Demut; im Loslassen auf Gott verleugnen sie sich selbst und werden »Gefangene« seiner Liebe.

- Wenn wir auch in dieser Welt leben, so benutzen wir nicht ausschließlich die Mittel, die in dieser Welt üblich sind. Wir reißen *alle hohen Gedankengebäude nieder, die sich gegen die Erkenntnis Gottes auftürmen. Wir nehmen alles Denken gefangen, sodass es Christus gehorcht* (2. Korintherbrief 10,5).
- *Vom Zeugnis eines solchen Dienstes bewegt, werden sie Gott*

dafür preisen, dass ihr euch gehorsam zum Evangelium Christi bekannt und dass ihr ihnen und allen selbstlos geholfen habt (2. Korintherbrief 9,13).

Da Gott uns so überreich beschenkt, ist die Grundlage gegeben, ihn zu lieben. Da er auch uns liebt und zuerst geliebt hat, dürfen wir alles von ihm erhoffen. So verlangt auch die aus der Liebe entstandene Wahrheit, dass wir glauben. Selbstgefälligkeit und Eigenliebe haben hier keinen Platz mehr. Gott allein genügt, wenn er zu unserer Stütze und zu unserem Ein und Alles wird. Daher sollten wir auf die Meinung, die wir uns ohne ihn bilden, verzichten. Um jedoch durch, mit und in ihm unser Leben zu gestalten, ist immer wieder Hingabe an die Wahrheit und die Liebe Gottes notwendig. Wir werden durch das Opfer unseres Selbst mehr und mehr fähig, die leise Stimme Gottes zu hören und tiefer und fester im Glauben zu wachsen.

Es ist einfach, an etwas zu glauben, was ich begreife und einsehe. Jedoch zu glauben, ohne gleich alles zu begreifen und einzusehen, kann Schwierigkeiten und Zweifel mit sich bringen. Es ist wie jemand, der ohne Stab geht, der ihn führt; jemand, der einen Boden betritt, ohne zu wissen, dass er ihn trägt; jemand, der denjenigen aus Liebe zu Gott liebt, der ihm Unrecht und Böses angetan hat.

Was auch immer aus dem Willen Gottes und der Liebe zu Ihm geschieht, ist Wahrheit, die ihm im Gebet des Schweigens dargebracht wird. Gott sorgt dafür, uns das zurück zu geben, was wir verdient haben. Wenn jedoch Wille und Verstand des Menschen eigene Wege gehen und ohne Gott nur an sich selbst glauben, fehlt ihnen in dieser Welt die Einübung, einmal Gott in der kommenden Welt für immer schauen zu dürfen. Der menschliche Wille und der Verstand werden Gott geweiht und geheiligt, wenn wir uns immer wieder in der Ganzhingabe Gott übereignen und uns damit für die Zeit dieses Opfers, das heißt des Gebetes, selbst verleugnen. Die Belohnung all unseres Gott gemäßen Tuns wie auch des Glaubens ist, wie Augustinus sagt, das Schauen. Um allerdings diese Fähigkeit der Seele zu entwickeln, ist es notwendig, Gott bereits auf Erden mit all unseren Kräften und Vermögen zu dienen und im Geben und Nehmen zu einem festen und tiefen Glauben zu gelangen.

Neununddreißigstes Kapitel

Was gegen den Einwand zu sagen ist, der sich gegen den Glauben richtet: Gott lehre im christlichen Glauben allzu hohe, anspruchsvolle und unrealistische Dinge.

Ist es nicht so, dass viele Menschen das glauben, was sie nicht sehen und nicht einsehen, weil es der über ihnen stehende Gott sagt? Kann sich so ein Glaube nicht auch auf alles andere beziehen, was nicht christlicher Glaube ist? Es ist die Gegenfrage zu stellen: Welche Unvollkommenheit findet man darin, was wir als Christen glauben?

Was wir von der Größe und Hoheit Gottes glauben, erscheint vielen, die den christlichen Glauben in Abrede stellen, einfach zu hoch und unerreichbar. Das hält sie davon ab, noch länger Christ zu sein oder es zu werden. Der Hoheit Gottes steht seine Erniedrigung im Mensch gewordenen Gottessohn Jesus Christus gegenüber. Dies kommt wiederum vielen als Gott unwürdig, niedrig und unrealistisch vor, sodass sie es nicht glauben können. Nur weil man das Geheimnis der allerheiligsten Dreifaltigkeit nicht versteht, da es unbegreiflich ist, kann man doch nicht den gesamten Glauben ablehnen. Vielleicht sind die Augen des Kritikers durch den Abgrund dieses unermesslichen Lichtes so geblendet, dass er die Augen verschließt und sich fragt: Wie kann dieses sein?

Vom allerhöchsten Gott können wir nur auf eine ganz erhabene Weise denken. Wir schreiben ihm das höchste Sein zu, ein Sein, das zu erhaben ist, als dass es unser Verstand zu begreifen vermag. Selbst wenn wir das Erhabene begreifen würden, so ist dies nur ein winziger Teil seiner Größe und Erhabenheit, denn Gott wird immer jenseits unserer Erkenntnis sein. Wenn unser Verstand die Hoheit Gottes begreifen könnte, dann wäre es nicht der unendliche Gott, der für das Endliche unbegreiflich ist und bleibt. Gott teilt sich in seinem Wesen uns ganz mit, doch können wir davon nur einen kleinen Teil in uns aufnehmen und begreifen.

Gott hat Engel, Menschen und das Weltall erschaffen, indem er allen das Dasein verleiht und die Fähigkeit zu diesem oder jenem, die alles Geschaffene – individuell verschieden – in sich trägt. Die ganze göttliche Wesenheit hat er jedoch seinen Geschöpfen nicht verliehen. Somit besteht zwischen dem Schöpfer und seinem Geschöpf ein Abstand. Wäre Adam allein geblieben, hätte er sich trotz der vielen Tiere und Geschöpfe, die um ihn waren, einsam und allein gefühlt. Damit der Mensch jedoch nicht einsam und allein lebt, hat Gott ihm eine Gefährtin gegeben, die ihm ähnlich und von seinem Wesen ist.

Ist denn nicht Gott, so viele Geschöpfe er auch hat, letztlich einsam und allein? Er ist es nicht, da es in der Einheit des göttlichen Wesens drei göttliche Personen gibt: den Vater, den Sohn und den Heiligen Geist. Zwischen den drei göttlichen Personen findet ständig eine wesenhafte Mitteilung statt. Weil dieses Geheimnis der Dreifaltigkeit so erhaben ist, können wir es zwar nicht einsehen, sondern einfach nur glauben. Weil dieses Geheimnis die Grenzen unseres Denkens und unserer Wahrnehmung weitaus übersteigt, trägt es das Merkmal an sich, dass es etwas Göttliches ist. Weil das innertrinitarische Wesen so unendlich erhaben ist, dass wir es nicht erfassen können, ist es etwas, das Gott besitzen muss. Und Gott können wir uns nur hingebend und glaubend nähern, nicht denkend. Wenn wir allerdings an Gott denken und von ihm sprechen, dann sollten wir es in der Weise tun, wie es ihm und uns als seinem Geschöpf entspricht: liebend, dankend und erhaben.

Vierzigstes Kapitel

Viele Menschen nennen als Grund, warum sie unseren Glauben nicht annehmen oder verwerfen: Der christliche Glaube lehrt von Gott nur allzu niedrige und banale Dinge. Antworten wir ihnen, dass gerade in diesen einfachen und »niedrigen« Dingen die größte Verherrlichung Gottes liegt.

Wie kann jemand Anstoß nehmen an der Niedrigkeit, die Gott, der Allerhöchste, wählte, indem er sich so weit herabließ, dass er Mensch wurde, in Armut lebte und am Kreuz starb? Dieser Abstieg Gottes zu uns Menschen, aus Liebe zu uns, ist keineswegs unwürdig, wenn wir die Menschwerdung Gottes richtig verstehen. Wäre die Erniedrigung erzwungen gewesen oder hätte Gott dadurch seine Hoheit verloren, die er zuvor besaß, oder irgendein Vorteil hätte ihn dazu bewogen, könnten berechtigte Fragen aufkommen. Als Gott Menschengestalt annahm, in der er vorher nicht zugegen war, hörte er keineswegs auf, derjenige zu sein, der er immer und seit Ewigkeiten war und ist. Kein Zwang veranlasste ihn dazu, auf die Erde zu kommen, und es bewog ihn auch kein Vorteil, denn Gott kann nicht reicher werden. Seine unendliche Güte, seine Liebe zu den Menschen und sein Wunsch, uns auf eine Weise nahe zu kommen, die für Gott am *glorreichsten* und für uns am heilsamsten ist, bewog ihn dazu, Mensch zu werden.

Gott wurde in Jesus Christus, seinem eingeborenen Sohn, Mensch – in allem uns gleich, jedoch ohne Sünde. Er nahm das Kreuz auf sich, an dem er starb. Kann es einen größeren Beweis der Liebe geben, als wenn jemand sein Leben hingibt für die,

die er liebt? *Es gibt keine größere Liebe, als wenn einer sein Leben für seine Freunde hingibt* (Johannes 15,13).

Der Herr starb ebenso für seine Feinde, um sie in Freunde zu verwandeln. Diese unendliche Liebe zu allen Menschen, allen Geschöpfen und allem Geschaffenen haben wir uns nicht verdient. Wir bekommen sie geschenkt, weil Gott die Liebe ist und alles, was er geschaffen hat, liebt. Wie kann da noch jemand behaupten, die Erniedrigung Gottes in Jesus Christus lasse auf einen Mangel an Macht oder an Weisheit schließen? Da Gott allmächtig und allwissend ist, hätte er sich uns auf viele andere Arten offenbaren und uns retten können. Doch in der Menschwerdung und der damit verbundenen Hingabe lässt uns Gott das Übermaß seiner Güte und Liebe erfahren.

Die Güte und die Liebe Gottes sind unendlich groß; und das Leid, das Jesus Christus auf sich nimmt, ist härter und qualvoller, als wir es uns vorstellen können. Womit haben wir das liebende Entgegenkommen Gottes in Jesus Christus, der all unsere Sünden auf sich genommen hat, verdient? Dieses erhabene Werk der Barmherzigkeit Gottes, das alle, auch die Unwürdigsten, einschließt, offenbart die höchste Güte und die größte Liebe Gottes zu uns Menschen. Die größte Ehre, die wir jemandem erweisen können, besteht darin, dass wir ihn für gut halten. Sie besteht nicht darin, dass wir ihn für wagemutig oder weise halten. Die Güte und die Liebe Gottes stehen somit auch höher und sind wertvoller als alle anderen Eigenschaften, die wir Gott zuschreiben.

Wenn Unwissende glauben, dass die Erniedrigung Gottes seiner Größe den Ruhm raubt, so glauben Weise, dass die Menschwerdung den Ruhm seiner Güte, Hoheit und Größe vermehrt. In diesem einmaligen Werk der Liebe Gottes leuchtet nicht nur seine Güte besonders hervor, sondern auch seine Weisheit, seine Macht und alle verborgenen Wunder. Von allen Werken, die Gott vollbrachte, ist keines so groß und umfassend, so wirkmächtig und erhaben, wie seine Menschwerdung und das damit verbundene Leid und der Tod Jesu am Kreuz.

Wer nicht an dieses Geschehen der unendlich großen Liebe Gottes glaubt, entzieht ihm die größte Ehre. Gottes Allmacht und Gottes Weisheit leuchten darin auf, wenn wir betrachten, dass Gott in einer Person das, was so himmelweit voneinander verschieden ist, die Gottheit und Menschheit, miteinander vereint. Denke daran, dass Gott erfolgreich mit den Waffen menschlicher Schwachheit unsere Sünden bekämpft und den Tod besiegt, anstatt mit den eigenen Waffen seiner Allmacht zu siegen.

Im alten Bund, als Gott in seiner Hoheit thronte, war es ein kleines Volk, das ihn zwar erkannte, aber trotzdem zu fremden Göttern betete und seinem eigentlichen Gott nur mit großer Lauheit diente. Als Gott sich jedoch im neuen und ewigen Bund erniedrigte, Mensch wurde und letztlich am Kreuz starb, sprach er damit alle Menschen an und ein großer Teil von ihnen war so beeindruckt und ist es bis heute, dass die Mächtigen demütig, die Schwachen stark und die Bösen gut wurden. In der gesamten Welt und Schöpfung trat eine so große Veränderung ein, dass der Hang zum Götzendienst im Christentum ganz und in anderen Kulturen erheblich schwand und viele Verhaltensweisen der Menschen sich nicht nur umgestalteten, sondern erheblich verbesserten.

- Der göttliche Ausspruch geht in Erfüllung: *Wenn ich über die Erde erhöht bin, werde ich alle zu mir ziehen* (Johannes 12,32). Jesus meint damit den Augenblick am Kreuz, in dem er allen Schmerz und den Tod überwunden hat. Durch Erniedrigung, Schwachheit, Leid und Tod erlangte Gott einen Sieg über die menschlichen Herzen, die er in seiner Hoheit vom Himmel aus nicht erreicht hätte.
- *Denn das Törichte an Gott ist weiser als die Menschen, und das Schwache an Gott ist stärker als die Menschen* (1. Korintherbrief 1,25). Indem Gott unsere menschliche Schwachheit annimmt, zeigt er sich als gut, weise und mächtig, was wir vorher in seiner thronenden Hoheit nicht als uns Menschen so nah und gleichzeitig göttlich erkannt hätten.

- *Ich schäme mich des Evangeliums nicht: Es ist eine Kraft Gottes, die jeden rettet, der glaubt* (Römerbrief 1,16). Wenn von der Menschheit Gottes, seiner Schmach, seinem Leiden und seinem Tod die Rede ist, so hat der Christ keinen Grund, sich zu schämen, denn gerade dadurch besiegte Gott etwas so Starkes wie die Sünde und den Tod.

Durch sich selbst, dem Menschenfreund Jesus Christus, bewirkt Gott, dass der Mensch sich der göttlichen Gnade öffnet und sie empfängt. Diese Gnade und das uns versprochene Himmelreich sind die größten Güter, die dem Menschen überhaupt zuteil werden können.

Durch die Menschwerdung seines Sohnes Jesus Christus kommen Gott der höchste Ruhm und die höchste Ehre zu. Er hat den Himmel und die Erde erschaffen und alles, was darin ist und lebt – doch sein größtes Werk besteht darin, dass er sich selbst entäußert und Mensch wird. Dieses Werk Gottes hat Jesus in dem wunderbaren Wort ausgesprochen: *Meine Speise ist es, den Willen dessen zu tun, der mich gesandt hat, und sein Werk zu Ende zu führen* (Johannes 4,34) – die Erlösung der Menschen.

Selbstverständlich hat Gott andere große Werke vollbracht, doch die Menschwerdung und die Erlösung, die daraus folgt, sind die größten all seiner Werke. Aus Liebe zu seinem Volk schlug der Herr Ägypten mit Plagen und befreite dadurch sein Volk aus der Zwangsherrschaft und führte es durch die Wüste in das gelobte Land. So wird Gott von seinem Volk als groß und heilig verehrt. *Nicht ein Bote oder ein Engel, sondern sein Angesicht hat sie gerettet. In seiner Liebe und seinem Mitleid hat er selbst sie erlöst. Er hat sie emporgehoben und sie getragen in all den Tagen der Vorzeit* (Jesaja 63,9). Was jedoch ist eine größere Tat der Liebe, als dass Gott aus Liebe zu seinem Volk die Feinde geißelt oder dass er als Menschensohn sich geißeln lässt – aus Liebe zu den Seinigen und zu den Fremden, seinen Freunden wie auch zu seinen Feinden?

Gott geleitet und trägt sein Volk durch die Wüste wie ein

Adler, der seine Jungen fliegen lehrt und sie auf seine Schultern nimmt, wenn sie müde sind. Wenn sie ausruhen, trägt Gott sie weiter. Es ist jedoch etwas ganz anderes, wenn der Gottessohn ein schweres Kreuz auf seine Schultern nimmt und damit alle Sünden der Welt, die wie ein schwerer Kelterbaum auf ihm lasten. Diese Last nimmt ihm am Kreuz das Leben, damit die Menschen von ihrer Last ausruhen können. Ist dieses denn nicht die herrlichste Tat der Liebe, einer Liebe, wie sie vorher noch niemand erlebt hat? Zur Rettung seines Volkes aus Ägypten benötigte Gott eine geringere Liebe als zur Erlösung aller Menschen durch seinen Tod am Kreuz. Auf Erden lässt sich wohl kaum jemand finden, der sich für einen Freund öffentlich geißeln oder gar umbringen ließe.

Ließe sich jemand finden, so dürften wir keinen Vergleich anstellen mit dem, was der Herr aus Liebe für alle Menschen gelitten hat. Die Ursache seines Tuns ist und bleibt Liebe. In anbetendem Staunen sang Mose mit den Israeliten dem Herrn dieses Lied:

- *Ich singe dem Herrn ein Lied, denn er ist hoch und erhaben. Rosse und Wagen warf er ins Meer* (Exodus 15,1). Zu dieser Zeit demütigte sich Gott nicht, er mühte sich weder ab noch war er arm.
- Daher dürfen wir mit noch tiefgreifenderem Dank beten: Lasst uns singen dem Herrn! Denn durch Demütigung wurde und wird er verherrlicht. Er wurde arm, vergoss blutigen Schweiß und erniedrigte sich bis zum Tod. *Er war Gott gleich, hielt aber nicht daran fest, wie Gott zu sein, sondern er entäußerte sich und wurde wie ein Sklave und den Menschen gleich. Sein Leben war das eines Menschen; er erniedrigte sich und war gehorsam bis zum Tod, bis zum Tod am Kreuz* (Philipperbrief 2,6–8). Dies tat er, um die Menschen von der Sünde zu befreien und sie in den Himmel zu entheben.
- So erfüllt sich der Ausspruch des Propheten: *Statt Dornen wachsen Zypressen, statt Brennesseln Myrten. Das geschieht zum Ruhm des Herrn als ein ewiges Zeichen, das niemals getilgt wird*

(Jesaja 55,13). Die Ehre, die Christus dafür empfängt, dass er sich ans Kreuz nageln ließ und am Kreuz starb und die Bösen in Gute verwandelte, wird ewig dauern. Es gibt keinen Grund, ihm diese höchste Anerkennung und Ehre nicht zukommen zu lassen.

Einundvierzigstes Kapitel

Gerade in der Demut und wenn nötig auch in der Erniedrigung, die uns der Glaube an Gott lehrt, leuchtet nicht nur die Verherrlichung des Herrn, sondern es liegt auch für uns ein großer Vorteil darin, dass wir durch Demut und Erniedrigung Mut und Kraft bekommen.

Durch die Menschwerdung und der damit verbundenen Erniedrigung Gottes, wird nicht nur dem Herrn auf eine ausgezeichnete Weise Ehre zuteil, sondern es geht auch ein sehr hoher Wert für den Menschen daraus hervor.

- Nichts kann den Menschen mehr erheben als die Tatsache, dass Gott in Jesus Christus sein Bruder geworden ist.
- Es gibt nichts, was das Menschenherz – gegen alle Entmutigung durch die Sünde – mehr kräftigt, als wenn der Mensch sieht, dass Gott zu seinem Heil gestorben ist und sich in Freiheit für uns hingegeben hat.
- Es gibt nichts, was den Menschen so sehr bewegt, Gott zu lieben, als wenn er sich von ihm geliebt sieht – bis zum Tod und darüber hinaus für immer.
- Es gibt nichts, was uns so stark motiviert, Unvermeidliches in Würde anzunehmen und sich vor Gott und dem Nächsten demütig zu verhalten, als wenn wir darauf schauen, dass Gott selbst sich erniedrigt hat, in Jesus Christus Mensch wurde und den Willen seines Vaters vollzog.

Durch seine Demut und Erniedrigung kommt uns Gott zu Hilfe; ihm gebührt die größte Ehre. Durch alles, was Gott tut, wird er verherrlicht, und gleichzeitig geschieht es zum Wohl der Menschen. Wer dieses Werk Gottes leugnet, wird sowohl zum Feind Gottes als auch zum Feind aller Menschen. Er entzieht Gott jegliche Verherrlichung und den Menschen die größte Ehre und den größten Vorteil, der sich nur denken lässt. Wie ist es nur möglich, dass sich jemand als Feind des Schöpfers und seiner Geschöpfe erklärt?

- Wenn er von Gott gefragt wird: Warum hast du das Wesentliche meiner Botschaft und meiner Werke nicht geglaubt? – könnte er antworten: Weil mir all das, o Herr, so unfassbar und weit von mir entfernt erscheint, kann ich nicht glauben.
- Wenn er von Gott gefragt wird: Meine Menschwerdung und Erniedrigung sind doch ein sicheres Zeichen meiner Liebe zu den Menschen. Warum hast du diesem Zeichen nicht geglaubt? – so könnte er antworten: Ich habe nicht gedacht, o Herr, dass deine Güte und deine Liebe so groß sind, dass du aus Liebe zu den Menschen so viel zu leiden vermochtest.

Der Gegner Gottes findet sowohl an seiner Hoheit als auch an seiner Erniedrigung Anstoß. Der Grund dafür könnte sein, dass er von Gott niedrig denkt und ihn nur für beschränkt gut und für beschränkt groß hält. Was aus solch einer Wurzel im Menschen entsteht, raubt ihm jegliche Freude und vor allem die Hoffnung auf Erlösung. Wie ungerecht ist er dem Allerhöchsten gegenüber, wenn er Gottes Hoheit und Güte beschränkt wissen will. Welch wunderbare Antwort gibt dagegen derjenige, der glaubt.

> Mein Herr und mein Gott, der alles geschaffen hat,
> ich glaube fest an deine Größe, Güte und unendliche Liebe.
> Ich glaube fest an dich, so gut ich es als Mensch vermag,
> denn ich erkenne in dir den unbeschränkten Herrn von
>   allem,
> was du aus Liebe für den Menschen geschaffen hast.

In deinen Werken sehe ich ein Übermaß deiner Güte und
Liebe.
Befreie mich von jeglichem Unglauben, der mich von dir
trennt.
Ich bete für alle, die dich nicht begreifen können und
ablehnen.
Mögen sie erkennen, dass du ihr Gott bist und sich dir
nähern.
Denn du, Herr, bist allen ein liebevoller Vater, der verzeiht
und jeden von uns liebt, als wäre er deine einzige Sorge.

Gibt es eine bessere Weise als die, wie Gott mit uns Menschen
und seiner gesamten Schöpfung verfährt, um uns von der Sünde
und allen Übeln zu befreien? Selbst wenn ein Mensch diese Verantwortung übernähme: Er würde keine andere Art wählen, als
die, die Gott gewählt hat. Ihm wird alle Ehre zuteil und uns
Menschen die Erlösung von allem Bösen.

Zweiundvierzigstes Kapitel

Wenn der Glaube demütig und im Auftrag des Heiligen Geistes von Menschen gelehrt wird, dürfen wir
sicher sein, dass diese Wahrheit untrüglich ist. Es gibt
verschiedene Weisen, wie der Glaube angenommen
werden kann.

Unser wunderbarer Glaube kann in der Welt nicht durch
Waffengewalt verbreitet werden, auch nicht durch menschliches Wollen oder durch menschliche Weisheit, sondern die
göttliche Wahrheit allein setzt sich durch. Dazu benutzt sie
oftmals Wege, die uns als ungangbar und erfolglos erscheinen.

Vom menschlichen Wissen aus waren es ungelehrte und arme Fischer, denen Jesus zuerst das kostbare Gut des Glaubens anvertraute. Selbst Staatsoberhäupter und Priester erkannten im christlichen Glauben die absolute Wahrheit und waren bereit, ihren alten Glauben zu verlassen. Sie erkannten, dass der christliche Glaube über aller Menschenweisheit steht und somit den menschlichen Verstand übersteigt, dafür aber im Herzen Aufnahme findet.

Dass der Glaube, der die erhabensten Dinge zwischen Himmel und Erde, zwischen Unvergänglichkeit und Vergänglichkeit beinhaltet, sich im Herzen und in der Seele des Menschen für immer verwurzelt, ist ein großes Wunder Gottes. Es ist ein großes Wunder, dass gerade diejenigen, die den Glauben verfolgt und die Glaubenden getötet haben, selbst den Glauben als Liebe in ihrem Herzen spürten und sich eher töten ließen, als ihren Glauben aufzugeben. Viele erfahren durch den christlichen Glauben eine Wahrheit, die der Neigung ihres Herzens genau entgegen gesetzt ist. Sie wollen die Neigung zur Sünde und die Sünde selbst nicht aufgeben und denken somit gar nicht daran, dass das Evangelium Jesu Christi auch in ihrem Leben eine erfolgreiche und heilbringende Wirklichkeit werden könnte. *Ich sehe aber ein anderes Gesetz in meinen Gliedern, das mit dem Gesetz meiner Vernunft im Streit liegt und mich gefangen hält im Gesetz der Sünde, von dem meine Glieder beherrscht werden* (Römerbrief 7,23).

Weil das Gesetz der Vernunft und in Folge der Glaube weitaus stärker und anziehender sind, als das Gesetz der Sünde, in das wir uns trotzdem immer wieder verstricken, besteht die berechtigte Hoffnung, dass wir mehr und mehr die Sünde meiden und uns vom »Gesetz« Christi anziehen und verwandeln lassen. Auf wunderbare Weise bringt Christus die Herzen der Menschen und ihr Tun zur Erfüllung, sodass es offenbar den Anschein hat, dass er es ist, der die Menschen von Neuem erschafft.

In Judäa und ganz Palästina, wo Jesus zuerst das Evangelium

vom Reich Gottes verkündete, gab es eine große Zahl von Menschen, die sein Wort annahmen und den wahren und einen Gott nicht nur durch ihren Verstand, sondern auch in ihrem Herzen erkannten. Das Evangelium breitete sich in Griechenland aus, wo die höchste menschliche Weisheit blühte, und ebenso in Rom, wo der Sitz der Weltherrschaft war; und überall auf der Welt fand diese Wahrheit Aufnahme – selbst wenn sie auch anfänglich verfolgt wurde. So wurde die siegreiche Aufschrift des Kreuzes bestätigt, die in hebräischer, griechischer und lateinischer Sprache abgefasst war, um aufzuzeigen, dass Christus in diesen damaligen Hauptsprachen der Welt und den entsprechenden Ländern als wahrer König anerkannt wurde.

Einsehbare Gründe bestimmten viele Völker, den christlichen Glauben anzunehmen. Aber auch viele Menschen und Völker, die keine verstehbaren Gründe hatten und trotzdem zum Glauben fanden, sind durch Gottes Hand und göttliche Erleuchtung zum Glauben geführt worden. Obwohl sie ihrem alten Glauben sehr zugetan waren, öffneten sie sich dem Christentum, denn sie erkannten in dieser erhabenen Pflanze des Glaubens, dass sie durch keine menschliche Macht so tief hätte gepflanzt werden können, sondern nur durch die allmächtige Hand Gottes. Augustinus erwägt:

»Wer sieht, dass die Welt geglaubt hat, und dennoch nicht glaubt oder von Neuem Wunder begehrt, um zu glauben, der ist selbst ein erstaunliches Wunder, da er das, was so viele weise und hochstehende Menschen glaubend angenommen haben, nicht annehmen will.«

Wir dürfen dankbar sein und sollten uns würdig erweisen, dass wir durch Gottes Gnade Christen geworden sind. Seit dem Bestehen der Welt ist kein Mann mit einer solchen Weisheit, mit so heldenhaften Eigenschaften und mit so großen Wunderwerken erschienen wie Jesus Christus, unser Herr, Erlöser und Heiland. Er ist wahrer Gott, was er durch viele Wunder, die Zuwendung des Vaters im Himmel, durch die Heilige Schrift und das Zeugnis Johannes des Täufers bewies.

Auch später geschahen und geschehen in der Geschichte der Kirche viele Wunder; und es ist kein Glaube erschienen wie durch das Christentum, das uns in der Nachfolge Jesu Christi, durch das Evangelium und die heilige Eucharistie den Weg zur Erlösung und zum Vater weist. Wer dies versteht und gleichzeitig erfährt, darf sich überaus glücklich schätzen, denn er hat keinen anderen Grund zum Glauben mehr nötig.

- In keiner Religion der Welt wird Gott Mensch – außer im Christentum.
- In der gesamten Welt und in ihrer langen Geschichte sind keine so heiligen Männer und Frauen erschienen wie unter den Christen.
- Die Menschen, die sich in Jesus Christus Gott ganz hingeben und gegen das Böse in der Welt auftreten, bekommen Unterstützung und Hilfe durch den Heiligen Geist, der sie reichlich belohnt.
- Tausende von Menschenschicksalen beweisen, dass unser Gott ein liebender ist, ein großer Freund alles Guten und ein großer Feind der Sünde.
- In der Welt sind nicht so viele und solche Wunder zur Bestätigung irgend einer Sache geschehen, wie sie zur Bestätigung des christlichen Glaubens geschehen sind und weiterhin geschehen.

Wäre der christliche Glaube nicht der wahre Gottesglaube, dann würde er eine Beleidigung für den wahren Gott sein, da er dann einem Menschen die Gleichheit und Einheit des Wesens mit Gott selbst zusicherte. Wäre das Christentum nicht der wahre Glaube, dann hätte Gott diesen Glauben weder so viele Jahre bestehen lassen noch hätte er zur Bestätigung des Glaubens so große Wunder gewirkt. Einer der bedeutendsten Theologen des Mittelalters, Richard von Sankt Victor (gest. 1173 in Paris), bemerkt hierzu: »Werden wir darin, was wir glauben, getäuscht, dann hat uns Gott getäuscht. Hat doch diese Wahrheit von seiner Seite so viel Licht und Glanz, und sind doch zur Bekräftigung dieser Wahrheit so große Wunder geschehen, dass sie nur Gott wirken konnte. Da Gott weit entfernt ist, zu täuschen, so sind auch wir weit davon entfernt, getäuscht zu werden.«

Dreiundvierzigstes Kapitel

Die Größe und Wahrheit unseres Glaubens besteht darin, dass niemand aus den erwähnten Gründen oder anderen zum Glauben kommt und ihn für wahr hält, wenn Gott ihm dazu nicht seine besondere Gnade verleiht.

Bisher wurden Gründe aufgeführt, die demjenigen, der den katholischen Glauben annehmen möchte, beweisen, dass es der wahre Glaube ist und dass wir, die ihn vermitteln, nicht leichtgläubig sind. Die Hoheit des christlichen Glaubens ist so groß, dass jemand, selbst wenn er mit seinen leiblichen Augen ein Wunder schaut, aus eigener Kraft nicht glauben kann, wenn Gott ihn nicht dazu befähigt. Gott erklärt durch seine Kirche, was zu glauben ist. Aber auch das geschieht nicht nach unserem Willen, sondern durch den Herrn, der allein uns Kraft und Stärke verleiht, zu glauben. Jede Unterweisung im christlichen Glauben hat den Herrn zum inneren Lehrmeister, der den Glauben schenkt. Nur so werden wir im Licht der Wahrheit durch Christus unterrichtet und im Glauben gestärkt.

• *Alle deine Söhne werden Jünger des Herrn sein, und groß ist der Friede deiner Söhne* (Jesaja 54,13).
• *Bei den Propheten heißt es: Und alle werden Schüler Gottes sein. Jeder, der auf den Vater hört und seine Lehre annimmt, wird zu mir kommen* (Johannes 6,45).

- Als Petrus den Herrn als den Messias, den Sohn des lebendigen Gottes, erkannte, sagte Jesus zu ihm: *Selig bist du, Simon Barjona; denn nicht Fleisch und Blut haben dir das offenbart, sondern mein Vater im Himmel* (Matthäus 16,17).

In dieser erhabenen Schule, in die wir alle gehen müssen, lehrt uns Gott selbst den Glauben an Jesus Christus, seinen eingeborenen Sohn. Wie dankbar dürfen wir sein, in diese Glaubensschule gehen zu dürfen, in der wir schrittweise und unserer Gangart angemessen den Glauben und die Liebe lernen. Dieser von Gott geschenkte Glaube stützt sich nicht auf Gründe – welche auch immer sich anführen lassen. Denn wer aus diesen eher intellektuellen Gründen glaubt, den werden schon nach kurzer Zeit Zweifel und Bedenken überfallen. Der Glaube jedoch, den Gott uns durch seinen Heiligen Geist eingießt, ist die reine göttliche Wahrheit. Sie bewirkt, dass wir fest und standhaft in der Weise glauben, als ob wir die Wahrheit mit eigenen Augen sehen und mit eigenen Händen berühren würden. Diese mit absoluter Sicherheit »geschaute« Wahrheit löst weder Bedenken noch Zweifel aus.
- Die Einwohner von Samaria sagten zu der Frau, die ihnen die Botschaft von Jesus, dem Christus, gebracht hatte: *Nicht mehr auf Grund deiner Aussage glauben wir, sondern weil wir ihn selbst gehört haben und nun wissen: Er ist wirklich der Retter der Welt* (Johannes 4,42). Das Hörensagen und der Verstand sind weder in der Lage, Glauben zu vermitteln, noch klare Einsicht zu gewinnen. Glauben heißt daher nicht, offenbare Gewissheit zu haben.
- Den Glauben kann man eher mit einem Staunen vergleichen, denn er geht nicht mit einer klaren Erkenntnis einher. *Jetzt schauen wir in einen Spiegel und sehen nur rätselhafte Umrisse, dann aber schauen wir von Angesicht zu Angesicht. Jetzt erkenne ich unvollkommen, dann aber werde ich durch und durch erkennen, so wie ich auch durch und durch erkannt worden bin* (Johannes 13,12).

Wer den von Gott eingegossenen Glauben besitzt, glaubt, weil es die göttliche Wahrheit ist. Da diese Wahrheit unendlich und gewisser als alle anderen Wahrheiten ist, hat der Gläubige die Sicherheit, nicht getäuscht zu werden, denn Gott kann nicht aufhören, wahrhaftig zu sein. Diese Gewissheit übersteigt jede andere und schenkt dem Menschen eine solche tiefe innere Ruhe, dass weder Zweifel noch Bedenken gegen den Glauben aufkommen. Sollte dies dennoch geschehen, sind die Bedenken nur vorübergehend und nicht in der Lage, die innere Ruhe zu stören. Gewissenszweifel oder wahrheitswidrige Gedanken können auftreten, da wir noch in einer Welt leben, die wir in ihrer Veränderlichkeit bestehen müssen. In unserem tiefsten Inneren jedoch fühlen wir uns ruhig und geborgen, da unser Glaube an die höchste Wahrheit auf einen starken unzerstörbaren Felsen gebaut ist. Weder hohe Fluten noch heran brausende Ströme können ihn überwältigen.

Trotz all der Veränderung, der wir als Menschen unterliegen, ruht etwas Unveränderliches und Göttliches in uns. Unsere Anschauungen und Meinungen, unsere Empfindungen und Wahrnehmungen wie unsere Gedanken und die Inhalte unseres Verstandes sind wandelbar – und inmitten all dieser Veränderungen waltet eine große Gewissheit und beruhigende Sicherheit. Wenn durch unser Gott gefälliges Tun, Sprechen und Denken und durch die Gnade Gottes dieser Grund für uns zugänglich wird, kann uns so schnell nichts mehr erschüttern und vom Glauben abhalten: weder Leid noch Schmerz, weder Hohes noch Niedriges, weder Erfolg noch Misserfolg, weder Lachen noch Weinen… Vergeude deine Kräfte nicht durch vergängliche Äußerlichkeiten, sondern sei dir des Erhabenen in dir bewusst und pflege es.

♦ *Aus Gnade seid ihr durch den Glauben gerettet, nicht aus eigener Kraft – Gott hat es geschenkt –, nicht auf Grund eurer Werke, damit keiner sich rühmen kann* (Epheserbrief 2,8–9). Es ist nicht etwas, das wir ererbt, verdient oder durch menschliche Kräfte erlangt haben. Es ist eine Gnade Gottes.

- *Durch ihn (Christus, das Lamm Gottes) seid ihr zum Glauben an Gott gekommen, der ihn von den Toten auferweckt und ihm die Herrlichkeit gegeben hat, sodass ihr an Gott glauben und auf ihn hoffen könnt* (1. Petrusbrief 1,21). Auf der begrenzten menschlichen Erkenntnis erhebt sich ein Gebäude von absoluter Festigkeit.
- Die Leute um Jesus fragten ihn: *Was müssen wir tun, um die Werke Gottes zu vollbringen? Jesus antwortete ihnen: Das ist das Werk Gottes, dass ihr an den glaubt, den er gesandt hat* (Johannes 6,28–29).

Gott überlässt den Menschen nicht sich selbst, sondern er führt ihn zu einem übernatürlichen Ziel, das darin besteht, im Himmel Gott von Angesicht zu Angesicht schauen zu dürfen. Gott ist nicht damit zufrieden, dass der Mensch glaubt wie ein Mensch – überzeugt durch Gründe oder Wunder –, sondern Gott erhebt ihn über sich selbst. Gott schenkt dem Menschen übernatürliche Kräfte, sodass wir nicht glauben mit Furcht, Besorgnis oder Bedenklichkeit – eben wie ein Mensch –, sondern mit Gewissheit und Sicherheit, wie es auch den göttlichen Dingen entspricht. *Keiner kann sagen: Jesus ist der Herr!, wenn er nicht aus dem Heiligen Geist redet* (1. Korintherbrief 12,3). Um zu glauben, bedürfen wir nicht der besonderen Gnadengaben, sondern generell der Eingebung des Heiligen Geistes.

Der menschliche Wille wird durch die Liebe bestimmt, die höchste Liebe zu lieben. Wie der Kompass durch die Kraft des Nordpols geleitet wird, mit ihm in gerader Richtung zu stehen, so bewegt Gott die Vernunft durch den Glauben, den er ihr zuströmen lässt. Gott vermittelt unserer Vernunft, festes Vertrauen zu haben, beruhigt uns, um ganz im Frieden zu sein. Je tiefer und vollkommener dieser Glaube ist, desto mehr Licht bringt er der Vernunft – selbst wenn sie das, was sie glaubt, nicht sieht, jedoch einsieht, wie glaubhaft die göttlichen Dinge sind. Der Glaubende empfindet durch seine Vernunft keineswegs Schmerz, sondern eine große Freude, Leichtigkeit und gleichzeitig Festigkeit.

- *Er (Abraham) zweifelte nicht im Unglauben an der Verheißung Gottes, sondern wurde stark im Glauben, und er erwies Gott die Ehre, fest davon überzeugt, dass Gott die Macht besitzt, zu tun, was er verheißen hat* (Römerbrief 4,20–21).
- Der Glaube ist eine Ehre für Gott, da er die unendlichen Vollkommenheiten, die Gott besitzt, glaubt und verkündet.

Der Glaube ist wie ein Turm, den Gott auf unsere Seele gebaut hat, damit wir seine Spitze erklimmen, um dann – allerdings vorerst nur wie in einem Spiegel – einen Einblick zu bekommen, was der Himmel ist und wie die Wege aussehen, die zu ihm führen.

Der wahre Glaube durchdringt und sieht alles, auch das Verborgene. Ein wunderbares Beispiel dafür ist einer der beiden Männer, die zusammen mit Jesus gekreuzigt wurden. Dieser sieht äußerlich das unendliche Leid, die Schmach und die entsetzliche Erniedrigung, die Jesus angetan wird. Als diesem Mitgekreuzigten der Glaube geschenkt wird, nimmt er auf einmal das Verborgene in Jesus Christus wahr und in ihm den Herrn des Himmels und der Erde. Zu dem anderen gekreuzigten Verbrecher, der Jesus weiterhin verhöhnte, sagte er: *Uns geschieht recht, wir erhalten den Lohn für unsere Taten; dieser aber hat nichts Unrechtes getan* (Lukas 23,41).

Dieser wahre von Gott geschenkte Glaube nimmt keine Rücksicht auf das Zeugnis der Menschen, wenn es sich auf menschliche Mittel stützt. Einzig und allein entscheidend ist es, dass Gott einen Menschen, einen Propheten oder Evangelisten, begeistert und ihm die Wahrheit aufzeigt – vor allem aber auch ihm weiterhin beisteht, damit er sich in dem, was er schreibt, nicht täuschen kann. Auf dem Berg Tabor hörte Petrus bei der Verklärung Jesu die Worte des Vaters mit eigenen Ohren: *Das ist mein geliebter Sohn, an dem ich Gefallen gefunden habe; auf ihn sollt ihr hören* (Matthäus 17,5). Obwohl Petrus mit eigenen Augen das Angesicht Jesu glänzen sah wie die Sonne, so hat er doch nur als Mensch Zeugnis davon gegeben, was er gesehen und gehört hat.

- *Er hat von Gott, dem Vater, Ehre und Herrlichkeit empfangen; denn er hörte die Stimme der erhabenen Herrlichkeit, die zu ihm sprach: Das ist mein geliebter Sohn, an dem ich Gefallen gefunden habe. Diese Stimme, die vom Himmel kam, haben wir gehört, als wir mit ihm auf dem heiligen Berg waren* (2. Petrusbrief 1,17–18).
- *Dadurch ist das Wort der Propheten für uns noch sicherer geworden, und ihr tut gut daran, es zu beachten; denn es ist ein Licht, das an einem finsteren Ort scheint, bis der Tag anbricht und der Morgenstern aufgeht in eurem Herzen* (2. Petrusbrief 1,19).

Die Heilige Schrift mit den Aussprüchen der Propheten und den Berichten der Evangelisten, die davon Zeugnis geben, dass Jesus Christus der Sohn Gottes ist – selbst wenn sie es nicht mit eigenen Augen gesehen und mit eigenen Ohren gehört haben –, geben eine noch größere Zuverlässigkeit und Gewissheit, als die Zeugnisse derjenigen, die sahen und hörten. Bei Petrus und dem, was er auf dem Berg Tabor erlebte, müssen wir allerdings eine Ausnahme machen. Sein Brief, in dem er dies erklärt, ist Teil der Heiligen Schrift und somit Gottes Wort. *Denn wir sind nicht irgendwelchen klug ausgedachten Geschichten gefolgt, als wir euch die machtvolle Ankunft Jesu Christi, unseres Herrn, verkündeten, sondern wir waren Augenzeugen seiner Macht und Größe* (2. Petrusbrief 1,16).

Petrus erfuhr den Beistand des Heiligen Geistes, sodass er sich darin nicht irrte, was er auf dem Berg Tabor sah und hörte und dann aufschrieb. Sein Wort ist somit gleich zuverlässig und gewiss wie das der Propheten und Evangelisten, weil sie durch den Heiligen Geist ein und dieselbe Wahrheit sprechen. Diesen Glauben schenkt Gott allen, die seinem Sohn Jesus Christus nachfolgen, sich auf die Sakramente vorbereiten und sie würdig empfangen. Der Herr möchte, dass wir alle zur Erkenntnis dieser Wahrheit gelangen und durch sie selig werden. Er wartet darauf bis wir die genügenden Vorbereitungen getroffen haben, um empfänglich zu werden für das kostbare Geschenk des Glaubens.

Vierundvierzigstes Kapitel

Wir schulden dem Herrn großen Dank für das Geschenk des Glaubens. Er wurde uns geschenkt, damit wir von unserem Glauben aktiv Gebrauch machen. Allerdings dürfen wir dem Glauben von uns aus nichts hinzufügen, was er nicht beinhaltet. Diese Versuchung liegt manchmal sehr nahe.

Wir dürfen ein wenig stolz darauf sein, dass wir Christen sind. Doch sollten wir nicht vergessen, dem Herrn von Herzen zu danken, der uns diesen wunderbaren Glauben geschenkt hat. Es sollte kein Tag vergehen, an dem wir nicht zweimal das »Glaubensbekenntnis« beten – einmal am Morgen und einmal am Abend. Eine weitere Aufgabe besteht darin, unseren Glauben in seiner Echtheit und Reinheit als hohes Gut zu bewahren und zu erwägen, wozu er uns geschenkt wurde. Dann können wir auch entsprechend Gebrauch von ihm machen und geraten nicht in Versuchung, ihm etwas anzuhängen, was er nicht beinhaltet.

Der Glaube wird für uns zu einem Licht der Erkenntnis, die uns dazu bewegt, Gott zu lieben und seine Gebote zu halten. Diese Erleuchtung ist für uns notwendig, um die Glaubensgeheimnisse für wahr zu erkennen. Es gibt Menschen, die den von Gott eingegossenen Glauben haben, aber nicht im Stand der Gnade sind, weil sie das Wort Gottes zwar hören, aber es nicht befolgen.

- *Was sagt ihr zu mir: Herr! Herr!, und tut nicht, was ich sage?* (Lukas 6,46) Es kann also jemand einen Glauben haben, ohne dass er im Besitz der Gnade ist.

♦ *Wenn ich in den Sprachen der Menschen und Engel redete, hätte aber die Liebe nicht, wäre ich dröhnendes Erz oder eine lärmende Pauke. Und wenn ich prophetisch reden könnte und alle Geheimnisse wüsste und alle Erkenntnis hätte; wenn ich alle Glaubenskraft besäße und Berge damit versetzen könnte, hätte aber die Liebe nicht, wäre ich nichts* (1. Korintherbrief 13,1–2).

Es ist ganz offensichtlich, dass der Glaube ohne die Liebe nicht bestehen kann. Gerechtigkeit wird zwar durch den Glauben verliehen, doch zuerst muss die Liebe da und lebendig sein, damit der Glaube wirksam wird. Dies wird ganz offensichtlich, wenn Jesus von Maria Magdalena sagt:
♦ *Ihr sind ihre vielen Sünden vergeben, weil sie so viel Liebe gezeigt hat* (Lukas 7,47). Die Liebe ist die Ursache der Verzeihung und die Vorbereitung, um zu verzeihen. Das gilt ebenso für den Glauben, denn beide gehen Hand in Hand. So ist es zu verstehen, dass Jesus am Ende der Begegnung mit der Sünderin auch vom Glauben spricht.
♦ *Er aber sagte zu der Frau: Dein Glaube hat dir geholfen. Geh in Frieden!* (Lukas 7,50)

Dürfen wir uns erlauben, zu sagen, dass Christus die Liebe mit dem Glauben gleichsetzt? Ja, denn er gibt der Wirkung einfach den Namen der Ursache. Überall in der Heiligen Schrift, wo es heißt, der Mensch werde durch den Glauben gerechtfertigt, wird unter dem Namen »Glaube« die Liebe verstanden, indem wir unter der Ursache die Wirkung verstehen. Es ist doch legitim und vernünftig, der Wirkung den Namen der Ursache, als der Ursache den Namen der Wirkung zu geben. Der Herr hat den Glauben und die Liebe bei ihrem Namen genannt. Die Verbindung zwischen beiden bestätigt der Herr, wenn er zu seinen Jüngern sagt: *Der Vater selbst liebt euch, weil ihr mich geliebt und weil ihr geglaubt habt, dass ich von Gott ausgegangen bin* (Johannes 16,27).

Da Glaube und Liebe Hand in Hand gehen, können wir

nicht anders als unsere Sünden zu bereuen, wenn die Liebe zu Gott größer wird. Denn wer Gott über alles liebt, den müssen seine Sünden, die er gegen Gott begangen hat, schmerzen – so wie es Maria Magdalena zeigt und es sich bei allen Sündern einstellt, die sich zu Gott bekehren. Wenn wir von Fortschritt und zunehmender Gottesnähe sprechen, schwingen immer mehrere Elemente mit, die die Heilige Schrift bei ihrem Namen nennt: der Glaube, die Liebe, die schmerzvolle Reue, das demütige Gebet der Hingabe und die Erkenntnis der Sünde.

David erkannte seine Schuld und sprach: *Ich habe gegen den Herrn gesündigt* (2. Buch Samuel 11,13). Gleich darauf hörte er das Wort der Vergebung von Gottes Seite. Wer jedoch hieraus ableiten sollte, die Sünde würde bloß durch Erkenntnis vergeben, der irrt. Kain und Judas zum Beispiel, wie auch Saul, haben ihre Sünden durchaus erkannt, dadurch aber keine Vergebung erlangt. Ebenso grundlos ist es, anzunehmen, man erlange die Vergebung der Sünden ausschließlich durch den Glauben. Die Wahrheit jedoch ist: Um die Vergebung der Sünden und die Gnade zu erlangen, wird die Erkenntnis der Sünde gefordert, die Reue, die Liebe und der Glaube. Zur Vergebung der Sünden ist der Glaube allein nicht ausreichend; wenn die Heilige Schrift vom Glauben spricht, meint sie immer den durch die Liebe belebten Glauben. Derjenige, der den Glauben besitzt, muss aber nicht notwendigerweise auch die Liebe besitzen. Jemand kann im Besitz des Glaubens bleiben, während er die Gnade verliert. *Für jetzt bleiben Glaube, Hoffnung, Liebe, diese drei; doch am größten unter ihnen ist die Liebe* (1. Korintherbrief 13,13).

Als der Herr sowohl bei Maria Magdalena als auch bei seinen Jüngern (vgl. Johannes 16,27) vom Glauben und der Liebe sprach, nannte er die Liebe eher als den Glauben. Bei der christlichen Vollkommenheit weist Jesus Christus der Liebe den ersten Platz zu. Die Tätigkeit des Verstandes, zu der der Glaube gehört, steht also nicht an der ersten Stelle. Der Empfang der heiligen Sakramente ist zur Erlangung der verlorenen Gnade notwendig: die Taufe für Nichtchristen und das Sakrament der Versöhnung in besonderer Weise für die Christen, die gesündigt haben.

- *Dem (der Rettung durch die Arche) entspricht die Taufe, die jetzt euch rettet. Sie dient nicht dazu, den Körper von Schmutz zu reinigen, sondern sie ist eine Bitte an Gott um ein reines Gewissen auf Grund der Auferstehung Jesu Christi* (1. Petrusbrief 3,21).
- *Er hat uns gerettet – nicht weil wir Werke vollbracht hätten, die uns gerecht machen können, sondern auf Grund seines Erbarmens – durch das Bad der Wiedergeburt und der Erneuerung im Heiligen Geist* (Titusbrief 3,5).
- *Ihr Männer, liebt eure Frauen, wie Christus die Kirche geliebt und sich für sie hingegeben hat, um sie im Wasser und durch das Wort rein und heilig zu machen* (Epheserbrief 5,25–26).

Der Glaube und die Sakramente gehören zusammen; der Glaube existiert nicht ohne die Sakramente und die Sakramente entfalten erst ihre Wirkung auf der Grundlage des Glaubens. Der Herr verbindet beide, indem er sagt: *Wer glaubt und sich taufen lässt, wird gerettet* (Markus 16,16). Und als Jesus das Sakrament der Buße einsetzte, sagte er zu seinen Aposteln: *Wem ihr die Sünden vergebt, dem sind sie vergeben; wem ihr die Vergebung verweigert, dem ist sie verweigert* (Johannes 20,23).

Durch das Sakrament der Versöhnung wird Gnade und Gerechtigkeit verliehen, denn es kann keine Vergebung der Sünden geben ohne Verleihung der Gnade, die in allen sieben Sakramenten enthalten ist. Wer die Sakramente würdig empfängt, darf auch die berechtigte Hoffnung haben, Gottes liebende Zuwendung zu erfahren.

Warum wurde das Wort »Glaube« in der jungen Kirche so häufig gebraucht und verkündet? Es musste geschehen, weil man den Glauben damals zum ersten Mal pflanzte und danach strebte, dass ihn die Ungläubigen annehmen. Der Glaube ist das Tor zum Heil. Um diesen Weg gehen zu können, müssen die Getauften vor und nach ihrer Taufe genau unterrichtet werden. Es war eine große Aufgabe für die Lehrer des Glaubens, den Gläubigen das Geheimnis des Glaubens, vornehmlich die Kraft des Leidens und des Todes Christi, einsehbar zu machen. Jesus hat uns durch seinen so schmachvollen Tod am Kreuz die Frucht ewigen Lebens geschenkt und mitten auf Erden das Heil der Welt vollbracht.

Unser christlicher Glaube ehrt die Unehre des Kreuzes und erhebt und erhöht die Erniedrigung, die am Kreuz an Jesus Christus in so unglaublicher und außerordentlicher Weise ausgeübt wurde. Es war und ist wichtig, dass der Glaube immer wieder mit großer Verehrung genannt wird und dies zur Verherrlichung Jesu Christi geschieht. Der Glaube legt Zeugnis ab von der Person Jesu Christi, von seinen Worten und Werken, seiner Passion, seinem Tod und seiner Auferstehung. Dies geschieht, indem er die Hoheit Jesu Christi in allem verkündet. Wenn die Heilige Schrift sagt, dass die Menschen durch den Glauben gerechtfertigt werden, so wird dies dem Glauben zugeschrieben: als der Anfang, die Grundlage und die Wurzel alles Guten (vgl. Concil. Trident. Sess. VI. C. 8.).

Der innere Friede und die Zuversicht eines guten und ruhigen Gewissens entströmen nicht allein dem Glauben, sondern vornehmlich der Liebe, den guten Werken und der Fähigkeit der Hingabe im Gebet und in der Eucharistie. Genau können wir in diesem Leben jedoch nicht wissen, wo wir stehen und was uns erwartet, doch dürfen wir volles Vertrauen haben – je nachdem, wie unsere Absichten sind und wie viel wir an Gutem bewirken. Glaube allein, um das abschließend noch einmal zu sagen, genügt nicht, damit uns unsere Sünden vergeben werden. Es müssen Liebe, Einsicht, die Erkenntnis der Sünde und unsere Reue hinzukommen.

Fünfundvierzigstes Kapitel

Der Schöpfer hat es so angeordnet, dass wir durch den Glauben und nicht durch die menschliche Vernunft geistliche Fortschritte machen, um zur Seligkeit zu gelangen. Hochachtung dem Glauben gegenüber und die besondere Verehrung dem gegenüber, was Jesus Christus selbst gelehrt hat.

Im Lied zur Hochzeit des Königs heißt es: *Höre, Tochter, sieh her und neige dein Ohr!* (Psalm 45,11) Das erste Wort »hören« und das dritte »neige dein Ohr« bezeichnen das Entscheidende. Die Hoheit alles Göttlichen ist so unendlich groß und unser Verstand so klein und so leicht zu beeinflussen, dass es der Schöpfer zur Sicherheit unserer Seligkeit eingerichtet hat, dass wir die Seligkeit durch den Glauben erlangen und nicht durch unser Wissen.

Die Welt kann Gott niemals – weder durch Gedanken noch durch die Weisheit – erkennen. Durch den totalen Einsatz menschlicher Gedankenkräfte gerät die Menschheit immer wieder in Irrtümer, sodass sie, anstatt Gott die Ehre zu geben, die ihm gebührt, diese der Sonne, dem Mond und anderen Geschöpfen erweist. *Denn da die Welt angesichts der Weisheit Gottes auf dem Weg ihrer Weisheit Gott nicht erkannte, beschloss Gott, alle, die glauben, durch die Torheit der Verkündigung zu retten* (1. Korintherbrief 1,21).

Es gibt Menschen, die eine Fähigkeit entwickelt haben, annähernd Gott aus den Geschöpfen zu erkennen. Leider schätzen sie sich dadurch selbst so hoch ein, dass sich Stolz bei ihnen entwickelt, so etwas Hohes erkannt zu haben. Wegen ihres Stolzes jedoch entzieht sich ihnen das Glaubenslicht, das Gott ihnen in seiner Güte verliehen hat. Sie fallen in Finsternis und durch die damit verbundene Sünde entfernen sie sich immer weiter von Gott. Ebenso ergeht es denen, die versuchen, Gott auf dem ausschließlichen Weg ihrer Vernunft zu erkennen.

Nachdem eine Schar Engel von Gott abgefallen war, gestattete er nicht, dass ein sündhaftes Geschöpf im Himmel wohnt. Als Gott sah, welch schlimmen Gebrauch die Menschen von ihrem Verstand machten und dass die Welt ihn durch ihre Weisheit nicht erkannte, wollte er die Gotteserkenntnis und die Seligkeit der Menschen nicht in den Händen der Weisheit lassen. Gott will uns durch die Verkündigung dessen, was der Verstand nicht erfasst, in seine Nähe und in die Seligkeit führen. Den stolzen Wissenschaftlern und Forschern wird der Weg dorthin nicht gelingen, sondern nur jenen, die einfach glauben. Und so ermahnt uns der Heilige Geist mit den einfachen Worten: »Höre« und »Neige dein Ohr«.

Damit lässt er uns verstehen, dass wir unseren Verstand in Demut zurücknehmen und uns unter das Wort Gottes stellen müssen. Um Glauben zu gewinnen, zu vertiefen und zu festigen, dürfen wir uns nicht allein auf unseren Verstand versteifen und uns auf ihn stützen, sondern wir müssen uns zurücknehmen, das Schweigen vor Gott lernen, um seine leise Sprache zu »hören«. Viele haben zwar das Wort Gottes durch die Verkündigung gehört und dadurch eine hervorragende Einsicht in schwierige und erhabene Zusammenhänge erlangt, weil sie aber versucht haben, alles in ihrem begrenzten Bewusstsein einzuordnen und sich lediglich auf sich selbst stützten, verschlossen sie ihr Ohr für die eigentliche Wahrheit Gottes. Sie hätten einmal ihre eigene Gedankenaktivität ruhen lassen und das Ohr ihres Verstandes bedenkenlos im Schweigen dem Wort Gottes zuwenden sollen. So verwandelte sich ihr Sehen in Blindheit und ihr Hören in Taubheit.

Die Erfüllung unserer offensichtlichen oder verborgenen Sehnsucht nach dem Himmel setzt voraus, dass wir einen Weg gehen, auf dem wir unser Ohr, das heißt, unseren Verstand, dem Wort Gottes zuwenden. Dies geschieht – ohne Besorgnis, getäuscht zu werden – einmal im Schweigen vor Gott, um seine leise Sprache wahrzunehmen, und zum anderen im Hören auf das Wort Gottes, das in der Heiligen Schrift ausgesprochen ist. Mitunter verstehen wir es nicht. Mache dir keine Sorgen und denke nicht, der Heilige Geist, der es aussprach, habe geirrt, sondern ordne deinen Verstand dem Wort Gottes demütig unter – im Wissen, dass du intellektuell das Wort Gottes wegen seiner Hoheit nicht zu verstehen vermagst.

Immer wieder darfst du dein Ohr mit gleicher Zuversicht im Glauben der Heiligen Schrift zuwenden, da sie das Wort der einen höchsten Wahrheit ist. Eine ganz besondere Stellung haben noch einmal die von Jesus selbst gesprochenen Worte. Ihnen solltest du mit besonderer Aufmerksamkeit deine leiblichen und geistigen Ohren zuwenden, denn Jesus Christus ist uns vom ewigen Vater als Lehrer gegeben worden: *Das ist mein geliebter Sohn, an dem ich Gefallen gefunden habe; auf ihn sollt ihr hören* (Matthäus 17,5). Lies und hör diese Worte aufmerksam, dann wirst du in ihnen eine ganz besondere Arznei und Kraft finden, da sie besonders für deine Seele unendlich wirksam sind. Das Wort Jesu sollte für dich an erster Stelle stehen; danach folgen die Worte seiner Diener – inspiriert vom Heiligen Geist. Jesus, der seinen Mund zuerst öffnete, öffnete danach auch den Mund der anderen.

Sei ebenso dankbar, wenn der Herr dir in seinem liebenden Entgegenkommen in dein Schweigen vor ihm eine Botschaft oder einen Auftrag mitteilt. Stehst du noch am Anfang des geistlichen Weges, solltest du diesen mit deinem geistlichen Begleiter oder Beichtvater besprechen. Sei dankbar für die große Gnade, die Gott uns dadurch erwiesen hat, dass er uns seinen geliebten Sohn Jesus Christus zum Meister gab. Gott, der uns ins Dasein gerufen hat, sorgt für uns weiterhin, indem wir über unser tägliches Brot hinaus auch geistliche Nahrung von ihm erhalten. Wer die Liebe Gottes erfahren durfte, wird sich sofort auf den Weg machen und alle Mühen und Gefahren auf sich nehmen, wenn man ihm sagt, dass am äußersten Ende der Welt Gottes Wort zur Belehrung der Seele erklingen würde.

Sei wach und klug und nutze die Gnade, die Gott dir in deiner Nähe oder sogar in dir selbst als Nahrung für deine Seele schenkt. Du darfst auch Gott bitten, denn ihm obliegt ja die Leitung deiner Seele, dass er dir Worte eingibt, die den Bedürfnissen deiner Seele entsprechen. Dieses kann sowohl innerlich geschehen als auch aus einem Hinweis auf Worte in der Heiligen Schrift oder auf Aussprüche der Heiligen. Der Schöpfer, der dich unendlich liebt, möchte dich damit

- in einer augenblicklichen Versuchung beschützen und dir das Verhalten Jesu nahe legen, als er in der Wüste fastete,
- ermuntern und ermutigen, dir gute Eigenschaften anzuzeigen, die dir noch fehlen,
- aufmerksam machen, wie du dich zu verhalten hast gegenüber Gott, gegenüber dir selbst und gegenüber deinen Mitmenschen,
- vertraut machen, wie du dich im Glück und in guten Tagen und ebenso im Unglück und in schlechten Tagen am besten verhalten kannst,
- auf den Weg zu sich führen und dir gerade die Worte vermitteln, die du im Augenblick nötig hast, um sprechen zu können: *Ich berge deinen Spruch im Herzen, damit ich gegen dich nicht sündige* (Psalm 119,11).

Dein Wort ist meinem Fuß eine Leuchte, ein Licht für meine Pfade (Psalm 119,105).

Wehre dich dagegen, neugierig zu sein oder mehr wissen zu wollen, als der Herr für dich im Augenblick zulässt. Brüste dich auch nicht mit dir offenbarten Worten vor anderen, die du belehrst oder die dir begegnen. *Strebt nicht über das hinaus, was euch zukommt, sondern strebt danach, besonnen zu sein, jeder nach dem Maß des Glaubens, das Gott ihm zugeteilt hat* (Römerbrief 12,3).

Sechsundvierzigstes Kapitel

Die Heilige Schrift ist nicht auf jede beliebige Weise auszulegen, sondern nur im Sinn der Kirche. Da, wo die Kirche keine Erklärung gibt, sollten wir uns nach der Erklärung der Heiligen richten. Wir dürfen und sollten unserer heiligen Kirche vertrauen.

Die Auslegung der Heiligen Schrift darf nicht im Sinn eines jeden erfolgen. Denn auf diese Weise würde die Auslegung – so zuverlässig sie auch sein mag – doch etwas sehr Unzuverlässiges sein. Denn: So viele Köpfe – so viele Sinne gibt es auch. Es ist für uns wichtig, vom Wort Gottes, an das wir glauben und wonach wir uns richten, die höchste Gewissheit zu haben. Die verschiedensten Auslegungen der Menschen könnten uns verwirren und uns an der Gewissheit des göttlichen Wortes in unserem Herzen zweifeln lassen.

Nur der Kirche ist das Vorrecht verliehen worden, die Heilige Schrift auszulegen und zu verstehen, da in ihrer Mitte der Heilige Geist lebendig ist, der aus der Heiligen Schrift spricht. Wenn uns die Kirche in diesen und jenen Fragen keine Auskunft gibt, dann sollten wir die Heiligen fragen und ihrer einstimmigen Erklärung folgen. Denn auf diese Weise können wir mit unserem menschlichen Geist am besten das verstehen, was der göttliche Geist ausgesprochen hat. Jede Schrift muss in dem Geist, in dem sie verfasst wurde, auch gelesen und erklärt werden.

Zu bestimmen und zu erklären, welche Schrift Gottes Wort ist, das von allen geglaubt wird, kommt einzig und allein der Kirche zu. Hieronymus bemerkt dazu: »Jeder, der außerhalb dieser Kirche, außerhalb des Hauses Gottes, das Lamm Gottes zu sich nimmt, ist ein Uneingeweihter und kein Christ. Er ist wie jemand, der nicht in die Arche Noachs gegangen ist. So muss er damit rechnen, in der Flut umzukommen.«

Das Evangelium legt uns ausdrücklich nahe, in die Kirche hinein zu gehen und auf sie zu hören. Wer nicht diesen Schritt tut und auf sie hört, gehört nicht zur Gemeinschaft der Gläubigen. Die Kirche des lebendigen Gottes ist die Säule und das Fundament der Wahrheit (vgl. 1. Timotheusbrief 3,15). Wenn wir daran glauben, bewegt uns der von Gott eingegossene Glaube und erleuchtet uns. Wenn sich auch Menschen von der Kirche trennen, oft aus Stolz oder durch Täuschung, so hört deshalb die Kirche nicht auf, das zu sein, was sie immer war und ist. Wir dürfen jedoch wegen der aus der Kirche ausgetretenen Menschen nicht aufhören, das zu glauben, was wir vorher geglaubt haben.

Wenn auch etwas Ungutes innerhalb der Kirche offenbar werden sollte, so rege dich nicht allzu sehr darüber auf und lass dich innerlich nicht davon anstecken. Mag auch derjenige, der der Kirche Schaden zufügt und gegen sie spricht, dem Anschein nach ein Engel des Himmels sein, so ist er es in Wirklichkeit nicht. Hüte dich vor den Irrlehrern in früherer, gegenwärtiger oder zukünftiger Zeit und traue dem guten Eindruck nicht, den sie vielleicht auf dich machen. Viele, die den wahren Gott außer Acht lassen, folgen einem Irrlicht als dem wahren Licht. Sie finden einerseits selbst Verderben und sind andererseits die Ursache des Verderbens all derjenigen, die ihnen innerlich wie auch äußerlich folgen.

Schau dir die Lebensgeschichte vieler Menschen an, die sich von der Kirche getrennt haben. Sie und ihr Tun gleichen oft dem Windgeräusch, das schnell vergeht und das man entsprechend vergisst. Doch einige von ihnen – darunter sind einige bekannte Persönlichkeiten – sind im Angesicht ihres Todes wieder zum Glauben gekommen und in die Kirche eingetreten. Sie haben alles, was sie gegen die Kirche aufgebaut, gesagt und geschrieben haben, wieder verworfen und es sogar öffentlich bereut. Und jetzt schau auf der anderen Seite auf die Festigkeit des Glaubens und der Kirche, wie sie in allem Sieger geblieben sind. Seit dem Entstehen der Kirche wurde sie immer wieder bekämpft, jedoch niemals überwunden, weil der Herr sie auf einem starken Felsen gegründet hat, gegen den weder gewaltige Stürme und Fluten noch die Pforten der Hölle etwas vermögen.

Setze dich nicht mit Lehren auseinander, die der Kirche fremd sind oder sie gar vernichten wollen. Bleibe bei deinem Glauben, der in der langen Reihe von Jahren von vielen, vielen Menschen treu bewahrt wurde. Lass dich auch nicht durch zeitbedingte Bewegungen irritieren. Gerade durch unseren Glauben sind eine Vielzahl von Menschen zur Seligkeit und Heiligkeit gelangt.

- Ist es nicht äußerst unklug und dumm, einen bereits ausgetretenen Weg zu verlassen, der bewiesener Weise viele Menschen zu ihrem Ziel geführt hat?
- Diesen geheiligten Weg, den Jesus Christus uns nicht nur gezeigt hat, sondern der er selbst ist, sollten wir verlassen, um jemandem zu folgen, der in Bezug auf alles Gute unvergleichlich niedriger steht?
- Die Lehre eines solchen Menschen, die aller Beweise entbehrt und lediglich aus der Meinung des Lehrenden besteht, sollten wir in uns aufnehmen?
- Wie kann jemand, der sich aus Geltungsdrang, Hochmut und Stolz nach vorn gedrängt hat, die Unverschämtheit besitzen, von uns zu verlangen, ihm mehr zu glauben als jenen zahlreichen Männern und Frauen, die durch ihr Leben und Sterben das Evangelium repräsentieren?

Lassen wir uns nicht durch brillante Rede gefangen nehmen und einem Menschen folgen, der uns auf den ersten Blick oberflächlich fasziniert, aber selbst nicht den Idealen folgt, die er verkündet. Oft stellt sich erst nach dem Tod vieler Verführer heraus, welches unsittliche Leben sie selbst geführt haben. Nach dem Ausspruch des Herrn erkennen wir den Baum an seinen Früchten. Viele Bäume tragen schlechte Früchte; und wir müssen rechtzeitig erkennen, dass in solchen Menschen der Geist der Erde, der Geist der Unkeuschheit und der Geist des Widersachers wohnt. Wenn man ein wenig wartet, wird man das

Ende des Bösen sehen, weil es keinen Bestand über eine längere Zeit hat – es trocknet von innen her aus und verdorrt.

An ihren Früchten werdet ihr sie erkennen. Erntet man etwa von Dornen Trauben oder von Disteln Feigen? Jeder gute Baum bringt gute Früchte hervor, ein schlechter Baum aber schlechte. Ein guter Baum kann keine schlechten Früchte hervorbringen und ein schlechter Baum keine guten. Jeder Baum, der keine guten Früchte hervorbringt, wird umgehauen und ins Feuer geworfen (Matthäus 7,16–18).

Siebenundvierzigstes Kapitel

Was geschieht, wenn jemand seinen Glauben verliert? Die göttliche Wahrheit kann vom Menschen zurückgewiesen und mit Füßen getreten, aber auch entzogen werden, wenn jemand nicht danach lebt, was der Glaube lehrt.

Wer Einsicht hat, erkennt, dass die wahren Werte und Güter – wie auch die Schlechtigkeiten und alles Übel – die geistigen sind. Wenn der Mensch die Barmherzigkeit Gottes und seine Vergebung nicht angenommen hat, kann ihn etwas treffen, womit er nicht gerechnet hat und was schwer für ihn wiegt. Schwerer als die Übel, die Hab und Gut, unsere Ehre und unser Leben betreffen, wiegen die Verhärtung des menschlichen Herzens durch die Sünde oder der durch den Irrtum erblindete Verstand. Wenn dies in Sachen Glaubensfragen geschieht, entstehen umso größere Wunden für unsere Seele.

Die Blindheit des Verstandes ist gegenüber der Verhärtung des Herzens und des Willens noch das größere Übel. Bei einem verhärteten Herzen besteht, da dem Menschen der Glaube bleibt, immerhin noch die Hoffnung auf ein Heilmittel. Wer erkennt, dass die Kirche ein Heilmittel für seine Sünden bereit hält, erhält eine bedeutende Unterstützung für seine Heilung. Wer jedoch im Glauben irrt und damit seinen Verstand verdunkelt: Wie wird der ein Heilmittel suchen oder es finden, da es nirgends eines gibt? Denn das, was die Kirche ihm anbietet, das sucht er nicht, weil er nicht daran glaubt.

Es gibt viele Menschen, die Gott zwar erkennen, ihm aber in ihrem Leben keinen Raum geben, weder Ehre noch Anerkennung. Blinder Stolz hält sie gefangen. Obwohl ihr Verstand die Wahrheit besitzt, tun sie willentlich das Gegenteil. Durch dieses Verhalten haben sie die göttliche Wahrheit in sich eingemauert und damit unzugänglich gemacht. Somit beachten sie das nicht, was die göttliche Wahrheit zu ihnen sagt, sondern tun das, was ihr auf Böses ausgerichteter Wille von ihnen verlangt. Paulus hat dies mit eigenen Worten ausgedrückt: *Der Zorn Gottes wird vom Himmel herab offenbart wider alle Gottlosigkeit und Ungerechtigkeit der Menschen, die die Wahrheit durch Ungerechtigkeit niederhalten* (Römerbrief 1,18).

Die göttliche Wahrheit, die Gott als Gnadenzuwendung dem Menschen zugedacht hat, ist etwas sehr Erhabenes und Großes. Wenn wir uns ihr öffnen und sie annehmen, können wir nicht anders, als diese Wahrheit lieb zu gewinnen und unser Leben nach ihr auszurichten, denn sie führt uns zum Urgrund allen Seins: zu Gott, der die Liebe ist. Wenn jemand sich jedoch dieser göttlichen Wahrheit nicht öffnet und sie eher missachtet und mit Füßen tritt, indem er nicht tut, was sie ihn lehrt, so beleidigt er Gott damit in höchstem Maß. Hätte die Wahrheit, die so behandelt wird, eine Zunge, so würde sie laut das göttliche Strafgericht auf diesen Menschen herabrufen. Sie tut es jedoch nicht, da sie der kostbarste Edelstein ist, der seine Kraft im Verborgenen ausstrahlt und dem Menschen, der sich ihr öffnet von großem Nutzen ist. Und dann gibt es tatsächlich Menschen, die nicht auf die göttliche Wahrheit hören und sie in

Gefangenschaft halten, indem ihr inmitten des ungeordneten und verschatteten Willens eine Wohnstätte zugewiesen wird.

Die so gefangene göttliche Wahrheit schreit, wie das Blut Abels, nach der Gerechtigkeit Gottes, denn sie möchte von dem befreit werden, was man ihr angetan hat. Wenn auch ein Mensch, der so mit ihr umgeht, der Wahrheit weder das Leben noch ihr Wesen rauben kann, so raubt er ihr doch den Gnaden bringenden Einfluss, der sich im Handeln, Sprechen und Denken des Menschen auswirken würde. Das Rufen der missachteten Wahrheit hört Gott, wenn er sagt: *Der Knecht, der den Willen seines Herrn kennt, sich aber nicht darum kümmert und nicht danach handelt, der wird viele Schläge bekommen* (Lukas 12,47).

Zu den schlimmsten Schlägen für einen Menschen, der die ihm von Gott geschenkte Wahrheit mit Füßen tritt, gehört, dass er Irrtümern anheimfällt. Er wird blindlings abhängig von anderen Menschen, von Macht und Geld und betet dieses sogar noch als Gott an. Die so einem fremden Gott verfallenen Menschen entziehen dem wahren Gott alle Anerkennung und Ehre, die ihm von Natur aus gebührt. Nicht Gott ist es, der ihnen hässliche Strafen als Folge ihres Tuns schickt, sondern sie fallen durch ihre eigene Einwilligung. Was auch an Schlimmem durch die Gottabgewandtheit und Gottesferne dieser Menschen geschah, geschieht oder geschehen wird: Gott hat ihnen seine Barmherzigkeit nicht verschlossen, wenn sie zu ihm seine Zuflucht nehmen wollen.

Gott möchte, dass wir seine Allmacht erkennen, seine Weisheit ehren und seine Güte und Barmherzigkeit annehmen. Wenn wir uns nach ihm ausrichten und ihn in uns wirken lassen, verleiht uns Gott die Erkenntnis, die wir in freier Entscheidung zur Anwendung bringen sollen. Viele jedoch wenden sie so verkehrt an, dass sie das wahre Licht, Jesus Christus, nicht anerkennen und ihn mit der daraus entstehenden Sünde erneut kreuzigen. Ohne dieses erhabene Licht gibt es kein Licht. Wer es jedoch auslöschen will, muss selbst in Finsternis verharren, wenn er das Angebot der Umkehr nicht annimmt.

Was ist der Grund dafür, dass es so viele Menschen gibt, die nicht an das Licht glauben? Ihre Wahrnehmung ist durch Eigensinn und Egoismus verstellt, was die Lüge und die Sünde zur Folge hat. Der Weg zu Christus, dem Weg, der Wahrheit und dem Leben ist ihnen nicht zugänglich. So können sie ihn nicht hören, nicht sehen und ihn auch nicht lieben. Für sie gibt es weder das Licht seiner Lehre noch einen Weg zum vollkommenen Leben.

- *Das Licht kam in die Welt, und die Menschen liebten die Finsternis mehr als das Licht; denn ihre Taten waren böse. Jeder, der Böses tut, hasst das Licht und kommt nicht zum Licht, damit seine Taten nicht aufgedeckt werden* (Johannes 3,19–20). Von diesen Menschen wird Christus verschmäht, unser Heiland und Retter, unser Arzt und Erlöser, denn ihr Wollen und Tun ist nur dem Irdischen und Vergänglichen zugekehrt.
- Sie sind geblendet und ihre Augen des Lichtes beraubt. Sie haben die Aufrichtigkeit verloren, ihr Rücken ist gekrümmt und jeder Schritt bereitet ihnen Schmerzen (vgl. Psalm 69,24).
- Wer aber die göttliche Wahrheit annimmt und sie zum Leitfaden seines Lebens macht, entgeht aller Finsternis. Sein Gang ist aufrecht und ein nicht zu umgehender Schmerz drückt ihn nicht zu Boden. *Wer aber die Wahrheit tut, kommt zum Licht, damit offenbar wird, dass seine Taten in Gott vollbracht sind* (Johannes 3,21).

Achtundvierzigstes Kapitel

Vertiefung und Differenzierung des Gesagten. Anleitung zum Lesen und Hilfen zum Verstehen der Heiligen Schrift und der Schriften der Kirchenlehrer.

Gnade ist das Liebeswerben Gottes um den Menschen. Gott möchte mit seiner Wahrheit in uns wohnen, drängt sich uns aber nicht auf, sondern wartet auf unsere freie Entscheidung. Wie beleidigend ist es, wenn Menschen zuerst das Angebot Gottes annehmen, dann aber mit dem ihnen geschenkten Glauben Missbrauch treiben. Der Apostel sagt für kommende Zeiten voraus:

- *Er* (der Gesetzeswidrige mit der Kraft des Satans) *wird alle, die verlorengehen, betrügen und zur Ungerechtigkeit verführen; sie gehen verloren, weil sie sich der Liebe zur Wahrheit verschlossen haben, durch die sie gerettet werden sollten. Darum lässt Gott sie der Macht des Irrtums verfallen, sodass sie der Lüge glauben* (2. Thessalonischerbrief 2,10–11).

Die Lüge steht dem Glauben gegenüber. Aus dem Irrtum der verführten Menschen glauben diese der Lüge. Gott schickt dem Menschen nichts dergleichen und reizt ihn auch nicht, der Lüge zu glauben oder Böses zu tun.

- *Keiner, der in Versuchung gerät, soll sagen: Ich werde von Gott in Versuchung geführt. Denn Gott kann nicht in die Versuchung kommen, Böses zu tun, und er führt auch selbst niemand in Versuchung. Jeder wird von seiner eigenen Begierde, die ihn lockt und fängt, in Versuchung geführt* (1. Jakobusbrief 1,13–14).

Allzu oft nur lässt sich der Verstand des Menschen durch falsche Gründe und Vorspiegelungen täuschen. Scheinwunder, die irgendein Mensch vollbringt, oder gar der Widersacher, führen leider dazu, dieser Scheinwelt und der damit verbundenen Lüge zu glauben. Der Mensch, der auf diese Abwege geraten ist, fühlt sich innerlich dazu bewogen, an das ihm Vorgemachte als eine große, heilsame Wahrheit zu glauben. Wie viele Menschen lassen sich durch schnell Vergehendes oder gar menschliche Machenschaften täuschen, ohne die Liebe zur wahren Wahrheit zu suchen, zu entwickeln und in ihr erfüllende Fortschritte zu machen! *Sie gehen verloren, weil sie sich der Liebe zur Wahrheit verschlossen haben, durch die sie gerettet werden sollten. Darum lässt Gott sie der Macht des Irrtums verfallen, sodass sie der Lüge glauben* (2. Thessalonicherbrief 2,10–11).

Wie dürfen wir uns glücklich schätzen und dankbar für die Gnade sein, dass uns die göttliche Wahrheit entgegenkommt und in allem unterstützt. Sie lehrt uns, auf die Stimme Gottes zu horchen und seinen Willen zu erfüllen. Wenn man einen Zugang zu ihr hat, kann man diese Wahrheit nur über alle Maßen lieben und das befolgen, was sie lehrt. Ganz von selbst gerät man nicht in Versuchung, dem uns von allen Seiten vorgestellten Schein zu glauben und auf ihn hereinzufallen.

Wir sollten einsehen, dass bei jeder Beleidigung, die wir dem Herrn zufügen, er sich immer mehr von uns entfernt. Wenn die Sünde zur einen Tür in die Seele hineingeht, dann geht Gott zur anderen hinaus. Wie kann derjenige überhaupt noch sündigen, der diese Erfahrung gemacht hat?

- David betet inständig: *Herr, bleib mir nicht fern!* (Psalm 35,22) Wenn Gott sich von uns entfernt hat oder gar von uns gewichen ist, gehen wir sicher dem Tod durch die Sünde entgegen.
- Wer wird denn schon von dem kosten, von dem er weiß, dass es ihm den Tod bringt? Niemand wird eine Speise anrühren, von der ihm der Arzt gesagt hat, dass sie tödlich ist. So hat es Gott selbst ausgesprochen:
- *Alle Menschenleben sind mein Eigentum. Nur wer sündigt soll sterben* (Ezechiel 18,4). Wiegt nicht dieses Wort Gottes weitaus mehr als der Ausspruch eines Arztes, der irren kann?

Der Ausspruch Gottes »Die Seele, die sündigt, soll sterben«, muss doch bei uns höchste Wachsamkeit hervorrufen, um die Sünde zu meiden und aufnahmefähig zu werden, das Wort Gottes noch tiefer zu verstehen und entsprechend zu handeln – selbst wenn wir zeitweilig Leid auf uns nehmen müssen und Drangsale uns zusetzen. Wenn wir in sündhaftes Verhalten zurückfallen, so ist dies ein Zeichen dafür, dass unsere Liebe zu Gott nicht groß genug ist. Wir glauben doch an ihn als das höchste Gut und wissen: *Nicht darin besteht die Liebe, dass wir Gott geliebt haben, sondern dass er uns geliebt und seinen Sohn als*

Sühne für unsere Sünden gesandt hat (1. Johannesbrief 4,10). Und trotzdem gibt es immer wieder Menschen, die sich gegen alles, was uns der Glaube so nachdrücklich lehrt, auflehnen und Werke vollbringen, die ihm entgegengesetzt sind.

Viele sogenannte Christen tun so, als ob sie an die Wahrheit glauben, doch decken ihre vielen bösen Worte und Taten ihre wahre Haltung auf. Hätten sie die Liebe zur Wahrheit als ein Geschenk Gottes angenommen und danach gehandelt, wären ihnen viel Leid und schwerwiegende Irrtümer erspart geblieben. Es ist erstaunlich zu sehen, mit welchem Fanatismus und vermessener Hartnäckigkeit viele Menschen ihrem Irrtum folgen. Einige behaupten sogar, sich dabei auf die Heilige Schrift zu stützen. Die Weissagung des Propheten wird sich erfüllen: *Der Opfertisch werde für sie zur Falle, das Opfermahl zum Fangnetz* (Psalm 69,23).

Es ist wahrhaftig so: Durch Verkehrtheit verwandelt sich der Tisch des Lebens in einen Fallstrick des Todes; der Tisch des Trostes und der Vergebung wird zu einer kaum tragbaren schmerzhaften Last. Der Altar, auf dem das Geheimnis des Glaubens gefeiert wird, strahlt Licht aus, um den Weg zu erkennen, der zum Leben führt. Dieser Opferaltar kann aber auch zum Anlass werden, den Weg zu verfehlen und in eine Sackgasse zu geraten. So ist es also auch möglich, dass ein Mensch durch das Licht erblindet und sich für ihn der Weg der Wahrheit und des Lebens in Dunkelheit verwandelt.

> Herr, du führst uns den gerechten Weg,
> einen Weg, der unserem Tun angemessen ist.
> An deinem Tun haftet keine Bosheit,
> aber an uns Menschen, die wir fehlbar sind
> und falschen Gebrauch von den Gütern machen,
> die du uns in deiner Güte immer neu schenkst.
> Lenke du unser Tun, damit wir nicht fallen.

Ein großes Gut, Herr, ist unser Glaube an dich,
den wir in Treue zu dir ins Werk setzen.
Eine große Gnade, Herr, ist die Heilige Schrift,
die notwendig und überaus heilsam für uns ist.
In ihr und durch sie weht der Wind des Himmels.
Wer jedoch mit den Winden der Erde segelt,
mit dem Geist des Egos, der wird zugrunde gehen.

Du, Herr, hast das tiefe Meer der Heiligen Schrift
dazu bestimmt, Liebe und Barmherzigkeit zu üben
zu unserem eigenen Heil und dem Heil anderer.
Du unterrichtest uns, Herr, in aller Ruhe und Stille;
und wer Ohren hat zum Hören, der hört deine Worte.
Du weitest unseren Horizont und unser Bewusstsein
und erfüllst unser Herz mit deiner unendlichen Liebe.

In Ehrfurcht und Staunen treten wir ein in das Heiligtum der Heiligen Schrift. Deinen Worten, Herr, sollten wir uns wohl vorbereitet nähern. Um großen innerlichen Gewinn aus der Begegnung mit dir zu schöpfen, sind die Offenheit und die Reinheit des Lebens eine notwendige Voraussetzung. Zum wahren Verständnis der Heiligen Schrift und zum Forschen – sagt der große Kirchenlehrer Athanasius (um 300–373) – gehören ein aufrechter Lebenswandel und die Lauterkeit der Seele. Ohne diese beiden Voraussetzungen sind die Aussagen der Heiligen Schrift nicht zu verstehen. Wenn jemand das Licht der Sonne genauer betrachten möchte, so trifft er besondere Vorkehrungen, um einerseits seine Augen zu schützen und andererseits klarer hinschauen zu können. Auf ähnliche Weise muss unser Geistesauge vorher gereinigt werden, wenn wir das Licht der heiligen Worte betrachten möchten. Unser geistiges Auge, das selbst zu Licht werden möchte, muss erst befähigt werden, in dieses wahre Sonnenlicht zu blicken.

Möchte jemand eine Landschaft oder eine Stadt besser kennenlernen, so geht er darauf zu, um sie zu betrachten. Möchte jemand die heiligen Worte der Schrift, die Evangelisten und Apostel, ja, die Heiligen, verstehen, muss er sich zuerst von allem im Weg Stehenden befreien. Er muss durch das Sakrament der Versöhnung und gute Vorsätze seine Seele reinigen, um sich dann durch einen ähnlichen Lebenswandel den Heiligen zu nähern. Auf diese Weise vereint er sich mehr und mehr mit den Heiligen und begreift, was Gott ihnen geoffenbart hat. Auf dem Weg in die eigene Heiligkeit entgeht der Gott und die Wahrheit Suchende der Gefahr der Sünden und erfährt täglich neu eine zunehmende Erfüllung seiner Innerlichkeit.

Nur wenn wir selbst auf Gott zugehen und auf diesem Weg für die Lauterkeit unseres Lebens sorgen, werden wir nicht nur allgemein den Willen Gottes in der Heiligen Schrift erkennen, sondern auch das, was er speziell für uns vorgesehen hat. Allein durch Denken und menschliches Forschen, das ohne geistliche Entwicklung geschieht, ist das Erkennen der göttlichen Wahrheit nicht möglich. *Wer hat je deinen Plan erkannt, wenn du ihm nicht die Weisheit gegeben und deinen heiligen Geist aus der Höhe gesandt hast?* (Weisheit 9,17)

Auf diese göttliche Weisheit zielt unsere Sehnsucht, die sich erfüllt, wenn Gott uns dazu die Gnade schenkt. Ein schlecht und böse gesinnter Mensch mag noch so viel Wissen angesammelt haben, doch wenn ihm dazu die Weisheit fehlt, bedeutet ihm all sein Wissen nichts. Empfängt jedoch jemand diese Weisheit, die uns die Gnade lehrt, und ist zudem in der Lage, sie durch Gebet der Hingabe und ein fruchtbares geistliches Leben zu bewahren, so macht sie diesen Menschen wahrhaft weise. Durch das Lesen der Heiligen Schrift und durch eigene reiche Erfahrung wird er dann zum Lehrenden der Wahrheit für andere. Er gibt Auskunft über das, was in seinem Inneren vorgeht und hat gleichzeitig Einblick in das innere Geschehen dessen, der hilfesuchend zu ihm kommt.

Es kann durchaus jemand, der sich nicht auf dem geistlichen Gottesweg befindet, bei der Auslegung der Heiligen Schrift einmal das Rechte treffen, doch in der Vielzahl dessen, was er sagt, wird er irren. *Sie wollen Gesetzeslehrer sein, verstehen aber nichts von dem, was sie sagen und worüber sie so sicher urteilen* (1. Timotheusbrief 1,7). Wer in die Heilige Schrift tiefer eindringen möchte, muss sich der unterstützenden Auslegung der Heiligen bedienen. Was sich aus bloßer Schriftforschung ergibt, haben nicht nur viele Menschen, sondern auch Länder zu ihrem Unglück erfahren müssen.

Neunundvierzigstes Kapitel

Werden wir niemals überheblich oder stolz, wenn wir sehen, dass ein anderer seinen Glauben verloren hat, und wir ihn in Fülle leben dürfen. Wir sollten hier demütiger und bescheiden sein. Dafür gibt es verschiedene Gründe.

Lass weder Überheblichkeit noch Stolz in dir aufkommen, wenn du vom Glaubensabfall anderer hörst und sprich nicht: »Ich bin nicht wie jene, die schmachvoll den Glauben verloren haben.« Wer so etwas sagt oder denkt und sich für besser hält, tut dies aus leichtfertigem Wohlgefallen.

* Jesus benutzt das Bild vom Ölbaum und sagt: *Wenn aber einige Zweige herausgebrochen wurden und wenn du als Zweig vom wilden Ölbaum in den edlen Ölbaum eingepfropft wurdest und damit Anteil erhieltest an der Kraft seiner Wurzel, so erhebe dich nicht über die anderen Zweige* (Römerbrief 11,17–18).
* *Gewiss, sie wurden herausgebrochen, weil sie nicht glaubten. Du aber stehst an ihrer Stelle, weil du glaubst. Sei daher nicht überheblich, sondern fürchte dich!* (Römerbrief 11,20)
* *Erkenne die Güte Gottes und seine Strenge! Die Strenge gegen jene, die gefallen sind, Gottes Güte aber gegen dich, sofern du in seiner Güte bleibst; sonst wirst auch du herausgehauen werden* (Römerbrief 1,22).

Finden wir nicht, wenn wir uns umschauen, überall Veranlassung, zu klagen und zu weinen über Menschen, die nicht mehr nach dem christlichen Glauben leben, weil sie ihn verloren haben? So verstehen wir im übertragenen Sinn die Klage des Propheten: *Gehe ich aufs Feld hinaus – seht, vom Schwert Durchbohrte! Komme ich in die Stadt – seht, vom Hunger Gequälte!* (Jeremia 14,18) Die ersten sind all jene, die die Kirche verlassen haben und vom Schwert des Unglaubens getroffen sind. Die anderen leben zwar noch innerhalb der Kirche, doch sind sie des wahren Lebens vor Hunger verlustig geworden, weil sie die Speise des Gehorsams gegen die Gebote Gottes nicht zu sich nehmen.

> Du, Herr, hast mich zum Christsein berufen.
> Ich danke dir aus der Fülle meines Herzens
> und bitte dich: Bewahre meine Gesinnung,
> den christlichen Glauben und meine Hoffnung.

> Herr, ich bitte dich für alle Außenstehenden:
> Hab Erbarmen mit ihnen, vergib ihre Schuld,
> denn auch für sie hast du unter großen Qualen
> dein Blut vergossen und dein Leben geopfert.

> Du, Herr, streckst deine liebende Hand aus
> und segnest alles, was du geschaffen hast.
> Denn keine andere Hand als die deine
> kann uns Sündern Vergebung schenken.

Jeder, der Christus liebt, wird in seinem Herzen zärtliches Mitleid mit den Seelen empfinden, die der Herr zwar angesprochen und gerufen hat, die sich jedoch vom Glauben losgesagt haben. Du solltest wach und aufmerksam leben, um nicht, ohne dass du es vielleicht merkst, auch in einen Irrtum zu verfallen und den Glauben zu verlieren. Viele Menschen verschmähen ein gutes und ruhiges Gewissen und haben dadurch ihren

Glauben verloren. Denn ein belastetes Gewissen bringt den Verstand allmählich dahin, dass er erblindet und in diesem Zustand eine Lehre sucht, die mit den dunklen Machenschaften dieses Menschen nicht in Widerspruch steht.

Verrat an Christus zu begehen, ist eine schwere Sünde, die wir schon weit im Vorfeld erkennen und abwehren müssen. Die Herzen der elf Apostel waren weit davon entfernt, Jesus Christus zu verraten. Jesus begab sich am Abend mit seinen zwölf Jüngern zu Tisch. *Und während sie aßen, sprach er: Amen, ich sage euch: Einer von euch wird mich verraten und ausliefern. Da waren sie sehr betroffen, und einer nach dem anderen fragte ihn: Bin ich es etwa, Herr?* (Matthäus 26,21–22) Wegen ihrer Schwachheit fühlten sich alle Apostel angesprochen, denn sie fürchteten, dass sie eventuell durch Schwäche durch das zu Fall kommen würden, wovon sie sich gegenwärtig frei fühlten.

Vorausgesetzt, du hast keinen krankhaften oder grübelnden Verstand, so wende dich gläubigen Sinnes immer wieder dem Wort Gottes zu. Nimm dich aber vor Übertreibungen in Acht und lies nicht auf einmal zu viel in der Heiligen Schrift, denn auch die Herrlichkeit kann dich erdrücken. *Findest du Honig, iss nur, so viel dir bekommt, sonst wirst du ihn satt und erbrichst ihn. Zu viel Honig essen ist nicht gut* (Sprichwörter 25,16.27). All denen, die die unaussprechlichen, göttlichen Dinge mit ihrem winzigen menschlichen Verstand untersuchen wollen, widerfährt das gleiche Schicksal wie denen, die unverwandt in die Sonne schauen und durch den übermäßigen Lichtglanz ihr Augenlicht verlieren. Auf gleiche Weise verlieren alle, die rein intellektuell in der Heiligen Schrift forschen, die wahre Einsicht, und Zweifel und Unruhe machen sich in ihrem Inneren breit.

Die himmlische Weisheit wird nur den bescheidenen und demütigen Menschen zuteil, die sich Gott in Hingabe nähern, auf ihn hören und bereit sind, von ihm große Gnaden und Erkenntnisse in Empfang zu nehmen. Dadurch wird nicht nur die innere Unruhe gestillt, sondern es erfüllt sich auch die Sehnsucht der Seele. Wir sollten wissen, dass sich Gott keiner müßigen Worte bedient, sondern uns mit jedem Wort, das aus seinem Mund kommt, neues Leben schenkt. Immer wieder spricht uns der Herr mit ermahnenden Worten an, damit wir seine Wahrheit erkennen und sich dadurch in uns ein Glaube festigt, der die Grundlage unseres Heils ist. Wenn uns Liebe geschenkt wird und sie sich zu diesem lebendigen Glauben gesellt, wird die beste Voraussetzung geschaffen, selig zu werden.

Fünfzigstes Kapitel

Viele Menschen lassen sich durch falsche Offenbarungen täuschen und schenken ihnen Glauben. Auf der Grundlage dieser Irritation wird erklärt, worin die wahre Freiheit des Geistes besteht.

An dieser Stelle muss auf eine große Gefahr aufmerksam gemacht werden, die auf viele Menschen zukommt, die sich auf den Weg eines beschaulichen oder kontemplativen Lebens begeben haben. Manchen sogenannten frommen Personen wurden oder werden Offenbarungen, Visionen oder Gesichte zuteil, die nicht göttlicher, sondern widergöttlicher Natur sind. Dies kann aus zwei verschiedenen Gründen geschehen:

- Durch Sinnes- und Wahrnehmungstäuschungen, die vom Bösen ausgehen, soll der Glaube an die wahren Offenbarungen Gottes vernichtet werden. Durch eintretende Scheinwunder glaubt der Getäuschte an diese Irritationen und bemerkt dabei nicht, wie der Glaube an die wahren Wunder Gottes vernebelt wird und langsam entschwindet.
- Unter dem Schein von etwas Gutem wird ein an sich gutgläubiger Mensch getäuscht und in die Irre geführt. Der

Widersacher und Verursacher des Bösen vermochte es bisher nicht, diesen Menschen auf eine andere Weise zu Fall zu bringen.

Die Irrwege, die damals wie auch heute viele Menschen gegangen sind und gehen, sollten uns eine Warnung sein – vorausgesetzt, unser Glaube und unser Heil liegen uns am Herzen –, nicht allem sofort und so leicht zu glauben. Gerade die Menschen, die Täuschungen erlegen sind, diese jedoch später als solche erkannten und zum christlichen Glauben zurückfanden, machen auf die große Gefahr aufmerksam, die uns ständig umgibt.

Der Theologe und Kirchenpolitiker Johannes Gerson (1363–1429) erzählt von einigen Vorkommnissen seiner Zeit, bei denen Menschen so getäuscht wurden, dass sie glaubten, Gott habe ihnen offenbart, Papst zu werden. Andere verbreiteten auf Grund ihrer Einsprechungen, dass die Endzeit gekommen sei. Sogenannte Propheten traten auf, die zwar zur Umkehr mahnten, jedoch mit völlig anderen Zukunftsperspektiven als sie uns Christus gegeben hat. Gerson erzählt ferner, dass er jemanden kannte, der sich in den Kopf gesetzt hatte, der Antichrist zu sein. Diese Fiktion war für diesen Menschen so quälend, dass er Selbstmord begehen wollte, um der Christenheit keinen Schaden zuzufügen. Gottes Barmherzigkeit jedoch befreite ihn von all diesen Täuschungen, und zum Dank und zur Warnung für andere hinterließ er seine dunklen Erfahrungen schriftlich.

Es gibt zu allen Zeiten Menschen, die davon überzeugt sind, sie müssten die christliche Kirche auf schnellem Weg zu ihrer ursprünglichen Vollkommenheit zurückführen – oder einer noch größeren entgegenführen. Sie alle starben jedoch, ohne dass es ihnen gelang. Dies ist der sichere Beweis dafür, dass ihr Herz einer Täuschung verfallen war. Anstatt nach ihrer eigenen Vollkommenheit zu streben, richteten sie die Augen ihrer Eitelkeit auf etwas, das nicht von Gottes Segen begleitet wurde.

Viele vom Glauben abgefallene Christen wollten neue Wege

finden, die eine Abkürzung beinhalten, um schneller zu Gott zu gelangen. Sie glaubten von sich, vollständig mit Gott vereint zu sein und von seiner Hand geführt zu werden. Sie wähnten Gott in ihrem Besitz und gelangten so zu dem Schluss, dass alles, was ihnen in den Sinn kam, vom Heiligen Geist gelenkt und nichts anderes sei als göttliche Erleuchtung und Eingebung. Diese Täuschung wurde so stark, dass sie bereit waren, alles zu tun, was ihr Herz ihnen eingab – selbst entgegen den göttlichen Geboten. Sie glaubten, das Verlangen, das ihr Herz momentan empfand, sei eine Eingebung Gottes und eine Freiheit des Heiligen Geistes, der sie befreite von aller Verbindlichkeit im Hinblick auf die Gebote Gottes.

Der Herr gibt uns jedoch klar zu erkennen, dass alle, die seinen Worten nicht folgen, weder ihn lieben noch ihm treu sein können.

- *Wenn jemand mich liebt, wird er an meinem Wort festhalten; mein Vater wird ihn lieben, und wir werden zu ihm kommen und bei ihm wohnen* (Johannes 14,23).
- *Wer meine Gebote hat und sie hält, der ist es, der mich liebt; wer mich aber liebt, wird von meinem Vater geliebt werden, und auch ich werde ihn lieben und mich ihm offenbaren* (Johannes 14,21).
- *Wer mich nicht liebt, hält an meinen Worten nicht fest* (Johannes 14,24).

Augustinus fügt ergänzend hinzu, dass niemand den König lieben kann, dessen Gesetze er hasst. Und der Apostel sagt: *Bedenkt, dass das Gesetz nicht für den Gerechten bestimmt ist, sondern für Gesetzlose und Ungehorsame, für Gottlose und Sünder, für Menschen ohne Glauben und Ehrfurcht* (1. Timotheusbrief 1,9). Derselbe Apostel schreibt aber auch: *Der Herr aber ist der Geist, und wo der Geist des Herrn wirkt, da ist Freiheit* (2. Korintherbrief 3,17). Wir dürfen diese Freiheit allerdings nicht so deuten, als erlaube der Heilige Geist jemandem – so gerecht er auch sei –, sich von der Beachtung der Gebote zu befreien. Je intensiver sich der Heilige Geist einem Menschen mitteilt, desto größer ist die Liebe, die er ihm schenkt. Wenn die Liebe größer wird, wächst auch der Wunsch im Menschen und gleichzeitig die Freude, Gottes Wort tiefgreifender zu verstehen und es zu beachten.

Teilt sich Heiliger Geist jemandem in Fülle mit und macht ihn zu einem Verehrer der Liebe Gottes, so wird ganz von selbst seine Seele eine Richtung einschlagen, bei der die Einhaltung der Gebote leicht fällt und gleichzeitig Freude bereitet. *Wie köstlich ist für meinen Gaumen deine Verheißung, süßer als Honig für meinen Mund* (Psalm 119,103). Durch Hingabe an die Liebe Gottes und die Gabe des Heiligen Geistes entsteht die vollkommene Übereinstimmung des menschlichen Willens mit dem Willen Gottes, sodass das gesamte menschliche Leben durchströmt ist von der Liebe Gottes. Diese Erfahrung der völligen Übereinstimmung bezeichnet der Psalm bildlich als »süß«. Geht nicht all das, was man gern tut, in die gleiche Geschmacksrichtung? Würde das göttliche Gesetz auch verloren gehen: Der Mensch würde es auf seinem Weg der liebenden Hingabe in seinem Herzen finden. *Er hat die Weisung seines Gottes im Herzen, seine Schritte wanken nicht* (Psalm 37,31).

Gott, der durch den Propheten Jeremia spricht, hat uns dieses Geheimnis längst offenbart: *Ich lege mein Gesetz in sie hinein und schreibe es auf ihr Herz* (Jeremia 31,33). Gäbe es auch keinen Ort der schmerzhaften Reinigung, der droht, noch ein Paradies, das einlädt, noch irgendein Gebet, das verpflichtet: Der recht vor Gott lebende Mensch würde allein aus Liebe zu Gott das tun, was er tut. Diese Worte berührten Teresa von Avila (1515–1582) so stark, dass sie diese noch einmal in einem Sonett wiederholte:

»Nicht des Himmels ewiger Freude wegen,
die du, Herr, den Frommen einst versprochen,
nicht aus Angst vor Hölle, Schreck und Bangen,
will ich dich lieben und die Sünde meiden.

Schau ich, o Heiland, deine bitteren Leiden
und seh' ich deinen Tod vor meinen Augen,
fühl ich mich ganz durchströmt von einer Glut,
die in mir brennt und nicht verströmen will.

Ich lieb dich, Herr, auch ohne himmlische Erwartung;
ich will auch ohne Hölle, Herr, dich nicht betrüben.
So darf ich selbst nicht, was ich hoffe, hoffen:
Ich könnte mehr nicht, als ich liebe, lieben.«

Gott hat uns seinen Heiligen Geist gesandt, der aus dem Herzen seines göttlichen Sohnes ausströmt und uns die Gnade schenkt, als Kinder Gottes leben zu dürfen. Es gibt kein Menschenherz, das nicht zutiefst berührt ist und Liebe entfaltet, wenn es sich von Gott angenommen und bejaht fühlt. Daraus geht der konsequente Versuch hervor, jede Sünde zu meiden, und eine Hoffnung, die alle Niedergeschlagenheit und Depression vertreibt – soweit das unsere körperliche und nervliche Verfassung zulässt. Wir dürfen sicher sein: Unangenehme Situationen wie auch Schmerzen und unumgängliche seelische Leiden können wir weitaus besser und leichter ertragen als in früheren Zeiten, in denen uns Gottes Heiliger Geist noch nicht so stark erfüllte.

Ein Mensch, der sich in dieser Entwicklung befindet, wird wegen der ihm zufließenden immer größer werdenden Freiheit, frei genannt. Für eine Mutter, die sich ganz und gar für ihre Kinder einsetzt und alles für sie tut, ist die Erfüllung des Gebotes, das ihr vorschreibt, das zu tun, was sich bereits in ihrem mütterlichen Herzen vollzieht, etwas so Selbstverständliches und Leichtes, dass sie sich des Gebotes nicht einmal bewusst ist. So erfüllen alle, die aus Liebe handeln, ganz von selbst die göttlichen Gebote.

Viele Menschen erfüllen weitaus mehr als das, wozu sie verpflichtet sind, denn das Feuer ihrer Liebe, das ihr Herz durchglüht, ist größer als die Pflicht, die sie übernommen haben oder ihnen das Gesetz auferlegt. Von hier aus verstehen wir auch die

Worte des Apostels: *Wenn ihr euch aber vom Geist führen lasst, dann steht ihr nicht unter dem Gesetz* (Galaterbrief 5,18). Wenn man soweit ist und von innen her die Sünde verabscheut und bereit ist, Unabänderliches anzunehmen, dann ist die Erfüllung der Gebote keine Last mehr, da diese sich von selbst einstellt. Wenn man jedoch eines der Gebote Gottes übertritt, zieht sich Heiliger Geist zurück und entfernt sich auch aus unseren Gedanken, die dann die Tendenz haben, sehr schnell unvernünftig zu werden. Gebieten wir keinen Einhalt und kehren um, entfernt sich der Geist Gottes auch aus unserer Seele, in die dann Böses einströmt.

Wenn die Menschen nicht mehr vom Heiligen Geist geleitet werden, sind sie notwendigerweise der Schwere unterworfen, die ihnen das Gesetz auferlegt. Wenn ihnen das Gesetz so schwer auf den Schultern liegt, können sie es auch nicht mehr lieben, da sie zu schwach sind, ihre Pflichten und eventuelle Mühsale auf sich zu nehmen und mit Freude zu tragen. Die daraus entstehende Konsequenz ist die Sünde. Bei Übertretung der Gebote schwindet die innere und äußere Freiheit, und die Fähigkeit zu lieben und Liebe zu empfangen nimmt ab. Ebenso verhält es sich mit der Gerechtigkeit und den guten Werken. Wer sündigt, wird zum Sklaven, der keine Freiheit mehr hat. So wie zwischen Licht und Finsternis keine Verbindung besteht, so findet auch keine Kommunikation zwischen Gott und demjenigen statt, der sündigt und sich damit von Gott entfernt.

Trauen wir nicht immer sofort unseren Gefühlen, Empfindungen und Eingebungen und glauben gar noch, sie seien von Gott. Prüfen wir im Gebet des Schweigens und im Gespräch mit einem Gott nahen Menschen unsere Eingebungen, bevor wir uns nach ihnen richten oder sogar andere aus dieser Quelle belehren. Zu viele Menschen sind in früheren Zeiten wie auch in unserer gegenwärtigen Zeit unsinnigen Irrtümern anheimgefallen, weil sie leichtsinnigerweise glaubten, ihre Gefühle und Empfindungen, die sie in ihrem Herzen spürten, seien von Gott.

Einundfünfzigstes Kapitel

Wie kann man sich schützen vor falschen Vorspiegelungen und Vorstellungen, um nicht in die Irre zu gehen? Das Verlangen oder gar die Sucht nach geheimen Offenbarungen, Voraussagen und ähnlichen Dingen ist nicht nur groß, sondern auch äußerst gefährlich.

Eine gewisse Neugier oder gar Sehnsucht, außerordentliche und übernatürliche Dinge zu erfahren, steckt wohl in jedem Menschen. Doch müssen wir uns vor dieser Gefahr in Acht nehmen, um nicht dieses Verlangen in uns aufkommen zu lassen. Wenn wir genau hinschauen, sehen wir, dass dieses Begehren etwas mit Stolz, Überheblichkeit und Neugier zu tun hat.

- Augustinus (354–430) berichtet, dass gerade diese Versuchung des Öfteren über ihn gekommen ist. »Mit arglistigen Versuchungen suchte mich der Feind dahin zu bringen, dass ich dich, o Herr, um ein Wunder bitte! Doch ich bitte dich aus Liebe zu unserem König, Jesus Christus, und zu unserer Stadt, dem himmlischen Jerusalem, die so rein und lauter ist, es möge die Einstimmung in diese Versuchung von mir fern sein.«
- Bonaventura (Kardinal, Kirchenlehrer), der von 1217 bis 1274 lebte, sagt: »Viele Menschen sind in mannigfaltige Torheiten und Irrtümer gefallen, weil sie nach Wundern gestrebt haben. Ja, danach dürfen wir nicht verlangen und müssen dergleichen von uns weisen.«

Sollte, ohne dass du es willst, ein Verlangen nach übernatürlichen Dingen in dir auftreten, so schenke dem keine Beachtung, sondern wende dich sofort an Jesus Christus, unseren Herrn, und bitte ihn, er möge dich nicht einen solchen Weg betreten lassen. Bitte ihn, er möge dich auf dem ebenen Weg, den er dich bis jetzt führte, belassen und dich weiterhin führen. Hüte dich in ganz besonderer Weise davor, wenn dich irgendwelche Offenbarungen oder Eingebungen bestimmen, diese an andere Menschen weiterzugeben. Sollten sich dir geheime Erkenntnisse schenken, so traue ihnen nicht, sondern weise sie von dir, ohne dass du darüber sprichst. Häufig beinhalten geheime Privatoffenbarungen eine starke Kritik an anderen Menschen oder gar der Kirche. Sprich diese Dinge nicht öffentlich aus, sondern vertraue dich einem Gott nahen Menschen an, wenn sie dich belasten.

Am besten kannst du dich von den in dir aufkommenden und oft zum Zwang werdenden Eingebungen befreien, indem du wiederholt sprichst und betest:

- Herr, nimm diese Last von mir. Und sollte es wahrhaft ein Auftrag von dir sein, *bitte, Herr, schick doch einen anderen!* (Exodus 4,13)
- *Ach, mein Gott und Herr, ich kann doch nicht reden, ich bin ja noch ein Kind* (Jeremia 1,6).

Sowohl Mose als auch Jeremia hielten sich für untüchtig und suchten es zu vermeiden, zur Zurechtweisung anderer ausgesandt zu werden. Nach ihrem Beispiel halte auch du dich bescheiden und demütig zurück. Gott wird niemals über diesen demütigen Widerstand zürnen, denn, wenn es wahrhaft ein Auftrag Gottes ist, wird er sich dir nähern und dir die genauen Umstände erklären. Wer seine Gnade den Demütigen verleiht, wird sie ihnen auch nicht entziehen, um einen Auftrag auszuführen, der von Gott kommt. Nur dann, wenn die Eingebung göttlichen Ursprungs ist, wird der Widersacher, durch den Stein der Demut getroffen, fliehen.

- Als einem Einsiedler der Gekreuzigte erschien, wollte dieser ihn weder anbeten noch an ihn glauben, sondern verschloss sogar die Augen und sagte: »Ich verlange nicht danach, in dieser Welt Jesus Christus zu sehen; es ist mir genug, ihn im Himmel zu sehen.« Nach dieser Antwort floh der böse Widersacher, der unter der Gestalt des Gekreuzigten den Einsiedler betrügen wollte.

♦ Zu einem anderen Einsiedler kam jemand, der vorgab, ein von Gott gesandter Engel zu sein. Seine Antwort war: »Ich halte mich nicht für würdig, Boten vom Himmel zu empfangen. Schau genau hin und prüfe, zu wem man dich gesandt hat, denn es ist nicht möglich, dass man dich zu mir geschickt hat. Ich will dich auch nicht anhören.« Bei dieser inneren Haltung und demütigen Antwort des Einsiedlers floh der Teufel.

Durch demütiges, zurückhaltendes und bescheidenes Verhalten wurden viele Menschen durch Gottes Beistand von den Fallstricken des Widersachers befreit. An ihnen bestätigt sich das Psalmwort: *Der Herr behütet die schlichten Herzen; ich war in Not, und er brachte mir Hilfe* (Psalm 116,6).

Wenn jedoch die lügenhaften Vorspiegelungen des Widersachers im Herzen eines Menschen Wohlgefallen finden, dann gewinnen sie an Kraft und Stärke und nehmen die gesamte Innerlichkeit dieses Menschen ein. In den meisten Fällen geht Stolz mit diesen falschen Vorstellungen einher. Daher sagt Augustinus: »Verdient doch der Stolz, hintergangen und betrogen zu werden.« Zeige also kein Wohlgefallen an dem, was sich dir auf trügerische Weise offenbaren möchte, und glaube auch nicht, du wärest durch diese Offenbarungen etwas Besonderes. Wenn du in der Gegenwart Gottes lebst oder zumindest dich immer wieder neu in seine Nähe bewegst, wird dein Herz sich nicht vor Stolz aufblähen, sondern an dem Ort der Demut, an dem es zu Hause ist, bleiben – vom Trugbild unberührt.

Verhalte dich bei dieser Art von Eingebungen so, als würden sie dir nicht zuteil. Damit sich jedoch rein gar nichts bei dir im Inneren festsetzt, sprich mit einem dir vertrauten Menschen darüber und hör auf seinen Rat. Doch bete auch für ihn, damit Gott ihm die Wahrheit eingebe. Es bedarf einer besonderen geistlichen Reife, einer Feinfühligkeit und einem guten Unterscheidungsvermögen, um nicht den guten Geist Gottes für einen bösen Geist des göttlichen Widersachers zu halten. Den unglücklichen Pharisäern, die der göttlichen Wahrheit widersprachen, geschah Ähnliches: Sie schrieben die guten Werke, die Jesus Christus, unser Herr, durch den Heiligen Geist vollbrachte, dem bösen Geist zu.

Wenn wir leichtgläubig das Werkzeug des bösen Geistes für etwas halten, das vom Heiligen Geist kommt, geschieht ein unfassbares Übel: Wir folgen der Finsternis statt dem Licht, dem Betrug statt der Wahrheit und – was das Schlimmste ist – wir folgen dem bösen Widersacher anstatt Gott. In der langen Geschichte der Christenheit haben schon viele Menschen den Teufel für Gott und Gott für den Teufel gehalten. Es ist höchst wichtig, besonders, wenn wir zweifeln, durch Gebet und Rat die richtige Entscheidung zu finden. Praktisch gesehen ist es durchaus nicht immer einfach, im Zweifelsfall eine sichere Entscheidung zu treffen. Selbst wenn es nicht jedem vergönnt ist, zu prophezeien oder Wunder zu tun, sondern nur denjenigen, denen der Heilige Geist diese Fähigkeit verleiht, so ist es trotzdem dem menschlichen Geist – so weise er auch sein mag – nicht immer vergönnt, mit Gewissheit und Wahrheit die Geister zu unterscheiden. Ausgenommen ist natürlich etwas, was augenfällig und eindeutig gegen die Heilige Schrift und den Glauben verstößt.

In jedem Fall ist die Erleuchtung des Heiligen Geistes notwendig, die den Namen »Unterscheidung der Geister« trägt. Mit dieser göttlichen inneren Eingebung und Erleuchtung kann ein Mensch, ohne zu irren, beurteilen, ob es sich bei ihm selbst oder bei anderen um den Geist der Wahrheit oder der Lüge handelt. Bei wichtigen Entscheidungen sollte man diese nicht allein treffen, sondern geistlich lebende und Gott nahe Menschen zu Rat ziehen.

Zweiundfünfzigstes Kapitel

Zur besseren Beurteilung und Entscheidungsfindung werden sowohl Merkmale von guten Offenbarungen als auch von bösen und falschen Offenbarungen und Täuschungen vorgelegt.

Je genauer und ausführlicher du deinem geistlichen Begleiter von dir, deinen seelischen Zuständen und eventuellen Zweifeln erzählst, umso besser kann er die Wahrheit erkennen, sie dir aufzeigen und dir einen Rat erteilen. Vertraue aber an erster Stelle deinem Herrn und Gott, der zu dir spricht: *Ich bin der Herr, dein Gott, der dich lehrt, was Nutzen bringt, und der dich auf den Weg führt, den du gehen sollst* (Jesaja 48,17). Wenn sich Wirrwarr, Unnützes und nichts Heilsames bei dir einnisten, dann sei auf der Hut und lasse sie nicht in dein Inneres. Es könnte ein Werk des Widersachers sein, der das Heil in dir zerstören möchte. Selbst wenn es ihm nicht gelingt, dich zu täuschen, so hast du doch durch ihn Zeit verloren. Und vermag er nur dieses, so ist er schon mit dem Zeitverlust, den du durch ihn hast, sehr zufrieden.

Was du vornehmlich bei dieser Thematik erwägen solltest, ist die Beantwortung der Frage, ob du ein wenig demütiger geworden bist als du zuvor warst. Die Demut gibt der geistigen Münze – um in einem Bild zu sprechen – ein solches Gewicht und einen solchen Wert, dass du sie leicht von einer falschen, leichten und wertlosen Münze unterscheidest. Gregor der Große sagt: »Das deutlichste Erkennungsmerkmal der von Gott Erwählten ist die Demut, und das deutlichste Erkennungsmerkmal derjenigen, die sich von Gott entfernt haben, ist der Stolz.«

Erwäge und nimm vor allem in der Stille um dich herum und in dir wahr, was in deiner Seele zum Vorschein kommt und was sie dir offenbaren möchte. Ist es ein Schmerz oder geistlicher Trost? Ist es ein Zeichen einer Fremdmacht oder ein Zeichen, das von Gott kommt? Dass es ein von Gott kommendes Zeichen ist, erkennst du daran:

* Du wirst demütiger, bescheidener und genügsamer
* Du bereust deine Vergehen und sie tun dir aufrichtig leid
* Größere Ehrfurcht vor der unendlichen Liebe Gottes erfüllt dich
* Dein vielleicht leichtsinniges Verlangen, alles anderen Menschen mitzuteilen, was dir widerfahren ist, nimmt ab und erlischt
* Du schenkst Dingen, die mit dir selbst zu tun haben, keine so große Beachtung mehr
* Dein Ich steht nicht mehr bei allem im Mittelpunkt
* Es entwickelt sich in dir die Gabe, Unangenehmes zu vergessen und nicht nachzutragen
* Auf bestimmte Äußerlichkeiten legst du keinen besonderen Wert mehr
* Ein Innehalten und Staunen über die große Barmherzigkeit Gottes findet keinen Platz mehr in deinem Alltag
* Dankbarkeit breitet sich in deinem Herzen aus, dass Gott dir eine so große Gnade erweist, indem er sich dir in Jesus Christus zuwendet und dich liebt
* Du hast den Wunsch, dich im Gebet der Ruhe und der Hingabe ganz in Gott zu versenken
* Tiefer Friede und eine innere Ruhe stabilisieren sich in dir, und all deine Handlungen entspringen diesen Quellen
* Du gewinnst größere Selbsterkenntnis und bist gegenüber wohlgemeinter Kritik nicht mehr so überempfindlich
* Deine Liebe zu Gott, zu den Mitmenschen und zur gesamten Schöpfung beginnt zu wachsen

All das Gute, das du aus den Händen Gottes empfängst, macht dich demütiger, bescheidener und vor allem dankbarer, denn du erkennst, dass du von dir aus ohne die Hilfe und Unterstützung Gottes nur sehr wenig tun kannst. In dir entsteht der sehnliche Wunsch nach einem intensiveren und verinnerlichten Gottesdienst, um dem Heiland zu begegnen und ihm die Ehre zu geben.

Gregor der Große drückt dies in hervorragenden Worten aus: »Eine Seele, die von himmlischer Einsicht erfüllt ist, zeichnet sich durch Wahrheit und Demut aus. Sind diese beiden Merkmale in der Seele miteinander verbunden, geben sie ein Zeugnis von der Gegenwart des Heiligen Geistes. Besteht die Empfindung der Seele jedoch aus einer Täuschung des Teufels, hat sie ein unbändiges und leichtfertiges Verlangen, anderen alles sofort mitzuteilen, was sie empfindet, sich selbst in den Mittelpunkt zu stellen, nur auf ihr eigenes Urteil zu vertrauen und in dem Bewusstsein zu leben, Gott werde Großes an ihr und durch sie vollbringen. Eine solche Seele verdrängt ihren eigenen Schatten und will ihre Mängel und Fehler nicht wahrhaben; sie lässt sich nicht von anderen ermahnen, sondern alles, was sie tut, besteht darin, über sich selbst zu reden, und sie hätte es gern, wenn auch andere davon reden würden.«

Wenn wir diese Merkmale bei jemandem oder gar bei uns selbst feststellen, dürfen wir sicher sein, dass hier ein unguter Geist am Werk ist. So gut dieses oder jenes auch manchmal nach außen scheinen mag: Wenn die Quelle verseucht ist, bleibt kein Tropfen Wasser gesund. Mögen es Tränen oder Trost sein, und selbst die Erkenntnis göttlicher Dinge oder die Erhebung der Seele bis zum dritten Himmel – all das besagt nicht viel, wenn sich die Seele dabei selbst überhebt und nicht voll Demut ist. All den wunderbar scheinenden Dingen dürfen wir nicht vertrauen und ihnen auch keine Beachtung schenken. Vor allem müssen wir uns davor hüten, diesen pseudo-mystischen Erfahrungen Einlass in unser Inneres zu gewähren. Alles, was sich auf einmal groß hervortut, kann auch recht gefährlich werden und uns zu Fall bringen.

Bitte Gott um seine Gnade, dass du dich besser kennen und einschätzen lernst. Bitte ihn auch darum, das aus seinen Händen bedenkenlos anzunehmen, was er dir zu deinem Heil zugedacht hat. Stehst du jedoch nicht mit ihm in gutem und fortwährendem Kontakt, dann ist alles Übrige, so kostbar es auch dem Anschein nach sein mag, kein echtes Gold, sondern nur glitzerndes Metall, kein nährendes Mehl, sondern Asche. Der Stolz kann so übermächtig sein, dass er der Seele die wahre Gnade Gottes raubt.

Bevor Jesus in den Himmel aufgenommen wurde, um für immer zum Vater in seine eigentliche Heimat aufzusteigen, erinnerte er seine Jünger an ihren mangelnden Glauben und an ihre Hartherzigkeit. Erst danach gab er ihnen die Vollmacht, das Wort Gottes zu verkünden, Wunder zu wirken und den Frieden zu bringen. Alle Menschen, die er zu etwas Großem erhoben hat, ließ er zuvor ihre Schwäche erkennen, damit sie sich nicht selbstherrlich erheben und nicht vergessen, dass sie ohne Beistand des Heiligen Geistes aus sich nichts Großes tun können.

Durch das Lesen dieser Texte kann etwas in dir zum Vorschein gekommen sein, dass der Aufarbeitung bedarf. Spüre einfach in aller Ruhe nach, welche Gefühle sich bei dir einstellen, welche Bilder kommen und welche Gedanken in dir aufsteigen. Lasse alles zu und verdränge nichts. Hüte dich davor, die Dinge zu analysieren oder gar über dich selbst zu richten. Jetzt ist der rechte Zeitpunkt gekommen, deinen Beichtvater oder einen dir vertrauten Gott nahen Menschen aufzusuchen, um mit ihm über all das Aufkommende zu sprechen und dir von ihm Rat zu holen.

Dreiundfünfzigstes Kapitel

Viele Menschen lassen sich auf ihrem geistlichen Weg von einem heimlich aufkommenden Stolz und von Überheblichkeit täuschen – ohne es selbst zu bemerken. Die Gefahr ist hier nicht nur gegeben, sondern auch sehr groß, sodass sie sich in die Vorspiegelungen des Bösen verstricken lassen.

Viele Menschen fühlen sich zwar Gott ergeben und schreiben ihm all das Gute zu; sie tragen viele andere Merkmale der Demut an sich, aber trotzdem sind sie voll Hochmut. Von diesem sind sie derart gefesselt, dass sie überzeugt davon sind, frei zu sein. Einerseits leben sie durchaus in Wahrheit, andererseits aber auch gleichzeitig in Täuschung, da sie das Gute, das sie empfangen, sich selbst zuschreiben und glauben, es sei wesentlich größer als es in Wahrheit ist.

Diese Menschen sind davon überzeugt, von Gott so viel gute Gaben und Erleuchtung empfangen zu haben, dass sie glauben, ihr geistliches Leben selbst zu bestimmen und andere belehren, führen und leiten zu können. In ihren Augen gibt es niemanden, der im Stande wäre, ihnen etwas zu sagen und sie anzuleiten. Sie sind Freund ihrer eigenen Meinung und lassen nur diese gelten. Ja, sie gehen sogar so weit, dass sie die geistlichen Ratschläge vieler Heiliger aus vergangenen Zeiten gering schätzen oder außer Acht lassen und nur die von ihnen erfundene Wahrheit und die Ströme der Zeit hoch schätzen.

Uns begegnen immer wieder Menschen, die fest davon überzeugt sind, sie lebten voll und ganz aus dem Geist Christi und würden auch von ihm gelenkt und geleitet. In ihrer Überheblichkeit sind sie davon überzeugt, keinen menschlichen Rat nötig zu haben, da sie ihre Gebete regelmäßig verrichten und den Gottesdienst besuchen. Sie denken, wie Bernhard von Clairvaux sagt, an fremde »Häuser«, nicht an das eigene, weil sie davon überzeugt sind, dass nur in ihr eigenes Haus die Sonne scheint. Menschen dieser Art sind eine ständige Herausforderung für andere, sowie es Goliat für das Volk Gottes war. In ihren Augen ist nur der gut und rechtschaffen, der ihrer Meinung ist; und es gibt nichts, was ihnen lästiger ist, als wenn ihnen jemand widerspricht.

Diese Menschen wollen alle belehren und alle sollen ihnen glauben, doch sie wollen niemandem glauben. Die besonnene Klugheit der Menschen mit weitreichender Lebens- und Glaubenserfahrung spielen sie herunter; die Neuerungen aber, die sie einführen wollen und die nur Streit verursachen, nennen sie Freiheit des Geistes und mutig. Von ihnen hört man ständig die Worte: »Gott sagt es mir«, »Mein Geist gibt mir da eine ganz klare Auskunft« oder »Jesus gibt es mir eindeutig zu verstehen«. Nach ihrem Gutdünken legen sie sowohl die Heilige Schrift als auch die Werke der Kirchenlehrer und Heiligen aus, halten sich dabei aber an keine Normen und Regeln. Im Stillen glauben sie von sich, nicht weniger erleuchtet als die Heiligen und Werkzeug Gottes zu sein, um noch weitaus Größeres zu leisten als jene.

Man kann sagen, dass diese beklagenswerten Menschen sich selbst vergöttern und sich mit verabscheuungswürdigem Hochmut über andere erheben. Ihre Täuschung besteht gerade darin, dass sie sich für vollkommen demütig halten, während sie äußerst stolz und überheblich sind. Während sie glauben, Gott wohne in ihnen und sei ihnen ständig gegenwärtig, ist Gott ihnen in Wahrheit ganz fern. Was ihnen als Licht erscheint, ist nächtliche Finsternis.

Viele Menschen genießen es regelrecht, sich von ihren Empfindungen und vor allem ihren Erfindungen leiten und führen zu lassen. Ihre immer geltende Meinung – und sie bemerken es nicht – wird für sie selbst und andere zur größten Gefahr. Von dem, was sie für Recht und richtig halten, werden sie im Lauf der Zeit nicht nur gelenkt und geleitet, sondern auch angetrieben. Mit übertriebenen geistlichen und körperlichen Übungen lösen sie Verwirrung und Schwindel aus. Da sie sich selbst immer wieder in den Mittelpunkt stellen, schenken sie keinen Ermahnungen und keinem Rat anderer Vertrauen und Glauben.

Es kann nicht genügend vor diesen Menschen gewarnt werden, da sie meinen, den Auftrag zu spüren, in die Öffentlichkeit zu gehen und zu lehren. Sie bemühen sich nicht einmal darum, mit wahrhaft geistlich lebenden Menschen in Kontakt zu treten und sich gegebenenfalls bei ihnen Rat zu holen oder zumindest sie anzuhören. Wie viele sind diesbezüglich einem Wahn verfallen, der sie glauben lässt, nur sie allein spürten die einzig gültige Wahrheit und wären besser als alle anderen. Es kann jedoch mit derartigen Täuschungen nicht lange gut gehen, und die so von sich selbst eingenommenen Menschen werden sich schon bald am Stein des Anstoßes verwunden. Seien wir also ungewöhnlichen Offenbarungen gegenüber zurückhaltend und skeptisch und halten sie für etwas Verdächtiges.

Vierundfünfzigstes Kapitel

Weitere Eigenheiten derjenigen, die getäuscht werden. Die Notwendigkeit, die Meinung und den Rat anderer anzuhören und gegebenenfalls anzunehmen. Die üblen Auswirkungen der Ichsucht und der Eigenliebe.

Wer sich auf den wahrhaft von Gott gewollten geistlichen Weg begibt, muss offen sein sowohl für neue Erfahrungen als auch für die Gewinnung von Wissen. Erfahrung und Wissen gehören unabdingbar zusammen und gehen Hand in Hand. Die eigensinnigen und stolzen Menschen, über die wir sprachen, verfügen teilweise über keine Bildung und sie sträuben sich auch, sich weiter zu bilden. Ja, sie sind sogar von ganzem Herzen Feinde der wissenschaftlich Gebildeten. Sie meinen, Gott zu glauben, in Wirklichkeit aber glauben sie nur sich selbst. Sie überziehen einiges, was sie erkannt haben und verstricken sich dann darin mit einer solchen Verblendung, dass sie sich keinem Gegenargument oder eindeutigen Beweisen öffnen. Da sie in allem sehr vermessen sind, lassen sie sich auch nur schwer überzeugen und in den meisten Fällen gar nicht.

- *Lieber einer Bärin begegnen, der man die Jungen geraubt hat, als einem Toren in seinem Unverstand* (Sprichwörter 17,12).
- *Die Erkenntnis macht aufgeblasen, die Liebe dagegen baut auf* (1. Korintherbrief 8,1).

Die Menschen, von denen wir sprechen, bezeichnen die theologischen Wissenschaften als aufgeblasen, geben sich selbst aber für diejenigen aus, die von Liebe erfüllt sind. Dabei ist der Stolz auf die eigene »Heiligkeit« etwas viel Schlimmeres und Gefährlicheres, als auf die Gelehrsamkeit und Weisheit stolz zu sein. Der Stolz auf das sogenannte erhobenere Bewusstsein kommt aus einer tieferen Quelle und ist darum umso verwerflicher. Die Bosheit des Bösen ist am Werk, wenn Menschen von sich selbst viel halten, aber die Weisheit an sich gering schätzen. Weisheit ist in keinem Fall ein Hindernis, demütig zu werden, ja, für viele ist sie sogar Veranlassung, nach dem wahren Heil zu streben,

Diejenigen, die hochmütig über alle Lehren und Weisheiten hinweg gehen, nehmen einfach die Belehrungen, die ihnen die Weisen geben, nicht an. Damit tun sie genau das Böse, das sie den Gelehrten unterschieben. Viele Gelehrte gelangen von ihrem speziellen Fach aus zur natürlichen Ordnung der Welt und darüber hinaus zur göttlichen Ordnung. Sollten wir uns denn nicht von denen, die mehr Einblick und Einsicht in die schöpferischen und göttlichen Zusammenhänge geschenkt bekommen, etwas sagen und uns von ihnen gegebenenfalls lenken und leiten lassen?

Ihr habt die Salbung von dem, der heilig ist, und ihr alle wisst es (1. Johannesbrief 2,20). Die Gnade und die Erleuchtung Gottes unterweisen manchmal einen Menschen rein innerlich und er ist über alles Notwendige unterrichtet. Ein anderes Mal lässt die Gnade erkennen, dass man jemanden Bestimmtes um Rat fragen soll, um Gott Geschenktes durch menschliche Weisheit verstehbar werden zu lassen. Gott spricht selbstverständlich zu den Menschen, aber in sehr vielen Fällen durch den Mund der Menschen zu den Menschen.

- Saulus stürzte auf dem Weg nach Damaskus zu Boden und wurde durch die Stimme Gottes direkt belehrt. Zusätzlich aber fügte es der Herr, dass Saulus, der mit Blindheit geschlagen war, durch einen Menschen Heil und Heilung erfuhr. Hananias *legte Saulus die Hände auf und sagte: Bruder Saul, der Herr hat mich gesandt, Jesus, der dir auf dem Weg hierher erschienen ist: du sollst wieder sehen und mit dem Heiligen Geist erfüllt werden* (Apostelgeschichte 9,17).
- Der Hauptmann Kornelius hat durch einen Engel eine Gottesbegegnung und erfährt, dass er Simon Petrus suchen und sich an ihn wenden soll. Und auch Petrus wird innerlich auf diese Begegnung vorbereitet: *Der Hauptmann Kornelius, ein gerechter und gottesfürchtiger Mann, der beim ganzen Volk der Juden in gutem Ruf steht, hat von einem heiligen Engel die Weisung erhalten, dich in sein Haus holen zu lassen und zu hören, was du ihm zu sagen hast* (Apostelgeschichte 10,22).

Gott spricht nicht immer direkt zu den Menschen oder durch einen Engel, sondern Gott spricht von seinem Tempel aus, und das sind die Menschen. *Wisst ihr nicht, dass ihr Gottes Tempel seid und der Geist Gottes in euch wohnt?* (1. Korintherbrief 3,16) Wenn die Herzen der Menschen untereinander keinen Austausch hätten, würde auch die Liebe nicht ins Schwingen kommen und keinen Eintritt finden. Menschen müssen miteinander kommunizieren, voneinander lernen und sich gegenseitig bereichern.

- Johannes Klimakos, Abt des Sinai-Klosters und geistlicher Schriftsteller (um 575 – um 650): »Den Menschen, der sich selbst glaubt, braucht der Teufel nicht in Versuchung zu führen, denn er selbst ist für sich ein Teufel.«
- Eusebius Hieronymus, Kirchenlehrer (um 347–419): »Ich wollte nicht meiner Meinung folgen, die eine üble Ratgeberin zu sein pflegt.«
- Vinzenz von Lérins, Kirchenvater (gest. vor 450): »Wer sich auf eine heilsame Weise mit geistlichen Dingen beschäftigen

möchte, der muss auch einen Lehrer haben, um von ihm unterrichtet und angeleitet zu werden. Wenn sich ihm ein Lehrer anbietet, er ihn aber nicht nimmt, so wird ihn Gott wegen seines Stolzes niemals diese Gnade mehr bescheren.«

Nicht nur Männer der Kirche weisen uns auf die Notwendigkeit hin, einen Lehrer zu haben oder zumindest uns mit anderen zu beraten und den Rat in Erwägung zu ziehen, sondern auch die Heilige Schrift selbst.

- *Weh denen, die in ihren eigenen Augen weise sind und sich selbst für klug halten* (Jesaja 5,21).
- *Deine Weisheit und dein Wissen verleiten dich, in deinem Herzen zu denken: Ich und sonst niemand!* (Jesaja 47,10)
- *Hört die Mahnung, und werdet weise, lehnt sie nicht ab! (Sprichwörter 8,33)*
- Paulus mahnt, uns nicht selbst für weise zu halten und uns nicht auf unsere eigene Einsicht zu verlassen (vgl. Römerbrief 11,25).
- *Der Tor hält sein eigenes Urteil für richtig, der Weise aber hört auf Rat* (Sprichwörter 12,15).
- *Verweile gern im Kreis der Alten, wer weise ist, dem schließ dich an!* (Jesus Sirach 6,34)

So mahnen uns die Heilige Schrift, die Heiligen mit ihren Lebensgeschichten wie auch unsere eigenen Erfahrungen, uns nicht nur auf unsere eigene Klugheit zu verlassen, sondern auch den Rat anderer hinzu zu ziehen. Was gäbe es für ein Durcheinander, wenn jeder seiner eigenen Meinung folgen würde, weil er sie für die einzig richtige hält? Es muss allgemeine Kriterien geben, nach denen man bestimmen kann, ob es sich um den Geist Christi handelt, der ein Geist der Demut, des Friedens und der Eintracht ist, der in einem Menschen wohnt. Genauso gut muss es erkennbar sein, ob ein Mensch nur allein Wert auf sich selbst legt, und ob niemand in der menschlichen Gesellschaft die Chance hat, an ihn heranzukommen, um ihn zu korrigieren oder ihm Weisung zu geben.

Wenn ein Mensch nicht in seinem Hochmut gefangen ist und nicht glaubt, er stünde höher als alle anderen, wird er sich immer bei kompetenten Menschen Rat holen. Viele haben weder diese noch jene Fähigkeit, doch besitzen sie in ganz ausgeprägter Weise die Gabe, Rat zu erteilen, oder die Gabe der Unterscheidung der Geister, die dem Ratsuchenden fehlt, der vielleicht mit anderen Gaben weitaus mehr gesegnet ist. Es braucht niemand zu befürchten, ihm ginge etwas verloren, wenn er aus Liebe zu Gott die Meinung anderer hört und sie gegebenenfalls auch übernimmt. Das Gegenteil tritt ein: Das Wesentliche wird tiefer gegründet, stabiler und gefestigter. Wenn das, worum es uns im Augenblick geht, von Gott kommt, werden wir in allem sanftmütiger und bescheidener, toleranter und liebevoller. Vor allem brauchen wir keine Angst zu haben, etwas zu verlieren, denn das Wesentliche, das zu uns gehört, kann niemals verloren gehen.

Stolz und ständiger Widerspruch unseres Willens sind etwas sehr Gefährliches; noch gefahrvoller jedoch ist der Stolz des Verstandes, der darin besteht, nur sich selbst zu glauben und der Meinung anderer keine Beachtung zu schenken. Wie kann jemand, der derart von sich selbst eingenommen ist, geheilt werden? Wie ist es für ihn überhaupt möglich, auf die Stimme derer zu hören, die er nicht so gut findet wie sich selbst? Das Auge der Seele ist der Verstand, mit dem man Stolz und Hochmut sehen und abstellen könnte. Wenn jedoch dieses Auge blind ist und voll Hochmut und Stolz: Wer wird es dann – außer einer göttlichen Macht – heilen können?

Es ist erschreckend zu sehen, bei wie vielen Menschen das Licht in Finsternis verwandelt wird und jede Regel, um in Frieden mit anderen zu leben, entweder verdreht oder gar nicht vorhanden ist. Wie kann der, der hartnäckig ständig seine eigene Meinung verteidigt, in Frieden mit anderen leben? Macht, Stolz, Ehrgeiz und Hochmut haben schon manche guten Christen dahin gebracht, dass sie vom Glauben abfielen, weil sie ihrer eigenen Meinung mehr glaubten als der der Kirche und ihren Vertretern in all den Jahrhunderten. Leider sind viele Menschen unreflektiert und daher blindlings davon überzeugt, dass alles, was in ihrem Inneren und ihrem Herzen vorgeht, ein Werk Gottes ist. Würden sie – und das ist ihre feste Überzeugung – der Meinung anderer mehr glauben als dem, was sie in ihrem Herzen wahrnehmen, dann würden sie Gott um der Menschen willen verlassen.

Doch leider lehrt sowohl die Wahrheit als auch die Erfahrung, dass das, was manche für den Geist der Wahrheit halten, in Wirklichkeit ein Geist der Lüge und Täuschung ist. Wahrscheinlich konnte der Widersacher bei diesen Menschen nur Einlass finden, indem er sich in einen Engel des Lichtes verwandelte, um ihnen so unter dem Schein des Guten das Leben der Seele zu rauben. Sie waren und sind nicht bereit, sich die Meinung anderer anzuhören und, wenn es der bessere Weg ist, auch ihrem Rat zu folgen.

Fünfundfünfzigstes Kapitel

Von größtem Vorteil ist es, wenn uns in wesentlichen Fragen des Lebens und des Glaubens ein Gott naher und uns vertrauter Mensch zur Seite steht, dessen Meinung uns wichtig ist und auf dessen Rat wir hören. Wir dürfen nicht versucht sein, unsere Meinung immer an die erste Stelle zu setzen. Aus Liebe zu Gott können wir einem anderen einen wichtigen Platz in unserem Leben einräumen – ohne abhängig von ihm zu werden. Was muss dieser Mensch mitbringen und wie müssen wir uns ihm gegenüber verhalten?

Es ist gut, einen starken Willen zu haben, doch muss er auch beweglich und flexibel sein. Hüten wir uns davor, hartnäckig und verbissen etwas zu wollen oder unsere Meinung durchzusetzen. Dies befolge sowohl außerhalb als auch innerhalb deines »Hauses«. Es gibt kaum etwas, das die Ruhe, die Christus in deiner Seele verlangt, um in ihr zu wohnen, so sehr stört wie dein Wille, der hartnäckig auf etwas Bestimmtem besteht.

Hast du beruflich und privat bestimmte Pflichten übernommen, so darfst du sie nicht vernachlässigen, indem du einfach tust, was dir gefällt und was dir Freude bereitet. Durch dein Gebet und durch den guten Rat eines Menschen wird dir die Geschicklichkeit geschenkt, deine Pflichten sorgfältiger und schneller zu erfüllen. Um allerdings den Aufgaben, die noch auf dich zukommen, gewachsen zu sein, ist es notwendig, dich täglich sowohl in unbedeutenden als auch in bedeutenden Dingen zu üben. An erster Stelle steht hier die Regelmäßigkeit deines Gebetes der Hingabe. Alle, die im Leben Risiken oder etwas Gefahrvolles eingehen müssen, bereiten sich darauf vor, indem sie sich in unbedeutenden Dingen üben, um dann in Dingen geübt zu sein, die wahrhaft groß und wichtig sind.

Wer sich allerdings seines Glaubens zu sicher ist und sich dazu noch selbst ständig Glauben schenkt, wer sich für einsichtsvoll und klug hält und in geringfügigen Dingen seine Meinung durchsetzen will, der wird sich auch in wichtigeren Dingen sonderbar benehmen und wohl kaum seine Meinung ändern. Wer dagegen gelernt hat, sich nicht ständig mit seiner Meinung aufzudrängen, sondern sich zurück zu nehmen und sich im Gebet immer wieder Gott gegenüber zu öffnen, der wird umso reicher die Gnade Gottes erfahren. Ihm wird es leicht fallen, sich der am häufigsten begangenen Sünde zu enthalten: andere nicht ständig zu kritisieren und über sie schnell und leichtfertig zu urteilen. Lass dein Gewissen zu dir sprechen und sei auf der Hut, weder vorschnell deiner augenblicklichen Meinung zu vertrauen noch der anderer Menschen.

Wie schon mehrfach gesagt, ist es kaum möglich, ohne einen in göttlichen Dingen erfahrenen Menschen auszukommen. Erfahrenes muss gemeinsam aufgearbeitet werden, und ein intellektueller Überbau braucht Erdung und praktische Erfahrung. Etwas zu wissen reicht allein nicht aus, um besondere Veranlagungen und Bedürfnisse zu steuern und Versuchungen zu entgehen. Es muss jemand da sein, der uns in schwerwiegenden Situationen Weisung gibt und uns auffängt, wenn wir fallen.

Menschen, die ein großes Wissen haben und nichts außer ihrer Gelehrsamkeit besitzen, werden oft das erfahren, was den Aposteln widerfuhr. Während Jesus spät am Abend in der Einsamkeit auf einem Berg allein betete, fuhren die Jünger über den See und gerieten in einen heftigen Sturm. In der Nacht kam Jesus, der über das Wasser ging, ihnen entgegen. *Als ihn die Jünger über den See kommen sahen, erschraken sie, weil sie meinten, es sei ein Gespenst und sie schrien vor Angst* (Matthäus 14,26). Auf ähnliche Weise erleben auch die durch einseitige Gelehrsamkeit geprägten Menschen das, was Gnade und Wahrheit unseres Herrn ist, als Täuschung oder Trugbild. Da sie weder göttliche Gnade noch Erleuchtung in ihrem Herzen empfinden, verdammen sie alles Übernatürliche als böse. Sie sprechen davon als von etwas Ungekanntem und können auch nicht glauben, es ginge in den Herzen anderer Höheres vor als in ihrem eigenen.

Es gibt Menschen, die nicht in Frage kommen, anderen Weisung und Geleit zu geben. Sie sind mit vielen geistlichen Übungen vertraut, können sich gut in andere hineindenken und innere Gefühle und Empfindungen verstehen, doch lassen sie sich zu leicht von Erzählungen oder gar von »Wundererzählungen« anderer beeinflussen. Sie hören mit Bewunderung zu und schenken allem Glauben, was ihnen erzählt wird. Diese Gutgläubigkeit, Infantilität oder Unwissenheit führt schnell zu Irrtümern, in die sie andere, besonders diejenigen, die ihnen anvertraut sind, hineinziehen. Sie sind nicht gegen die Arglist des Widersachers gewappnet und treffen keine notwendigen Vorsichtsmaßnahmen. Sie als Vorbild zu nehmen oder sie gar als ihren geistlichen Begleiter zu wählen, ist unverantwortlich.

Doch neben den vielen, die nicht kompetent sind, andere

Menschen geistlich zu begleiten, gibt es wunderbare Menschen, die eine gute Urteilskraft besitzen und zu der Einsicht gekommen sind, dass wahre Heiligkeit darin besteht, den göttlichen Willen zu erfüllen. Es sind Menschen, die reiche Lebens- und Glaubenserfahrungen haben, aber nur darüber sprechen, wenn sie gefragt werden. Sie kennen sowohl das aktive als auch das beschauliche geistliche Leben und sind in der Lage, denjenigen, die sie unterrichten, schrittweise das Notwendige beizubringen, Zweifel zu zerstreuen und Fragen zu beantworten. Du wirst diesen Menschen bedenkenlos und blindlings vertrauen können – selbst wenn sie nicht gelehrt sind. Allen aber, die wahre geistliche Hilfe suchen, ist ihr von Gott und seiner Liebe durchströmtes Herz genug. Du darfst mit voller Zuversicht diesem Menschen – Gott gebe es, dass du ihn gefunden hast – vertrauen. Verbirg ihm nichts Gutes, damit er dich darin bestärke, weiter führe und berate; verbirg ihm aber auch nichts Böses oder Schlechtes, damit er dich ermahne, zurechtweise und dir gangbare Wege aufzeige, dich zu bessern.

Entscheide nichts Wichtiges, ohne vorher deinen geistlichen Begleiter gefragt zu haben. Vertraue darauf, dass Gott ihm die rechten Worte und Weisungen für dein Heil nicht nur auf die Zunge, sondern auch in sein Herz legt. Auf diese Weise wirst du zwei Übeln entgehen: Das eine leugnet den Rat des Menschen auf dem Weg zu Gott, das andere macht Menschen von Menschen abhängig.

- »Du bedarfst nicht des menschlichen Rates. Nur allein Gott belehrt dich und stellt dich in allem zufrieden.« Falle nicht auf diesen Hochmut herein.
- »Richte dein ganzes Augenmerk und dein Herz auf einen Menschen, den du zu deinem Lehrer machst. Sei ihm untertan, höre auf ihn und tue alles, was er dir sagt.« Der Prophet verflucht sogar jemanden, der so etwas tut: *Verflucht der Mann, der auf Menschen vertraut, auf schwaches Fleisch sich stützt, und dessen Herz sich abwendet vom Herrn* (Jeremia 17,5).

Bejahe Menschen und akzeptiere die Gemeinschaft mit ihnen. Bei Bedarf hole dir von anderen Menschen Rat und Hilfe. So wirst du der ersten Gefahr entgehen. Andererseits setze aber auch dein Vertrauen nicht allein auf die Weisheit und Kraft des Menschen, sondern in erster Linie auf Gott. Er wird bestimmt auch durch Menschen zu dir sprechen und dich stärken. Vertraust du als Erstes auf Gott, den Herrn, so wirst du auch der zweiten Gefahr entgehen. So viel du auch suchst, du wirst keinen anderen so sicheren Weg finden, als wenn du Jesus Christus nachfolgst und den Weg gehst, den alle Heiligen gegangen sind: den Weg der Hingabe in Liebe. Das bedeutet ein Loslassen von allem und ein sich Versenken in die Liebe Gottes.

Suche dir einen Menschen, der dich in behutsamen und deiner Gangart angemessenen Schritten den geistlichen Weg der Hingabe an den Willen Gottes lehrt. Es ist darüber hinaus empfehlenswert, dich einer Gemeinschaft anzuschließen, um immer neu an die Aktualität deines Vorhabens erinnert zu werden und gemeinsam das Gebet der Hingabe zu praktizieren.

Sechsundfünfzigstes Kapitel

Zum Hören auf das Wort Gottes muss im Lauf der geistlichen Entwicklung auch das Schauen kommen. Die Heilige Schrift wird uns lehren, außer dem Hören auch schauen zu können. Dabei schließen wir die leiblichen Augen und beginnen, die Augen der Seele zu öffnen. Je weniger wir abhängig von den Geschöpfen sind, umso klarer können wir schauen.

Du hast gelernt, mehr und mehr und tiefer und tiefer auf das Wort Gottes zu hören – auf die göttlichen Worte, die dir von außen zugesprochen werden, und auf die göttlichen Eingebungen, die du von innen empfängst. Während der geistlichen Entwicklung eines Menschen bildet sich noch eine weitere innere Wahrnehmungsfähigkeit: das Schauen. Die Heilungen Jesu von tauben und blinden Menschen sind nicht nur äußerlich zu verstehen, sondern der Herr öffnete auch das innere Ohr und das Auge der Seele der Menschen.

Wenn jetzt hier das Schauen mit den inneren Augen angesprochen wird, so ist das Schauen der Seele gemeint, das allzu oft nur durch zu vieles äußeres Schauen der Welt überlagert wird. Das sich übermäßige Engagieren in der Welt kann leicht zum Erblinden der inneren, seelischen Augen führen. Daher es geboten, dass der Blick auf die wunderbare Welt und die Geschöpfe immer auf Gott übergeht, um ihn nicht zu verlieren und zu vergessen.

- Unsere leiblichen Augen betrachten die Erde, zu der sie zurückkehren müssen, und den Himmel, wohin die Sehnsucht unseres Herzens geht. *Seh' ich den Himmel, das Werk deiner Finger, Mond und Sterne, die du befestigt...* (Psalm 8,4).
- Der ungezügelte Anblick der Geschöpfe kann zu einem Hindernis werden, den Weg, der zu Gott führt, zu verfehlen. *Wende meine Augen ab von eitlen Dingen; durch dein Wort belebe mich!* (Psalm 119,37) Da das zu Gott entbrannte Herz sich allzu schnell durch den fortwährenden Anblick der Geschöpfe abkühlen kann, bittet der Betende auf seinem Weg um Belebung.

Die Wahrnehmung der Welt und ihrer Geschöpfe durch die leiblichen Augen muss in einem ausgewogenen Verhältnis zur Wahrnehmung göttlicher Dinge durch die Augen der Seele stehen, deren Blick freudiger und heilsamer ist. Um gesammelter zu beten, ist es empfehlenswert, beim Gebet der Hingabe die Augen zu schließen. So erlauben wir unserem Geist unabgelenkter seiner Sehnsucht zu folgen und sich seinem Ursprung zu nähern. Es mag sich ein wenig befremdend anhören, doch sollten wir mit aller Sorgfalt unsere leiblichen Augen bewachen, damit sie nicht ständig umherschweifen und dabei Ungutes aufnehmen, das sie dann unserem Inneren weiter vermitteln.

Wo hat wohl das Übel in der Welt seinen Anfang genommen? Der Anfang allen Übels hat mit einem ungezügelten Augenblick zu tun. Der Mensch sah den verbotenen Baum und er bekam Lust, von seiner Frucht zu essen, da etwas Verlockendes von ihr ausging. Beide Menschen aßen, und die Speise war der Tod für sie und für alle folgenden Generationen. Es ist durchaus nicht klug, das länger und begierlich zu betrachten, was uns nicht zusteht und wonach wir nicht verlangen dürfen.

Ähnlich erging es König David, dessen Augen sich am Anblick einer Frau ergötzten, die gerade ein Bad nahm. Die Frau war sehr schön anzusehen. David schickte nach ihr, und die Frau kam zu ihm, und er schlief mit ihr, obwohl er wusste, dass es die Frau des Hetiters Urija war. Später ließ sie David mitteilen, dass sie von ihm ein Kind erwartet (vgl. 2. Buch Samuel 11). Die Schuld, die David auf sich genommen hatte, lastete schwer auf ihm, sodass er Nächte und Tage durchweinte und zum Herrn seufzte: *Ich bin erschöpft vom Seufzen, jede Nacht benetzen Ströme von Tränen mein Bett, ich überschwemme mein Lager mit Tränen* (Psalm 6,7).

Leider ist es so, wenn wir nicht genau aufpassen, dass unser Herz den Augen nachläuft. Wir müssen vorher abschätzen, welche Folgen es hat, wenn wir uns dieses oder jenes zu lange anschauen und uns vielleicht noch dabei ergötzen. Vieles, was wir uns leicht eingebrockt haben, müssen wir später auf sehr schmerzliche Weise verdauen und loswerden – ein Prozess, der in keinem Verhältnis zu der kurzen und oberflächlichen Freude des Anfangs steht. Sei nicht so leichtsinnig und erlaube es deinem Herzen nicht, dass es deinen Augen nachläuft ...

Es darf nicht sein, dass wir mit unseren Augen so fest, so tief und fasziniert an einem Geschöpf hängen und uns mit ihm beschäftigen, dass wir darüber unseren Schöpfer aus den Augen und als Folge aus dem Herzen verlieren. Damit sind das Gebet, die Betrachtungen, die Anbetung und der Gottesdienst gemeint.

- Ein gesammeltes Herz, das zu einem reinen Herzen werden möchte, zeichnet sich dadurch aus, dass es Abstinenz in Hinsicht auf das Ansehen und das Betrachten übt.

- Das zuverlässigste Merkmal eines ungebundenen Herzens ist die Ungebundenheit im Sehen und Betrachten. Kein Pulsschlag erklärt so klar und sicher, was im Körper vorgeht, als das Auge das offenbart, was in der Seele an Bösem und Gutem vorgeht.

Durch Blicke und Anblicke können wir viel Böses bewirken, das wir dann anschließend mit vielen Tränen bezahlen müssen. Wichtiger als die äußeren Augen sind jedoch die Augen der Seele. In ihnen ruht in Wahrheit die Entscheidung, ob wir das Böse oder das Gute betrachten wollen. Hier, in der verborgenen Innerlichkeit, wird auch ein Mensch danach beurteilt, ob er sehend oder blind ist.

- Die Pharisäer, zu denen Christus, unser Herr, sprach, hatten leibliche Augen, mit denen sie die Welt sahen. Weil sie jedoch nicht mit den Augen der Seele sahen, bezeichnete der Herr sie als blind. *Lasst sie, es sind blinde Blindenführer. Und wenn ein Blinder einen Blinden führt, werden beide in eine Grube fallen* (Matthäus 15,14).
- Dagegen sahen Isaak, dessen Augen im Alter erloschen waren, und Tobias, der durch Vogelkot erblindet war, recht klar mit den Augen ihrer Seele, sodass sie die richtigen Entscheidungen treffen konnten.
- Antonios, der Einsiedler und Stern der Wüste, sagte zu einem Blinden namens Didymus, der sehr bewandert in der Heiligen Schrift war: »Es darf dich nicht schmerzen, dass du keine Augen hast, die auch die Katzen und Hunde und andere Tiere haben. Du hast klare Augen der Seele, mit denen wir Gott schauen.«

Jedem Menschen ist die Möglichkeit verliehen, Göttliches mit den Augen seiner Seele zu schauen. Hüte dich jedoch davor, Staub in deine Augen zu bekommen – vielleicht durch eitle Ehre oder Selbstgefälligkeit. Lass nicht zu viel Nebel aufkommen durch deine ständig umherschweifenden und fragenden

Gedanken, sondern entkette dich durch Hingabe im Gebet und im Gottesdienst von vielen Dingen, die dich festzuhalten versuchen und das wahrhafte Schauen verhindern. Erhalte deinen Verstand und deine Vernunft klar und gesund, um sie für denjenigen anzuwenden, der sie dir verliehen hat.

Siebenundfünfzigstes Kapitel

> Um den rechten Ausgangspunkt und Standpunkt zu haben, müssen wir uns zuerst selbst kennenlernen, um uns lebenswahrhaftig auf Gott, unseren Schöpfer, ausrichten zu können. Eine gesunde Selbsterkenntnis ist Voraussetzung für alles. Durch den Mangel dieser Selbsterkenntnis entstehen viele Übel.

Es gibt keine schlimmere Täuschung, als wenn jemand im Hinblick auf sich selbst getäuscht wird, indem er sich für etwas anderes hält als das, was er in Wirklichkeit ist. Blicke daher auf dich, um dich besser kennen zu lernen. Dein Körper und deine Seele gehören zusammen, bis sich einmal die Seele vom Körper trennt und dieser zu Staub zerfällt. Deine Seele, wenn sie nicht zu sehr durch Sünden belastet ist, wird zu Gott aufsteigen, der sie durch seine unendliche Liebe anzieht. Wenn du dich für mehr hältst, als du in Wirklichkeit bist, wird der Herr sagen: »Geh' hinweg von mir.« So deuten Gregor der Große und Bernhard von Clairvaux den 7. und 8. Vers des ersten Kapitels des Hohenliedes. »Wenn du dich nicht kennst, du schönste der Frauen, so geh hinaus und folge den Spuren der Schafe und weide sie da, wo die Hirten lagern.« Mit den Spuren sind die Spuren der Sünder gemeint.

Nichts ist so sehr zu fürchten, als aus dem Mund Gottes zu

hören: »Geh' hinweg von mir.« Es ist das härteste Wort, das ein Vater zu seinem Sohn oder zu seiner Tochter sagen kann, ja, das überhaupt Menschen zueinander sprechen können. So ist es mit unserer Seele, wenn sie sich von Gott entfernt und sich von ihm trennt. Von allem Guten und damit von Gott hat sie sich losgesagt und stürzt sich nun in alle möglichen Übel.

Als es Meinungsverschiedenheiten und eine Spaltung unter den Jüngern gab, fragte Jesus die zwölf Apostel: *Wollt auch ihr weggehen? Simon Petrus antwortete ihm: Herr, zu wem sollen wir gehen? Du hast Worte des ewigen Lebens* (Johannes 6,68).

> Herr, wenn du uns von dir weisen würdest:
> Wohin sollen wir gehen, an wen uns wenden?
> Du hast nicht nur Worte ewigen Lebens,
> sondern du bist der Quellgrund ewigen Lebens.
>
> Herr, wohin sollen wir gehen, du ewiges Licht?
> Ohne dich ist es Nacht, und wir irren umher.
> Herr, wohin sollen wir gehen, du lebendiges Brot?
> Wir verhungern ohne dich, dem Tod ausgeliefert.
>
> Wohin sollen wir gehen, du Schutz unseres Lebens?
> Herr, du gibst Sicherheit in jeder Not und Gefahr.
> An wen sollen die Schafe sich wenden,
> wenn sie von reißenden Wölfen umgeben sind?

Wenn der Menschensohn in seiner Herrlichkeit kommt, wird er zu denen sagen, die nicht das Geringste für ihre Brüder und Schwestern getan haben – und somit auch nicht für Jesus Christus –: »Geht hinweg!« (vgl. Matthäus 25,45.41) Es muss das Schlimmste für die Seele eines Menschen sein, von Gott zu hören: »Geh' weg von mir.« Wir sollten mehr als hellhörig sein, um wahrzunehmen, wenn wir Gott beleidigt haben, um es so schnell wie möglich wieder gut zu machen. Das Hinausgehen, ja, das Hinausgehen-Müssen ist als die Ursache aller Übel etwas sehr Schwerwiegendes. Denn was wird derjenige, der den göttlichen Beistand verloren hat und seinen eigenen Kräften überlassen ist, anderes tun, als seinen Herrn zu verleugnen?

Ohne zu erkennen, was er Böses getan hatte und ohne es zu bedauern, verleugnete Petrus seinen Herrn. Bis ihm der göttliche Beistand wieder zuteil wurde, lebte er in einem seelisch sehr unglücklichen Zustand der Angst. Der Herr richtete auf Petrus, der schwer gesündigt und den Herrn vergessen hatte, wieder seinen Blick und ließ ihn erkennen, was er durch seinen Fall angerichtet hatte.

Der Grund, warum der gütige Herr bestimmte von seinen Kindern aus dem Haus weist, besteht darin, dass sie sich selbst und ihre Sünde nicht erkennen und denken, sie könnten sich auf ihre eigenen Kräfte stützen. Das Sündigen gehört zum Menschen und nicht zu Gott. Das Gute allein kommt von ihm, und wir tun es durch ihn. Für unsere richtige Ausgangsposition ist es wichtig, zu erkennen, dass wir all das Gute, das wir besitzen, nicht uns, sondern Gott verdanken. Da ihm Ehre, Lob und Preis gebührt, dürfen wir nicht einem wandelbaren Menschen die Ehre des unwandelbaren Herrn zukommen lassen. Schaffen wir uns einen neuen »Gott« und lassen den wahren Schöpfer des Himmels und der Erde außer Acht, wird auch er uns außer Acht lassen.

Wie schnell werden diese Worte, ja, wird diese Tatsache durch Menschen erfüllt:
- Geistig Gesinnte verlieren ihre Geistigkeit und verwandeln sich in Menschen, die vom Geschlechtstrieb beherrscht werden.
- Stille und in sich gekehrte Menschen werden durch Veräußerung zu Menschen, die ungebunden, zügellos und ausschweifend sind.
- Menschen, die würdig die heilige Eucharistie empfangen haben, verlieren den Zugang zu diesem himmlischen Brot und bevorzugen das zu essen, was die Schweine zu sich nehmen. Alles, was sich auf Gott bezieht, ist ihnen zuwider.

Es ist höchst erschreckend, zu sehen, wie schnell sich Gold in Kot verwandeln kann.

Worin besteht der Grund, dass viele Menschen, die in ihrer Jugend enthaltsam lebten, obgleich sie schwere Versuchungen ertragen mussten, im späteren Alter auf bedauernswerte Weise die Sünde der Unzucht begingen? Sie waren über sich selbst erstaunt und verabscheuten ihr Tun. In ihrer Jugend lebten sie im Aufschauen auf Gott und pflegten täglich den Kontakt zu ihm. Sie machten die wunderbare Erfahrung, dass sie bei Versuchungen durch sexuelle Kräfte in ein einfaches Gebet flüchten konnten, indem sie Gott wiederholt um Hilfe baten. Er beschützte sie und führte sie unbeschadet durch die Versuchung.

Im Laufe der Jahre jedoch entwickelte sich in ihnen ein gefährlicher Stolz darauf, schon so lange im Besitz der Keuschheit zu sein. Mehr und mehr setzten sie dann ihr Vertrauen auf sich selbst anstatt auf Gott. In diesem Augenblick zog der Herr seine schützende Hand von ihnen zurück und sie sind – auf sich selbst beschränkt – gefallen.

Durch ihren Stolz haben diese Menschen den wahren Sinn verloren, das heißt, dass sie sich nicht mehr in allem dem Herrn verdanken und ohne ihn in bedauernswerte Sünde fallen. Sie geben Gott nicht mehr die Zuwendung und die Ehre, die ihm gebühren. Es sollte eine Warnung für alle sein, wenn jetzt diese Gefahr angesprochen wird und sie sollten die Folgen erkennen, wenn man der Gefahr erliegt. Wir müssten uns des Öfteren die Situation vor Augen führen, in der Gott zu uns sagen könnte: »Geh' hinweg!« Gehen wir tief in uns, erkennen wir gewiss, dass manches Verhalten oder manche Eigenschaften der Erneuerung bedürfen.

Durch den Stolz wird ein Mensch dem Widersacher immer ähnlicher. *Und er* (der Teufel) *steht nicht in der Wahrheit; denn es ist keine Wahrheit in ihm. Wenn er lügt, sagt er das, was aus ihm selbst kommt; denn er ist ein Lügner und ist der Vater der Lüge* (Johannes 8,44). Da er für sich sein wollte, stützte er sich auf sich selbst, und deshalb ist er gefallen. In Wahrheit und für immer kann ein Geschöpf nur in Gott bestehen. Durch Selbsterkenntnis wird unsere Seele den guten Engeln ähnlich, die Gott im Blick haben und nicht ihr eigenes Ego. Daher stützte Gott die Engel und gab ihnen Rückhalt. Vor Freude und Begeisterung rufen sie: »Wer ist wie Gott?«

Wenn unsere Seele diese Entwicklung durchläuft, widerspricht sie – wie die guten Engel – dem unglücklichen Luzifer und seinen Anhängern. Sie wollten Götter werden, indem sie sich anmaßten, das zu sein, was Gott allein zukommt: der Ursprung, die Stütze und die Seligkeit aller Geschöpfe. Luzifer und seine Anhänger erkannten zwar, dass sie das Angestrebte in Wahrheit nicht werden konnten, da sie ja selbst von Gott geschaffen sind; doch ergötzten sie sich daran, als ob sie es sein würden. In gleicher Weise handeln die Stolzen. Ihre Vernunft sagt ihnen, dass sie alles Gute von Gott haben, doch ihr Wille geht eigene Wege. Durch ihn entwickeln sie an sich selbst eine Freude, als ob sie alles Gute aus sich selbst besäßen. Die Vernunft weiß, dass Gott allein die Ehre gebührt; der Wille eines stolzen Menschen jedoch zieht sie von Gott ab und gibt dem Menschen selbst die Ehre.

Die guten Engel rufen mit Verstand und Willen und mit ihrer gesamten Persönlichkeit: »Wer ist wie Gott?« Sie erkennen sich – wie wir es auch tun sollten – als Geschöpfe Gottes, die sich ihm verdanken. Gott hat die Engel zu seinen Gefährten erhoben, ohne dass sie diese Würde jemals verlieren können. Damit auch wir einmal in den freudigen Besitz dieser Gnaden kommen und sie bewahren können

♦ ist die Hingabe an Gott mit allem, was wir sind und haben, im täglichen Gebet und darüber hinaus unverzichtbar,
♦ sollte alles in unserem tätigen Leben Gott wohlgefällig sein und ihm zur Ehre gereichen.

Schenkt uns Gott diese Gnade – wir hingegen können uns nur dafür bereiten –, sollten wir wahrhaft Sorge tragen, sie nicht wieder zu verlieren. Leichtfertiges und oberflächliches Leben in Sorglosigkeit zehrt an der uns geschenkten Gnade. *Dein Herz ereifere sich nicht wegen der Sünder, sondern eifere stets nach Gottesfurcht!* (Sprichwörter 23,17)

Achtundfünfzigstes Kapitel

Die Selbsterkenntnis ist ein wesentlicher Meilenstein auf unserem Weg zum Himmel. Darauf sollten wir großen Wert legen. Praktische Angebote zur Selbsterkenntnis. Von der unbedingten Notwendigkeit, einen abgesonderten Ort zu haben, an den wir uns zu unserem Gebet zurückziehen können.

Aus dem bereits Gesagten und aus dem, was die Heiligen zur Selbsterkenntnis sagen, wirst du sehen, welch hohen Stellenwert die Selbsterkenntnis hat und wie notwendig sie ist, um zur Erkenntnis Gottes zu gelangen. Wir alle haben letztlich den Wunsch, dass Christus in unserer Seele wohnt und uns nicht mehr verlässt. Dazu sollten wir wissen, dass nicht die hochstrebenden, sondern die demütigen Herzen seine Wohnung sind. Es kommt jetzt wesentlich auf eine Erkenntnis an, die wir nicht vergessen sollten: Unter allem sich Verändernden verbirgt sich Gott, der Unveränderliche und Ewige. Um ihm zu begegnen, müssen wir alles Veränderliche und damit auch Austauschbare im Überschreiten zurücklassen, um Gott näher zu kommen. Alle Geringfügigkeiten spielen auf diesem Weg keine Rolle mehr; wir lassen sie zusammen mit allem Beweglichen im Vorgang der betenden Versenkung zurück, um Gott, dem Unbeweglichen, zu begegnen. Auf diesem Weg, der in ein schweigendes Dasein vor Gott führt, erfüllt sich die Sehnsucht des Menschen.

Dies ist der unbewegliche Grund oder Fels, auf den wir die Wohnstatt Gottes in unserer Seele erbauen sollen. Wenn wir dieses Haus auf dem Fließsand des Veränderlichen und damit auf den wechselvollen Stimmungen unseres Selbst errichten würden, hätte es keinen Bestand. »Wenn du dieses Haus zu bauen gedenkst«, so sagt Gregor der Große, »sorge zuerst für eine feste Grundlage. Durch Demut wirst du sie am ehesten erreichen. Wer ohne Demut ans Werk geht, gleicht jemandem, der bei heftig wehendem Gegenwind Asche in seiner offenen Hand trägt.« Ein auf einer beschränkten und schwachen Grundlage errichtetes Gebäude wird einstürzen. Sollen gute Eigenschaften in uns wachsen, so müssen sie Bescheidenheit und Demut zur Grundlage haben, damit das Haus der Seele fest steht, in das Christus einziehen wird. Erhebt sich zwischenzeitlich Stolz, so kann dieser als orkanartiger Sturmwind das Haus zum Einsturz bringen.

Es erhebt sich die berechtigte Frage, wo wir den Edelstein der Selbsterkenntnis finden. Dieser Stein ist zwar von hohem Wert, doch finden werden wir ihn in unserer Geringfügigkeit, in unseren Fehlern und Mängeln. Dazu benötigen wir eine andere Blickrichtung, indem wir unsere Augen von der Beobachtung des Lebens anderer abwenden und nicht bei ihnen nach seltsamen Dingen forschen, sondern dass wir uns selbst in den Blick nehmen. Anfänglich wird es nicht ganz einfach sein, uns selbst zu erkennen. Es ist, als ob wir vom Sonnenlicht in ein dunkles Zimmer treten würden und vorerst gar nichts erkennen. Ziehst du dich doch immer wieder in die Stille deines Gebetes zurück, wirst du mit der dir zuströmenden Gnade allmählich das sehen, was in deinem Herzen vorgeht – und sei es auch in den geheimsten Winkeln.

Eusebius Hieronymus empfiehlt einer verheirateten Frau folgenden praktischen Weg: »Erfülle auf die Weise deine häuslichen Pflichten, dass du täglich auch für deine eigene Seele ein wenig Zeit findest. Suche dir einen Raum oder einen Platz, der ein wenig abseits vom Treiben deiner Familie ist. Gehe regelmäßig an diesen Ort deines Gebetes, deiner Ruhe und deiner Kraft. Lass wie ein Schiff, das in einen sicheren Hafen einläuft, den Sturm deiner Sorgen zurück und setze an die Stelle deiner

Beschäftigung die Nichtbeschäftigung. Im Gegensatz zu allem sonstigen Tun lerne vor Gott das Nichttun. Das Gebet der Ruhe führt dich in eine andere Welt, die deine Gedanken und dein Tun kräftigt und dir neue Lebensfreude vermittelt. So sollst du dich nicht generell von der Leitung deines Haushalts zurückziehen, sondern nur Pausen für das Gebet einlegen. Du wirst in der Stille nachdenken und lernen, wie du effektiver deinen Tag einteilst und freudiger und schneller deine täglichen Pflichten erfüllst.«

Wie dürfen sich die Menschen glücklich schätzen, die nicht mit so vielen Sorgen belastet sind und unbeschwert sich in die Stille zurückziehen können. Es gibt sowohl einzelne Menschen als auch kontemplativ lebende Ordensgemeinschaften, die das Gebet und den Gottesdienst in innerer und äußerer Zurückgezogenheit regelmäßig pflegen, und dieses auch stellvertretend für die vielen Menschen tun, die niemals gelernt haben zu beten oder durch Verstrickung keine Zeit dazu finden. Ist unsere Innerlichkeit mit der liebenden Gegenwart Gottes erfüllt, finden irdische Sorgen keinen Einlass in unser Herz.

Wenn wir uns selbst auf den Grund gehen und uns dadurch besser erkennen, spüren wir eine große Verantwortung uns selbst und den Menschen gegenüber, für die wir Verantwortung mittragen, und für die gesamte Schöpfung. Ja, wir dürfen uns als lebendigen Tempel Gottes sehen, in dem Heiliger Geist weht und einmal, unter treuer Aufrechterhaltung unserer Aufgaben und Pflichten, Gott ohne Unterlass die Ehre erwiesen wird und Gebete dargebracht werden. Auf dem Weg dorthin soll unser vorrangiges Bemühen dahin gehen, dass wir uns mehr und mehr in den Willen Gottes einstimmen und versuchen, ihn auch in unserem Leben umzusetzen. *Richtet euren Sinn auf das Himmlische und nicht auf das Irdische!* (Kolosserbrief 3,2)

Wenn unsere Beziehung zu Gott in unserem Leben an der ersten Stelle steht, gelingt es uns auch, Gott unser Herz mit größerer Freiheit und Freude zu öffnen. Durch Gott wird unsere gesamte Persönlichkeit angesprochen, zu der Körper, Geist und

Seele gehören. Schalten wir ein Element aus – vielleicht aus Egoismus oder mangelnder Hingabebereitschaft – bleiben wir auf dem geistlichen Weg zu Gott stehen und werden das Ziel nicht erreichen. Der Zustand ist wie bei einer Frau, die über Garn zum Weben und Nähen verfügt, jedoch niemals richtig zu arbeiten beginnt.

Im Grunde ist es für jeden Christen etwas Beschämendes, wenn er sich religiös nicht weiterbildet und in seiner geistlichen Entwicklung nicht fortschreitet. Fortschritt geschieht durch das Gebet der Hingabe und alle anderen Gebete, den Besuch des Gottesdienstes und das Lesen der Heiligen Schrift sowie anderer guter geistlicher Literatur. Unverantwortlich jedoch ist es für Ordensleute und Priester, wenn sie ihren geistlichen Pflichten nicht nachkommen und ihr spirituelles Leben versandet. Man muss nicht jede Veranstaltung, die angeboten wird, besuchen; man muss sich nicht immer unter Menschen aufhalten, um zu sehen und gesehen zu werden. Wir sollten nicht ständig unterwegs sein und uns in den vielen Angeboten der Welt verzetteln.

Bei all unseren Aufgaben und Verpflichtungen, bei allen guten Werken der Liebe, die wir zusätzlich tun, muss täglich genügend Zeit für das persönliche Beten übrig bleiben, um nicht stumpf und herzlos zu werden. Die Zurückgezogenheit wird zur Keimzelle nicht nur allen geistlichen Lebens, sondern des Lebens überhaupt. Wenn es anfänglich auch einige Überwindung kostet, deine Arbeit zu unterbrechen, um dich für dein Gebet eine kurze Zeit zurück zu ziehen, so wird dir schon bald etwas Wesentliches fehlen, wenn du die Übung des Schweigens und der Stille versäumt hast. Du brauchst – und das ist lebensnotwendig – einen Ort und Zeit, wo und in der deine »Geschäfte des Himmels« behandelt werden. Tiefe Erfüllung und Zufriedenheit wie auch Arbeitsfreude und Kreativität werden schon bald als Folge deines Rückzugs ein Geschenk an dich sein.

Neunundfünfzigstes Kapitel

Weitere Anwendungsmöglichkeiten zur Selbsterkenntnis. Durch das persönliche Gebet im Schweigen werden Zusammenhänge klar, die uns durch bloßes Denken nicht bewusst werden. Das Gebet der Hingabe ist das Fundament aller Selbsterkenntnis, aus der Gotteserkenntnis erwächst. Das Lesen geistlicher Texte unterstützt diesen Vorgang.

Ziehe dich zweimal am Tag an einen Ort der Ruhe zurück: am Morgen und am Abend. Neben deinem Gebet der Hingabe ist es ratsam, am Morgen das Leben, die Lehre und das Leiden unseres Herrn Jesus Christus zu betrachten. Am Abend solltest du vor oder nach dem Gebet auch ein wenig an deiner Selbsterkenntnis arbeiten. Es gibt sehr gute Literatur zu »Exerzitien im Alltag«, die in der Lage ist, deine Mängel und Fehler widerzuspiegeln. Wenn dies lebenswahrhaftig geschieht, bedeutet das eine Kräftigung deiner Seele auf dem Weg des Heils.

Die Literatur und das Lesen sollen dich nicht anstrengen, sondern die Texte müssen in der Lage sein, dein Herz zu Gott zu erheben und dir Möglichkeiten der Stille einzuräumen, in der du die leise Stimme Gottes hören kannst. Die dich begleitende Literatur muss von einem Gott nahen Menschen geschrieben sein, sodass du durch die Worte, die du liest, eventuell die Stimme Gottes hörst, die zu dir spricht. Hafte jedoch nicht zu stark an den gelesenen Worten, sondern löse dich auch wieder von ihnen, damit du dem Herrn ganz zur Disposition stehst. Es kann sonst geschehen, dass du vor zu vielen Worten die Nähe und die Wirklichkeit Gottes verlierst. Deine Aufmerksamkeit darf vom Text nicht so gefesselt sein, dass sie dir zum Hindernis auf deinem geistlichen Weg wird. Lies daher nur wenig und strenge dich nicht an.

Vertraue darauf, dass der Herr dir das rechte Verständnis der Worte schenkt, sodass dir sowohl deine Fehler als auch die wachsende Gottesliebe bewusst werden. Du darfst sicher sein: Der Herr wird dir Einsicht verleihen in vieles, was dir noch fremd ist. Lass dich durch den gelesenen Text anregen, horche auf, lege ihn zur Seite und nimm die Bilder und Gedanken wahr, die von selbst kommen und wieder gehen. Darunter werden auch neue Impulse zu deiner Selbsterkenntnis sein. Nimm sie bejahend in dieser inneren Sammlung vor Gott an. Spüre, dass der Herr dir ganz nahe ist, er, der Himmel und Erde erfüllt, und dass es keinen Ort gibt, an dem Gott nicht ist. Er ist weitaus mehr in dir präsent als du es selbst bist.

Du nimmst zu Gott, dem Allmächtigen, eine Beziehung auf und darfst zu ihm sprechen. Bitte ihn als Erstes um Vergebung der Sünden, die du an diesem Tag begangen hast. Sprich zunächst deine Gebete aus und verinnerliche sie dann mehr und mehr, bis sie in einem Schweigen vor Gott münden. So bleibst du in einer steten und lebendigen Beziehung zum Herrn, ohne auf andere Gedanken zu kommen oder gar einzuschlafen. Du betest zuerst mit dem Mund und nach und nach mehr mit der Seele. Du wirst spüren, dass du über dich selbst hinaus wächst, und dass es nicht nur um das Heil für deine eigene Seele geht, sondern du auch für diejenigen betest, für die du Verantwortung trägst und die dir anvertraut sind. Wenn du Christus liebst, wird dir alles, wofür er sich hingegeben hat, zu Herzen gehen. Es werden nicht nur die Lebenden, sondern auch die Verstorbenen sein und diejenigen, die der Erkenntnis Gottes beraubt sind, die du in dein Gebet einschließt.

Du richtest deine Gebete an Gott, den Vater, den Allmächtigen, den Schöpfer des Himmels und der Erde, und an Jesus Christus, seinen eingeborenen Sohn, unseren Herrn. Jesus Christus wird dir in all deinen Nöten und Bedrängnissen zum liebsten Zufluchtsort. Richte aber auch dein Gebet an die Mutter Gottes, der du großes Vertrauen schenken darfst, denn sie wiederum wird in deinen Anliegen zur Fürbitterin bei ihrem geliebten Sohn, Jesus Christus.

Sechzigstes Kapitel

> Sich des Öfteren den Tod vor Augen zu führen, ist heilsam und führt zu einer besseren Selbsterkenntnis. In diesem Kapitel bezieht sich die Betrachtung des Todes auf den Körper des Menschen, und im nächsten Kapitel wird aufgezeigt, was beim irdischen Tod der Seele widerfährt.

Nach deinen mündlichen Gebeten beginne mit dem Gebet der Stille. Lass dich von der Schwerkraft der Liebe anziehen, die in deinem Herzen wohnt. In diesem Vorgang der Versenkung wirst du die Vielfalt der Bilder und Gedanken hinter dir lassen und nur noch die eine Wirklichkeit spüren: Jesus Christus. Ihm gegenüber steht die Wirklichkeit deiner Existenz, die der Herr als Körper und Seele geformt hat, als er dich ins Leben rief. Lass die Stille zu, wenn sie sich einstellt, aber auch die Gedanken und Bilder, die von selbst kommen. Und da diese Impulse von selbst kommen, werden sie auch von selbst wieder vergehen und der Stille Raum geben. Lass dir Zeit und tauche im Loslassen von allem in diese ruhevolle Wachheit vor Gott ein...

Versetze dich in deine Todesstunde, die dich mit absoluter Sicherheit einmal ereilen wird und sprich so wahr und tief wie es dir möglich ist: »Die Stunde meines Todes wird eines Tages kommen. Der Tod kann mich schon in dieser Nacht oder Morgen aus dieser Welt rufen. Wie das geschieht, weiß ich zwar nicht, aber ich weiß, dass es geschieht.« Denke des Öfteren an deinen Tod und bete um eine gute Todesstunde, in der sich die freundschaftliche Verbundenheit deines Körpers mit deiner Seele auf nicht voraussehbare Weise lösen wird.

Regele rechtzeitig all die Dinge, die du dir zu deinem Begräbnis wünschst und sprich auch das an, was du dir nicht wünschst, damit die Menschen, die dich beerdigen, Bescheid wissen. Weise darauf hin, dass du eine Bestattung in der Erde möchtest. Wisse aber auch, dass du von Menschen schnell vergessen sein wirst – vielleicht diejenigen ausgenommen, die dich sehr lieb hatten. Während dein Körper vergeht, gewinnt deine Seele an Leichtigkeit und Licht, um zu Gott aufzusteigen.

Betrachte, wie sich der Körper eines Menschen im Lauf seines Lebens verändert und wir keinen Augenblick oder keinen Zustand bewahren können. Bei diesem Gedanken wirst du erkennen, wie töricht diejenigen sind, die sich ängstlich an ihren Reichtum oder gar an einen Menschen klammern. Daher sollten wir im Wissen, dass wir alle diese Welt arm verlassen müssen, rechtzeitig das Loslassen üben. Der beste Weg ist der über das Gebet der Hingabe.

- Wie kann jemand mit dieser Perspektive verbissen und krampfhaft in dieser Welt nach hohen Positionen und mehr Ansehen streben?
- Wie kann jemand seinen Körper und die mit ihm verbundenen Befriedigungen – Essen, Trinken und Sexualität – an die erste Stelle seines Lebens setzen, wo er doch um die Vergänglichkeit all dessen weiß?

Bringe in der nun folgenden Betrachtung deinen Körper vor Gott, indem du deine Hände, deine Arme und dein Herz öffnest. Erheben sich sinnliche Begierden, versuche auch sie Gott hinzuhalten und abzugeben – symbolisch, indem du sie lang und tief ausatmest. Nicht im Töten, sondern im Annehmen und Abgeben liegt das Geheimnis. Lege alle Wünsche ab, der Welt zu gefallen, aber auch den, ihr nicht zu gefallen. Halte nicht zu viel von dem, was sich in der Welt hervortut und glänzt. Verachte deinen Körper nicht, denn er ist eine wertvolle Gabe Gottes, die deine Seele durch diese Welt trägt, damit sie Erfahrungen machen und reifen kann. Bewerte jedoch deinen

Körper nicht zu hoch und denke daran, dass er nur eine begrenzte Zeit in dieser Welt lebt und dann zu Staub verfällt. Nutze daher die Zeit klug, in der dein Körper gesund ist und in guter Freundschaft mit deiner Seele verbunden ist.

Lerne aus deinen Erfahrungen und dem Rat wissender Menschen, wie du mit deinem Körper auf beste mögliche Weise umgehen sollst, damit du ihm keinen Schaden zufügst. Er möge dich so lange durch diese Welt tragen, bis der Herr vorgesehen hat, ihn von deiner Seele zu trennen. Nimm des Öfteren das Ende deines irdischen Lebens in den Blick und gestalte von hier aus deinen Tag. Ein Kapitän, der sich an das Ende seines Schiffes stellt, kann es von hier aus am allerbesten lenken.

Einundsechzigstes Kapitel

> Die Selbsterkenntnis wird durch die Betrachtung des eigenen Todes unterstützt. Was geschieht mit unserer Seele, wenn der Körper sich durch den Tod von ihr trennt?

Nach dem Tod bleibt unser Körper in dieser Welt zurück und wird zu Grabe getragen. Im Laufe der Zeit verfällt er, wird zu Staub und löst sich mehr oder weniger auf. Doch was geschieht mit unserer Seele nach dem Tod, wenn sie sich von unserem Körper trennt? Eine gewisse Erschütterung tritt ein, wenn Gewohntes auseinander geht. In schneller Folge treten in der Seele Erinnerungen auf an das, was in unserem Leben vor Gott wohlgefällig war und an das, was ihn beleidigte. Vieles, was wir vorher für geringfügig hielten, erscheint uns auf einmal wichtig. Es kann sein, dass die Seele zeitweilig Dunkelheit umgibt, da wir unserer Sinne beraubt sind. Dies alles geschieht noch, während die Seele unseren Körper verlässt und zu Gott aufsteigen möchte. Wie schnell sich dieser Aufstieg vollzieht, liegt an der Art und Weise unseres gelebten Lebens und an der Entscheidung Gottes.

Unser Los liegt jetzt allein in der Hand Gottes. Wenn die Seele nach der Trennung ein wenig zur Ruhe gekommen ist oder später, wenn die Dunkelheit von ihr gewichen ist, wird sie aus dem Mund des Ewigen die Worte vernehmen: »Komm zu mir, du bist von meinem Vater gesegnet!« (vgl. Matthäus 25,34) Es kann aber auch das Wort für uns vernehmbar werden: »Geh' hinweg von mir!« (vgl. Matthäus 25,41) Im 57. Kapitel wurde darüber ausführlich gesprochen, sodass es an dieser Stelle nicht noch einmal wiederholt wird. Was uns während eines sogenannten Zwischenaufenthaltes erwartet und wie lange er dauern wird, wissen wir nicht. Die Entscheidung über das, was die Seele an Licht und Gnade, Erlösung und Freiheit erfährt oder noch nicht erfährt, liegt allein in Gottes Hand. Wir sollten uns während unseres Lebens davor hüten, Gott zu beleidigen, denn während der Stunde unseres Todes bedürfen wir seiner in ganz besonders intensiver Weise.

Du musst damit rechnen, dass böse Geister auftreten, die dich deiner Sünden wegen anklagen und von Gott eine gerechte Bestrafung deiner Seele verlangen. Sie bestehen darauf, dass jede einzelne Sünde besonders gewichtet wird. An diesen Kräften, die dich auch jetzt noch von Gott trennen wollen, wird es nicht fehlen. Vertraue auf die göttliche Barmherzigkeit und höre nicht auf, im Gebet der Hingabe inständig darum zu bitten.

Wenn du dich in deiner Zeit der Zurückgezogenheit und Sammlung in das Thema »Sterben« versenkst, dann führe dir vor Augen, was in deinem Leben vor Gott gut, weniger gut oder gar schlecht war. Bitte den Herrn um Vergebung deiner Sünden und darum, dass er dir in deiner Todesstunde, in der du diese Welt verlassen musst, Barmherzigkeit erweisen möge.

Stelle dir vor, du wärest ein Dieb, den man auf frischer Tat ertappt hat und nun mit gebundenen Händen abführt; stelle dir vor, du wärest eine Ehefrau, die von ihrem Mann beim Ehebruch beobachtet wurde. Weder der Dieb noch die Frau wagen vor dem Herrn ihre Augen zu erheben, sondern sie schauen beschämt zu Boden, da sie im Licht der Wahrheit ihre Vergehen nicht leugnen können. Denke einmal darüber nach, dass Gott uns und das Geschehen mit ganz anderen Augen sieht und beurteilt als es ein Mensch vermag. Gott sieht und beurteilt umfassend, wahrscheinlich allumfassend über Generationen hinweg, dein Erbe, deine Veranlagung, deine unfreie oder freie Entscheidung zum sündigen Tun, deine Schwäche, deine Beeinflussbarkeit, deinen Egoismus und deinen Stolz und vieles mehr.

Jemand, der sich schämt, schlägt die Augen zu Boden und wagt nicht, aufzuschauen. Scham drängt immer danach, sich zu verneigen; Scham drängt nach einem Kleid, das Gott den ersten Menschen reicht, nachdem sie gesündigt hatten. Spüre, dass auch du infolge deiner Sünden nach diesem Kleid der Barmherzigkeit und Vergebung Gottes verlangst. Klage dich an, wie du dich anklagen musst und unter- oder übertreibe dabei nicht. Bereue besonders die Sünden, die dir am schwersten erscheinen. Nimm einen guten Rat an: Sind es die Sünden der Unkeuschheit, derer du dich anklagst, so halte dich nicht in Gedanken zu lange bei ihnen auf, damit nicht konkrete Erinnerungen in dir aufsteigen, die erneut die Geschlechtslust in dir wecken. Möge die kurze Betrachtung dieses Sündenfeldes Bedauern und Abscheu in dir hervorrufen. Gehe dann über zu etwas anderem, das du bereust und nimm dir fest vor, auch diese Sünde zu meiden.

Stelle dich jetzt bei deiner Betrachtung auf die Seite des Guten, das dir Gott, solange du zurückdenken kannst, erwies. Nimm es wahr in Bezug auf deinen Körper, auf deinen Geist und – soweit du es vermagst – auch auf deine Seele. Spüre, dass du zumindest in guten Zeiten dem Herrn entschieden mehr Dank und Liebe hättest entgegen bringen müssen. Da dir im

Augenblick noch kostbare Lebenszeit geschenkt wird, nutze diese Zeit, um etwas wieder gut zu machen, vor allem aber, dein Denken, Sprechen und Tun stärker auf Gott auszurichten.

Hat nicht der unendlich liebende Gott dir immer zur Seite gestanden? Von vielen Übeln hat er dich befreit und in vielen Gefahren schützend seine Hand über dir ausgebreitet. Gott ist in Jesus Christus Mensch geworden, um uns sehend zu machen und uns den Weg zum Vater zu weisen, um uns von dem zu heilen, was in uns und an uns böse ist. Dafür hat er sein Blut vergossen und sein Leben hingegeben. Du hast viel von Gott empfangen. Am Ende deines Lebens wirst du gefragt:

- Hast du das Empfangene angenommen und weiter geschenkt? Oder hast du es vielleicht für dich selbst behalten?
- Wie bist du mit der dir geschenkten Gnade umgegangen? Hast du sie wertgeschätzt oder gar missachtet?
- Bist du der Liebe des Herrn mit Sorgfalt und Hochachtung begegnet? Hast du in den kleinen Dingen des Alltags die große Güte erkannt, mit der Gott dich zu deinem Heil führen wollte?

Wenn du die Fragen aufrichtig beantwortest, wirst du vielleicht feststellen, wie wenig dankbar du dem Herrn gegenüber warst, wie du Gutes mit Bösem vergolten und dem, der dein Heil möchte, den Rücken gekehrt hast. Wie sollte der Dank beschaffen sein, wo uns doch der Herr in seiner unendlichen Barmherzigkeit von verdienten Strafen befreit hat? Was können wir ihm Gutes tun, der seine Hand über uns ausstreckt und uns segnet, damit der Widersacher uns nicht bedrängt und an sich zieht? Während wir sündigen und damit Gott eine Absage erteilen, wendet er sich uns mitleidsvoll als Vater zu und bietet uns Vergebung und seine Liebe an.

Betrachte die entgegenkommende Liebe des Herrn, die er dir trotz deiner Sünden täglich neu anbietet. Löst nicht der Gedanke unendliche Dankbarkeit in dir aus, dass du trotz deiner vielen Schatten und dem, was du eigentlich für deine

Fehlentscheidungen verdient hättest, von Fesseln befreit und in sein wunderbares Licht geführt wurdest? Wenn du das Gute, das dir Gott erwiesen hat, mit dem vergleichst, womit du ihn beleidigt hast, und dabei keine Reue empfindest, so verzweifle nicht, sondern bleibe ganz ruhig. Stelle dich schweigend mit der Last und Schuld deines Herzens unter das Kreuz und bitte den Herrn, dir zu sagen oder zu verstehen zu geben, wer du in Wahrheit bist. Durch diese Gebetsübung wirst du tiefere Einsicht in deine Licht- und Schattenseiten gewinnen. Die Gegensätze, die sich auftun, wirst du schmerzhaft empfinden und einsehen, dass du viele Verdunkelungen deiner Seele hättest vermeiden können.

Damit diese geistlichen Übungen auch ihre Wirkung zeigen, dürfen sie weder oberflächlich noch zu kurz sein. Sie dienen dazu, dass du weder stolz noch überheblich wirst, sondern bescheiden und demütig. Und noch etwas Wunderbares ereignet sich in dir: Du nimmst wahr, wie der Herr in deiner Seele Wohnung nimmt und dich nicht mehr verlässt. Diese Wirklichkeit ist so erhaben, dass du sie nicht in Worte fassen kannst.

Gehe nicht gleich gegen jede Widerwärtigkeit, Ablehnung oder Verachtung an, die dir begegnet. Rege dich dabei nicht auf und bleibe geduldig und in Ruhe. Mache dir bewusst: Wenn du dem Herrn durch ungutes oder sündiges Verhalten eine Absage erteilst und ihm den Rücken kehrst, werden mit Recht alle Geschöpfe, die den Herrn lieben, sich gegen dich empören. Ja, vielleicht gibt es sogar Geschöpfe, die die Beleidigung ihres Schöpfers rächen möchten! Sei dir eines größeren Zusammenhanges bewusst und der weitreichenden Wirkung, die sowohl dein Tun als auch dein Lassen hat. Mit einer weiteren Perspektive und dem entsprechenden Bewusstsein kannst du besser deinen Standort vor Gott und in der Welt ausloten und klarer deine Schwächen und Fehler erkennen. Beklage dich nicht über Mückenstiche, wo du eventuell weitaus größere Schmerzen verdient hättest.

Der Herr möchte sich in seiner unermesslichen Güte und

Barmherzigkeit mit dir versöhnen und dir für Körper, Geist und Seele reiche Gnaden schenken. Öffne dich seinem liebenden Entgegenkommen und richte dein Leben nach ihm aus – alles zu seinem Ruhm; besitzen wir doch nichts, dessen wir uns rühmen könnten.

Zweiundsechzigstes Kapitel

Die abendliche Rückschau auf den vergangenen Tag sollte regelmäßig stattfinden, denn die Wahrnehmung unserer Mängel und Fehler, aber auch der guten Dinge, dienen der Selbsterkenntnis. Weitere Vorteile, die diese tägliche Übung mit sich bringt. Alles, was uns andere an Kritik sagen, hat für uns eine Bedeutung und ist wertvoll – viel mehr noch das, was der Herr uns innerlich zu verstehen gibt.

Um tiefere Selbsterkenntnis zu erlangen, reicht es nicht aus, unsere früheren Vergehen zu bedenken und vor den Herrn zu bringen, nein, es muss die tägliche Erforschung unserer Mängel und Fehler hinzukommen. Zur Umgestaltung und Erneuerung unseres Lebens ist diese Übung ein unverzichtbarer Baustein. Wie schnell gleicht unsere Seele dem Weinberg eines törichten Mannes: *Sieh da, er war ganz überwuchert von Disteln, seine Fläche mit Unkraut bedeckt, seine Steinmauer eingerissen* (Sprichwörter 24,31).

Stell dir vor, man hätte dir eine Königstochter anvertraut, um sie sorgfältig zu behüten und vor dem Bösen zu bewahren. Du würdest ihr wegen eines Fehlers, den sie macht, einen Verweis geben und sie entsprechend ermahnen. Betrachte sie als etwas von Gott Anvertrautes und lass dir die Einsicht schenken, dass man nicht ohne Disziplin seine Freiheit leben kann und nicht ohne Gesetz und Regeln auskommt. Das Gute und die Nachfolge Jesu Christi sollen dich leiten. Auf diesem Weg wird es immer wieder vorkommen, dass Korrekturen notwendig sind, um nicht – eventuell sogar unbemerkt – in schlechtes Fahrwasser zu geraten und eine falsche Richtung einzuschlagen.

Versuche in der Beurteilung deiner Schwächen und Fehler so objektiv wie möglich zu sein; denke, es wäre eine andere Person, über die du einen Bericht schreiben sollst. Je mehr du dich selbst erkennst und bereit bist, bei deinen Mängeln und Fehlern die besten Heilmittel einzusetzen, umso schneller und intensiver wirst du auch Heilung erfahren. Lass ruhig, wenn sie sich zeigen, deine Tränen fließen. Sie sind Zeichen einer heilsamen Erkenntnis und nur vorübergehend. Du darfst sicher sein, auf diesem Weg der Selbsterkenntnis der Gefahr, stolz zu sein oder zu werden, nicht mehr ausgesetzt zu sein. Hältst du dich hingegen in allem für gut und bist mit dir zufrieden, findet der Stolz – ohne, dass du es recht bemerkst – nach und nach bei dir Eingang. Daher höre niemals damit auf, dich immer wieder neu zu erkennen.

Damit verhinderst du, dass der Stolz sich bei dir einschleicht und du dich für gut hältst, ja, vielleicht sogar noch für besser als andere. Bitte um das Licht der Wahrheit, das alle Finsternis in dir erhellt und Verstecktes ans Tageslicht bringt. Auf diesem Weg darfst du der Begleitung des Herrn und seiner Barmherzigkeit sicher sein. Der allmächtige und allwissende Gott sieht und beurteilt uns mit ganz anderen Augen als wir es vermögen. Wenn wir jedoch immer wieder um seinen Heiligen Geist bitten, wird unser begrenztes Erkennen zu einer heilsamen Erkenntnis. Durch das Gebet der Hingabe, durch Demut und Bescheidenheit lernen wir uns in einem anderen Licht zu sehen, das uns auf umfassendere Weise die Wahrheit zeigt.

Wir werden anderen Fehlern entgehen, wie zum Beispiel dem Undank und der Trägheit, wenn wir unsere Fehler und Schwächen erkennen und missbilligen. Auf dem Hintergrund deiner

Unwürdigkeit wirst du die große Barmherzigkeit Gottes erfahren, die sich darin ausdrückt, dass Gott mit dir Nachsicht hat, dir verzeiht und dir Gutes erweist – mehr als du je verdient hast. Das unverdiente liebende Entgegenkommen Gottes wird bei dir Dankbarkeit auslösen. Und wenn du siehst, wie wenig Gutes du tust, und dass du immer wieder bestimmte Sünden begehst, wirst du es bereuen und du wirst aus dem Schlaf der Trägheit und Mittelmäßigkeit erwachen. Du wirst Gott und deinen Mitmenschen auf eine neue Weise dienen und damit beginnen, mehr Gutes als bisher zu tun und Vorgenommenes zu verwirklichen.

Wenn der Mensch mehr und mehr die Wahrheit bei sich selbst erkennt und im Stande ist, sich selbst zu korrigieren oder sich Hilfe und Unterstützung bei anderen zu holen, wird er in seiner gesamten Persönlichkeits- und Glaubensentwicklung Fortschritte machen.

Ein Heiliger wurde gefragt, ob man sich besser in der Einsamkeit oder in der menschlichen Gesellschaft selbst erkennen, Gott zuwenden und geistlich Fortschritte machen könne. Er antwortete: »Wenn ein Mensch bereit ist, sich selbst besser kennen zu lernen und erkannte Fehler auszugleichen, spielt es keine Rolle, wo er das tut. Geht er jedoch nicht den Weg der Selbsterkenntnis, um sich Gott lebenswahrhaftig zu nähern, wird er stets in Gefahr sein, wo immer er sich auch befindet. Bei vielen Menschen ist die Eigenliebe so groß, dass sie keinen Fehler bei sich suchen und somit eher Rück- als Fortschritte machen. Wir sollten daher jemandem dankbar sein, der uns objektiv beurteilt und uns, wenn nötig, tadelt und zurechtweist. Wir dürfen auch den Herrn darum bitten, dass er uns sein Licht und seine Wahrheit sendet – selbst wenn die daraus resultierende Erkenntnis uns vorübergehend weh tun sollte. Für uns entsteht daraus die Möglichkeit, uns im rechten Licht zu sehen und richtig zu beurteilen.«

Genau darum bittet der Prophet des Herrn, wenn er sagt: *Herr, züchtige mich, doch mit rechtem Maß, nicht in deinem*

Zorn, sonst machst du mich allzu elend (Jeremia 10,24). Die Züchtigung »im Zorn« bezieht sich auf den jüngsten Tag, die Züchtigung »mit rechtem Maß« besteht darin, dass Gott die Seinen mit Vaterliebe in dieser Welt auf Fehler aufmerksam macht und korrigiert, was unter Umständen recht weh tun kann. Diese Korrektur ist ein wichtiges Zeichen dafür, dass Gott denjenigen liebt, den er zurechtweist. Im Grunde genommen ist dies die praktisch vollzogene frohe Botschaft, die gleichzeitig ein Vorzeichen für zu erwartende große Gnadengaben Gottes ist.

- *Später erschien Jesus auch den Elf, als sie bei Tisch waren; er tadelte ihren Unglauben und ihre Verstocktheit, weil sie denen nicht glaubten, die ihn nach seiner Auferstehung gesehen hatten* (Markus 16,14). Danach gab er ihnen die Vollmacht, Zeichen und Wunder zu wirken.
- *Wenn der Herr durch den Sturm des Gerichts und den Sturm der Läuterung von den Töchtern Zions den Kot abgewaschen und aus Jerusalems Mitte die Blutschuld weggespült hat, dann kommt er, und… über allem liegt als Schutz und Schirm die Herrlichkeit des Herrn* (Jesaja 4,4–5).

Sowohl der Evangelist Markus als auch der Prophet Jesaja geben zu verstehen: Der Herr wäscht unsere Schuld ab, indem er zu uns kommt und uns zu erkennen gibt, wer wir sind. Hierauf sendet er den Geist der Liebe. Sie kann, je nach unseren Vergehen, Bedauern, Reue und auch Schmerz hervorrufen. Auf diese Weise reinigt er uns, indem er uns Verzeihung und seine überreiche Gnade zuteil werden lässt. Es ist der Herr selbst, der uns als Erster gezeigt hat, was bei uns nicht stimmt und welche Fehler, Mängel und Schwachstellen wir haben. Das Wunderbare an dieser Zurechtweisung besteht darin, dass sie die Seele nicht entmutigt und ihr auch keine Traurigkeit bereitet, sondern ihr auf ruhige Weise Erkenntnis vermittelt.

Entmutigung und Traurigkeit kommen entweder vom Widersacher oder von den Auswirkungen unseres eigenen Geistes, der depressiv gestimmt ist. Das Eingreifen des Himmels, das wir in unserer Seele vernehmen, wandelt unsere Schwachheit in Stärke und schenkt uns neues Leben – selbst wenn wir uns vorübergehend vor Gott schämen müssen. Durch Erkenntnis und Liebe werden wir angespornt, uns zu bessern und mit größerer Sorgfalt auf den Willen Gottes zu achten. Das Vertrauen unserer Seele nimmt zu, wenn wir erfahren, dass der Herr sie als seine eigene Tochter liebt – selbst wenn er als Vater für Momente der Reinigung gegen sie handeln muss. *Wen der Herr liebt, den züchtigt er, wie ein Vater seinen Sohn, den er gern hat* (Sprichwörter 3,12).

Verwende Sorgfalt darauf, dich selbst so kennen zu lernen, wie Gott dich sieht. Dies ist ein Prozess, der in dieser Welt niemals abgeschlossen ist, da es nicht nur um Erkenntnis geht, sondern auch darum, das Erkannte in die Lebenswirklichkeit umzusetzen. Dazu lassen wir uns im Gebet der Hingabe immer wieder in Gottes Hände fallen, um das zu empfangen, was er für uns vorgesehen hat. Selbsterkenntnis, Einblick in Schöpfungs- und Schicksalszusammenhänge und Offenbarungen des göttlichen Geheimnisses sind das Geschenk an uns, das alle wissenschaftlichen Erkenntnisse bei weitem übersteigt.

Aus uns selbst vermögen wir nicht viel, wenn nicht der Herr uns zur Seite steht und uns reich beschenkt. Schätze dich daher selbst nicht zu hoch ein und sei dir deiner Fehler und Mängel bewusst, wie vor allem auch deiner Erlösungsbedürftigkeit. Verschwende nicht allzu viel Zeit mit der Betrachtung weltlicher Dinge. Notwendige alltägliche und berufliche Dinge sind hier natürlich nicht gemeint. Mit der undosierten und übermäßigen Betrachtung vergänglicher Dinge gleitest du schnell über die so notwendige Selbst- und Gotteserkenntnis hinweg. Durch Einsicht in unsere Fehler und durch Reue jedoch geschieht es, dass Gott seine Augen von unseren Sünden abwendet. *Gingen wir mit uns selbst ins Gericht, dann würden wir nicht gerichtet. Doch wenn wir jetzt vom Herrn gerichtet werden, dann ist es eine Zurechtweisung* (1. Korintherbrief 11,31–32).

Dreiundsechzigstes Kapitel

Die Selbsterkenntnis allein auf der Grundlage unserer Fehler reicht nicht aus; es muss die Betrachtung dessen hinzukommen, was uns gut gelungen ist. Ohne Demut neigen wir dazu, zu übertreiben. Christus hat uns ein wunderbares Beispiel wahrer Demut gegeben.

Die Selbsterkenntnis, über die wir bisher gesprochen haben, darf nicht einseitig bleiben, wenn sie nur aus der Betrachtung unserer Fehler entstanden ist. Damit gründet sie sich lediglich auf die Tatsache, dass wir gesündigt haben. Wenn ein Sünder sich als Sünder erkennt, so macht dies nur einen Teil des Menschen aus. Wir dürfen nicht damit zufrieden sein, dass wir uns im Hinblick auf unsere Sünden gering schätzen. Auch das, was uns gut gelungen ist, müssen wir mit in Betracht ziehen. Die Einsicht ist wichtig, dass weder Gott an unseren Sünden schuld ist noch dass das Gute allein von uns kommt, sondern dass wir alles, was sich bei uns an Gutem findet, Gott zu verdanken haben. *Jede gute Gabe und jedes vollkommene Geschenk kommt von oben, vom Vater der Gestirne, bei dem es keine Veränderung und keine Verfinsterung gibt* (Jakobusbrief 1,17).

Unsere Vorzüge, Begabungen und guten Eigenschaften dürfen uns nicht fesseln und somit bewirken, dass wir Gott unsere Zuwendung entziehen, weil wir nur mit uns selbst beschäftigt sind. Ein altes Sprichwort sagt, dass bei ausschließlicher Beschäftigung mit uns selbst der Honig an unseren Händen kleben bleibt. Die Demut und Dankbarkeit, die entstehen, wenn wir alles Gute, das wir empfangen, Gott zuschreiben, sind von anderer Qualität, als wenn wir von der Sündhaftigkeit des Menschen ausgehen. Diese Weise der Demut findet sich nicht nur auf Erden, sondern auch im Himmel. *Wer gleicht dem Herrn, unserm Gott, im Himmel und auf Erden, ihm, der in der Höhe thront, der hinabschaut in die Tiefe?* (Psalm 113,5–6)

Diese besondere Weise der Demut hält die guten Engel aufrecht und macht sie fähig, Gott zu schauen. Der Mangel an Demut hat die bösen Engel gestürzt, denn sie wollten die Ehre Gottes für sich allein in Anspruch nehmen. Diese wunderbare Demut besaß Maria, die von Elisabeth selig gesprochen wurde. Nicht der leiseste Funke von Stolz zeigte sich bei Maria. Auch schrieb sie das Gute, das ihr eigen war, nicht sich selbst zu, sondern zeigte Elisabet und der gesamten Welt mit demutvollem Herzen, dass alles Gute von Gott kommt. Mit tiefer Ehrfurcht singt sie: *Meine Seele preist die Größe des Herrn* (Lukas 1,46).

Eine noch größere Demut in unendlichem Ausmaß besitzt die Seele Jesu Christi. Im persönlichen Sein Christi stützt sich diese Demut nicht auf sich selbst, sondern auf die drei Personen des ewigen Wortes. Diese heilige Demut übertrifft damit alle himmlischen Wesen, weil sie sich selbst nicht die Ehre gibt, sondern unendliche Liebe verströmt.

♦ *Meine Lehre stammt nicht von mir, sondern von dem, der mich gesandt hat. Wer bereit ist, den Willen Gottes zu tun, wird erkennen, ob diese Lehre von Gott stammt oder ob ich in meinem eigenen Namen spreche* (Johannes 7,16–17).
♦ *Die Worte, die ich zu euch sage, habe ich nicht aus mir selbst. Der Vater, der in mir bleibt, vollbringt seine Werke* (Johannes 14,10).

Der Heiland der Menschen war demütig, um uns die Wurzel aller Sünden und Übel erkennen zu lassen: den Stolz. Der Herr, der der Meister der heiligen und wahren Demut ist, gibt uns ein Beispiel und bittet uns, es ihm gleich zu tun. *Lernt von mir, denn ich bin gütig und von Herzen demütig* (Matthäus 11,29). Jesus zeigt uns Wege, wie wir uns diese Demut aneignen können. Wenn schon der Herr das Gute sich nicht selbst zuschreibt, sondern seinem Vater, um wie viel mehr müssen wir darauf bedacht sein, nicht überheblich oder gar stolz zu werden.

Der Herr möchte, dass wir ihn zum Vorbild nehmen, von ihm lernen und ihm nachfolgen. Vom menschlichen Verstand her sind seine Worte nicht zu begreifen. Sie sind Lebensprogramm und müssen entdeckt und erfahren werden.

- *Denn wer sich selbst erhöht, wird erniedrigt, und wer sich selbst erniedrigt, wird erhöht werden* (Lukas 14,11).
- *Selig, die arm sind vor Gott; denn ihnen gehört das Himmelreich* (Matthäus 5,3).

Jesus Christus hat einzig und allein über den Weg der Demut seine Erhöhung gefunden. Wer sie nicht besitzt oder sie nicht anstrebt, geht außerhalb des Weges. Augustinus fasst diese Wirklichkeit mahnend zusammen: »Wenn du mich fragst, was der Weg zum Himmel ist, so muss ich dir sagen: die Demut. Und wenn du zum dritten Mal fragst, so werde ich dir dasselbe erwidern. Und wenn du mich tausend Mal fragst, so werde ich dir tausend Mal zur Antwort geben: Es gibt keinen anderen Weg als die Demut.«

Vierundsechzigstes Kapitel

> Eine einfache, aber sehr nützliche Übung in der Erkenntnis unseres natürlichen Seins hilft uns, die Demut zu erlangen.

Im Grunde seiner Innerlichkeit hat jeder Mensch eine Sehnsucht, Gottes leise Stimme wahrzunehmen und sich voll Demut nach seinem Plan und Willen zu richten. Im Folgenden werden Möglichkeiten aufgezeigt, diese erfüllende Demut zu erwerben. Als Erstes – und das ist Voraussetzung für alles Weitere – sollten wir den Geber alles Guten beharrlich darum bitten, uns die Gabe der Demut zu schenken. Dieses besondere Geschenk lässt er denen zuteil werden, die durch Hingabe an die Liebe Gottes im Gebet ihr eigenes Ich dem Herrn opfern. Aber schon die Erkenntnis, dass die Demut ein Geschenk Gottes ist, gehört der Gnade an, die uns Gott zuteilt.

Diejenigen, die vom Stolz versucht werden, erkennen schmerzlich, wie weit die wahre und tiefe Demut vom Stolz entfernt ist. Oft geschieht es sogar, dass bei Mitteln, die wir gegen den Stolz anwenden, die Demut noch mehr entflieht oder der Stolz sich sogar noch intensiver entfaltet. Übe daher im Kleinen und Alltäglichen, dich nicht bei jeder Gelegenheit besonders hervorzutun, wenn es angebracht ist, zu schweigen, und erst zu antworten, wenn du gefragt bist. Schenkt sich dir dieser kostbare Edelstein, die Demut, so wisse, dass sie eine Gabe Gottes ist und kein Ergebnis deiner eigenen Leistung.

Bevor du dir selbst vertraust, setze dein Vertrauen auf Gott, indem du im Gebet um die Gabe der Demut bittest.

- Denke als Erstes über deine Existenz nach und frage dich, wer du gewesen bist, bevor dich Gott erschuf. Vielleicht besaßest du im Nichts noch keine eigene Individualität! Stelle dir für einige Momente dieses Nichtsein vor – bis du eine Ahnung oder Empfindung von diesem Nichtsein hast.
- Betrachte, wie die mächtige und milde Hand Gottes dich aus dem Nichts geschaffen und dich in die Reihe seiner Geschöpfe gestellt hat. Er hat dir wahres und wirkliches Dasein geschenkt. Betrachte dein Leben als Gabe Gottes, die dir der Herr zukommen ließ. Sieh dein Dasein als etwas an, dass deinen Möglichkeiten, es zu schaffen, fremd ist. Du konntest dich selbst ebenso wenig erschaffen wie du einen anderen Menschen zu schaffen im Stande bist. Aus dir selbst konntest du nicht aus der Nacht des Nichtseins empor steigen. Du darfst es dem Schöpfer zuschreiben, dass du nun nicht mehr den Dingen und Seelen, die nicht sind, ähnlich bist, sondern ein von Gott geschaffener einmaliger Mensch.

Gerate nicht in die Versuchung, Gott zu leugnen und dich einzig und allein an dir selbst festzuhalten. Du hast Gott, der dich erschaffen hat, in jedem Augenblick deines Lebens nötig, um das Sein, das du besitzt, nicht zu verlieren. Du hast es erhalten, als du nichts warst, um zum Leben zu gelangen, dessen du dich jetzt erfreust. Schau nach innen und betrachte dich als jemanden, der Dasein und Leben hat. Stelle dir die Frage: Stützt sich dieses Geschöpf auf sich selbst oder auf etwas anderes? Versucht es, sich selbst aufrecht und am Leben zu erhalten, oder bedarf es einer fremden Hand? *Sie sollten Gott suchen, ob sie ihn ertasten und finden könnten; denn keinem von uns ist er fern. Denn in ihm leben wir, bewegen wir uns und sind wir* (Apostelgeschichte 17,27–28).

Wende dich noch einmal deiner Innerlichkeit zu und bedenke, dass

- Gott das Sein von allem ist, das existiert
- es ohne ihn nichts und niemanden gibt
- Gott das Leben von allem ist, das lebt
- es ohne ihn nur den Tod gibt
- Gott die Kraft und Stärke von allem ist, das etwas vermag
- es ohne ihn nur Schwäche und Ohnmacht gibt
- Gott das vollkommenste Gut ist und
- es ohne ihn nicht das geringste Gut geben kann.

Sowohl der Apostel Paulus als auch der königliche Prophet sagen:
- *Wer sich einbildet, etwas zu sein, obwohl er nichts ist, der betrügt sich* (Galaterbrief 6,3).
- *Du machtest meine Tage nur eine Spanne lang, meine Lebenszeit ist vor dir wie ein Nichts. Ein Hauch nur ist jeder Mensch* (Psalm 39,6).

Alle Geschöpfe haben ihr Dasein und ihr Leben, sie führen eigene Bewegungen und Handlungen aus. Das aber, was sie besitzen, haben sie weder aus sich selbst gewirkt noch können sie es durch sich selbst bewahren, sondern nur durch, mit und in Gott. Jedes Geschöpf hat sein Dasein und die Kraft zum Handeln aus der Hand Gottes empfangen.

Es ist eine wunderbare Aufgabe – sie entspricht der Sehnsucht des Menschen –, das Sein und die Kräfte, die wir haben, zu erforschen und nicht eher zu ruhen, bis wir den Grund allen Seins wahrnehmen. Dieser Grund ist Gott, die Liebe, die vollkommen und auf nichts anderes gegründet ist als auf die Liebe. Diese Grundlage von allem hält uns aufrecht und lässt uns nicht – vorausgesetzt, wir leben im Einklang mit unserem Schöpfer – in den Abgrund des Nichts fallen. Unsere tiefste Sehnsucht geht dahin, diese göttliche Liebeskraft, die uns am Leben hält, diese Hand, die auf uns ruht und uns führt, in der Stille unseres Seins wahrzunehmen und zu erkennen. *Du umschließt mich von allen Seiten und legst deine Hand auf mich* (Psalm 139,5).

Denke an diese starke und liebende Hand Gottes, die dich ins Dasein rief und dich trägt. Von ihr bist du abhängig; und wenn sie dir fehlte, würdest du im gleichen Augenblick aufhören zu existieren. Es ist wie das Licht einer Kerze, das ausgelöscht wird und die Kammer, in der es leuchtete, wieder in Dunkelheit hüllt. Es ist wie das Licht der Sonne, das aufhört, zu strahlen, und die Erde wieder in Dunkelheit hüllt.

Bete in Hingabe und mit tiefer Ehrfurcht zum Herrn, der der Anfang deines Daseins ist, und liebe ihn mit der ganzen Kraft deines Herzens als den Erhalter und Vollender deines Daseins.

Ehre, Lob und Dank sei dir, Herr,
dass du mich ins Dasein gerufen hast.
In dir finde ich Halt und Weisung;
du beantwortest mir den Sinn des Lebens.

Außerhalb von mir suchte ich dich –
vergeblich, denn du wohnst bereits in mir.
Du, Herr, bist mehr mit mir verbunden
als ich es jemals mit mir selbst sein könnte.

Um dir zu begegnen, bedarf es nicht viel.
Ein Schritt zu mir in mein Inneres genügt.
Verbinde dein Herz mit meinem Herzen,
ja, Herr, vermähle dich mit mir.

Du machst meine Seele ruhig und still,
wenn ich eintrete in deine Wohnung.
*Das ist für immer der Ort meiner Ruhe,
hier will ich wohnen, ich hab ihn erkoren.*
 (Psalm 132,4)

Mit diesen oder ähnlichen Worten kannst du dich der Gegenwart Gottes in dir nähern – vorausgesetzt, du betest sie in tiefer Hingabebereitschaft. Durch das, was in dir vorgeht, erkennst du, dass Gott es ist, der dich ins Dasein rief und dir die Kraft zum Handeln und Wirken verleiht. Auf deinem weiteren Weg wirst du ihn, Gott, auch in allen Geschöpfen erkennen.

Wenn du Gott in allen Geschöpfen begegnest, werden sie wie ein leuchtender Spiegel sein, der dir den Schöpfer zeigt. Übe dich darin, in den Geschöpfen nichts anderes als Gott zu suchen. Die notwendige Voraussetzung besteht jedoch darin, dass deine Seele immer wieder durch Hingabe das Einssein mit Gott erfährt.

Fünfundsechzigstes Kapitel

Es ist notwendig, die Erkenntnis des übernatürlichen Seins vorzubereiten. Diese Erkenntnis ist und bleibt ein Gnadengeschenk Gottes – Voraussetzung, um Demut zu erlangen.

Beschäftigst du dich sorgfältig mit der Selbsterkenntnis, wirst du unweigerlich zu dem Ergebnis kommen, dass es Gott ist, dem du dein Dasein verdankst. Nimm somit die Erkenntnis auf: Dein von guten Werken begleitetes Sein kommt nicht von dir, sondern ist eine Gnadengabe aus der Hand Gottes. Es ist richtig, dein Dasein dem Schöpfer zuzuschreiben; doch hüte dich davor, dir den Ursprung deiner guten Werke selbst anzurechnen. Wenn du glaubst, dass du selbst dich gut gemacht hättest, so eignest du dir größere Ehre an als du sie Gott erweist. Diese Gefahr und die Versuchung treten umso schneller ein, je vorzüglicher dein von guten Werken begleitetes Sein ist.

Es ist daher notwendig, dich als Erstes mit großer Aufmerksamkeit und Wachsamkeit in der Erkenntnis Gottes zu üben, um ihn als den Urheber deines mit guten Werken gekrönten Daseins zu erkennen. Lebe so, dass nicht das kleinste Merkmal von Stolz an deinen Händen klebt. Selbst wenn dein Sein eingeschränkt ist, wirst du erkennen, dass du deine Existenz von dir aus nicht aufrecht erhalten kannst. Du wirst ferner erkennen, dass du von dir aus nicht einmal das kleinste Gut zu erhalten vermagst, wenn Gott nicht seine Hand öffnet, um es dir zu geben.

Bedenke daher, dass ein sündhaftes Dasein kein natürliches Sein ist – so viel auch ein Mensch an Ansehen genießt und an materiellen Dingen besitzt. In den Augen Gottes ist all das nichtig, da dem Sünder die Gnade und das geistliche Leben fehlen. *Und wenn ich prophetisch reden könnte und alle Geheimnisse wüsste und alle Erkenntnis hätte; wenn ich alle Glaubenskraft besäße und Berge damit versetzen könnte, hätte aber die Liebe nicht, wäre ich nichts* (1. Korintherbrief 13,2).

Es gibt unter allem, was existiert, nichts, was in den Augen Gottes so niedrig und so weit von ihm entfernt ist, wie ein Mensch, der in schwerer Sünde lebt und nicht gewillt ist, davon abzulassen. Um den beweinenswerten Zustand eines permanenten Sünders, der sich ganz und gar von Gott abgewandt hat, zu begreifen, stelle dir Folgendes vor: Du siehst etwas Hässliches, Widersinniges oder gar Ordnungswidriges, was dich entsetzt und erschüttert. Denke bei dieser Wahrnehmung daran, dass es noch etwas weit Schmachvolleres ist, sich durch unein-

sichtiges und sündhaftes Verhalten von Gott getrennt zu haben und seine Gnade zu verlieren.
- Du hörst von der Untreue eines Ehepartners, durch die der andere Partner schwer gekränkt ist.
- Du erfährst von einer außerordentlich schwerwiegenden Handlung eines Sohnes gegen seinen Vater.
- Du siehst, wie eine Tochter ihre Eltern beleidigt, indem sie ihnen die Unwahrheit über ihr Privatleben sagt.

Jeder, so unwissend er auch sein mag, empfindet diese Verhaltensweisen als äußerst hässlich. Stelle dir vor, was es bedeutet, Gott auch nur durch eine Sünde zu beleidigen – durch ein Denken, Sprechen oder Tun, das seinem Gebot und der Ehrfurcht entgegensteht! Halte dich nicht für etwas Besseres, sondern versenke dich immer wieder in die Liebe Gottes, um Erbarmen und Vergebung für dich und für andere zu erbitten. Läufst du Gefahr, dich innerlich über andere zu erheben, denke an die Zeit, als du noch kein Dasein hattest, oder erinnere dich an die Zeit, in der du in der Sünde lebtest.

Betrachte und sieh ein, dass du dich durch die Sünde von Gott entfernt hast und in seinen Augen als mit Dunkelheit umkleidet erschienen bist. Haben doch weder die Tiere noch andere Geschöpfe Gott durch irgendeine Sünde beleidigt. Bitte Gott bei jedem Vergehen um Vergebung – so tief du es vermagst. Stell dir die Gottlosigkeit der Sünde vor Augen, die Beleidigung des höchsten Gutes. Erst wenn du im Himmel die unendliche Güte des Herrn in ihrer vollen Entfaltung siehst, vermagst du richtig zu erkennen, was Gott durch jede Sünde des Menschen angetan wird.

Wenn durch dein Gebet und deine guten Werke die Demut in deiner Seele fest verankert ist, erhebe deine Augen dauerhaft zu Gott und danke ihm für seine Barmherzigkeit und Güte, die dich aus der Tiefe ins Sein empor gehoben haben. Aus dir allein hättest du diesen Schritt der Erlösung und Befreiung niemals vollziehen können. Unverdient bist du von Gott mit Gnaden beschenkt worden: Und selbst, wenn wir gesündigt haben, ist Gott bereit, uns zu verzeihen und uns weiterhin seine Gaben zukommen zu lassen.

Gott selbst hat uns aus der Nacht, die wir selbst verursacht haben, in sein wunderbares Licht empor gezogen und uns von aller Sündenschuld befreit. Ohne Verdienste deinerseits hat der Herr dich wieder zu einem ihm wohlgefälligen Geschöpf gemacht. Dies geschah und geschieht immer wieder durch seine große Barmherzigkeit und die Verdienste seines Mittlers, Jesus Christus. Bewahre den Zustand der Gnade, in den Gott dich gehoben hat, und denke nicht mehr an die Zeit zurück, in der du durch Sünde belastet warst. Schreibe all das Gute, das dir jetzt zur Verfügung steht, dem Herrn zu und halte dich ihm gegenüber für verpflichtet.

- Vernimm, was Christus seinen Jüngern und damit auch uns sagt: *Nicht ihr habt mich erwählt, sondern ich habe euch erwählt* (Johannes 15,16).
- Lass dir die folgenden Worte zu Herzen gehen: *Alle haben gesündigt und die Herrlichkeit Gottes verloren. Ohne es verdient zu haben, werden sie gerecht, dank seiner Gnade, durch die Erlösung in Jesus Christus* (Römerbrief 3,23–24).
- Lass dein Dasein – und vor allem das Gute deines Daseins – Gott zur Ehre gereichen. Bete zuerst mit dem Mund und dann mit dem Herzen: *Doch durch Gottes Gnade bin ich, was ich bin, und sein gnädiges Handeln an mir ist nicht ohne Wirkung geblieben* (1. Korintherbrief 15,10).

Sechsundsechzigstes Kapitel

Fortsetzung der Übung, um das übernatürliche Sein als Gnadengeschenk Gottes zu erkennen.

Als der Schöpfer dich ins Dasein hob, verlieh er dir auch die Kräfte, zu sehen, zu hören, zu schmecken, zu wollen und dich zu bewegen. Du besitzt die Gabe, Werke, die Gott wohl gefallen, ohne große Anstrengung und leicht zu vollbringen. Andererseits vermagst du dich aber auch durch die Sünde von Gott zu entfernen. Besonders durch schwere Sünden beraubst du dich des Wohlgefallens Gottes. Anhand körperlicher Krankheiten des Menschen kannst du dir seine seelischen Krankheiten vorstellen und vielleicht auch den Zustand, wenn die Seele gänzlich der Gnade Gottes beraubt ist. Stelle dir die vielen seelischen Krankheiten vor, mit denen die Menschen vor Christus stehen, dem wahren Arzt, um befreit und erlöst zu werden. So verheerend und schmerzhaft äußere Krankheiten sein können: noch schlimmer sind psychische Krankheiten wie zum Beispiel Depressionen. Noch drückender und schmerzhafter sind jedoch seelische Leiden, die durch unsere Sünden ausgelöst worden sind.

Betrachte die Schwerkraft: Wenn du einen Stein anhebst und ihn dann fallen lässt, so zieht es dich geradewegs nach unten. Diese Tendenz hat auch die uns eingeborene Erbsünde. Sie zieht uns nach unten und gibt den Weg frei, sündhafte Neigungen auszuleben: Genusssucht, Ehrsucht, Habsucht, Neid, sexuelle Perversionen, Unehrlichkeit und vieles mehr. Wir tun nicht etwas aus Liebe zu Gott, sondern einzig und allein aus »Liebe« zu uns selbst. Für vergängliche Dinge, die unsere Aufmerksamkeit auf sich ziehen, engagieren wir uns ganz und gar; doch für göttliche Dinge zeigen wir kaum oder gar nicht Interesse. In unserem Inneren gebietet das, was gehorchen sollte, und gehorcht das, was gebieten sollte. Wir sind sehr unglücklich darüber, dass wir unter der menschlichen Hülle sowohl unlautere und sündhafte Begierden verbergen als auch Herzen, deren Hang und Neigung rein weltlicher und damit vergänglicher Natur sind.

In den Gefühlen, Empfindungen und Taten eines Menschen, der ohne den Geist Gottes ist, herrscht Unordnung und vieles von dem, was er äußert und tut, ist mangelhaft, wenn nicht sogar hässlich. Vor dieser Wirklichkeit darfst du deine Augen nicht verschließen. Bete für diesen Menschen, dass die lebendige Quelle des Urgrunds Liebe wieder in ihm zu strömen beginnt. Erwäge, dass auch du so hättest sein können, wenn der Herr dir nicht den Weg gezeigt und seine liebende Hand auf dich gelegt hätte. Wenn du dich unverletzt fühlst und einigermaßen heil, solltest du erkennen, dass es der Herr ist,

- der deine Sinne dem göttlichen Geheimnis öffnet
- der deine Gefühle und Empfindungen der Vernunft unterordnet
- der für dich all das bitter und abstoßend macht, was für dich süß und verlockend war
- der dir große Freude an dem bereitet, was dir früher nicht zugänglich war
- der dir Tore öffnet und an dir neue Werke vollbringt, die ans Wunderbare grenzen.

Denn Gott ist es, der in euch das Wollen und das Vollbringen bewirkt, noch über euren guten Willen hinaus (Philipperbrief 2,13).

Denke nach diesen Worten aber nicht, dass der freie Wille im Menschen nichts bewirkt. Das Wollen und Vollbringen legt der Herr als Disposition in unsere Seele, sodass unser freier Wille davon bewegt und bestimmt wird. In Hinblick auf diese wunderbare Gabe Gottes werden wir zu seinen Mitarbeitern, wie Paulus sagt: *Denn wir sind Gottes Mitarbeiter* (1. Korintherbrief 3,9). Der Herr wirkt in uns in der Weise, dass er unseren freien Willen anregt und ihm hilft, in Gutes einzustimmen, das wir dann in die Tat umsetzen. Der Mensch sieht größere Zusammenhänge ein und entscheidet sich ohne Zwang für das, was Gott will und vollzieht dann genau das, was auch Gott tun würde. Dies geschieht jedoch in völliger Freiheit, die dem Menschen auch die Möglichkeit bietet, es nicht zu tun. Gott wirkt, indem er überall gute Werke vollbringt und dem freien menschlichen Willen behilflich ist, es ihm gleich zu tun. Die Hinwendung zum Guten – vorausgesetzt, wir folgen dem göttlichen Impuls – haben wir allein dem Herrn zu verdanken.

In der Natur des Menschen oder in seinem freien Willen nach Gutem zu forschen, ist müßig. Folge bedenkenlos und mit geschlossenen Augen dem Glauben, der uns darauf hinweist, Gott an die erste Stelle zu setzen und ihm in allem die Ehre zu geben, und der uns daran erinnert, dass wir von unserer Seite aus nicht einmal im Stande sind, auch nur einen guten Gedanken zu denken.

Derjenige, der sich selbst etwas Gutes zuschreibt, wird von Paulus zurechtgewiesen: *Und was hast du, das du nicht empfangen hättest? Wenn du es aber empfangen hast, warum rühmst du dich, als hättest du es nicht empfangen?* (1. Korintherbrief 4,7) Wenn du in der Gnade Gottes stehst, da du Gott wohlgefällst, und durch diese Gnade ausgezeichnete Werke vollbringst, so rühme nicht dich, sondern sprich Gott gegenüber deinen Dank aus, der dir die Gnade zu allem verlieh. Wenn du dich rühmst, deinen freien Willen in rechter Weise zu gebrauchen und mit den Eingebungen Gottes und seiner Gnade übereinzustimmen, so rühmst du nicht dich, sondern preist Gott als Urheber. Der Herr bewirkt, dass du seinem Plan zustimmst, indem er dich bewegt und dir den freien Willen gibt, um ohne jeglichen Zwang einzustimmen oder nicht.

Gott stand dir bei, das Gute zu tun und zur rechten Zeit richtig zu handeln. Du verdankst es also auch dem Herrn, dass du dem Guten zugestimmt und es nicht unterlassen hast, entsprechend zu handeln. Jeder richtige Einsatz deines freien Willens – besonders die Entscheidungen, die dein Seelenheil betreffen – ist eine Gabe Gottes, die auf die barmherzige Vorsehung Gottes zurück zu führen ist. Denn von Ewigkeit her hat er deine Seligkeit beschlossen. Ohne den Beistand und die Liebe des Herrn nehmen dich Eitelkeit und Sünde gefangen. *Wer sich einbildet, etwas zu sein, obwohl er nichts ist, der betrügt sich* (Galaterbrief 6,3). Und ist er etwas, so ist er es durch den Herrn.

Herr, du hast mir die Augen geöffnet,
mich erweckt und meine Seele belichtet.
Mein Leben bisher bestand aus Versuchung,
der ich erlag und erlag und erlag.

Es gibt nichts Gutes, das ich aufweisen kann;
mit rein gar nichts kann ich mich rühmen
vor dir, meinem Herrn und meinem Gott.
Jegliches Gute, gering oder groß: Es ist dein.

Meiner Sünden wegen könnte ich mich rühmen,
doch das ist kein Ruhm, sondern nur Elend.
Sollte ich mich des Guten wegen rühmen?
Nein, Herr, es ist dein Eigentum.

Ich bekenne vor dir, mein Herr und mein Gott,
meine Armut, meine Eitelkeit und meine Sünden.
Sollte ich doch etwas Gutes getan haben,
so gehört es dir von Anbeginn der Welt.

Oft fühle ich einen finsteren Abgrund in mir
oder ich bin wie ein ödes, trockenes Ackerland,
das ohne deinen Segen keine Frucht trägt.
Alles Gute kommt von dir, es ist dein Eigentum.

Stand ich im Leben einige Zeit aufrecht,
so geschah es durch dich, der mir Halt gab.
Bin ich der Versuchung erlegen und gefallen,
so bin ich es allein, der diesen Schritt tat.

Selbst habe ich es nicht vermocht, aufzustehen.
Doch du hast mich empor und an dich gezogen.
Ich war durch Sünde mit Blindheit geschlagen,
doch du, Herr, hast meine Seele erleuchtet.

Hättest du mich nicht aufrecht gehalten,
wäre ich viele Male wieder gefallen.
Ohne dich wäre ich zugrunde gegangen,
doch du hast deine Hand über mich gehalten.

Deine Barmherzigkeit ist mir voraus gegangen.
Sie befreite mich von all meinen Sünden,
den gegenwärtigen, vergangenen und zukünftigen.
Die Schlingen der Sünde hast du, Herr, zerrissen.

Hättest du, Herr, mich nicht aufrecht gehalten,
alle Sünden der Welt würde ich begehen.
Fern von dir wird alles Böse zur Möglichkeit,
doch deine Liebe zu mir hat mich davor bewahrt.

Du gibst mir die Kraft, mich zu enthalten.
Du schenkst mir die Gnade, an dich zu glauben.
Du führst mich und bewahrst mich vor Bösem.
Du schenkst mir Gnade und Licht in Fülle.

Siebenundsechzigstes Kapitel

Demut und Bescheidenheit können eingeübt werden. Der Herr aber schenkt der Seele Erleuchtung, die die Größe des Herrn bewusst macht und menschliche Unvollkommenheit erkennen lässt.

Betrachte noch einmal die Worte, die in Gebetsform am Ende des vorherigen Kapitels stehen. Spüre, dass du es nicht selbst warst, der sich von seinen Sünden wieder erheben konnte und die Kraft aufbrachte, nicht erneut zu sündigen. Wenn Gott seine schützende und segnende Hand von dir nehmen würde, klaffte ein dunkler Abgrund vor dir auf, der dich erschrecken und erschüttern würde. Bedenke in diesem Zusammenhang noch eines: Wenn der Herr sich von dir zurück zöge, würdest du sofort zu den Sünden, die du begangen hast, zurückkehren und eventuell noch weitaus schlimmere begehen.

Sei daher demütig und dankbar gegenüber unserem Herrn, Jesus Christus. Seiner bedarfst du jeder Zeit, und erkenne, dass du auf seine Güte und seine gebende Hand angewiesen bist. *In deiner Hand liegt mein Geschick; entreiß mich der Hand meiner Feinde und Verfolger!* (Psalm 31,16) Wenn Gott dir das Dasein entzöge, würdest du zum Nichts zurückkehren; und wenn er dir seine Gnade entzöge, würdest du in deine alten Sünden zurückfallen.

Mögen dich diese Worte nicht erschrecken, sondern dir Hoffnung geben und Mut machen, dich noch intensiver an den Herrn zu wenden. Erfreue dich mit noch mehr Gewissheit und Sicherheit des Guten, das dir Gott verleiht, und vertraue auf seine große Barmherzigkeit. Was der Herr mit dir begonnen hat, das wird er auch an dir vollenden. Sag immer wieder Ja zu ihm und schenke dich ihm ganz im Gebet der Hingabe, damit er in dir wirken und dich wandeln kann. Du darfst sicher sein: Gottes unendliche Güte wird dich nicht verlassen, sodass die Worte Marias zu deinen eigenen werden: *Er erbarmt sich von Geschlecht zu Geschlecht über alle, die ihn fürchten* (Lukas 1,50).

Erkennst du das Wirken Gottes in deiner Seele – ein Teil deiner Sehnsucht geht in Erfüllung, du bist gelassen und innerlich froh –, schenkt sich dir eine tiefere Einsicht in göttliche und menschliche Dinge, die wir auch »himmlische Erleuchtung« nennen dürfen. Nachdem mehr und mehr Dunkelheit aus deiner Seele gewichen ist, entsteht eine Empfindung und gleichzeitig eine Gewissheit: Das Gute, das Dasein und die Lebenskraft, die ein Geschöpf besitzt, kommen von Gott, der unser Leben erhält und es bis in Ewigkeit bewahrt.

- Die Seele erkennt und gibt uns Gewissheit: *Gott kommt von Teman her, der Heilige kommt vom Gebirge Passan. Seine Hoheit überstrahlt den Himmel, sein Ruhm erfüllt die Erde* (Habakuk 3,3).
- Die Seele sieht, wie alles Gute einzig und allein auf den Urheber, Gott, zurückzuführen ist, und sie versteht das Wort, das Gott an Mose richtet. *Da antwortete Gott dem Mose: Ich bin der »Ich-bin-da«. Und er fuhr fort: So sollst du zu den Israeliten sagen: Der »Ich-bin-da« hat mich zu euch gesandt* (Exodus 3,14).
- Das Dasein und alles Gute, das die Geschöpfe besitzen – mag es dem freien Willen oder der Gnade angehören – kommt aus der Hand Gottes und wird von ihm erhalten. *Niemand ist gut außer Gott, dem Einen* (Markus 10,18).
- Die Seele erkennt: Gott ist in den Geschöpfen gegenwärtig und bewirkt das Gute in ihnen. Obwohl die Geschöpfe handeln, so wirken sie doch nur als untergeordnete Ursache, da als Erstes Gott in ihnen die Kraft zum Wirken und Handeln anregt.

Blicken wir auf die Geschöpfe, so müssen wir feststellen, dass sie uns nur bedingt und vorübergehend eine Stütze für unsere Seele sein können. Wahre und immerwährende Stütze und Hilfe finden wir in jenem unendlichen Wesen, das alle und alles geschaffen hat. So groß ein Geschöpf auch sein mag: Im Vergleich zu seinem Schöpfer ist und bleibt es winzig. Aus dieser

Erkenntnis Gottes entsteht in der Seele eine tiefe und aufrichtige Verehrung dem Schöpfer gegenüber, aus dessen Hand wir unser Leben empfangen. Unter diesem Blickwinkel besteht keine Gefahr mehr, dass wir jemanden überschätzen oder uns als unser Höchstes an ihn klammern.

* Ein Hofbeamter des Pharao namens Potifar hatte Josef den Israeliten abgekauft und ihn mit nach Ägypten in sein Haus genommen, wo Josef als Verwalter tätig wurde. Die Hand und der Segen des Herrn ruhten auf ihm und alles, was er tat, gelang ihm. Die Frau des Potifar warf einen Blick auf Josef, der schön war, und forderte ihn auf, mit ihr zu schlafen. Josef jedoch erklärte, dass er damit gegen Gott sündigen würde. Durch Intrigen rächte sich diese Frau an Josef, sodass Potifar, dem sie erzählt hatte, Josef wollte sie verführen, ihn ins Gefängnis werfen ließ (vgl. Genesis 39).
* Die Ehre, die Gott gebührt, darf der Mensch sich weder selbst aneignen, noch anderen Menschen zukommen lassen. *Ich bin Jahwe, das ist mein Name; ich überlasse die Ehre, die mir gebührt, keinem anderen, meinen Ruhm nicht den Götzen* (Jesaja 42,8).

Durch Erkenntnis wird der Mensch auf die Dauer in dieser Wahrheit so gefestigt, dass – selbst wenn ihn die ganze Welt erheben würde – er die ihm zuteil werdende Ehre nicht annimmt, sondern sie Gott zukommen lässt. Er entäußert sich der Ehre, denn er sieht, dass sie ihm nicht gebührt, und gibt sie an den Herrn weiter. In diesem Licht sieht der Gläubige: Je mehr er an guten Eigenschaften und Tugenden zunimmt, umso demütiger wird er. *Er muss wachsen, ich aber muss kleiner werden* (Johannes 3,30).

Solltest du jedoch keine Demut empfinden, verliere nicht den Mut, sondern bete zum Herrn, der dich innerlich, aber auch durch äußere Bilder zu lehren weiß, wo die Grenzen unserer Selbstgefälligkeit liegen. Tue deine täglichen Pflichten und bleibe deinen täglichen Aufgaben treu, bis der Herr dir Demut verleiht. Halte dich dann aber nicht selbst für demütig, denn das wiederum ist bereits ein Merkmal des Stolzes.

Achtundsechzigstes Kapitel

Betrachtung der Geheimnisse des Lebens und des Todes Christi, unseres Herrn. Gründe, warum es notwendig ist, uns in diesen Betrachtungen zu üben. Früchte, die uns aus diesen Übungen zur Vertiefung des Glaubens zuwachsen.

Selbsterkenntnis zu üben und dabei die eigenen Fehler und Mängel festzustellen, kann, wenn es nicht durch, mit und in Christus aufgearbeitet wird, zu Traurigkeit und Missmut führen. Es müssen eine weitere Übung und neue Erkenntnis hinzukommen, die erfreut und ermutigt. Diese Ermutigung schenkt sich uns, wenn wir das Leben, das Leiden und den Tod Jesu Christi durch Betrachtung tiefer und lebendiger in uns aufnehmen.

Im neuen und ewigen Bund ist die frohe Botschaft enthalten, die ein krankes oder zerbrechliches Herz heilt, uns von unseren Sünden befreit und uns Heiligen Geist und die Fülle der Gnaden schenkt. Ohne den Blick auf den Gekreuzigten kann die Erkenntnis und die Last unserer Sünden uns zutiefst bedrücken und betrüben. Jesus Christus ist es, der uns erlöst von unseren Sünden und von dem, was das Gesetz der Strenge verurteilt. Er ist es, der diejenigen, die Sklaven des bösen Widersachers waren, zu Kindern Gottes macht.

Wie wunderbar ist es, den Herrn kennen zu lernen, oder auf dem Weg dorthin zu sein. Hat man dagegen nur sich selbst im Blick und die begangenen Sünden, kann die Schuld sehr drückend und belastend sein. Schaut man jedoch auf den Herrn, wird die Last leichter, weil Christus unser Kreuz mitträgt und uns die Sünden vergibt. Allen, die bei stürmischer See auf einem Schiff schwindelig oder seekrank werden – besonders, wenn sie auf die vorüber ziehenden Wogen schauen –, rät man, in die Höhe zu blicken und das Augenmerk auf einen festen Gegenstand zu richten wie zum Beispiel auf die Sonne, den Mond, einen Stern, das Ufer oder etwas anderes außerhalb des Schiffes und der bewegten See. So möge derjenige, den Ohnmacht und Schwindel überfallen, wenn er seine Sünden betrachtet, seine Augen zu Jesus Christus am Kreuz erheben, und er wird Mut und Kraft erhalten. *Betrübt ist meine Seele in mir, darum denke ich an dich im Jordanland, am Hermon, am Mizar-Berg* (Psalm 42,7).

Die Geheimnisse, die Jesus Christus bei seiner Taufe und seinem Leiden vollbrachte, sind in der Lage, jeden Sturm des Misstrauens, der sich in unseren Herzen erhebt, zum Schweigen zu bringen. Es gibt kein Buch und nichts Gleichwertiges, das so wirksam ist, dem Menschen aufzuzeigen, wie sehr er die Sünde verabscheuen, das Leiden Jesu betrachten und allein das Gute lieben muss. Es wäre der schlimmste Undank, eine so unermessliche Tat der Liebe, wie Christus sie durch sein Leiden und seinen Tod vollbracht hat, in Vergessenheit geraten zu lassen.

Nachdem du dich selbst besser kennen gelernt hast und dich in der Selbsterkenntnis weiterhin übst, wird es zu deiner vorrangigen Aufgabe, Jesus Christus kennen zu lernen. Bernhard von Clairvaux betont in besonderer Weise diesen Schritt: »Jeder, der den Geist Christi besitzt, weiß, dass es seinen Glauben vertieft und es ihm viele weitere Vorteile bringt, wenn er täglich die Lehre, das Leiden und den Tod Jesu Christi, wie auch die Erlösung durch ihn, betrachtet. Empfindend sollte es dem Gedächtnis eingeprägt werden.«

Es kommt noch etwas Wichtiges hinzu. Um die Menschen an dem Reichtum seiner Gottheit teilnehmen zu lassen, wählte Gott den Weg der Menschwerdung. Durch seine Niedrigkeit und Armut kann er auf diese Weise den Armen und den Notleidenden nahe und gleich sein. Indem Gott als Mensch den Menschen gleich wurde, kann er von hier aus jeden zu einer ungeahnten Höhe emporheben. Die Menschwerdung Gottes in Jesus Christus ist der Weg, über den Gott den Seelen seine Gottheit zuteil werden lässt.

- *Ich bin die Tür; wer durch mich hineingeht, wird gerettet werden; er wird ein- und ausgehen und Weide finden* (Johannes 10,9).
- Gottes heilige Menschheit in Jesus Christus ist die Leiter, auf der wir zum Himmel aufsteigen. Denke an die Jakobsleiter, die von der Erde bis zum Himmel reichte, und auf der Engel Gottes auf- und niederstiegen und an deren Ende Gott stand (vgl. Genesis 28,12–13).

Der göttliche Vater will die Menschheit und die Demut seines eingeborenen Sohnes dadurch ehren, dass er allen, die an Jesus Christus glauben, seine Freundschaft schenkt und sie zu seinen Söhnen und Töchtern macht.

Durch das heilige Leiden Jesu Christi bist du von der Knechtschaft der Sünde befreit worden. Um zu Höherem zu gelangen, gehe immer von dem aus, was Christus auf sich genommen hat, um dich aus den Verstrickungen und der Sünde zu lösen. Betrachte daher sein Leiden mit großer Ehrfurcht, um mit ihm zu »sterben« und aufzuerstehen. Über die vielen großen Gaben, die er dir zukommen lässt, wurde wiederholt gesprochen. Möge dir diese Art der Betrachtung nicht schwer fallen, wenn du daran denkst, dass Jesus Christus das Leiden, die vielen Schmerzen und den Tod leibhaftig erlitten hat.

Wenn schon dem König Salomo der Name »der Friedfertige« gegeben wurde, weil er zu seiner Zeit keine Kriege führte, um wie viel mehr gehört dieser Name Christus, der den geistigen Frieden zwischen Gott und den Menschen schuf. Dieser Friede kostete ihn viel – seelische und körperliche Leiden und seinen Tod am Kreuz. Unsere Sünden, die Feindschaft mit Gott hervorrufen, haben ihn getroffen und treffen ihn immer neu. Christus stiftete Frieden zwischen den feindlichen Völkern der Juden und den Heiden. *Denn er ist unser Friede! Er vereinigte die beiden Teile (Juden und Heiden) und riss durch sein Sterben die trennende Wand der Feindschaft nieder* (Epheserbrief 2,14). Christus hob das Zeremonialgesetz der Juden und den Götzendienst der Heiden auf und lehrte ein neues Gesetz, einen Glauben, eine Taufe und einen Herrn. Durch das Wasser und den Heiligen Geist haben alle die berechtigte Hoffnung, als Kinder eines Vaters wiedergeboren zu werden.

Durch Jesus Christus sind uns all diese wunderbaren Güter zugänglich gemacht worden – durch ihn, den Friedensstifter zwischen Himmel und Erde. Doch der mühevollste Kampf für ihn war und ist: der Kampf zwischen dem Menschen und seinem Inneren. Diesen Frieden vermochten Salomo und alle friedliebenden Könige nicht zu schaffen, da ihr Friede zeitlich begrenzt und äußerlich war. Der geistige Friede in Jesus Christus jedoch hat kein Ende.

Aus dem heiligen Schoß seiner Mutter Maria trat Christus hervor – wie ein Bräutigam aus seinem Gemach hervortritt, um den Lauf seiner vom Vater bestimmten Sendung zu vollenden (vgl. Psalm 19,6). Das Werk unserer Erlösung, das Schwierigste, was es je gibt, ist nach wie vor sein Herzensanliegen. Am Ende seiner irdischen Laufbahn stand der Karfreitag, an dem Christus mit seiner Kirche eins wurde, als aus seiner Seitenwunde Blut und Wasser flossen. Dieses erhabene Werk ist ein Werk so großer Liebe, dass Christus diesen Tag »meinen Tag« nennt. *Euer Vater Abraham jubelte, weil er meinen Tag sehen sollte* (Johannes 8,56). Der Kirchenlehrer Johannes Chrysostomus sagt zu dieser Bibelstelle: »Das geschah, als dem Abraham der Tod Christi geoffenbart wurde – unter dem Bild seines Sohnes Isaak, den ihm Gott auf dem Berg Morija zu opfern befahl; da sah er diesen leidvollen Tag« (vgl. Genesis 22,2).

Die Traurigkeit und das Leiden Christi müssen am Karfreitag so groß gewesen sein, dass sie jeden, der davon Kenntnis nimmt, zutiefst berühren und zum Mitleid bewegen. Dies wird Abraham genauso empfunden haben wie Petrus und die beiden Söhne des Zebedäus, die Jesus im Garten Getsemani beiseite nahm und zu ihnen sprach: *Meine Seele ist zu Tode betrübt* (Matthäus 26,38). Was werden diese Worte Jesu in ihren Herzen ausgelöst haben? Sie verwunden selbst die Herzen derer, die sie von fern hörten und bis heute hören. Es sind Worte, die wie ein scharfes Schwert in die Seele dringen.

Können die seelischen Qualen Jesu und die Todesangst im Garten Getsemani vor seiner Gefangennahme, die Geißelschläge, die Dornenkrone und die Kreuzigung einen Menschen, selbst wenn er hartherzig ist, unbewegt lassen? Es kann nicht anders sein, dass diejenigen, die ihn folterten und ans Kreuz nagelten – als sie die Gewaltlosigkeit, Sanftmut und Liebe Jesus Christi sahen –, selbst voll Mitleid waren, wenn es ihnen auch nicht bewusst war. Sie sahen einen unschuldigen Menschen, der auch für sie so viel litt und erduldete. Wurden nicht auch diejenigen, die Jesus hassten, beim Anblick seiner entsetzlichen Qualen traurig – wenn ihr Herz nicht ganz aus Stein war? Was muss in Abraham, diesem großen Freund Gottes, vorgegangen sein, als sich ihm im Anblick seines zu opfernden Sohnes Isaak der leidvolle Tag Jesu Christi offenbarte?

Neunundsechzigstes Kapitel

Fortsetzung des vorhergehenden Kapitels als Lied.

Der Karfreitag ist der Tag der namenlosen Schmerzen Jesu Christi. Kann sich je ein Mensch beim Anblick des Leidens und des Todes Jesu Christi freuen?

> Weil dir, Herr, unsere Leiden so nahe gehen,
> bist du bereit, dein Leiden auf dich zu nehmen,
> denn dadurch hast du unsere Qualen abgewendet.

Du sagst: *Ich habe mich sehr danach gesehnt,*
vor meinem Leiden dieses Paschalamm
mit euch zu essen. (Lukas 22,15)

Du sagst: *Ich bin gekommen,*
um Feuer auf die Erde zu werfen.
Wie froh wäre ich, es würde schon brennen.

Ich muss mit einer Taufe getauft werden,
und ich bin sehr betrübt,
solange sie noch nicht vollzogen ist. (Lukas 12,49–50).

Das Feuer der Liebe zu dir soll in uns brennen,
bis es uns in Flammen versetzt und alles verbrennt,
was nicht zu uns gehört und was wir nicht sind.

Du, Herr, entfachst in uns das Feuer der Liebe,
das alles verbrennt und uns in dich verwandelt.
Durch deinen Tod hast du es zum Brennen gebracht.

Aus Liebe bist du für uns am Kreuz gestorben,
um auch denen, die dich nicht lieben,
Leben und ewiges Leben zu verleihen.

Kann jemand denn so kalt und herzlos sein,
wenn er dich leidend und sterbend sieht,
dass er nicht selbst von Liebe entflammt wird?

Kann jemand denn so hartnäckig sein,
sich gegen deine Liebe zu uns zu sträuben,
einen jeden von uns in deine Arme zu schließen?

Du stehst in Flammen, damit wir nicht frieren
du weinst, damit wir uns wieder freuen können,
du mühst dich ab, damit wir sorglos ruhen.

Du. Herr, lässt dich taufen mit einer Bluttaufe,
damit wir befreit und für immer gereinigt werden
von unseren Sünden und von unserer Schuld.

Dich drängt es, bis es vollbracht ist,
uns Vergebung und Heilung zu schenken,
damit der Himmel wieder zur Aussicht wird.

Durch dein Leiden, Herr, hast du uns befreit
von unseren Drangsalen und von unseren Leiden.
Die Stunde am Kreuz wird zu Tausenden von Jahren.

Das Geheimnis der Auferstehung von den Toten
macht den Tag deines Leidens zum Tag der Freude,
obgleich der Schmerz dieses Tages unermesslich war.

Ihr alle, die ihr des Weges zieht,
schaut doch und seht,
ob ein Schmerz ist wie mein Schmerz. (Klagelieder 1,12)

Du hast dich mit dem festen Entschluss
ans Kreuz nageln lassen, alles zu tun
und alles zu leiden, was uns zum Heil wird.

Deine Liebe, Herr, hat alles Leiden besiegt,
selbst den Hass deiner Peiniger und Henker.
Deine Liebe ist eine nicht zu löschende Flamme.

Deine Liebe, Herr, freut sich über das Gute,
das aus deinem Leid für uns geboren wird.
So wird der Tag zum Freudentag deines Herzens.

Im Geist sah Abraham diesen Tag deines Todes
und freute sich; nicht, dass er kein Mitleid hätte,
nein, weil er die Erlösung der Welt vor sich sah.

Die Dornenkrone trägt Jesus auf seinem göttlichen Haupt, als er nach Golgota geführt wird – anstatt einer herrschaftlichen Krone; statt des Schmuckes an Händen und Füßen scharfe Nägel, die sie durchbohren; statt des königlichen Gürtels einen Strick. Sein Haar ist rot gefärbt mit seinem eigenen Blut, sein Bart ist herausgerissen, seine Wangen feuerrot durch die Schläge. Das Kreuz, aufgepflanzt auf der Richtstätte der Missetäter, wartet auf ihn.

Umgeben von allem Bösen, muss Jesus die äußerste Erniedrigung ertragen. Welche Musik erklingt in unseren Ohren, wenn wir sehen, wie die Mutter Jesu und seine Freunde ganz von Schmerzen erfüllt sind und bitterlich weinen – wie auch die Engel des Friedens. Es gibt nichts, womit man Golgota vergleichen kann; nur entsetzlicher Schmerz und unendliche Traurigkeit kommen zum Vorschein. Und trotzdem entspricht die Kreuzigung Jesu Christi einer Feier, bei der der Mensch gewordene Gottessohn – ohne Sünde –, sich mit uns, die wir voll der Sünde sind, vermählt. Da der Herr nicht möchte, dass weiterhin Schuld und Übel an uns haften, tilgt er sie durch seine Hingabe aus Liebe. Infolge des göttlichen Planes bezahlte Jesus Christus für uns unsere Schuld, indem er an unsere Stelle trat und uns ähnlich wurde, um so als Schuldiger – ohne es je gewesen zu sein – unsere Hässlichkeit zu entfernen, uns seine Schönheit zu verleihen und uns seine göttliche Liebe zu schenken.

Jesus Christus hat sich bis zu uns erniedrigt, doch ist er auch als Mensch geblieben, was er ist: Gottes Sohn. Den alten Menschen in uns hat er vernichtet und uns sein Bild eingeprägt: das Bild des neuen, des Himmel berechtigten Menschen. Dies vollbrachte er in Vollmacht durch sein Leiden, seinen Tod und seine Auferstehung. Und damit hat er uns das Höchste, was wir je denken können, geschenkt: die Ausrottung alter eingewurzelter Sünden und die Gnade sowie die Freundschaft Gottes.

Du solltest am Tag des Öfteren auf das Kreuz schauen und dir das Gesagte vergegenwärtigen. Das Kreuz ist der Ort der

Entscheidung und der Wandlung. Du hast einen großen Anteil daran, dass beides auch von dir mitgetragen wird. Das Kreuz ist auf der Höhe aufgerichtet, damit du, von welcher Schlange du auch verwundet wurdest, dorthin blicken kannst, um durch die Wunden des Gekreuzigten, aus denen die Sakramente hervorgehen, Vergebung und Heilung zu finden. Bei allem, was dir an Gutem begegnet: Wende deine inneren Augen auf den gekreuzigten und erhöhten Herrn und danke ihm, dass er auch dir Erlösung schenkt.

Siebzigstes Kapitel

Das Gebet ist lebensnotwendig und daher unverzichtbar. Die Früchte hingebungsvollen Betens wachsen uns in reichem Maße zu.

Das Licht, dem sich unsere Augen zuwenden, ist der Mensch gewordene Gott, Jesus Christus, der für uns gekreuzigt wurde und auferstanden ist. Es gibt verschiedene Arten der Betrachtung, der Anbetung und der Hingabe. Zunächst sei das geheime und innere Gespräch genannt, durch das die Seele sich Gott mitteilt. Dies kann auch ein Betrachten, Bitten und Danken beinhalten, wie auch ein Aufmerken, Horchen und Schweigen. Wenn die Menschen doch nur aufhorchen würden, wenn man ihnen sagt, dass Gott gern und zu jeder Zeit bereit ist, allen, die zu ihm kommen

- Gehör zu schenken
- Hilfe zu geben, um mit Problemen fertig zu werden
- Böses und Dunkles in Licht zu verwandeln
- Sünden und Schuld zu vergeben
- eine Fülle von Gnade zu schenken

- die Freundschaft mit ihm anzubieten
- seine segnende Hand hinzuhalten.

Wer wir auch sind und wo wir auch im Leben stehen: Wir dürfen immer und sooft wir möchten, uns mit unseren Anliegen an den Herrn wenden, ihm die Ehre geben, ihm danken, ihn anklagen, ihm im Schweigen unsere Zeit schenken und vieles mehr. Wir dürfen sicher sein, niemals leer auszugehen, wenn wir von ihm kommen. Würde uns ein irdischer König eine Gabe zukommen lassen – wie würden wir uns darüber freuen! Um wie viel kostbarer ist dagegen eine Gnadengabe, die uns der allerhöchste Herr schenkt!

Warum sollten die Menschen sich nicht von Herzen freuen, mit Gott in guter Verbindung zu stehen, da es ja seine Freude ist, bei den Menschen zu sein (vgl. Sprichwörter 8,31). Die Hinwendung zu ihm hat niemals etwas Bitteres, sondern gewährt Herzensfreude. Wenn das, worum wir ihn bitten, seiner Vorsehung entspricht, wird er uns nichts versagen, sondern uns alles gewähren. Er ist unser Vater, unser Freund, unser Retter und Heiland.

Der Herr gestattet uns nicht nur, mit ihm zu reden, sondern er bittet uns sogar darum, er rät uns dazu und manchmal »befiehlt« er es uns sogar. Du wirst sehen, wie groß seine Güte ist und seine Freude ist unendlich, wenn wir uns an ihn wenden oder ihm nur im Schweigen unsere Zeit schenken. Und wie groß sind dagegen unsere Übel, Fehler und Vergehen? Gerade durch Hingabe an ihn, unseren Herrn und Gott, erfahren wir, dass unsere Last leicht wird und wir Wandlung erfahren. Leider haben nur sehr wenig Menschen Sinn für geistige Bedürfnisse, die von allen die wahren sind. Wer jedoch nach ihnen verlangt, wird sich sehnsüchtig an den Herrn wenden und ihn um Erfüllung bitten.

Ein altes Sprichwort sagt: »Wenn du nicht zu beten weißt, denn geh zur See.« In früheren Zeiten waren die mit dem Schiff Reisenden vielen Gefahren ausgesetzt, und diese ließen sie zu Gott rufen. Ob wir uns nun auf dem Festland oder auf dem

Meer befinden: In Gefahr für Leib und Seele sind wir immer – für die Seele, wenn wir eine Sünde oder gar schwere Sünde begehen, für den Leib, wenn wir uns nicht wieder nach einem Fall erheben. Wenn die irdischen Sorgen und der Schleier, den wir vor unseren Augen haben, uns erlauben würden, die Bedürfnisse unseres Herzens wahrzunehmen, dann würden wir zum Herrn rufen und tief bewegt die Worte aussprechen: *Du hast es gesehen, Herr. So schweig doch nicht! Herr, bleib mir nicht fern!* (Psalm 35,22)

Wie oft gilt unser Beten nur dem, was uns zeitlich an Gutem oder Schlimmem widerfahren ist? Oft geschieht auch dies nicht sogleich, sondern erst dann, wenn wir keine andere Stütze mehr haben als den Herrn. Er ist dann am Ende unsere letzte Zuflucht, nachdem wir unser erstes und größtes Vertrauen zunächst auf andere Menschen gesetzt haben.

- *Wo sind ihre Götter? Wo ist der Fels, bei dem sie Schutz suchten?* (Deuteronomium 32,37)
- *Wenn du um Hilfe schreist, dann sollen doch deine vielen Götzen dich retten; aber sie alle trägt der Wind davon, ein Hauch bläst sie weg* (Jesaja 57,13).
- *Jetzt seht: Ich bin es, nur ich, und kein Gott tritt mir entgegen. Ich bin es, der tötet und der lebendig macht. Ich habe verwundet; nur ich werde heilen. Niemand kann retten, wonach meine Hand gegriffen hat* (Deuteronomium 32,39).

Wichtig ist, dass wir es im Bewusstsein haben und wachhalten: Das wahre Übel besteht darin, dem Herrn in uns weder Raum zu geben noch ihm Zeit zu schenken. Das wahre Glück und die damit verbundene Seligkeit bestehen darin, dem Herrn den ersten Platz in unserem Leben einzuräumen, zu ihm hingebend zu beten und unser Leben nach seinem Willen zu gestalten. Setze dein Vertrauen zuerst auf den Herrn und verleihe den zeitlichen und materiellen Gütern nicht zu viel Gewicht. Vertraue darauf, dass er dir Rechtes zur rechten Zeit an die Hand geben wird.

Wie unendlich dankbar dürfen wir sein, uns zu jeder Zeit

und mit jedem Anliegen an den Herrn wenden zu dürfen. Es ist eine große Vergünstigung, die er uns gewährt, sowohl in glücklichen als auch in schweren Zeiten immer wieder zu ihm kommen zu können. Kann es nicht sein, dass Gott Gefahren für uns zulässt, damit wir – von ihnen bedrängt – am Ende zu ihm unsere Zuflucht nehmen?

- *Der Herr ist allen, die ihn anrufen, nahe, allen, die zu ihm aufrichtig rufen* (Psalm 145,18).
- *Wir wissen nicht, was wir tun sollen. Nur auf dich sind unsere Augen gerichtet* (2. Buch der Chronik 20,12).
- *Fehlt es aber einem von euch an Weisheit, dann soll er sie von Gott erbitten; Gott wird sie ihm geben, denn er gibt allen gern und macht niemand einen Vorwurf* (Jakobusbrief 1,5).

Mose und Aaron haben die Weisheit von Gott erbeten, um zu erkennen, wie sie das Volk Israel führen müssen. Jahwe lehrte es sie, denn diejenigen, die andere zu leiten haben, benötigen Erkenntnis und Licht in doppeltem Maß. Ebenso muss ihr Gebet entsprechend intensiv und ausgedehnt sein, um in jedem Augenblick und ohne Schwierigkeit den Willen des Herrn zu erkennen. Führungspersönlichkeiten müssen tief in Gott verankert sein, damit nicht ihr eigener Wille zur Macht an erster Stelle steht, sondern sie zu Empfangenden des Willens Gottes werden. Ihnen strömt Gnade zu und sie wissen genau, was sie im Besonderen tun müssen, damit die empfangene Kraft richtig eingesetzt wird und zur Erfüllung gelangt.

Die Erkenntnis, die wir aus einer tiefen Gottesbegegnung erlangen, übertrifft weitaus unser Denken und unsere Schlussfolgerungen. Es ist wie jemand, der am hellen Tag nach einem sicheren Halt Ausschau hält, im Gegensatz zu jemandem, der im Finsteren tappt. Gerade aus dem Gebet schöpfen wir Kraft und Stärke, die unvergleichlich lebensvoller, wirksamer und wahrer sind, als wenn wir ohne Gottesbeziehung ans Werk gingen. »Durch das Gebet«, sagt Augustinus, »werden die Zweifel besser gelöst, als durch Forschen und Nachdenken.«

Es ist kaum möglich, die Früchte des Gebetes einzeln aufzuzählen. Daher möge der eine Satz genügen, in dem die ewige Wahrheit ausgesprochen wird: *Wenn nun schon ihr, die ihr böse seid, euren Kindern gebt, was gut ist, wie viel mehr wird der Vater im Himmel den Heiligen Geist denen geben, die ihn bitten* (Lukas 11,13). Alle Heiligen haben gebetet, intensiv gebetet, und sind erhört worden. So kann Johannes Chrysostomus fragen: »Wer von den Heiligen hat nicht durch das Beten gesiegt? Es gibt nichts, was gewaltiger ist, als ein Mensch, der betet.« Jesus selbst gibt uns die Antwort, welche Kraft durch das Beten freigesetzt wird:

- Am Ölberg kniete Jesus nieder und betete: *Vater, wenn du willst, nimm diesen Kelch von mir! Aber nicht mein, sondern dein Wille soll geschehen. Da erschien ihm ein Engel vom Himmel und gab ihm neue Kraft* (Lukas 22,42–43).
- In das Gebet Jesu schenkte sich seine Verklärung auf dem Berg Tabor (vgl. Matthäus 17).
- Vor der Erweckung des Lazarus erhob Jesus seine Augen und betete: *Vater, ich danke dir, dass du mich erhört hast. Ich wusste, dass du mich immer erhörst* (Johannes 11, 41–42).
- *In diesen Tagen ging er* (Jesus) *auf einen Berg, um zu beten. Und er verbrachte die ganze Nacht im Gebet zu Gott. Als es Tag wurde, rief er seine Jünger zu sich und wählte aus ihnen zwölf aus; sie nannte er auch Apostel* (Lukas 6,12–13). Der Kirchenlehrer Ambrosius, Bischof von Mailand, der von 339 bis 397 lebte, leitete daraus ab, dass wir lange und intensiv beten müssen, wenn wir eine wichtige Entscheidung treffen wollen – wie es ja auch Jesus getan hat.
- Dionysius, ein syrischer Mönch aus dem 5. Jahrhundert, der sich den Namen des von Paulus bekehrten »Areopagiten« zulegte, sagt wiederholt: »Wir müssen jedes Werk mit einem Gebet beginnen.«
- Paulus mahnt, im Gebet beharrlich zu sein: *Lasst nicht nach im Beten; seid dabei wachsam und dankbar!* (Kolosserbrief 4,29)

- Jesus beginnt das Gleichnis vom gottlosen Richter und der Witwe, die ihn nicht in Ruhe ließ, mit den folgenden Worten: *Jesus sagte ihnen durch ein Gleichnis, dass sie allzeit beten und darin nicht nachlassen sollten* (Lukas 18,1).
- *Wacht und betet allezeit, damit ihr allem, was geschehen wird, entrinnen und vor den Menschensohn hintreten könnt* (Lukas 21,36).

Trotz all dieser Hinweise gibt es viele Menschen, die meinen, gänzlich ohne das Gebet auskommen und dennoch große Werke vollbringen zu können. Sie klammern damit etwas ganz Wesentliches und Unterstützendes aus. Sie sind mit jemandem zu vergleichen, der nur mit einer Hand oder nur mit einem Fuß zu schwimmen versucht. Der Herr gibt uns immer wieder zu verstehen, dass zu einem gelungenen Leben das Wachen und das Beten gehören. Die Aktivität und die Ruhe, das sich Versenken in Gott, müssen einander ablösen und sich ergänzen. Agieren wir nur einseitig, werden wir krank. Wenn sich jemand gut und richtig ernährt, andererseits sich aber keinen Schlaf gönnt, verliert er an Kraft und läuft sogar Gefahr, den Verstand zu verlieren. Ähnlich ergeht es dem, der ständig aktiv ist und arbeitet und arbeitet, aber sich dabei keine Ruhe nimmt und nicht betet. Denn das Gebet ist für die Seele, was der Schlaf für den Körper ist.

Ein gutes Werk kann nicht nach dem anderen entstehen; es muss Zwischenräume und Pausen geben, die mit Hingabe an Gott und Gebet gefüllt werden. Durch das Gebet strömt uns Licht und Geist zu, also Grundelemente, die uns wiederum erlauben, aktiv und kreativ zu sein. Die verschiedensten Beschäftigungen jedoch drängen häufig die Liebe zu Gott und die Gott erfüllte Innerlichkeit wieder in den Hintergrund, sodass als Alternative das Gebet gefragt ist. Das Gebet ist ein Mittel, um das wirksam werden zu lassen, was der allmächtige Gott in seiner Vorsehung für uns bereitet hat. Wie der Bauer durch das Bearbeiten des Feldes und das Einpflanzen der Saat die notwendigen Mittel investiert, um Getreide zu ernten, so ist auch das Gebet ein Mittel, geistige Früchte in Fülle zu ernten.

Wir dürfen uns jedoch nicht darüber wundern, wenn wir nur wenig Früchte ernten, wenn wir nur wenig Gebet gesät haben. Haben wir einmal schmerzlich erfahren, dass die Ernte so mager und gering ausgefallen ist, wenden wir uns umso intensiver dem Guten zu, in der Hoffnung, dass es reiche Frucht bringt. Was geschieht dann erst einmal mit uns, wenn uns die Nähe Gottes und seine Liebe erfüllt? Mose ging aus der Gottesbewegung mit Glanz und Licht hervor. Im Grunde sind wir recht arm an Barmherzigkeit anderen Menschen und der gesamten Schöpfung gegenüber, weil uns die rechte Gottesbeziehung fehlt. Vielleicht gehen wir keinen konsequenten Gebetsweg, der uns näher zu Gott und zu seiner Liebe führt.

Wie könnte jemand, der Gott um Verzeihung seiner Sünden gebeten und daraufhin Vergebung und Barmherzigkeit erfahren hat, einen anderen Menschen abweisen, der ihn um das bittet, um was er Gott gebeten hat! Er erinnert sich an seine eigene Not und die Worte, die er zu Gott gesprochen hat, um von ihm in seiner seelischen Bedrängnis erhört zu werden. Er wird jetzt auf seinen Nächsten zugehen und an ihm genauso handeln, wie er es sich selbst von Gott gewünscht hat. *Gott aber hat mich erhört, hat auf mein drängendes Beten geachtet. Gepriesen sei Gott; denn er hat mein Gebet nicht verworfen und mir seine Huld nicht entzogen* (Psalm 66,19–20). »Du kannst sicher sein«, so eine Aussage des Augustinus, »dass, wenn Gott dir das Gebet nicht entzieht, er dir auch seine Barmherzigkeit nicht entziehen wird.«

- *Der Beistand aber, der Heilige Geist, den der Vater in meinem Namen senden wird, der wird euch alles lehren und euch an alles erinnern, was ich euch gesagt habe* (Johannes 14,26).
- *Wenn nun schon ihr, die ihr böse seid, euren Kindern gebt, was gut ist, wie viel mehr wird der Vater im Himmel den Heiligen Geist denen geben, die ihn bitten* (Lukas 11,13).
- Wenn wir uns auf den Weg machen und Frucht bringen –

Frucht, die bleibt, dann, so sagt Jesus, *wird euch der Vater alles geben, um was ihr ihn in meinem Namen bittet* (Johannes 15,16).

Durch den Geist, den uns der Herr sendet, erfüllen wir die Gebote Gottes. Die Barmherzigkeit Gottes wird uns nahe sein, und durch unser Gebet erhalten wir die Gabe, Gottes Willen zu erspüren und danach zu handeln. Wer keine Barmherzigkeit hat und zudem nicht die Gebote Gottes halten kann, dem fehlt das Gebet. Unsere Zeit, die wir für das Gebet verwenden, sollten wir Gott aus tiefer Dankbarkeit schenken. Das Gebet wird erst zu einem richtigen Gebet, wenn wir ganz für den Herrn da sind und uns ihm ganz hingeben. Die Meinung und die Praxis vieler ist falsch, die das Gebet während irgendeines Tuns verrichten oder es vermischen oder verbinden mit einer Arbeit oder bestimmten Weltanschauungen.

Es ist gut, an jedem Ort zu beten (vgl. 1. Timotheusbrief 2,8); doch dürfen wir allein damit nicht zufrieden sein, wenn wir wahrhaft Jesus Christus nachfolgen wollen. Wir sollten einen von den Heiligen vorgezeichneten Gebetsweg gehen, der erst einmal an einem bestimmten Ort beginnen und eingeübt werden muss. Es wird einige Zeit dauern, bis unser Gebet so gefestigt ist, dass wir es überall beten können, ohne durch irgendetwas gestört zu werden.

Einundsiebzigstes Kapitel

Um uns sowohl im Gebet als auch generell tiefer an Gott wenden zu können, ist es notwendig, unsere Sünden zu bereuen und den eventuell auftretenden Schmerz anzunehmen. Im nächsten Schritt sollten wir – bevor wir das Sakrament der Versöhnung empfangen – unsere Sünden aufrichtig bekennen.

Wenn wir uns von Gott entfernt haben und wieder zu ihm kommen möchten, besteht der erste Schritt darin, all das, was in unserem Leben nicht gut war, zu überdenken und zu bereuen. Damit dies in aller Ruhe und Gelassenheit geschehen kann, sollte man sich für eine kurze Zeit zurückziehen, ohne mit anderen Menschen Kontakt aufzunehmen. Große Sorgfalt sollte darauf verwandt werden, die Sünden unseres gesamten Lebens in den Blick zu nehmen und das anzunehmen, was sich bei uns einstellt. Es wird voraussichtlich ein Bedauern sein, etwas, das uns Leid tut oder gar seelischen Schmerz auslöst. Jetzt ist der Zeitpunkt gekommen, einen Beichtvater aufzusuchen und vor ihm, das heißt letztlich vor Gott, ein Bekenntnis unserer Schuld abzulegen. Wenn es uns jedoch nicht leicht fällt, unser Gewissen auszubreiten und unsere Sünden zu nennen, ist es ratsam, sich vorzustellen, dass wir noch heute sterben und vor Gott erscheinen müssen.

Zur Unterstützung und Förderung dieses Prozesses kann ein gutes geistliches Buch dienen, das uns Wege aufzeigt, tiefer uns selbst und letztlich Gott zu erfahren. Vielen Menschen hilft in dieser Situation auch ein Blick auf das Kreuz und der Gedanke, dass die eigenen Sünden dazu beigetragen haben, Jesus Christus Schmerz zuzufügen. Es ist empfehlenswert, den gekreuzigten Herrn von seinen Füßen bis zu seinem Haupt zu betrachten, um jede einzelne Qual und Marter wahrzunehmen, die er erdulden musste. Die Leiden Christi entsprechen unseren Vergehen, denn er leidet für unseren Hochmut und Stolz, erträgt den bittersten Schmerz für unsere sogenannten Freuden und spiegelt somit unsere Sünden durch sein Leiden wider.

Würde nicht ein Sohn unendlich großes Mitleid haben, wenn er mit ansehen müsste, wie sein Vater für etwas gegeißelt oder grausam gequält würde, das der Vater niemals getan hat, sondern der Sohn? Gewiss wird der Sohn großen Schmerz darüber empfinden, dass er etwas tat, was seinen Vater so unendlich leiden lässt. Und wäre er ein wahrer Sohn, so würde es ihn mehr schmerzen, wenn er seinen Vater bestraft sähe, als wenn man ihn bestrafen würde. Ein wahrhaft liebender Sohn oder eine wahrhaft liebende Tochter würde mit großem Schmerz laut rufen und bekennen: Ich bin schuldig, und man soll mich bestrafen und nicht meinen Vater, der unschuldig ist.

Müssten uns unsere Sünden nicht schon allein deswegen schmerzen, da Gott durch sie beleidigt und gestraft wird?

> Du, mein Herr und mein Gott,
> ich habe Böses getan und gesündigt.
> Und du musst dafür den Kreuzweg gehen.

> Meine sträflichen Handlungen und Sünden
> bewirken, dass man dich als Verbrecher ausruft
> und dich unter größten Schmerzen und Qualen
> ans Kreuz nagelt und auf grausame Weise tötet.

Durch diese oder durch eine ähnliche Betrachtung erwecken wir die rechten Gefühle in uns, empfinden Reue für unsere Sünden und sehen die weitreichenden Konsequenzen unserer Schuld. Wir sind bereit, das Leiden bejahend anzunehmen und zu tragen, das wir – ohne es vielleicht recht zu wissen – über Jesus Christus verhängen wollten.

Viele Menschen möchten ihre Gewissenserforschung allein

vornehmen; andere dagegen sind dankbar, wenn sie diesen Schritt zusammen mit einem Gott nahen und geistlichen Menschen vollziehen können. Nach dem Empfang des Sakramentes der Versöhnung dürfen wir auf die Vergebung unserer Sünden vertrauen. Ein wunderbares Zeichen, dass dies geschieht, sind tiefer Friede und tiefe Ruhe unserer Seele.

Zweiundsiebzigstes Kapitel

Der zweite Schritt, den wir tun müssen, um uns nach sündigem Verhalten wieder an Gott zu wenden, ist der des Dankes. Es ist der Dank dafür, dass Gott uns von all unserer Last befreite. Eine mögliche Art, Dank zu sagen, wird vorgeschlagen – während wir verschiedene Ereignisse des Leidens Christi an verschiedenen Tagen betrachten.

Nachdem wir – und vornehmlich unsere Seele – von unserer Sündenlast befreit wurden, wird sich ganz von selbst Dank einstellen für eine so große und unverdiente Gnade. Der Herr hat uns vieles, das unsere Zukunft beschweren würde, erlassen und uns angenommen, indem er uns seine Gnade und innerliche Gaben verlieh – durch die Verdienste seines eingeborenen Sohnes Jesus Christus.

* *Christus ist für unsere Sünden gestorben* (1. Korintherbrief 15,3).
* *Wegen unserer Verfehlungen wurde er hingegeben, wegen unserer Gerechtmachung wurde er auferweckt* (Römerbrief 4,25).

Durch seinen Tod vernichtete Jesus Christus unsere Sünden und unser altes Leben; durch seine Auferstehung erweckte er uns zu neuem Leben.

Wenn Ijob bereits Gott lobpreist, weil er den Verlorenen bekleidet und dem Verarmten eine Decke gibt (vgl. Ijob 31,19), um wie viel mehr müssen wir dann Jesus Christus, den für uns Gekreuzigten, lobpreisen und ihm danken, dass er unsere Seele von allen Übeln befreit und uns mit seinen Gütern beglückt hat? Da alles Gute uns durch ihn zuteil wird, ist es nicht recht, wenn wir für eine so große uns entgegenkommende Liebe undankbar sind. Sollten wir nicht bei allem Guten, das uns zuströmt, Jesus Christus auf besondere Weise ehren und ihm danken? Damit dies intensiver geschehen kann, sollten wir immer wieder – auch wenn es nur für eine kurze Zeit ist – in die Stille gehen und uns auf das Wesentliche besinnen.

Damit sich das Wesentliche offenbaren kann, ist täglich Rückzug und Stille angesagt. Es reichen zweimal fünfzehn bis zwanzig Minuten, um zu beten und anschließend zu betrachten. Dabei sollte ein innerer Blick auf das Leiden und den Tod Jesu Christi nicht fehlen, ein Dank für alles Gute, das sich uns durch seine Hingabe schenkt.

> Herr, meine Seele sehnt sich nach dir.
> Ich harre deiner und warte auf dein Wort.
> Deine Weisungen habe ich nicht vergessen;
> zuverlässig sind all deine Gebote.
>
> Ich halte fest an dem, was von dir kommt.
> Du hast mir das Leben gegeben.
> Lass mich weiter in deiner großen Huld leben,
> und ich will tun, was dein Mund spricht.
> (vgl. Psalm 119,81–88).

Die Vorgehensweise der Betrachtung könnte sein:

Montag
Beginne mit dem Gebet Jesu am Ölberg und der Gefangennahme des Herrn (vgl. Matthäus 26,30–56). Setze deine Betrachtung beim Evangelisten Johannes fort. Noch in der gleichen Nacht fand das Verhör Jesu vor Hannas und Kajaphas statt und die Verleugnung durch Petrus (vgl. Johannes 18,12–27). Jesus verbringt die Nacht in einem dunklen Kerker und bei

grausamer Behandlung durch die Wächter, die ihn quälen und keinen Augenblick schlafen lassen.

Dienstag
Es folgt erneut ein Verhör Jesu und dann die Verurteilung zum Tod am Kreuz durch Pilatus (vgl. Johannes 18,28–40). Jesus wird an eine Säule gebunden und erträgt grausame Geißelhiebe. Was und wie Jesus körperlich und seelisch gelitten hat, werden wir wohl erst am Tag der Vollendung der Welt erfahren.

Mittwoch
Betrachte, wie Jesus mit Dornen gekrönt und verspottet wird. Ihm wird ein purpurroter Mantel umgelegt und ein Stock in die Hand gegeben. Dann erreicht der Spott seinen Höhepunkt mit den Worten: *Heil dir, König der Juden!* Jesus wird ins Gesicht geschlagen und Pilatus ruft: *Seht, da ist der Mensch!* (vgl. Matthäus 27,27–31 und Johannes 19, 1–16)

Donnerstag
Vor dem Abschiedsmahl Jesu mit seinen Jüngern wäscht er ihnen in tiefer Demut die Füße (vgl. Johannes 13,1–20). Dann gibt er ihnen während des Mahls seinen Leib und sein Blut zur Speise und zum Trank. Er bittet alle zukünftigen Priester, zu seinem Gedächtnis dasselbe zu tun (vgl. Lukas 22,7–23). Sei im Geist bei dieser wunderbaren Fußwaschung und diesem so erhabenen Gastmahl gegenwärtig, und hoffe auf Gott, dass er auch dich nicht ungewaschen und hungrig hinweg gehen lässt. Wisse, dass diese Nacht von Donnerstag auf Freitag eine ganz besondere ist und sie dir durch dein mitfühlendes Gebet viele Gnaden schenken kann.

Freitag
Betrachte, wie Jesus vor Pilatus geführt und zum Tod verurteilt wird. Er nimmt sein Kreuz auf sich und trägt es nach Golgota. Zusammen mit Jesus werden auch zwei Verbrecher zur Hin-

richtung geführt. Die letzten Worte Jesu am Kreuz waren: *Vater, in deine Hände lege ich meinen Geist.* Nach diesen Worten haucht er seinen Geist aus (vgl. Lukas 23,26–43 und Johannes 19,16–30).

Sonnabend
Die Soldaten sehen, dass Jesus tot ist. Sie zerschlagen ihm seine Beine nicht, sondern einer der Soldaten stößt mit der Lanze in die Seite Jesu, und sogleich fließt Blut und Wasser heraus (vgl. Johannes 19,31–42). Jesus wird vom Kreuz genommen, in den Schoß seiner Mutter gelegt und dann ins Grab gebracht. Nimm am Schmerz der Mutter Jesu teil und sei ihr dadurch ein treuer Begleiter. Begleite Jesus, wie er die Unterwelt besucht und sei zugegen bei dem Jubel und der Freude all derer, die er erlöst. Weile mit ihnen im Himmel, den Christus ihnen verleiht.

Sonntag
Der Sonntag ist dazu bestimmt, der Auferstehung Jesu Christi freudig zu gedenken, ebenso der Herrlichkeit, deren sich die Heiligen und Seligen im Himmel erfreuen. Nimm dir an diesem Tag viel Zeit zur Feier der heiligen Messe und verweile lange in der Mitte unseres Christseins, dem Geheimnis des Glaubens, dem Tod und der Auferstehung Jesu Christi.

Dreiundsiebzigstes Kapitel

> Hinweise und Empfehlungen, wie wir bei der Betrachtung des Lebens und Leidens Jesu Christi am besten vorgehen.

Es gibt zwei verschiedene Möglichkeiten, die Ereignisse des Lebens, des Leidens und des Todes Jesu Christi betrachtend zu vollziehen.
* Wir stellen uns unseren Herrn und Meister Jesus Christus leibhaftig vor.

- Wir halten ohne diese leibliche Vorstellung inne und versenken uns in andere Formen geistlicher Betrachtung.

Da der höchste und unsichtbare Gott durch Jesus Christus ein sichtbarer Mensch geworden ist, um uns durch das Sichtbare in das Unsichtbare einzuführen, ist die leibliche Vorstellung Gottes für uns etwas sehr Heilsames. Wir müssen jedoch nach einiger Zeit diese Vorstellungswelt wieder verlassen, um zu lernen, mit den geistigen Augen, den Augen des Glaubens, zu schauen.

Die körperliche Erscheinung unseres Herrn Jesus Christus hatte zweifellos die ganz besondere Kraft, das Herz der Menschen, die Jesus leibhaftig erleben durften, so zu berühren, dass sie sich entweder ganz von ihm abwandten oder sie zum Göttlichen erhoben wurden. Diese Menschen, die Jesus zu seinen Lebzeiten wahrhaft erkannten, durften sich sehr glücklich schätzen, denn für die meisten Menschen geht diese Sehnsucht nicht in Erfüllung – und zu ihnen gehören auch wir. Das Neue Testament jedoch stellt uns ein Bild des Herrn vor Augen, sodass wir uns die leibliche Gegenwart Jesu Christi leicht vorstellen können. Von der Fülle dessen, was uns durch Gottes Gegenwart einmal zuteil werden wird, können wir bereits jetzt und hier auf Erden schon zu einem geringen Teil wahrnehmen und erfahren.

Wenn schon ein in eine Leinwand geprägtes Bild oder ein auf Leinwand oder Holz gemaltes Bild unseres Herrn Jesus Christus so bereichernd für unseren Glauben sein kann, wie viel mehr wird dann erst einmal ein Bild bewirken, das in meinem Inneren entsteht? Alles, was Christus betrifft, was von ihm spricht und ihn darstellt, besitzt die wunderbare Kraft, uns empor zu heben. Mein inneres Bild von Jesus Christus sollte für mich zu einer Leiter werden, auf deren Sprossen ich mich zu ihm erheben kann. Selbst wenn sein Bild in uns noch recht unvollkommen ist, so ist und bleibt es trotzdem ein erhabenes Mittel, um ihm näher zu kommen.

Hier auf Erden – mit dem anscheinend Wenigen – können wir beginnen, uns Gott demütig hinzugeben, damit er uns an seiner Hand zu Höherem führen kann. Wir dürfen nicht gleich alles an innerer geistlicher Erfahrung erwarten und auch nicht danach streben, sondern müssen es in aller Bescheidenheit lernen, unserer Gangart und dem Willen Gottes entsprechend, Fortschritte zu machen.

- *Schon unvernünftige Begierde ist nicht gut, und wer hastig rennt, tritt fehl* (Sprichwörter 19,2).
- *Nach Reichtum giert ein neidischer Mensch und bedenkt nicht, dass Mangel über ihn kommen wird* (Sprichwörter 28,22).
- *Vor dem Sturz ist das Herz des Menschen überheblich, aber der Ehre geht Demut voraus* (Sprichwörter 18,12).

Wer auf einmal zu hoch hinaus will, läuft Gefahr, dass er abstürzt, denn er kann sich mit der Tatsache der Begrenztheit seines Lebens nicht mehr abfinden. Er ist wie ein junger Vogel, der sich vorzeitig aus dem Nest wagt. Da er noch nicht gelernt hat, zu fliegen, kann er nicht mehr zu seinem Nest zurückkehren, sondern stürzt ab. Um geistig-geistlich aufzusteigen, ist es vornehmlich notwendig, sich zuerst dem Niedrigen zuzuwenden, um dann langsam durch die Betrachtung des Menschseins Jesu Christi zu Höherem aufzusteigen. Das Niedrige und im Wege Stehende sind unsere Sünden, die als Erstes durch Gewissenserforschung, Reue und sakramentale Vergebung ausgeräumt werden müssen.

Vierundsiebzigstes Kapitel

Besonderheiten, die bei der weiteren Betrachtung des Lebens und des Leidens unseres Herrn Jesus Christus beachtet werden müssen, damit diese Form der Betrachtung die notwendigen Auswirkungen zeigt.

Voraussetzung für jeglichen Fortschritt in der geistlichen Entwicklung ist, dass wir zu allererst ein allgemeines Sündenbekenntnis ablegen und den Herrn um Vergebung bitten. Wenn du dich dann eine kurze Zeit in die Stille zurückziehst, lies aus der Heiligen Schrift oder aus einem anderen guten geistlichen Buch eine Begebenheit aus dem Leben Christi. Es ist hilfreich, wenn du die beiden folgenden Punkte beachtest:

- Verschaffe dir Klarheit darüber, wie es zu der Situation im Leben Jesu gekommen ist, die du dir vorgenommen hast, zu betrachten. Aus seinem Leben, von seinem Leiden und über den Tod Christi solltest du so viel Kenntnis haben wie möglich.
- Um den dir vorliegenden Text zu betrachten, bedarfst du der äußeren und inneren Stille und vor allem der Sammlung. Fühlst du dich zerstreut oder du bist gar uninteressiert, wähle einen anderen Zeitpunkt.

Sei nicht unbedingt darauf bedacht, viel oder alles zu lesen und in dich aufzunehmen. Wenn dieses bestimmte Thema an anderen Tagen oder in Wochen wiederkehrt, kannst du es nachholen und ergänzen. Das betrachtende Lesen darf nicht mit Anstrengung geschehen und zur Ermüdung führen; es sollte vielmehr das Verlangen der Seele wecken und dich zu eigenem selbstständigen Beten und zu einem Schweigen vor

Gott führen. Die Bücher, die dir eine hervorragende geistliche Unterstützung geben, sind:
- Die »Betrachtungen« des heiligen Augustinus
- »Gebet und Betrachtung« von Luis de Granada
- Die »Betrachtungen über alle vier Evangelien« von Dionysius, dem Kartäuser

Wenn du die geistliche Lesung beendet hast, schließe die Augen und bitte den Herrn, er möge dir das Licht des Heiligen Geistes senden und dir Liebe schenken, um die Botschaft Jesu Christi nicht nur zu verstehen, sondern auch in dein Herz zu senken. Hast du dir das Leiden Jesu zum Thema gewählt, so bedenke, dass er uns nicht gerufen hat, ihn nachzuahmen, sondern ihm auf individuelle Weise nachzufolgen.

Versuche das, was du betrachtest, in deinem Herzen als Bild zu belichten. Strenge dich dabei nicht an. Sollte es dir nicht gelingen, so denke dir, dieses Bild sei nah bei dir. Du musst nicht notwendig bei der Bildgestaltung an den geographischen Ort des Geschehens gehen. Dies kann sich sogar nachteilig auf deine ruhige Besinnung auswirken und die geistlichen Impulse austrocknen. Stelle dir vielmehr vor, Christus stünde neben dir. Fühle seine Gegenwart und wende die Augen deines Geistes auf den Boden, auf seine Füße und dann vor allem auf das, was inzwischen vorgegangen ist. Spüre dich vor dem Herrn stehend und vernimm mit aller Aufmerksamkeit, was er zu dir spricht.

Betrachte vor allem mit ruhigem und aufrichtigem Blick das allerheiligste Herz Jesu, das voll Liebe für alle schlägt, auch für die Sünder, die sich durch ihre Vergehen weit von Christus entfernt haben. Täusche allerdings keine Gefühle vor, die du in Wirklichkeit nicht hast. Sie sind hinderlich für die innere Ruhe, die du zur Betrachtung benötigst. Um Christus wahrhaft näher zu kommen, wird von dir größte Wachheit und Aufrichtigkeit verlangt. Jedes pseudoreligiöse Gefühl und Verhalten macht krank und lässt die Seele Unmut erfahren, sodass sie nicht gewillt ist, noch einmal zu einer solchen Betrachtung zurück zu kehren.

Wenn dir jedoch bei dieser ruhigen Betrachtung ganz von selbst Tränen in die Augen steigen und sich neue religiöse Gefühle einstellen, dann nimm alles hin wie es kommt und geht, ohne darüber nachzudenken. Es können sich auch in dieser tiefen Ruhe Entspannungsbewegungen oder andere äußere Reaktionen wie Sprechen oder lautes Rufen einstellen. So befreiend sich dieses auch auswirkt, so solltest du doch bei einer so heftigen Reaktion deine Betrachtung und dein Gebet unterbrechen beziehungsweise an diesem Tag damit aufhören und dir für den nächsten Tag vornehmen, deine Gebetszeit zu verkürzen. Du solltest beginnen, wenn du allein bist, denn sonst läufst du Gefahr, dich nicht bremsen zu können, wenn du in Gemeinschaft betest.

Frage nicht nach den Ursachen bestimmter Empfindungen und Abläufe, die dir bisher unbekannt waren. Kehre einfach immer wieder zu dem geistlichen Impuls zurück, mit dem du dein Gebet begonnen hast. Gib ihm vor allem immer den Vorrang und achte nicht darauf, was sich alles innerlich bei dir löst. Halte dich an Jesus Christus und sein Wort und lass alles andere von selbst kommen und gehen. Werde nicht zum Beobachter deiner selbst, denn dies würde die Nähe zu Jesus Christus stören oder gar zerstören. Der Anfänger ist geneigt, sich durch Wahrnehmungen neuer Empfindungen gefangen nehmen zu lassen und das Wesentliche aus seinem Blick und aus seinem Herzen zu verlieren. Für ihn gilt umso mehr das Wort vom Loslassen der eigenen Ich-Strukturen und von der jeweiligen Neuausrichtung auf Jesus Christus. Der Fortgeschrittene jedoch sollte mit all dem längst vertraut sein.

Die in der Betrachtung, im Gebet und in der Stille vor Gott Geübten nehmen – ohne sich selbst in den Mittelpunkt zu stellen – alles hin, wie es kommt und geht. Dazu gehören Empfindungen, die die Hoheit Gottes betreffen, die eigene Unwürdigkeit, ein Mitleiden mit dem schmerzhaften Christus und das Erspüren seiner großen entgegenkommenden Liebe. Damit der Weg jedoch zu dieser Erhabenheit frei wird, müssen sich körperliche und geistige Hindernisse auflösen. Diesen Prozess geduldig zu ertragen, dürfte zweitrangig sein. Wir dürfen auf keinen Fall etwas, von dem wir meinen, es sei eine Störung, verdrängen oder abtun. Alles, was in tiefer werdender Ruhe auf Jesus Christus hin geschieht, ist wesentlich und hat mit innerer Wandlung zu tun, dem Geheimnis unseres Glaubens. Wesentlich ist, dass unser Herz von der Liebe Gottes entflammt wird, die sich auf mannigfache und individuelle Weise bei uns auswirkt. Sie kann Tränen der Dankbarkeit auslösen aber genauso gut Tränen der Traurigkeit trocknen oder gar verhindern.

Bei der dir geschenkten Liebe Jesu Christi darfst du gewiss sein, dass sie deine gesamte Persönlichkeit fördert, dir tiefe Ruhe und Gelassenheit schenkt und dich befreit, anstatt abhängig zu machen. Da auch Jesus traurig war und geweint hat, sollte er uns auch hierin zum Vorbild werden und so vornehmlich Männer nicht glauben lassen, sie dürften weder traurig sein noch weinen. Hüten wir uns jedoch vor unwissenden Menschen, denen das geistliche Leben begegnet und die bereits meinen, es beurteilen zu können. Sie können durch ihre anmaßende Unwissenheit sich selbst und anderen Schlimmes antun, indem sie sich zu Richtern aufspielen und dabei nur ihrer beschränkten Meinung folgen!

Fünfundsiebzigstes Kapitel

Verfeinerung und Sensibilität der erwähnten Betrachtung und des sich daraus ergebenden Gebetes. Durch Hingabe wird der wesentliche Schritt unterstützt, in die Nähe Gottes zu kommen und sie zu spüren. Hinweise oder Beurteilungen dürfen keinen Einfluss auf uns haben.

Bildhafte Vorstellungen dürfen unter keinen Umständen mit irgendeiner Anstrengung verbunden sein, denn sonst laufen wir Gefahr, unsere Einbildungskraft zu überziehen, sodass sie sich auch nach unserer Betrachtung nicht mehr beruhigt. Es macht unsere Psyche krank, wenn wir nach innen geschaute Bilder plötzlich auch nach außen sehen. Unsere Vorstellungskraft darf nur mäßig und sanft angewandt werden, sodass sich die Bilder nicht in unsere Psyche gravieren und vorherrschen. Dies kann psychische Krankheiten verursachen oder uns gar stolz und hochmütig machen. Einerseits solltest du es nicht unterlassen, dir den Herrn vorzustellen, und andererseits darfst du sein Bild in deinem Inneren nicht wirksam und mit Anstrengung festigen, sondern es sanft und allmählich entstehen lassen. Die einzelnen Ereignisse aus dem Leben Jesu kommen fast von selbst ins Bild, wenn du nicht eingreifst und alles ganz von allein entstehen lässt.

Jedes mühsame Vorgehen ist bei der Betrachtung auszuschalten und jegliche Anstrengung von Seiten des Kopfes ebenso. Sonst entstehen Trockenheit und Dürre in der Seele, die eine Abneigung gegen das Gebet verursachen. Beten bedeutet nicht das Gleiche wie sich mit den Wissenschaften zu beschäftigen. Hier ist Kraftaufwand notwendig, beim Beten dagegen nicht. Der Herr steht dir immer zur Seite, und wenn du dich auf ihn verlässt, wird er der Führende und Gebende sein und nicht du. Gehst du jedoch eigene und eigenwillige Wege, wirst du heftige Kopfschmerzen bekommen. Beende dann dein Gebet und beginne später mit dem Bewusstsein, dass du vor Gott nichts leisten musst, sondern dich in Ruhe und in Gelassenheit und Einfalt ihm überlassen kannst. Sein Wille wird an dir geschehen, wenn du dich ganz ihm hingibst.

Argumentiere Gott gegenüber nicht mit deinen Gründen – sei nicht so vermessen –, sondern bringe deinen Verstand vor ihm zum Schweigen und verhalte dich wie ein unwissendes Kind oder ein bescheidener Schüler, der von seinem Meister lernen möchte. Ruhige Aufmerksamkeit und ruhevolle Wachheit sind Eigenschaften, die sich in Hinblick auf den Herrn ganz von selbst bei dir einstellen. Dieses Gebet ist mehr eine Sache des Herzens als des Kopfes, denn Liebe ist das Ziel. Viele

Menschen jedoch verstehen es nicht, loszulassen, weil ihr Denken überanstrengt und ihr Kopf ermüdet ist. Dadurch ist ihre Gesundheit gefährdet und das Gute, das sie hätten tun können, bleibt aus. Wenn dir der Herr die Gnade der Ruhe beim Gebet schenkt, wirst du lichtvoll und mühelos den für dich bereiteten Weg gehen und seine Gabe wird dich nachhaltig unterstützen.

Gehst du diesen mühelosen Weg der Hingabe und des Geschehenlassens, wirst du mehr und mehr Wohnung in deinem eigenen Herzen nehmen und hier die vielen Eindrücke des Tages verarbeiten und Neues empfangen, das dich weiterführt. So wie die Biene in der Verborgenheit des Bienenstockes ihren Honig bereitet, solltest auch du in dein Herz gehen und alles, was dir begegnet, dem Herrn darbringen und ihn um Erleuchtung und Gnade bitten. Treten von außen her Versuchungen an dich heran, so wende dich mit einer einfachen Anrufung vom Herzen her an den Herrn. All deine Feinde werden draußen bleiben und keinen Zugang zu dir finden. Wenn du dich innerlich mit dem Herrn vereinst, wird die Tür deines Herzens für alles Ungute verschlossen bleiben, und nicht einmal ein böser Gedanke findet Einlass.

Zu Beginn deines Gebetes ist es ratsam, die Erde unter dir zu spüren, die dich als Mutter Erde nährt und trägt. Auch Jesus nahm bewusst die Erde und alles Leid der Welt mit, als er sich auf dem Ölberg in sein Gebet zurückzog.

- *Und er ging ein Stück weiter, warf sich zu Boden und betete* (Matthäus 26,39).
- *Und er ging ein Stück weiter, warf sich auf die Erde nieder und betete, dass die Stunde, wenn möglich, an ihm vorübergehe* (Markus 14,35).
- *Dann entfernte er sich von ihnen ungefähr einen Steinwurf weit, kniete nieder und betete* (Lukas 22,41).

Unsere körperliche Haltung beim Gebet darf nicht anstrengend sein und somit die Ruhe unserer Seele und damit die Verbindung zu Gott stören. Finden wir also für uns eine Gebetshaltung heraus, die die Ruhe unserer Seele nicht hindert. Es kommt einzig und allein darauf an, dass wir durch das Gebet und im Gebet zu Empfangenen werden.

Noch ein zusätzliches Wort zur Betrachtung. Wirst du von einem Thema, das du dir vorgenommen und vorgestellt hast, zu einem anderen geführt und eingeladen, dort zu verweilen, so stelle dem nichts entgegen. Schreite durch die Tür, die sich von selbst für dich geöffnet hat – vorausgesetzt, es ist ein religiöses Thema, das dich einlädt. Achte genau darauf, dass es sich um keine Täuschung des Widersachers handelt, der dich auf geschickte Weise von Gott trennen möchte. Das »Hüpfen« von einem Thema zum anderen kann auch aus der Unruhe und der Unbeständigkeit deines Herzens kommen. Du hast bestimmte Erwartungen, die sich weder bei diesen noch bei jenen Gedanken erfüllen. Bleibe bei dem einmal gewählten Thema und halte durch.

Bitte den Herrn um die rechte Gabe der Unterscheidung und um Erleuchtung, um den für dich richtigen nächsten Schritt gehen zu können. Sicherlich werden dir bei der rechten Wahl auch deine früheren guten Erfahrungen zu Hilfe kommen. Oftmals hebt dich der Herr aus dem von dir gewählten Thema in eine ganz andere und neue Dimension. Wenn sich das eindeutig zeigt, lass von dem selbst Gewählten ab und folge innerlich seinem Ruf. Genieße die Speise, die der Herr dir jetzt zukommen lässt. Das von dir gewählte Thema kannst du zu anderer Zeit fortsetzen.

Alles brauchte nicht so detailliert ausgeführt zu werden, wenn es den Menschen leichter fiele, sich auf Gott zu verlassen, die Anhänglichkeiten loszulassen und im Gebet den eigenen Willen aufzugeben. Viele Menschen – und es sind nicht wenige – lassen sich durch ihre Aufgaben und ihre tägliche Arbeit derart fesseln und binden, dass sie den Schritt zum Gebet und damit zum Loslassen nicht wagen. Und wenn der Herr sie auf einen bestimmten Weg bringen möchte, so gehen sie doch einen anderen, weil sie auf ihre eigene Klugheit setzen. Der Einsatz der eigenen Willenskräfte ist unbedingt erforderlich, um den Alltag zu bestehen. Im wahren Gebet der Hingabe jedoch müssen unsere Vorstellungen und unser Wollen total zurückgenommen werden, um dem göttlichen Plan in uns Raum und Zeit zu geben.

Die hemmende Eigenwilligkeit vieler Menschen erkennt man daran, dass sie viele Gebetsregeln aufstellen und oftmals von Geheimnissen sprechen, dabei aber innerlich ganz arm und leer sind. Dass sie keine Früchte ihres Gebetes ernten, zeigt sich daran, dass sie sich auf ihr eigenes Regelwerk stützen und sogar noch während ihres Gebetes daran denken. Jegliche Demut und Einfalt, wie sie die Kinder noch besitzen, kommt ihnen abhanden.

Sind wir Anfänger, müssen wir durchaus eine gewisse Sorgfalt anwenden – aber alles sollte in einer relativ großen Freiheit geschehen, ohne bestimmte Erwartungen an den Schöpfer zu stellen. Nicht derjenige, der viel weiß und die besten Regeln aufstellt, macht die größten Fortschritte auf seinem geistlichen Weg, sondern derjenige, der sich dem Herrn vertrauensvoll, bedenkenlos und demütig hingibt, keine großen Erwartungen hat und es versteht, tief zu seufzen, um den Weg für den uns entgegenkommenden Herrn freizumachen.

Sechsundsiebzigstes Kapitel

Das Ziel unserer Betrachtung und unseres Gebetes besteht darin, Jesus Christus nachzufolgen. Was steht für uns an erster Stelle und was ist für uns das Wichtigste?

Jedes Tun und jedes Lassen hat einen Grund und ein Ziel. Das Leben Jesu, seine Lehre, sein Leiden, seinen Tod und seine Auferstehung zu betrachten und über das Gebet ins Schweigen vor Gott zu gelangen, hat das Ziel, Jesus Christus nachzufolgen und fähig zu werden, die göttlichen Gebote einzuhalten. Nicht die Zeit, die ich im Gebet verbringe, wie auch nicht die erhebenden Gefühle, die ich dabei empfinde, sind entscheidend, sondern meine Hingabe. Wie weit kann ich mich selbst loslassen und mich verlassen auf Jesus Christus, um seine Liebe zu empfangen und weiter zu schenken? Dies ist der Weg, der zur christlichen Vollkommenheit führt und zur Erfüllung der göttlichen Gebote. Die Früchte meines Betens und der Gottesbegegnung müssen in meinem Alltag sichtbar werden.

Nach der Gottesbegegnung des Mose auf dem Berg Sinai stieg er wieder zu seinem Volk hinab. Mose berichtete ihnen nichts von geheimen Offenbarungen, Visionen oder seltsamen Geheimnissen, sondern trug – mit strahlendem Lichtglanz auf seinem Gesicht – zwei steinerne Tafeln in seinen Händen. Auf der einen Tafel waren die drei Gebote eingraviert, die die Ehre Gottes betreffen, und auf der anderen Tafel die sieben Gebote, die sich auf das Wohl des Nächsten beziehen.

Am Beispiel des Mose dürfen wir Folgendes erkennen: Wer sich im Gebet dem dreieinigen Gott, dem Vater, dem Sohn und dem Heiligen Geist, zuwendet, bringt Licht mit. Dieses Licht erleuchtet seinen Verstand und wird auch für andere sichtbar.

Die Gesetzestafeln in den Händen des Mose bedeuten die Erfüllung des göttlichen Willens. Der zutiefst Betende – Gebet geht jeder Gottesbegegnung voraus – wird durch sein Betragen, Reden und Handeln kundtun, dass ihm etwas von der höchsten Wahrheit zuteil geworden ist. Durch das Gebet und die damit verbundene Nachfolge Christi wird der Betende tragfähiger: Er nimmt Beleidigungen hin, ohne sich ständig rechtzufertigen; unabwendbare Schicksalsschläge oder gar eine übergroße Freude bringen ihn nicht aus dem Lot. Durch sein Gebet hat er gelernt, seine Mitte, Jesus Christus, nicht zu verlassen, um durch, mit und in Christus das Unabwendbare zu erdulden.

Was nutzt es mir, wenn ich die Geduld des Herrn auf seinem Leidensweg bewundere, jedoch nichts davon übernehme und mit mir selbst und anderen äußerst ungeduldig bin! Die Apostel hatten großes Mitleid mit ihrem Herrn, und wegen seines Leidens vergossen sie viele Tränen. Da sie jedoch nicht in seine direkte Nachfolge traten und vor dem Kreuz flohen, galten sie als angstbesetzt und feige. Dadurch beleidigten sie Gott. Die Kraft und die Liebe Jesu Christi möchten weder aus der Ferne betrachtet werden noch dir fern bleiben, sondern in dir lebendige Wirklichkeit werden.

Wenn es der Herr von dir fordert, so fasse Mut, seinen Kelch mit ihm zu trinken. Lebe mit ihm die Freiheit, die er dir schenkt, sei aber gleichzeitig in allem – besonders, was deinen Körper betrifft – diszipliniert. Schau auf den gekreuzigten Erlöser, wie er Galle und Essig kostet, wie er von seinen Kleidern entblößt wird und vom Kopf bis zu den Füßen mit Wunden bedeckt ist. Betrachte dagegen die eventuelle Verweichlichung deines Körpers im Hinblick auf deine Leistung, deine Lebensweise, deine Kleidung und die Speisen, die du zu dir nimmst. Lass dich durch den Herrn ermutigen, deine engen Grenzen zu überschreiten, einfach zu leben und tragfähiger und belastbarer zu werden. Gerate jedoch nicht in Versuchung, fremdes Leid an dich zu ziehen, es bewusst zu suchen oder gar das Leiden Jesu nachzuahmen.

Gott, der Herr, ist in Jesus Christus vom Himmel auf die Erde gekommen, um näher bei den Menschen zu sein und ihnen den besten und sichersten Weg zu zeigen, der zu ihrer Erlösung führt. Der Erdenweg Jesu war kein einfacher: Bei seiner Geburt herrschten Armut und Kälte; mit zunehmenden Jahren mehrten sich seine Drangsale, und am Ende seines Lebens kamen noch weit größere Drangsale und Leiden hinzu. Jesus scheute vor rein gar nichts zurück, sondern solidarisierte sich mit allem Leid, was ihm begegnete. Selbst im Tod am Kreuz behielt er seine göttliche Würde. In allem ist Jesus Christus uns Vorbild, und es bedarf noch eines langen Weges, ihm ähnlich zu werden.

Durch jedes Ja, das wir zu Unabänderlichem in unserem Leben sagen, durch jedes Ja zum Willen Gottes – selbst wenn dieser unserem Willen entgegensteht –, werden wir Jesus Christus, dem Christkönig, immer ähnlicher. Wir haben Grund, unendlich dankbar für unseren Heiland und Erlöser Jesus Christus zu sein, der vom Himmel herabstieg, um uns auf Erden Gott nahe zu bringen. Alle erdenklichen Mühsale hat er auf sich genommen und ist konsequent seinen Weg zum Vater zurückgegangen. Das Kreuz wurde für ihn und für uns das Tor zum Himmel. Daher dürfen wir es nicht fliehen, sondern sollten es als Zeichen des Heils und der Erlösung suchen. Leg das Kreuz wie ein Siegel auf dein Herz, wie ein Siegel an deinen Arm (vgl. Hoheslied 8,6); nicht als etwas, das dich ängstigt, sondern als etwas, das dich befreit.

Ehre, Reichtum, sinnliche Freuden und alle Annehmlichkeiten werden von den rein irdisch gesinnten Menschen hoch geschätzt und geliebt. Diejenigen jedoch, die Christus folgen und auch vor dem Kreuz nicht Halt machen, übergeben all die übersteigerten Annehmlichkeiten dem Herrn und danken ihm dafür, dass er den Betenden vor Verstrickungen in Irdisches bewahrt. Von einer tiefen Liebe zu Jesus Christus geführt, sucht er Mittel und Wege, ihm noch konsequenter und inniger zu folgen. Erfordert es jedoch unser Beruf, dass uns Mittel zufließen, wir eine hohe Stellung besitzen oder uns bestimmte Annehmlichkeiten zuteil werden, so nehmen wir all das an, ohne abhängig davon zu werden. Wer tief in Jesus Christus verwurzelt ist, tut sich allerdings oftmals schwer, »zu Pferde« zu reisen, während er denjenigen, den er mehr liebt als sich selbst, »zu Fuß« reisen sieht.

Von dieser Art ist die hohe Schule christlichen Lebens. Wenn wir Christus nachfolgen und willig unser Kreuz auf uns nehmen, dürfen wir sicher sein, dass er vom Kreuz aus bei uns Dunkles in Licht und Bitteres in Freudiges verwandelt. Außerdem werden wir von allem weltlich Gesinnten befreit, um das sich andere ängstlich bemühen. Voraussetzung jedoch ist immer, dass wir uns im Gebet Gott ganz hingeben. Wenn du zur Zeit kein Kreuz zu tragen hast oder es niemanden gibt, der nach dir mit Steinen wirft und deine Seele geißelt, so freue dich und danke von Herzen dem Herrn. Denn es wird gewiss wieder eine Zeit kommen, an der du zu tragen hast.

Auch körperliche Schmerzen können dich in jedem Alter und jeder Lebenssituation überfallen. Da Körper, Geist und Seele zusammenhängen, bestehen Wechselwirkungen untereinander. Daher achte nichts, was dir widerfährt, als gering oder weniger wichtig als anderes. Wenn ärztliche Hilfe an ihre Grenzen stößt, gerate nicht in Aufregung und Verwirrung, sondern lass dich immer wieder erneut in die barmherzigen Hände Gottes fallen und ertrage das Unabwendbare im Wissen, dass mit dir Wandlung geschieht. Vergiss niemals, bei allem, was dir widerfährt, im Gebet Kontakt mit dem Schöpfer, der Liebe ist, aufzunehmen und ihn auch in den kleinsten Dingen um Wandlung zu bitten, und, dass sein Wille geschehe.

Siebenundsiebzigstes Kapitel

Gefährliche Leidenschaften abzutöten, bedeutet Verdrängung, sodass sie uns zu einem späteren Zeitpunkt einholen und erneut begegnen. Durch, mit und in Christus gelingt es, die blinden Passagiere auf unserem Lebensschiff zu entdecken und auszuleuchten.

Wie leicht geschieht es, dass unsere ungezügelten Leidenschaften uns Wunden schlagen, die mit menschlichen Heilmethoden nicht zu heilen sind. Die einzige Arznei ist ein junger Trieb, der aus den Wurzeln eines alten Baumstumpfes wächst: Jesus Christus. Der Prophet nennt ihn die Blume der Wurzel Jesse. *Doch aus dem Baumstumpf Isais wächst ein Reis hervor, ein junger Trieb aus seinen Wurzeln bringt Frucht* (Jesaja 11,1). So wie Blumen und Kräuter Heilmittel sind, ist auch Jesus Christus ein Heilmittel: seine Barmherzigkeit und seine Liebe, die noch vom Kreuz in die offenen Herzen der Menschen hinein strahlen. Wenn wir unsere Wunden diesem Heilmittel aussetzen, werden sie geheilt. Augustinus drückt dies so aus:

»Wenn mich ein abscheulicher Gedanke quält,
wende ich mich an die Wunden Christi.
Wenn der Teufel mir nachstellt,
nehme ich meine Zuflucht zum Herzen Jesu.
Wenn das Feuer sinnlicher Lust in mir brennt,
denke ich an die Wundmale Christi.

In allen meinen Leiden und Widerwärtigkeiten habe ich kein so wirksames Heilmittel gefunden wie die Wunden unseres Herrn Jesus Christus.«

Wenn wir uns von unseren Leidenschaften, wie der Hirsch von den Hunden, verfolgt und bedrängt fühlen, gibt es nichts Heilvolleres, als aus den Quellen des Heilandes zu trinken, die für ihn leidvoll und für uns Hilfe und Heil bringend sind. Jesus Christus besitzt einen wahren Leib, der dem unsrigen gleich war, weil er den Leiden und Qualen unterworfen war. Doch er ist als Leib Gottes frei von jeder Sünde, da ihn Heiliger Geist geformt und gebildet hat. Jesus wurde ans Kreuz geschlagen und starb, um alle zu befreien und zu heilen, die von Versuchungen verwundet wurden. Die einzige Voraussetzung besteht darin, dass wir ihn um seine Hilfe bitten, um uns so im Glauben und in der Liebe ihm zu nahen.

Es ist gut, täglich zu erforschen, welche Schlangen uns in unserem Inneren verwunden, welche schlechten Neigungen wir in der tiefsten Tiefe unseres Herzens hegen und welche unguten Leidenschaften daraus entstehen. Welche Sünden sind es, die wir immer wieder begehen? Wenn wir im Gebet vor den Herrn treten und ihn um Heilung bitten, sollten wir schon wissen, welche Mängel und Fehler uns anhaften. Wir sollten sie schon vor Augen haben oder – besser gesagt – in den Händen tragen, um sie dem Herrn mit der Bitte um Wandlung zu übergeben. Bitte Gott, dass er dir die Gnade schenkt, die Wurzeln deines Herzens zu sehen, das so tief ist, dass nicht du, sondern nur Gott es zu erforschen vermag. In die Nachfolge Christi treten zu dürfen ist ein großes Geschenk. Betrachte daher die Tugenden, die er übte, auf ganz besondere Weise, um dich selbst zu erkennen. Ganz allmählich wird dann Christus zu einem Spiegel für deine Seele.

Betrachte die Gewaltlosigkeit Jesu, seine Sanftheit, seine Liebe, seine unbesiegbare Geduld, sein tiefes Schweigen, und es werden dir deine Mängel und Fehler bewusst – so verborgen sie auch sein mögen. Auch deine guten Eigenschaften werden dir im Licht Christi nicht mehr als so leuchtend und einmalig vorkommen, sondern du siehst auch ihre Schatten. Vielleicht kannst du manchmal auch nicht umhin, dich schämen zu müssen. Lass jedoch nicht davon ab, vor den Herrn zu treten wie ein Kind, das seine Mutter unter Tränen bittet, ihm den Dorn aus der Hand zu ziehen. Einerseits ist der Herr wie ein Spiegel, der dir deine Fehler zeigt, und andererseits ist er das wahre Heilmittel für die Wunden deiner Seele.

Was hat der Herr bereits aus Liebe zu dir alles ertragen? Wenn du darauf schaust, wird sich dein Herz aus Liebe zu ihm entflammen und
- du wirst das Streben nach Ehre und Ansehen von dir weisen,
- Jesu Geduld wird deine Ungeduld besänftigen und deinen Zorn auslöschen,
- Essig und Galle, die man ihm am Kreuz als Trank reichte, werden zu einem Heilmittel für dein übermäßiges Essen und Trinken,
- der Gehorsam Jesu seinem Vater gegenüber wird all deine Überheblichkeit und deinen Stolz zu Nichte machen,
- seine Unterordnung und Kreuzigung werden das Verlangen in deinem Herzen wecken, nicht immer nur nach Höherem zu streben, sondern auch diejenigen, die unter dir stehen, anzunehmen und zu lieben.

Es ist der Wille Gottes, dass ihr durch eure guten Taten die Unwissenheit unverständiger Menschen zum Schweigen bringt. Handelt als Freie, aber nicht als solche, die die Freiheit als Deckmantel für das Böse nehmen, sondern wie Knechte Gottes. Erweist allen Menschen Ehre, liebt die Brüder, fürchtet Gott (1. Petrusbrief 2,15–17). Wenn du auf den gekreuzigten Erlöser schaust, der sein Blut zum Heil der Menschen gibt, erfährst du das Gebot, das er uns zuerst gegeben hat, damit wir es erfüllen: *Liebt einander! Wie ich euch geliebt habe, so sollt auch ihr einander lieben* (Johannes 13,34). Gehen wir diesen Weg in der Nachfolge Christi, erleben wir, dass *unser alter Mensch mitgekreuzigt wird* (Römerbrief 6,6). Spürst du nicht sofort die erlösende Gnade Jesu Christi, wie du es dir vielleicht wünschst, so mache dir keine Sorgen und verliere nicht den Mut, den einmal begonnenen Weg weiter zu gehen.

Vielleicht wirst du zwischenzeitlich erkennen, dass deine Hartnäckigkeit und Verbissenheit größer sind als du glaubtest. Seufze so kräftig du es vermagst und bitte den Herrn, seine Barmherzigkeit möge es nicht zulassen, dass du weiterhin verhärtet und krank bleibst. Hoffe zuversichtlich und wisse darum, dass der Herr, der dich bittet, ihn anzurufen, dir gegenüber sein Ohr und sein Herz nicht verschließt, wenn er dich erlösungsbedürftig an der Pforte seiner Barmherzigkeit rufen hört. Er nimmt dich auf in seine Wunden, durch die wir geheilt werden.

Erwarte jedoch nicht alles auf einmal, sondern habe Geduld, wenn der Erlösungs- und Heilungsprozess langsam fortschreitet. Der Apostel sagt zwar: *Alle, die zu Christus Jesus gehören, haben das Fleisch und damit ihre Leidenschaften und Begierden gekreuzigt* (Galaterbrief 5,24), doch vollzieht sich diese Wandlung in den meisten Fällen sehr langsam. Unsere Feinde werden nur schrittweise, wenn sie dazu gezwungen werden, das Land der Verheißung freigeben, sodass dieser Vorgang, den Paulus in einem Satz ausspricht, viele Jahre dauern kann. Der Herr schenkt uns die Hoffnung auf vollkommene Genesung, indem er uns schrittweise von einzelnen Krankheiten heilt.

Josua, der Nachfolger des Mose, erobert das verheißene Land westlich des Jordan und verteilt es an die noch ausstehenden Stämme Israels. Er nimmt fünf Könige gefangen, die ihm den Weg versperren. *Als man die Könige zu Josua gebracht hatte, rief Josua alle Israeliten herbei und sagte zu den Anführern der Krieger, die mit ihm ausgezogen waren: Kommt her, setzt diesen Königen euren Fuß auf den Nacken. Und Josua sagte zu ihnen: Fürchtet euch nicht und habt keine Angst! Seid mutig und stark! Denn so wird es der Herr mit allen euren Feinden machen, mit denen ihr kämpfen werdet* (Josua 10,24–25).

Handle so, wie es in diesem Bild beschrieben wird: Räumas das dir und deiner Begegnung mit Gott im Wege Stehende fort, entschlossen, kraftvoll und eindeutig. Setze mutig deinen Fuß auf den Nacken deiner Leidenschaften und schaffe sie fort. Denn sonst wirst du auf dem Weg zu Gott keine Fortschritte machen. Die dich erwartende Ruhe in Gott musst du dir erst verdienen, indem du deinen Eigenwillen Gott immer wieder im Gebet der Hingabe opferst.

- Wenn die Dunkelheit in dir schwindet, wird dein Auge licht und du wirst den Christ-König in seiner Schönheit schauen.

- Wenn keine unguten Leidenschaften und Wünsche deine Seele mehr belasten, wird sie sich auf eine besondere geheime Weise mit dem Herrn vereinen.
- Wenn du mit hoher Liebe Jahre hindurch den Weg der Reinigung gehst, werden die göttlichen Geschenke der Einsicht und der Einigung nicht ausbleiben.

Achtundsiebzigstes Kapitel

Das Erhabenste, das uns in der Nachfolge Christi, ja, auch aus seinem Leiden, entgegenkommt, ist die Liebe. In dieser Liebe opfert er sich für uns dem ewigen Vater.

Nachdem wir Christus, sein Leben, seine Lehre, sein Leiden, seinen Tod und seine Auferstehung äußerlich und somit eher oberflächlich betrachtet und dabei versucht haben, unseren unlauteren Begierden auf die Spur zu kommen, wollen wir jetzt den Weg fortsetzen und das von Jesus angestrebte Endziel in den Blick nehmen. Dieser Ort ist – um ihn menschlich vorstellbar zu machen – das Herz Jesu Christi. Alles äußere Geschehen in seinem Leben entspricht einem inneren Vorgang, der in seinem Herzen und in seiner Liebe mündet. Um Christus wahrhaft nachzufolgen, reicht es nicht aus, allein das äußere Geschehen seines Lebens zu betrachten, sondern wir müssen in sein Herz eintreten, das für uns geöffnet wurde. Von hier aus finden wir Einlass in sein Innerstes, und er gestattet, dass wir uns dem darin eingeschlossenen Geheimnis nähern. Ja, der Herr möchte uns bewegen, durch die offene Pforte in sein Herz einzutreten, um die uns verborgenen Schönheiten zu schauen, die seine Liebe in sich birgt.

All diejenigen, die schauend in das Herz Jesu eintreten, sind

weder in der Lage, die Größe des Geschauten zu begreifen noch selbst das, was sie begreifen, in Worte zu fassen.
- *Der Tempel Gottes im Himmel wurde geöffnet, und in seinem Tempel wurde die Lade seines Bundes sichtbar* (Offenbarung 11,19).
- Im Herzen Christi entsteht das Gesetz der Liebe Gottes, und das Brot der Liebe wird dort aufbewahrt. Die uns entgegenkommende Liebe Gottes wird durch das Gold gekennzeichnet, mit dem die alte Bundeslade überzogen ist. *Er (Bezalel) überzog sie innen und außen mit purem Gold und brachte daran ringsherum eine Goldleiste an* (Exodus 37,2).
- *Zahlreich sind die Wunder, die du getan hast, und deine Pläne mit uns; Herr, mein Gott, nichts kommt dir gleich* (Psalm 40,6).

Groß ist alles, was Gott geschaffen und getan hat; und noch wunderbarer ist die Art und Weise, wie er erschienen ist. Wenn du jedoch die Bewegungen seines Herzens betrachtest, wirst du, wird deine Seele rufen: Herr, es gibt nichts, was dir ähnlich wäre! Frage den Herrn, wenn du siehst wie
- er sich die Hände binden lässt,
- er die vielen Schläge in sein Gesicht erträgt,
- er den Schmerz durch die spitzen Dornen und Nägel erduldet,
- er den Tod am Kreuz auf sich nimmt.

Er möge dir sagen, warum er – da er doch so stark und mächtig sei – ohne jeglichen Widerstand sich so abscheulich behandeln lässt. Der Apostel Johannes wir dir in seinem Namen die Antwort geben: *Er liebt uns und hat uns von unseren Sünden erlöst durch sein Blut* (Offenbarung 1,5).

Lass diese Worte zutiefst in dein Herz ein und betrachte, wie außerordentlich und wunderbar die Liebe Jesu Christi ist. Frage dich, ob es in deinem Leben jemanden gibt, für den du aus lauter Liebe bereit wärst, zu leiden – ohne dabei irgendeinen Vorteil zu haben. Wahrscheinlich wird niemand diesen Mut, die Kraft und die Stärke aufbringen, wie es der Herr aus unendlicher Liebe getan hat. Etwas von dem zu leiden, was Christus gelitten hat, wird vielleicht unter Eltern und Kindern möglich sein, unter Freunden und unter Liebenden, die so weit gehen, dass sie bereit sind, für einander zu sterben. Doch was Christus getan hat, gab es vorher nicht: ohne Eigennutz und ohne schuldig zu sein für Fremde zu leiden und aus lauter Liebe zu ihnen zu sterben.

Für Menschen, die ihm absolut keinen Dienst erweisen und ihm schwere Beleidigungen zufügen, ist Christus gestorben – einzig und allein aus Liebe zu allen Menschen. Ein so unendlich großes Verströmen von Liebe hat es bisher nicht gegeben. Müssten nicht wir alle, die davon wissen, in größtes Staunen versetzt werden und den Herrn unser gesamtes Leben hindurch loben und preisen?

Diese Liebe jedoch ist für viele Menschen so wundersam, so neu und so groß, dass sie Anstoß daran nehmen, indem sie sagen, es sei unglaubwürdig, dass jemand sein kostbares Leben für diejenigen hingibt, die durch ihre Bösartigkeit den Tod verdient hätten.

Der Herr geht noch einen Schritt weiter, indem er allen, die an ihn glauben, die Befreiung vom endgültigen Tod verspricht – das größte und schönste Heilmittel, das ein Mensch sich vorstellen kann. Doch leider finden sich nur wenige Augen, die eine so hohe Sonne flammender Liebe erkennen und betrachten können.

Die wenigen jedoch werden in Verwunderung und in Staunen versetzt und geraten infolge dieses Wunders fast außer sich. Wenn wir wahrhaft erkennen, was Christus für uns getan hat, müsste ein Gesinnungswandel in uns vorgehen und unser Herz würde jubeln vor Freude. Die Fülle einer so großen Liebe, die uns entgegenkommt, wird uns nicht nur aufwecken und verändern, sondern auch ihren Urheber, Jesus Christus, lobpreisen und ehren lassen. Ein weiteres Resultat der Wandlung besteht darin, dass wir den Herrn in noch weit größerem Maß wiederlieben.

Was die Menschen oder gar die Könige dieser Erde nicht vollbracht haben, das hat der himmlische König, Jesus Christus, in letzter Vollendung vollzogen.
- *Auf seinem Gewand und auf seiner Hüfte trägt er den Namen: König der Könige und Herr der Herren* (Offenbarung 19,16). Die Hüfte repräsentiert die menschliche Natur des Herrn, dessen Größe so groß ist, dass er alle geschaffenen Könige sowohl auf Erden als auch im Himmel überragt.
- *Darum hat Gott ihn über alle erhöht und ihm den Namen verliehen, der größer ist als alle Namen* (Philipperbrief 2,9).
- *Christus ist schon zu der Zeit, da wir noch schwach und gottlos waren, für uns gestorben. Da wir mit Gott versöhnt wurden durch den Tod seines Sohnes, als wir noch Gottes Feinde waren, werden wir erst recht, nachdem wir versöhnt sind, gerettet werden durch sein Leben* (Römerbrief 5,6.10).

Als wir noch Gottes Feinde waren bedeutet, dass wir in Sünde lebten und damit von Gott weit entfernt waren. Böse und sündhaft sein erniedrigt den Wert des Menschen, denn es gibt nichts, was so niedrig angesiedelt ist wie ein in permanenter Sünde lebender Mensch.

Vergleiche den unendlichen Unterschied zwischen dem liebenden Herzen Jesu und denen, die sich in Bosheit von ihm abgewandt haben. Trete durch die geöffnete Seitenwunde ein in das Herz Jesu und verweile dort. Selbst wenn du die scharfen Augen eines Adlers hättest, würden sie nicht ausreichen, um die hohe und leuchtende Liebe zu sehen, die dort gegenwärtig ist. Die höchsten Engel des Himmels, die von Liebe entbrannt sind und somit den Namen »Seraphim« tragen, waren bei der Kreuzigung Christi anwesend und staunten über die unendliche Liebe des Herrn, gegen die ihre Liebe nichts anderes als Kälte war.

Damit alle, die im Himmel und auf Erden eine größere Liebe entfalten möchten, können sie nichts Besseres tun, als Jesus Christus zu folgen, der alle und alles an Liebe übertrifft. Im

Innersten des heiligsten Herzens Jesu brennt ein solches Feuer der Liebe, dass die Flammen herausschlagen und alles, was sich dem Herzen Jesu nähert, entzündet. *Trägt man denn Feuer in seinem Gewand, ohne dass die Kleider in Brand geraten?* (Sprichwörter 6,27)

Wenn du Jesus Christus von außen her suchst und siehst, wie seine Hände mit Stricken gefesselt werden, dann denke dir, im Innern ist er gefesselt mit den Banden der Liebe. Diese sind stark wie Eisenketten, wohingegen die äußeren Fesseln nur Zwirnsfäden sind. Die unendliche Liebe zu den Menschen und allem Geschaffenen führte Jesus dazu, dass er

- durch die Geißelung seine Kräfte verlor
- gefesselt und von Richter zu Richter geführt wurde
- die schmerzhafte Dornenkrone ertragen musste
- geduldig das schwere Kreuz auf seinen Schultern trug
- seine Arme ausbreitete, um gekreuzigt zu werden.

All das – wie auch sein irdischer Tod – sind Zeichen, dass aus dem geöffneten Herzen Jesu reich leuchtende Strahlen der Liebe ausgehen, die alle Menschen erreichen möchten – ganz gleich, ob sie in der Vergangenheit gelebt haben, in der Gegenwart leben oder in Zukunft leben werden.

Wie der Hohepriester auf dem Schulterkleid und dem Brustblatt die Namen der zwölf Stämme trägt, so trägt Jesus Christus die Namen aller Menschen fest in sein Herz eingeschrieben. Der erste Adam verkaufte sich für einen Apfel, und viele Menschen tun es heute noch für die geringfügigsten Dinge. Unser Herr Jesus Christus jedoch schätzt und liebt jeden Menschen und ist bereit, einen jeden aus seiner beweinenswerten Sklaverei loszukaufen – er, der sich als Lösegeld hingab. Dies ist der Beweis, dass er die Menschen mehr liebt als sie sich selbst lieben und von anderen geliebt werden können.

Neunundsiebzigstes Kapitel

Jesus Christus schöpft aus der Quelle ewiger Liebe. Und mit dieser Liebe liebt er seinen göttlichen Vater und alle Menschen, um des Vaters willen. Die Nicht-Liebe vieler Menschen lässt ihn immer wieder erneut leiden.

- *Arglistig ohnegleichen ist das Herz und unverbesserlich. Wer kann es ergründen? Ich, der Herr, erforsche das Herz und prüfe die Nieren* (Jeremia 17,9–10).
- Dringt man tiefer in das menschliche Herz vor, kommen noch größere Untaten zum Vorschein – wie sie der Prophet Ezechiel im sechsten Kapitel in einem Bild beschrieben hat. *Ich zerbreche ihr Herz, das mir untreu geworden ist, und zermalme ihre Augen, die treulos nach den Götzen schielten. Dann werden sie vor sich selbst Abscheu empfinden wegen der bösen Gräueltaten, die sie begangen haben* (Ezechiel 6,9).

Um wie viel mehr strahlt vor diesem Hintergrund das Herz Jesu, weil es unendlich rein und klar ist – besser als alle anderen Herzen es sind. Niemand als der Herr selbst wird fähig sein, es ganz zu erforschen.

Die unendliche Liebe im Herzen Jesu, die sich dadurch zeigt, dass er für uns den Tod am Kreuz auf sich nahm, ist einmalig und bewunderungswürdig. Allein schon das Wissen um diese Liebe müsste ausreichen, uns ganz von Gott gefangen nehmen zu lassen. Je tiefer sich uns dieses unaussprechliche Geheimnis der Liebe Gottes offenbart, umso weniger können wir Worte finden, dieses Wunder zu beschreiben. Es versetzt uns in eine noch größere Verwunderung als all das, was bereits an äußeren Wundern geschehen ist.

Als man einen Taubstummen zu Jesus brachte, nahm er ihn beiseite und berührte die Ohren und die Zunge des Mannes mit Speichel. *Danach blickte er zum Himmel auf, seufzte und sagte zu dem Taubstummen: Effata!, das heißt: Öffne dich!*

(Markus 7,34) Das Seufzen Jesu verhallte innerhalb kürzester Zeit; doch zeugt es von einem anderen Seufzen, von inneren Seufzern, die Monate, wenn nicht gar Jahre dauern. Derjenige, der Gott schaut, ist in der Regel bereits an Leib und Seele selig und leidet nicht mehr. Damit wir erlöst werden können, ist zwar die Seele Christi ganz von Seligkeit durchströmt, jedoch nicht sein irdischer Leib. Er verzichtet darauf, um die Leiden, die wir tragen müssen oder gar verdienen, auf sich zu nehmen.

Die Seele Christi sah und sieht alle Beleidigungen, die die Menschen vom Anfang der Welt an Gott zufügten und alle, die sie ihm bis zum Ende der Welt noch zufügen werden. Der seelische Schmerz Jesu, seinen Vater so unendlich beleidigt zu sehen, ist ebenso groß wie die Sehnsucht Jesu, dass alle seinem und unserem Vater in Ehrfurcht dienen und ihn verehren.

Es gibt wohl niemanden, der die Größe dieser Sehnsucht der Seele Christi zu erfassen vermag; auch gibt es niemanden, der die Größe ihres Schmerzes begreifen könnte. Gottes Heiliger Geist, der der Seele Christi in unendlichem Maß verliehen ist, durchglüht sie mit unendlicher Liebe. Der Heilige Geist lässt die Seele Christi darüber seufzen, dass sie Gott, den sie so unaussprechlich liebt, von den Menschen missachtet und beleidigt sieht.

Damit du erkennst, wie groß der Schmerz ist, der die Seele Christi wie ein Schwert von allen Seiten schneidend scharf und verletzend durchdringt, erinnere dich dieser beiden Augenblicke im Leben Jesu:

- *Als Jesus sah, wie sie* (Maria, die Schwester des Lazarus) *weinte und wie auch die Juden weinten, die mit ihr gekommen waren, war er im Innersten erregt und erschüttert* (Johannes 11,33).
  Jesus blickte zum Himmel, seufzte und weinte über Lazarus.
- *Als er* (Jesus) *näher kam und die Stadt sah, weinte er über sie und sagte: Wenn doch auch du an diesem Tag erkannt hättest, was dir Frieden bringt. Jetzt aber bleibt es vor deinen Augen verborgen* (Lukas 19,41–42).

So sind auch die Worte des Ambrosius von Mailand zu verstehen: »Und so ist es nicht zu verwundern, wenn Er, der über einen Einzigen Tränen vergossen, um alle insgesamt großes Leid trägt.« Gott beleidigt und die Menschen durch ihre Sünden von Gott entfernt zu sehen, ist für die Seele Christi ein doppelschneidiges Schwert, das sein Herz verwundet. Dies umso mehr wegen der namenlosen Liebe zu Gott, seinem Vater, und zu allen Menschen. Die einzige Sehnsucht Christi besteht darin, dem Vater Dank und Ehre zu erweisen und alles zu tun für die Rettung der Menschen – und dies wird auf den Schultern Jesu ausgetragen.

Jedem, der dich, Herr, gefoltert sieht,
bricht das Herz – und du schweigst.
Wer vermag es von den Menschen schon,
deinen inneren Schmerz zu schauen?

Nägel durchbohren deine Hände und Füße;
Dornen durchdringen dein göttliches Haupt.
Unzählige todbringende Geißelhiebe
haben dein Leib und deine Seele empfangen.

Diese und viele andere grausame Schmerzen
vereinen sich in deinem entsetzlichen Leiden,
die so überwältigend und groß sind,
dass sie kein Mensch zu begreifen vermag.

Ihr alle, die ihr des Weges zieht,
schaut doch und seht,
ob ein Schmerz ist wie mein Schmerz,
den man mir angetan. (Klagelieder 1,12)

Und bei all dem erduldest du, Herr,
dessen Liebe unermesslich ist,
neue Qualen und Schmerzen – innerlich,
wenn wir auf dem Weg der Sünde sind.

Wir hätten uns alle verirrt wie Schafe,
jeder ging für sich seinen Weg.
Doch der Herr lud auf ihn
die Schuld von uns allen. (Jesaja 53,6)

Deine Liebe, Herr, hält es für gut,
alle Sünden auf dich zu nehmen –
die vergangenen, gegenwärtigen und zukünftigen,
unter Schmerzen und Qualen deines Herzens.

Deine Schmerzen und Qualen, Herr, sind zahllos,
wie auch unsere Sünden niemand zählen kann.
Sie verursachen deine Qualen und dein Leid.
Du, *ein Mann voller Schmerzen*. (Jesaja 53,3)

Du, Herr, nimmst hinweg die Sünden der Welt.
Sie umringen uns wie wilde Stiere.
Reißende, brüllende Löwen
sperren gegen uns ihren Rachen auf. (vgl. Psalm 22,14)

Im Garten Getsemani: Eine Schar von Soldaten
umringt dich, Herr, und nehmen dich fest –
so auch unsere Sünden, die dein Herz umgeben
und dir Schmerzen ohne Ende bereiten.

Welch ein grauenhafter Anblick, o Herr,
welch ein Bild unendlichen Jammers,
wenn unsere hässlichen Sünden vor dir stehen
und dich und dein heiliges Herz beschweren.

Durch das Feuer der innerlichen Schmerzen
und durch das Feuer deiner göttlichen Liebe
schenkst du uns, o Herr, Vergebung der Sünden.
Jetzt und immer erfülle uns deine Barmherzigkeit.

Achtzigstes Kapitel

Die unendliche große und zarte Liebe Christi drängt sich dem Menschen nicht auf, sondern wartet, bis wir die Tür unserer Innerlichkeit öffnen. Was verursacht den innerlichen Schmerz Jesu Christi und wer hat ihm das schwere Kreuz auf sein Herz gelegt?

Zahlreich und groß sind die durch die schweren Sünden verursachten Schmerzen des Herrn. Dringen wir tiefer in das Herz Christi ein, finden wir unsagbare Schmerzen, die durch die schweren Sünden ausgelöst werden, die die Menschen begehen. Aber auch die Gnade, die du uns schenkst, damit wir keine Sünde begehen, ist etwas Kostbares, das du für uns bereitet hast.

Alle Menschen, o Herr, aus vergangenen,
gegenwärtigen und zukünftigen Zeiten
laden schwere Lasten auf dein Herz.
Es sind jene, die gesündigt und jene,
die noch nicht gesündigt haben.

Alle, o Herr, sind wir der Gnade beraubt
und weit entfernt noch vom Himmel.
Du schenkst uns Vergebung und Gnade,
und machst uns wieder zu Kindern Gottes.

Die Erlösung, Herr, geschieht auf deine Kosten,
indem du unsere Sünden auf dich nimmst
und für uns Güter des ewigen Lebens erwirbst.
Dieses Geschenk haben wir nicht verdient.

Der Frieden, den du schenkst, ist grenzenlos.
Du warst, du bist und wirst sein.
Alles kommt von dir und strömt zu dir hin.
Du bist stark und ein wunderbarer Ratgeber.

Du, unser Vater, der nicht von Adam abstammt,
dem sündigen Vater, der uns den Tod bereitet.
Herr, unser Gott, du gibst dein Leben für jene,
die der erste Adam getötet hat und neu tötet.

Adam trank Gift, ihm von der Schlange gegeben,
und vererbte es weiter an seine Kinder.
Du, Herr, bietest uns liebend Befreiung an,
und wir klammern uns an dein Herz.

Wir verwunden dein Herz zu unsagbarem Schmerz,
den du aus Liebe zu uns Menschen auf dich nimmst.
Aus Liebe zu uns möchtest du uns umarmen,
doch viele von uns lassen es nicht zu.

Deine zärtliche Liebe, Herr, möchte vergeben;
und du trauerst, wenn wir sie zurückweisen.
Du hast uns eingezeichnet in deine Hände
und sagst, dass du uns nicht vergisst.

Wer könnte je die Geheimnisse der Liebe
und des Schmerzes in deinem Herzen ergründen?
Du, Herr Jesus, liebst und leidest zugleich,
damit wir erlöst werden vom Gift der Sünde.

Das, was du am Kreuz gelitten und leidest,
übersteigt alles an hingebender Liebe.
Die giftigen Schlangen unserer Sünde
verwandelst du in unschuldige Lämmer,
die durch deinen Tod das Leben erlangen.

Mit Recht nennst du, Herr, alle die Menschen,
für die du leidest, »Söhne meiner Schmerzen«.
Der Schmerz, den dir unsere Sünden bereiten,
ist weitaus größer und schwerwiegender
als die Lust, die die Sünde begleitet.

Sage uns, Herr, wie hast du die Kraft aufgebracht,
noch voll Liebe und Barmherzigkeit zu sein,
als die Sünden aller Menschen vor dir erschienen?
Trotzdem liebst du alle Menschen mehr
als jemals ein Mensch einen anderen geliebt.

Woher nimmst du, Herr, bloß die Kraft,
durch Sünde deinen Vater beleidigt zu sehen,
ohne die Liebe zu den Menschen zu schmälern?
Die Liebe in deinem Herzen ist unermesslich.

Herr, du hast heilige Kräfte verliehen bekommen,
um nicht nur die Fülle der Sünden zu tragen,
sondern sie auch zu vergeben und zu wandeln.
Nach menschlicher Vorstellung und meiner
bist du wiederholt viele Tode gestorben.

Auch für meine Sünden bist du gestorben,
sodass auch ich ein »Sohn deiner Schmerzen« bin.
Du, Herr, bist mein Vater, mein ein und mein alles.
Du hast mich befreit und schenkst Gnade in Fülle.

Dein Platz ist zur Rechten des ewigen Vaters.
Wir bitten dich, Herr, lass auch uns
zu deiner Rechten sitzen – erlöst und befreit.
Erst hier werden wir in Ruhe erkennen,
was du für uns getan und wie du für uns gelitten.

Einundachtzigstes Kapitel

> Weitere Betrachtungen über das Leben und das Leiden Jesu Christi, die der Seele gut tun. Erwägungen zu Grenzsituationen. Hinweise für jene, die das Gesagte nicht befolgen können.

Der Herr hat, wie wir gesagt haben, nicht nur äußerlich gelitten, sondern vornehmlich innerlich. Dieses Leiden setzt sich durch jede unserer Sünden fort. In Geduld und mit Demut nimmt er uns als sündige Menschen an. Aus seinem übervollen Herzen geht nichts als Liebe und nochmals Liebe hervor. Sich in sein Herz zu versenken und zu spüren, was in diesem göttlichen Herzen vorgeht, sollte zu unserem täglichen Gebet gehören. Vielleicht bekommen wir eine Ahnung, wie kostbar Vergebung, Erlösung und Seligkeit sind, und wie Abscheu erregend im Gegensatz dazu die Sünde ist.

Das Leiden Christi ist ein Buch, in dem du

- die unermessliche Güte Gottes
- die alles überragende Größe seiner Liebe
- die wunderbare Strenge seiner Gerechtigkeit lesen kannst.

Selbst wenn du meinst, in diesem Buch nicht viel lesen zu können, so halte zumindest das Wenige fest in deinem Bewusstsein und bleibe beharrlich darin, immer weiter zu lesen. Denn nicht nur die Lehre Jesu ist das Entscheidende des Christentums, sondern auch sein Leiden, sein Tod und seine Auferstehung. Fällt dir manches schwer zu begreifen, so halte trotzdem durch; der Herr wird es dir auf wunderbare Weise lohnen.

Es gibt über die genannten Betrachtungs- und Versenkungsweisen hinaus noch viele andere. Über sie gelangt man ebenso zum Ziel, denn Gott ist allgegenwärtig.

- Die Betrachtung alles Geschaffenen und speziell der Geschöpfe
- Das Erwägen der Güte Gottes
- Die Sammlung des Herzens, das sich der Liebe weiht, die das Ziel des Gesetzes und allen Trachtens ist.

Es gibt so viel verschiedene Gebetsübungen wie es gute Neigungen im Menschen gibt. Und es ist eine große Gnade Gottes, wenn er uns eine Richtung weist, die für uns die beste und heilsamste ist. Dafür dürfen wir uns im Gebet an ihn wenden und ihn bitten, dass er uns Zeichen sendet, die wir wahrnehmen können. Von unterstützendem Vorteil ist es, wenn wir uns an einen uns vertrauten und Gott nahen Menschen wenden, der uns sowohl bei der Wahrnehmung als auch bei der Entscheidung hilft, die für uns rechte Gebetsweise zu finden.

Viele Menschen jedoch finden nicht zu einem Ruhepunkt, weil sie zu sehr mit äußeren Dingen beschäftigt sind. Sie sind nicht in der Lage, einen inneren Gebetsweg der Ruhe zu gehen. Wenn sie sich allerdings zur Ruhe zwingen, werden sie traurig und mürrisch, weil sie ihre Beschäftigungen nicht loslassen können. Daher müssen sie vorerst mit dem Stand, den ihnen der Herr zugewiesen hat, zufrieden sein und mit Freude ihre Pflicht erfüllen. Um jedoch eines Tages auf den Weg zu kommen, ist es ratsam, so oft wie möglich den Herrn vor Augen zu haben und ihm die Arbeit zu weihen.

Andere tragen eine natürliche Unruhe in ihrer Seele und sind nicht in der Lage – selbst wenn sie viel Zeit und Sorgfalt auf ihren Gebetsweg verwenden –, in sich einen Ruhepunkt wahrzunehmen. Sie sprechen von einer ständigen inneren Trockenheit und davon, dass sie keinen Nutzen aus der Gebetsübung ziehen. Da ihnen der Herr nicht den Geist eines langen und innerlichen Gebetes verleiht, mögen sie vorerst mit ihren mündlichen kurzen Gebeten und den darauffolgenden kurzen Betrachtungen zufrieden sein. Bildbetrachtungen sind ein guter Schlüssel, um zu einem verinnerlichten und tieferen Gebet zu kommen. Auch ansprechende gute christliche Literatur – in kleinen Abschnitten gelesen und reflektiert – kann wesentlich dazu beitragen, auf der Leiter zur Übung des inneren Gebetes emporzusteigen.

Es kann durchaus sein, dass es Gottes Wille ist, dass jemand eine gewisse Höhe erreicht, dann aber nicht weiter kommt. Gott möchte nicht, dass jemand deswegen traurig ist. Nein, es ist sein Wille, dass wir bei jedem kleinen Schritt, den wir uns Gott nähern, seiner freudenreichen Auferstehung immer ähnlicher werden. Die damit verbundene Hoffnung weist uns einen sicheren Weg, auf dem wir gehen sollen.

Selbst wenn einige Menschen sich durch ihre Unwissenheit oder durch Stolz vom Weg des Gebetes abbringen lassen, so darf dies für uns nicht Veranlassung sein, mit dem Beten aufzuhören. Im Gegenteil: Der Fall anderer soll uns nicht vom Guten abbringen, sondern uns ermutigen, weiter zu gehen – im festen Wissen: Christus und seine Heiligen sind uns auf diesem Weg vorausgegangen.

Zweiundachtzigstes Kapitel

Wie aufmerksam uns der Herr anhört, wenn wir zu ihm rufen; wie barmherzig er uns ansieht, wenn wir ihm unsere Verwundungen und den damit verbundenen Schmerz zeigen; und wie bereit er ist, unsere Wunden zu heilen und uns viele Gnaden darüber hinaus zu schenken.

Der großen Güte Christi ist es eigen, dass er das, was wir zu tragen haben, unseren Fähigkeiten anpasst. Indem Jesus sich den Geboten selbst unterwirft, zeigt er uns, dass auch wir sie halten können. Er rät uns immer wieder – damit unser Leben gelingt und anderen nicht zur Last wird –, auf sein Wort zu hören und ihn in den Blick und in unser Herz zu nehmen. All das wird für uns leicht,

- denn wer wird einen solchen Meister, wie Jesus Christus es ist, nicht anhören?
- denn wer wird sich nicht freuen an dem uns entgegenkommenden Licht der Liebe?

* denn wer wird der unendlichen Weisheit schon sein Ohr verschließen?

Und was tut der Herr für uns? Er wendet sein Ohr uns zu und schaut auf uns, damit wir nicht sagen können: Ich habe niemanden, der mich anblickt. Für einen betrübten, traurigen oder gar depressiven Menschen ist es ein großer Trost, zu wissen: Zu jeder Stunde und auch nachts ist jemand da, der mein Klagen hört, mich in meinem Leid wahrnimmt und auf meine Wunden blickt. Der Herr ist nicht jemand, der zu uns sagt: Ich bin zu müde, deine Klagen weiter anzuhören. Deine Verletzungen erregen in mir Abscheu! Jesus Christus hört und sieht uns immer. Und wir dürfen sicher sein, dass unser Leiden sein Herz berührt und Mitleid findet. Wenn schon ein Felsgestein durch einen steten Wassertropfen ausgehöhlt wird, wie muss da unser Rufen sofort in die Mitte des Herzens Jesu dringen!

Wie froh und dankbar dürfen wir darüber sein, dass die »Augen« und »Ohren« des Herrn unseren Schmerzen zugewandt sind und dass er sie keinen Augenblick von uns abwendet. Er sucht uns mit zarter Barmherzigkeit – und nicht nur mit seinem erbarmenden Herzen, sondern mit seiner ganzen Macht und Fülle, um unsere Liebe zu gewinnen und unsere Leiden zu heilen.

Gepriesen bist du, Herr, immerdar,
dass du nicht blind für unsere Leiden bist.
Du hörst und siehst sie immerfort.
Der Herr ist barmherzig und gnädig,
langmütig und reich an Güte. (Psalm 103,8)
Alle Übel der Welt, Herr, sind nichts
im Vergleich zu deiner unendlichen Macht.

Dank ist gerade in den Augenblicken ein wichtiges Element, wenn wir vom Herrn eine besondere Gnade oder Gabe empfangen haben. Viele Menschen, die nicht Danksagen können, werden auf die Dauer krank. Für eine solche Krankheit gibt es kein natürliches Heilmittel. Wenn in diesen Zeiten eine innere Stimme uns sagt, »unser Haus zu ordnen«, sollten wir unbedingt sofort damit beginnen. Wie wunderbar ist es für die Menschen, die diese Aufforderung verstehen und danach handeln. Ihr gesamtes Leben zieht an ihnen vorüber, und der, der ihnen das Leben geschenkt hat, tritt in ihr Bewusstsein. Im Erkennen bestimmter Missverhältnisse rufen sie den Herrn um Vergebung an und bitten ihn um seine Barmherzigkeit. In dieser Situation offenbart es sich, wie wenig dankbar sie dem Herrn gegenüber waren, der ihnen das Leben geschenkt hat.

Bitten wir Gott, dass wir nicht zu den Undankbaren gehören, denen oft noch das, was ihnen an Barmherzigkeit verliehen wird, abhanden kommt oder gar entzogen wird. Die lebenslänglich Undankbaren werden nicht selten am Ende ihres Lebens von all den Sünden ihres früheren Lebens bekämpft, die dann gewöhnlich in der letzten Stunde die größte Furcht einflößen.

Das Herz des Menschen scheint gebrochen zu sein, und wohin man blickt, überall finden wir tausend Gründe zur Furcht und Traurigkeit. Es ist niemals zu spät, um sich an den Herrn zu wenden und ihn um ein Heilmittel anzuflehen und um Vergebung zu bitten. Wenn wir den Richter selbst bitten, unser Anwalt zu sein, findet er einen Weg der Erlösung und Befreiung für uns. Gott hört unser Gebet und sieht unsere Tränen, wenn wir, einsichtig und demütig geworden, ihn um seine göttliche Barmherzigkeit bitten.

Du, Herr, wandelst dein Zürnen in Barmherzigkeit,
wenn wir Einsicht in unser Leben gewinnen
und dich aus tiefem Herzen um Hilfe bitten.

Du, Herr, lässt dich durch uns bewegen,
dein angekündigtes Urteil zurückzunehmen
und uns von unserer Schuld zu erlösen.

Du, Herr, übersiehst das Dunkle durch die Liebe.
Du denkst nur daran, uns Gnade zu erweisen.
Du hast unser Gebet gehört, die Tränen gesehen.

Du, Herr, sprichst den Schuldigen frei
und verlangst danach, Vergebung zu schenken,
indem du nicht auf die Gebote blickst.

Du, Herr, bewirkst es und lässt es zu,
dass die Übertretung deiner Gebote
im Herzen schmerzliche Reue verursachen.

Du, Herr, lässt uns den Entschluss fassen,
uns zu bessern und die Sakramente zu empfangen,
die du deiner Kirche aus Liebe hinterlassen hast.

Du, Herr, denkst nicht mehr an unsere Sünden,
sobald wir sie zutiefst bereut haben
und du uns Vergebung geschenkt hast.

Du, Herr, zeigst uns Barmherzigkeit in unserem Elend,
deine Güte und dein Erbarmen in unserer Bosheit
und deine Macht in unserer menschlichen Schwachheit.

Verliere deinen Mut nicht unter der Last deiner Sünden und setze noch einmal einen neuen Anfang. Du hast Gott beleidigt und ihn schwer getroffen; doch fasse wieder Mut in Hinblick auf seine Barmherzigkeit. Denn der Herr möchte nicht den Tod des Sünders, sondern, dass er sich bekehrt und lebt. *Du hast mich aus meiner bitteren Not gerettet, du hast mich vor dem tödlichen Abgrund bewahrt; denn all meine Sünden warfst du hinter deinen Rücken* (Jesaja 38,17).

Der barmherzige Vater hat ein großes Verlangen, dir zu vergeben, ja, dir noch größere Gnaden zu schenken als vorher. Sprich vor dem Herrn deinen Dank aus: Du hast meine Seele gerettet, damit sie nicht verloren geht und umkommt; du hast all meine Sünden hinter dich geworfen.

Dreiundachtzigstes Kapitel

Durch unser Verhalten haben wir Einfluss auf Gottes Urteil, das er abwenden kann. Durch Umkehr von unserem sündigen Verhalten und Erfüllung seines göttlichen Willens wendet er sich uns zu. Doch macht er auch eine gute Verheißung zunichte, wenn wir ihm untreu sind.

Im Ratschluss Gottes sind alle Möglichkeiten enthalten, die wir uns nur ausdenken können, und noch weitaus mehr darüber hinaus. Manchmal kündigt Gott durch jemanden etwas an, was er tun wird, wenn der Betreffende sich nicht bessert. Geschieht dies, ist der Herr bereit, seinen Beschluss zurückzunehmen. Oft erfahren wir durch uns selbst oder durch jemand anderen, was wir durch unsere Sünden verursacht und verdient haben und was uns begegnen wird, wenn wir uns nicht bessern. Die Einwohner von Ninive haben diese einmalige Chance erkannt und sind umgekehrt, sodass das Urteil, ihre Stadt werde in vierzig Tagen untergehen, nicht vollstreckt wurde (vgl. Jona 3,4–10).

Augustinus sagt: »Gott ändert seinen Ausspruch, aber er ändert nicht seinen Ratschluss.« Der Ratschluss bestand darin, Ninive nicht zu zerstören. Dies sollte die Buße vermitteln, wozu er die Bewohner Ninives durch die Furcht vor der ausgesprochenen Drohung bewegen wollte.

Daraus geht hervor: Wenn uns Gott drohen lässt, wissen wir nicht, ob es schon sein Entschluss ist oder eine bloße Drohung. Daher dürfen wir die Hoffnung nicht aufgeben und es nicht unterlassen, seine Barmherzigkeit anzuflehen, damit er das gegen uns ausgesprochene Urteil zurücknimmt.

Es gibt auch den umgekehrten Fall: *Bald sage ich einem Volk oder einem Reich zu, es aufzubauen und einzupflanzen. Tut es aber dann, was mir missfällt, und hört es nicht auf meine Stimme, so reut mich das Gute, das ich ihm zugesagt habe. Und nun sag zu den Leuten von Juda und zu den Einwohnern Jerusalems: So spricht der Herr: Seht, ich bereite Unheil gegen euch vor und fasse einen Plan gegen euch. Kehrt doch um, ein jeder von seinem bösen Weg, und bessert euer Verhalten und euer Tun!* (Jeremia 18,9–11)

Auch in diesem Fall wissen wir nicht, ob es ein Befehl oder eine Drohung ist. Verheißt uns Gott eine Gnade, so dürfen wir in seinem Dienst nicht nachlassen, sondern sprechen: Ich habe einen Gnadenbrief vom Herrn erhalten, von ihm, der niemals täuscht. Sagt doch der Herr, wenn wir seinem Willen nicht mehr entsprechen, dann werde ihn auch das Gute reuen, das er uns verheißen hat. Wenn sich der Mensch von Gott entfernt, wird Gott das Gute, das er diesem Menschen verheißen hat, rückgängig machen. Ebenso wird Gott auch das Urteil, das er gegen einen sündigen Menschen ausgesprochen hat, zurücknehmen, wenn dieser umkehrt und den Weg des Guten beschreitet.

Vierundachtzigstes Kapitel

Was der Mensch durch sein eigenes Bemühen und Streben ist, und von den großen Gütern, die wir durch unseren Herrn, Jesus Christus, besitzen.

Die Augen des Herrn blicken auf die Gerechten, seine Ohren hören ihr Schreien, denn er will sie dem Tod entreißen und in der Hungersnot ihr Leben erhalten (Psalm 34,16; 33,19). Auf diese Weise neigt sich der Herr vielen Menschen zu. Es ist etwas sehr Beglückendes und Erfüllendes, wenn Gott uns anschaut und uns zuhört. Der Herr jedoch sieht nicht nur auf die Gerechten und hört ihre Bitten, sondern er sieht auch auf die Sünder. Denn es gibt wohl kaum Menschen, die keine Sünden auf sich geladen haben. Vielleicht trifft es auf die Apostel zu und auf viele Heilige – gewiss aber die Mutter Gottes, die selbst die Engel an Heiligkeit übertrifft.

Durch das Beten des Vaterunser, in dem es heißt: »Vergib uns unsere Schuld«, werden wir täglich daran erinnert, dass wir Sünden begangen haben. Sollten wir jedoch von uns behaupten, ohne Sünde zu sein, entspricht dies nicht der Wahrheit. *Wenn wir sagen, dass wir keine Sünde haben, führen wir uns selbst in die Irre, und die Wahrheit ist nicht in uns* (1. Johannesbrief 1,8).

Durch den Glauben und die Liebe, die das Leben des Glaubens ausmacht, und durch die heiligen Sakramente sind wir in Christus. *Denn ihr alle, die ihr auf Christus getauft seid, habt Christus als Gewand angelegt* (Galaterbrief 3,27). Wenn er uns den Heiligen Geist gibt und uns seine Gnade schenkt, die unserer Seele eingegossen wird, dann dürfen wir uns Kinder Gottes nennen. Durch all das, was an uns geschieht, sind wir in den Augen Gottes durch die eigene Gerechtigkeit, die in uns wohnt, geläutert worden.

Wir befinden uns jetzt im Stand der Gnade, und alle Werke, die wir vollbringen, sind wahrhaft gerechte Werke, da sie dem Willen Gottes entsprechen. *Ich kenne deine Werke, deine Liebe und deinen Glauben, dein Dienen und Ausharren, und ich weiß, dass du in letzter Zeit mehr getan hast als am Anfang* (Offenbarung 2,19). Wer gut ist, wird durch die Unterstützung der göttlichen Gnade besser, und wer gerecht ist, wird noch gerechter, und die Werke, die wir jetzt vollbringen, dienen dazu, das Himmelreich zu erlangen. Gott, der Herr, kennt das Ergebnis meines Lebens und wird es mir und allen offenbaren, die sehnsüchtig auf sein Erscheinen warten (vgl. 2. Timotheusbrief 4,8).

Die unaussprechliche Gnade verdanken wir Jesus Christus,

unserem Herrn. Ihr Besitz ist nicht selbstverständlich, denn aus uns selbst können wir sie weder bewahren noch vermehren. All das und mehr wird uns nur gelingen, wenn wir uns auf Christus stützen wie eine Rebe auf ihren Weinstock oder wie ein Gebäude auf sein Fundament. Das Gebet zu Jesus Christus, das zu erhalten, um was wir bitten, sollte niemals ausbleiben. Erst ganz allmählich offenbart sich uns der große Zusammenhang zwischen Himmel und Erde, zwischen der Sehnsucht Gottes und der des Menschen.

Der Christ muss in lebendiger Verbindung mit Christus sein und sich auf ihn stützen, damit die Gnade bewahrt bleibt. Diese Gnade bewirkt eine geistliche Tugend, die den guten Werken vorausgeht, die wir vollbringen. Erst so werden unsere Handlungen zu wahrhaft guten Handlungen. Auf dieser Grundlage fließender Gnade sind unsere Gebete lebenswahrhaftig, sodass sie Gott hört und beizeiten erhört. Dann erhalten wir, um was wir bitten.

- Salomon bat Gott, wer immer im Tempel bete, den er zur Ehre Gottes auf Erden erbaut hatte, der möge vom Himmel herab erhört werden. *Achte auf das Flehen deines Knechtes und deines Volkes Israel, wenn sie an dieser Stelle beten. Höre sie im Himmel, dem Ort, wo du wohnst. Höre sie und verzeih!* (2. Buch der Chronik 6,21)
- Der wahre und erhabenste Tempel Gottes ist Jesus Christus. In ihm wohnt leibhaftig die gesamte Fülle der Gottheit (vgl. Kolosserbrief 1,19). Die Fülle der Gottheit wohnt in Christus nicht nur mittels der Gnade, wie in den Heiligen und den Engeln, sondern mittels der persönlichen Vereinigung. Diese wird durch Jesus Christus, der einen von den drei göttlichen Personen, der zu hoher Würde erhobenen Menschheit vorgestellt.
- Dies ist der Tempel, von dem der königliche Prophet sagt: *In meiner Not rief ich zum Herrn und schrie zu meinem Gott. Aus seinem Heiligtum hörte er mein Rufen, mein Hilfeschrei drang an sein Ohr* (Psalm 18,7). Wer seine Stimme, die durch den

Geist Gottes in Bewegung gesetzt wird, zum Gebet erhebt, und durch Jesus Christus um Hilfe bittet, der wird von Gott erhört, wie auch David erhört wurde.

Wenn allerdings unser Gebet nicht von Jesus Christus eingegeben ist, hat es zum einen nicht das königliche Siegel, um erkannt zu werden, und zum anderen wird ihm die Erhörung fehlen. Damit Christus unsere Bitten hört und über den Himmel auch erfüllen kann, müssen wir auf Erden eine lebendige Beziehung zu ihm aufgebaut haben. Oft aber ist Jesu Barmherzigkeit so groß, dass er auch die Bitten derjenigen erhört, die nicht oder noch nicht im Besitz der Liebe sind und noch keine Verbindung zu ihm haben. Es sind dann aber Bitten, die an Christus gerichtet sind und – wenn der Herr es für richtig erachtet – auch durch Christus erhört werden.

Der Beistand Jesu Christi ist unabdingbar. Deshalb sprechen wir am Ende in unseren Gebeten an den himmlischen Vater: Gewähre uns dieses durch Jesus Christus, unseren Herrn! Diese Bitte haben wir direkt durch das Wort Jesu gelernt; *Was ihr vom Vater erbitten werdet, das wird er euch in meinem Namen geben* (Johannes 16,23).

> Dank sei, o Herr, deinem heiligen Namen,
> da wir durch ihn erhört werden.
> Du bist unser Mittler und Fürsprecher,
> und erwirbst uns Gnade über Gnade.
> Du bist unser Meister, der uns beten lehrt,
> der uns durch deinen Geist zum Beten bewegt.
>
> Über all das hinaus bist du weitaus mehr:
> unser Hoherpriester im Himmel.
> Wenn wir dem Vater deine heilige Menschheit
> und dein Leiden und deinen Tod darbringen,
> erlangen wir unter Anrufung deines Namens
> all das, worum wir auf Erden bitten.

Wie sich der Himmel öffnete, als Jesus getauft wurde, so öffnet er sich wieder für einen jeden von uns durch Jesus Christus. Das Herz Jesu öffnet sich für unsere Bitten; und das Herz seines ewigen Vaters ist wiederum für Christus geöffnet, der vom Vater erhört wird.

Die große Liebe, die Christus uns entgegenbringt, nimmt nicht nur unsere Sünden hinweg, sondern – obwohl sie im Himmel wohnt – solidarisiert sich auch mit uns. Ja, Jesus Christus geht sogar mit uns in die Passion und leidet mit, wenn wir leiden; er ist zusammen mit uns hungrig und durstig, ist fremd und obdachlos, ist gefangen und nimmt sogar unsere Krankheiten auf sich.

»So ist es«, sagt Augustinus, »wenn wir von Gott erhört werden, Christus, der erhört wird. Dies geschieht infolge der unaussprechlichen Vereinigung, die zwischen ihm und den Seinen besteht.« Für gewöhnlich sehen wir, dass, wenn jemand angegriffen wird, er den Arm vor seinen Kopf hält, um ihn vor dem Schlag zu schützen. Christus dagegen, obwohl er das Haupt ist, stellte sich dem Schlag der göttlichen Gerechtigkeit und starb am Kreuz. Er liebte und liebt uns so sehr, dass er durch diese letzte Hingabe uns das ewige Leben schenkt und immer wieder neu schenken möchte.

Nachdem Jesus Christus uns durch seine Hingabe am Kreuz und durch den Empfang der heiligen Sakramente belebt hat, beschützt er uns, da wir ihm gehören. Er nennt uns Freunde, Brüder und Schwestern, Söhne und Töchter und legt uns, um uns seine Liebe noch besser zu zeigen, seinen heiligen Namen in unser Herz. Wegen dieser unaussprechlichen Vereinigung mit Christus werden wir »Christen« genannt.

- *Seine Geschöpfe sind wir, in Jesus Christus dazu geschaffen, in unserem Leben die guten Werke zu tun, die Gott für uns im Voraus bereitet hat* (Epheserbrief 2,10).
- *Von ihm her seid ihr in Christus Jesus, den Gott für uns zur Weisheit gemacht hat, zur Gerechtigkeit, Heilung und Erlösung* (1. Korintherbrief 1,30). Der Ausdruck »in Christus« gibt uns

die tiefe Vereinigung Christi mit uns und seiner Kirche zu erkennen.

* Die folgenden Worte spricht der Herr durch den Mund des heiligen Johannes: *Ich bin der Weinstock, ihr seid die Reben. Wer in mir bleibt und in wem ich bleibe, der bringt reiche Frucht; denn getrennt von mir könnt ihr nichts vollbringen* (Johannes 15,5).

Ich danke dir, Herr, für deine Liebe und Güte,
dass du uns durch deinen Tod das Leben gibst.
Ich danke dir, Herr, dass du unser Leben beschützt
und dich in dieser Welt mit uns vereinst.

Lass uns treu und bei dir bleiben.
Nimm uns mit – wie du versprochen – in den Himmel
und lass uns ewig dir zur Seite sein.
Du sagst: *Wo ich bin, dort wird auch mein Diener sein.*
   (Johannes 12,26)

Fünfundachtzigstes Kapitel

Christus hat in seinem Leiden laut zum Vater gerufen und ruft unseretwegen immer zum Vater. Christus empfängt die Bitten der Menschen, die Gott hört und zur rechten Zeit erhört und uns Gnade erweist.

Alle Menschen bedürfen der Gnade Jesu Christi, damit ihre Gebete – als wohlgefällig vor Gott – erhört werden. Aber nicht so Christus, denn er hat niemanden nötig, der für ihn spricht. Er ist es allein, dessen Stimme durch sich selbst erhört wird. *Als er auf Erden lebte, hatte er mit lautem Schreien und unter Tränen Gebete und Bitten vor den gebracht, der ihn aus dem Tod retten konnte, und er ist erhört und aus seiner Angst befreit worden* (Hebräerbrief 5,7).

Christus bat seinen Vater, er möge ihn dadurch vom Tod erretten, dass er ihn nicht im Tod verharren lasse, sondern ihn zu unsterblichem Leben erwecke. Und noch im gleichen Augenblick geschah die Erfüllung seiner Bitte. Jesus trug seinem Vater unter Tränen Bitten für uns vor, die aus einem liebevollen Herzen kamen und meist durch ein lautes Rufen vollzogen wurden. So darf man den Augenblick, als Jesus seinen heiligsten Leib am Kreuz für uns darbrachte, auch als ein lautes Rufen bezeichnen. Diese Bitte ist gewaltiger als alle anderen Bitten, so wie ein Unterschied besteht zwischen Leiden und den Tod erleiden.

- Nachdem Kain seinen Bruder Abel erschlagen hatte, sprach der Herr zu Kain: *Was hast du getan? Das Blut deines Bruders schreit zu mir vom Ackerboden* (Genesis 4,10). Das Blut Abels rief die göttliche Gerechtigkeit an, indem es um Rache gegen Kain bat.
- Das Blut aber, das Jesus Christus vergossen hat, ruft mächtiger als das Blut Abels (vgl. Hebräerbrief 12,24), denn es ruft die göttliche Barmherzigkeit an, indem es um Vergebung bittet. Das Blut Abels verlangt nach Rache, das Blut Christi begehrt Erbarmen und ruft Versöhnung hervor.

Das Blut Christi ruft nach Vergebung für alle Sünden, die es gegeben hat, gibt und geben wird. Doch ist, um es zu empfangen, eine gebührende Vorbereitung notwendig. Das Blut Abels konnte niemandem nützen, denn es hatte keine Kraft, die Sünden anderer hinweg zu nehmen; das Blut Christi jedoch reinigte Himmel, Erde und Meer und führte die im Reich des Todes Gefesselten zurück ins Leben. Der Ruf des Blutes Christi, indem es um Barmherzigkeit bittet, ist ungemein groß; bewirkt es doch, dass das Rufen nach Rache gegen diejenigen, die schwer gesündigt haben, nicht gehört wird.

Wenn schon die Sünde Kains so laut rief und Rache forderte – wie werden dann erst einmal donnerähnlich alle Sünden aller Menschen ihre Stimme zur göttlichen Gerechtigkeit erheben und sie um Rache bitten? Doch so laut diese Sünden auch zum Himmel schreien: Das Blut Christi ruft unvergleichlich lauter und bittet die göttliche Barmherzigkeit um Vergebung und bewirkt, dass die Stimmen unserer Sünden weit schwächer tönen und Gott sie nicht erhört. Denn an der Stimme Christi, der Stimme seines Leidens und Sterbens, die um Vergebung bittet, hat Gott ein größeres Wohlgefallen, als an den Stimmen der Sünden, die um Rache bitten.

Was bedeutet das Schweigen Christi, als er ans Kreuz genagelt wurde, und seinen Mund nicht öffnete? Wenn auch die Sünden laut durch den Mund derjenigen riefen, die Christus anklagten, und voll von Lügen sich gegen den ergingen, der ihnen nichts schuldete, so schwieg Jesus dennoch. Jesus wusste, dass ihre Vermessenheit dahin führte, dass sie am Ende der Welt keine Klage führen können, ob sie eventuell Recht hatten, sondern stumm bleiben, weil sie denjenigen anklagten, der ihnen keine Veranlassung dazu gab. Weil Jesus sich taub stellte, obgleich er hätte antworten können, hat auch die göttliche Gerechtigkeit geschwiegen, der sich Christus für uns zum Opfer darbrachte, obwohln wir uns vieler Vergehen schuldig machen, die Rache fordern.

Wenn wir wahrhaft bereuen, dass wir gesündigt haben, und die Heilmittel anwenden, die Christus uns mittels seiner Kirche anbietet, dann wird Gott taub sein für unsere Sünden, und sie nicht bestrafen. Er möchte uns Gnade über Gnade und Gutes erweisen. Somit haben wir keine Anklage zu befürchten, obgleich die Ursache vorhanden ist. Für uns wurde Christus angeklagt, der aber durch sein Schweigen die Stimme unserer Sünden zum Schweigen brachte.

- ◆ Bereits der Prophet Jesaja verheißt uns das messianische Heil: *Sagt den Verzagten: Habt Mut, fürchtet euch nicht! Seht, hier ist euer Gott! Die Rache Gottes wird kommen und seine Vergeltung; er selbst wird kommen und euch erretten* (Jesaja 35,4).

- *Er wurde misshandelt und niedergedrückt, aber er tat seinen Mund nicht auf. Wie ein Lamm, das man zum Schlachten führt, und wie ein Schaf angesichts seiner Scherer, so tat auch er seinen Mund nicht auf* (Jesaja 53,7).
- *Als er auf Erden lebte, hat er mit lautem Schreien und unter Tränen Gebete und Bitten vor den gebracht, der ihn aus dem Tod retten konnte, und er ist erhört und aus seiner Angst befreit worden* (Hebräerbrief 5,7).
- In Demut, Ehrfurcht und in großer Hingabe gibt Jesus sein Leben hin zur Errettung der Menschen und zur Verherrlichung seines himmlischen Vaters. *Er wendet sich dem Gebet der Verlassenen zu, ihre Bitten verschmäht er nicht* (Psalm 102,18).
- Die Demut ist wohl das entscheidendste Element – wie es Jesus selbst betont: *Nehmt mein Joch auf euch und lernt von mir; denn ich bin gütig und von Herzen demütig; so werdet ihr Ruhe finden für eure Seele* (Matthäus 11,29).
- *Denn er hat nicht verachtet, nicht verabscheut das Elend des Armen. Er verbirgt sein Gesicht nicht vor ihm; er hat auf sein Schreien gehört* (Psalm 22,25).
- *Jesus erhob seine Augen und sprach: Vater, ich danke dir, dass du mich erhört hast* (Johannes 11,41).

Der Vater erhört seinen Sohn, wenn er für uns bittet. Die vorausgehenden Qualen jedoch zeigen, wie viel es ihn kostet, unsere Sünden zu tilgen und für uns Gnade zu erlangen. Dessen sollten wir uns bewusst sein, wenn unsere Sünden vergeben werden und uns Gnade geschenkt wird. Gehen wir nicht aus Dank die große Verpflichtung ein, Gott treu zu bleiben? Wenn wir die Gnade noch nicht besitzen, dürfen wir Gott darum bitten; wenn wir sie jedoch besitzen, bedarf es einer großen Aufmerksamkeit und Achtsamkeit, sie nicht wieder zu verlieren.

Um die leise Sprache Gottes wahrzunehmen, ist es erforderlich, uns im Gebet der Hingabe mehr und mehr zurück zu nehmen. Wenn uns Gottes Gegenwart bewusst wird und er sich uns kundtut, besteht das Hören auf Gott nicht allein darin, seine Worte zu vernehmen, sondern sie auch zu glauben, Freude an ihnen zu haben und sie in die Tat umzusetzen. Andererseits wendet der Herr uns auch sein Ohr zu, wenn wir ihn ansprechen und ihn um etwas bitten – vornehmlich um seine liebende Gegenwart und, dass er uns vor Gefahren schütze. Manches jedoch wird ihm auch missfallen, wenn er von uns unehrliche und lästernde Worte vernimmt. Was der Herr durch den Mund des Propheten sagt, möge uns erfreuen und uns beweisen, dass der Herr unsere Seufzer hört: *Schon ehe sie rufen, gebe ich Antwort, während sie noch reden, erhöre ich sie* (Jesaja 65,24).

Gelobt sei, o Herr, dein tiefes Schweigen
an deinem Leidenstag – innerlich und äußerlich.
Du fluchtest deinen grausamen Peinigern nicht,
deinen Lästerern gabst du keine Antwort.
Die Qualen, Geißelhiebe und Lästerworte
nahmst du mit viel Geduld und Demut hin.

Bevor wir unsere Stimme zu dir erhoben,
hast du uns bereits gehört und erhört.
Du hast uns geschaffen, als wir nichts waren;
du hast uns erhalten, bevor wir darum baten.
Du hast uns als deine Kinder angenommen
und die Gnade des Heiligen Geistes verliehen.

Du hast uns bewahrt, bevor wir sündigten
und uns die Sünden zu Boden warfen.
Als wir von dir und deiner Liebe abfielen,
hast du uns aus dem Dunkel empor gehoben.
Du bist uns nachgegangen und hast uns gesucht,
und all das, ohne dass wir dich suchten.

Bevor wir das Licht der Welt erblickten,
bist du, Herr, bereits für uns gestorben
und hast uns einen Platz im Himmel bereitet.

Du hast aus lauter Liebe an uns gedacht,
bevor wir überhaupt an dich denken konnten
oder eine Ahnung von deiner Existenz hatten.

Im Voraus siehst du, woran es uns mangelt.
Ohne zu warten bis wir dich rufen,
gibst du uns das, was wir bedürfen.
Du, Herr, bist unendlich zuvorkommend,
grenzenlos in dem, was du uns schenkst.
Ohne dich zu bitten, besitzen wir es bereits.

Was sollen wir dir für dieses Schweigen geben?
Was sollen wir dir dafür darbringen,
dass du vor deinen Mördern geschwiegen hast?
Was sollen wir dir dafür darbringen,
dass du so liebevoll zu deinem Vater gerufen hast,
für uns, die es nicht verdient haben?

Verleihe uns in deiner unendlichen Güte die Gnade,
dass wir dich, Herr, nicht mehr beleidigen.
Alles, was du verlangst, sind wir bereit zu tun:
schweigsam sein und beten, lebhaft sein,
um dich laut zu loben und zu preisen.
Alle mögen dir mit glühendster Liebe dienen.

Herr, deine Liebe zu uns ist grenzenlos,
du freust dich, uns reden und singen zu hören.
So sprichst du leise zu unserer Seele,
die du mit deinem kostbaren Blut erlöst hast:
Dein Gesicht lass mich sehen, deine Stimme hören!
Denn süß ist deine Stimme, lieblich dein Gesicht.
   (Hohelied 2,14)

Du verlangst, Herr, uns zu hören, unsere Stimme!
Du verlangst, Herr, uns zu sehen, unser Angesicht!

Wie kann dir die Stimme süß und unser Angesicht
schön erscheinen, da wir gesündigt haben?
Ist deine Liebe zu uns wahrhaftig so groß,
dass du all unsere Sünden mit ihr hinweg fegst?

Lass es nicht zu, Herr, dass wir überheblich werden
und uns deine Liebe zur Quelle des Stolzes wird.
Was dir an uns gefällt, ist die Wirkung deiner Gnade,
die du uns trotz unserer vielen Sünden verliehen hast.
Die Belohnungen und die Geschenke von dir
sind weitaus größer als all unsere Verdienste.

Du, Herr, von dem alles Gute kommt, sei gepriesen.
All unser Glück liegt zutiefst begründet in dir.
Du bist unsere Freude, du bist unser Ruhm.
Es ehrt uns, von dir so unendlich geliebt zu werden,
dass du für uns die Qualen des Kreuzes erduldet
und den unschuldigen Tod auf dich genommen hast.

Sechsundachtzigstes Kapitel

In unendlich großer Liebe blickt Gott auf uns herab. Allen Geschöpfen möchte er sie mitteilen. Er sucht für uns Wege, das Dunkel in Licht und die Sünde in Heil zu verwandeln. Gottes wirkmächtige Barmherzigkeit setzt voraus, dass wir die Sünde verachten.

Mit übergroßer Liebe blickt Gott auf alles, was er geschaffen hat. Wie ein Hirte wendet der Herr seine Augen auf seine Schafe, damit sie nicht verloren gehen. Doch gegen das Böse richtet der Herr sein Antlitz, denn er kann es nicht dulden, dass es die Schönheit seiner Schöpfung verdirbt. Eine gewisse Strafe ist notwendig, die die Sünde verdient. So sind unsere menschliche Seele und wir mehr oder weniger überschattet oder gar zweigeteilt. Auf der einen Seite besitzen wir all das, was Gott geschaffen hat: unseren Leib und unsere Seele und all das Gute. Auf der anderen Seite befindet sich das, was wir verursacht und geschaffen haben: die Sünde. Wenn wir zu dem Guten, das wir von Gott haben, nichts Böses hinzufügen würden, so gäbe es an uns nichts, worauf Gott mit zürnenden Augen blicken würde. Denn jede natürliche Ursache liebt ihre Wirkung.

Vieles von dem, was Gott geschaffen hat, hat der Mensch verunstaltet oder gar zerstört, und trotzdem ist unsere Unwissenheit oder Bosheit für die unendliche Liebe und Güte Gottes kein Hindernis. Die göttliche Güte möchte, um das Gute, das sie geschaffen hat zu bewahren, das Böse, das durch den Menschen in die Welt kommt, vernichten und zerstören.

Die Strahlen, die uns die Sonne so freigiebig spendet, möchten alle Menschen berühren, die gewillt sind, sie aufzunehmen. Die Wärme und das Licht der Sonne strömen zu allen – vorausgesetzt, ihnen wird kein Hindernis in den Weg gelegt. Doch selbst bei einem Hindernis versucht das Sonnenlicht durch eine Spalte, eine Ritze oder gar durch ein Schlüsselloch zu dringen, um ein verdunkeltes Zimmer mit Licht zu füllen. Was werden wir dann erst einmal von der hohen Güte Gottes sagen, die mit einer starken Sehnsucht und Macht der Liebe ihre Geschöpfe umringt, um sich ihnen zu schenken und sie mit Leben und himmlischem Glanz zu erfüllen? Unzählige Gelegenheiten sucht die Güte Gottes, um uns Menschen Gutes zu erweisen.

- Wie vielen hat sie schon für einen winzigen Dienst große Gnaden erwiesen?
- Wieder und wieder bietet sie denjenigen, die sich von Gott entfernt haben, an, zurückzukehren.
- Wie liebevoll umarmt sie alle, die zu ihr kommen.

- Sie sucht die Verlorenen und führt die Verirrten auf den rechten Weg.
- Die unendliche Güte Gottes verzeiht die Sünden, ohne sie den Sündern vorzuhalten.
- Welch große Freude hat sie, Menschen Seligkeit und Erfüllung zu schenken, indem sie ihnen kundtut, dass sie ein Verlangen hat, zu verzeihen.
- Sie hat ein weitaus größeres Verlangen zu verzeihen und zu vergeben, als es der Sünder hat, um selig zu werden.
- Darum spricht die Güte Gottes zu den Sündern: *Ich habe kein Gefallen am Tod des Schuldigen, sondern daran, dass er auf seinem Weg umkehrt und am Leben bleibt* (Ezechiel 33,11).

Der Ruf des Herrn an uns erfolgt immer wieder: Kehrt zu mir zurück, und ihr werdet leben! Unser Tod besteht darin, dass wir uns von Gott trennen, und deshalb heißt unsere Rückkehr zu ihm: Leben. Gott richtet sein zürnendes Auge nicht auf sein Geschöpf, also nicht auf uns, sondern auf die Sünden, die wir begangen haben.

Der sehnlichste Wunsch Gottes ist es, unsere Sünden zu vernichten; wir dürfen ihm aber kein Hindernis in den Weg legen, das darin besteht, dass wir unsere Sünden lieben. Durch eine solche »Liebe« rufen wir diejenigen in unser Leben, die uns das Leben rauben. Das Verlangen der göttlichen Güte, unsere Fehler und Sünden auszumerzen, damit wir, Gottes Geschöpfe, nicht vernichtet werden, ist jedoch so groß, dass der Herr uns ungeachtet unserer Sünden in Gnade aufnimmt. Eines ist Voraussetzung: Wir müssen bereit sein, umzukehren, und den Herrn um Vergebung bitten und eventuell bereit sein, eine vorübergehende Buße auf uns zu nehmen. Der Herr wird uns die verdiente Strafe erlassen, uns von unserer Krankheit heilen und unsere Verkehrtheit wieder in rechte Bahnen lenken. Zudem wird er uns die Gnade schenken, das, was wir vorher an unserem sündhaften Verhalten liebten, von jetzt an zu hassen und zu verabscheuen.

Auf diese Weise entfernt und vernichtet der Herr alles, was nicht gut an uns ist: *So weit der Anfang entfernt ist vom Untergang, so weit entfernt er die Schuld von uns* (Psalm 103,14). Das ursprüngliche Schauen der Augen Gottes geht nicht gegen die Menschen, die er geschaffen hat und liebt, sondern gegen die Sünden, die wir begangen haben. Sieht der Mensch nun aber, dass das Entfernen seiner Sünden nicht zu Stande kommt, so hat dies seinen Grund darin: Der Mensch lässt Gott sein Zürnen gegen die Sünde nicht ausführen, sondern will in ihnen verharren und dem Vorrang geben, was ihn tötet. Gott missfällt es, wenn wir uns auf diese Weise noch weiter von ihm entfernen, aber er greift vorerst noch nicht ein.

Daher wird Christus immer wieder für uns sterben, sodass sein Tod am Leben bleibt und sein Leben stirbt. Derjenige, der aus Liebe und mit Liebe Jesu Tod töten und ihm Leben verleihen wollte, muss daher warten, bis Jesus Christus sein Erlösungswerk vollendet hat. Welches Mittel gibt es, damit Gott nicht auf meine Sünden blickt, um mich zu strafen, sondern auf sein Geschöpf, um es zu lieben und selig zu machen? Dazu gibt Augustinus eine kurze, wahre Antwort: »Blicke du selbst auf deine Sünden, erkenne und bereue sie, und Gott wird nicht auf sie blicken. Wenn du deinen Sünden also den Rücken zukehrst, dann wird Gott dir sein Angesicht zuwenden.«

David flehte seiner Sünden wegen zum Herrn: *Verbirg dein Gesicht vor meinen Sünden, tilge all meine Frevel!* (Psalm 51,11) Gott schenkte David eine überaus große Gnade, denn er hatte viele Jahre hindurch dem Herrn treu gedient. Als David dann schwer sündigte und damit Verrat an Gott beging, hätte er mit dem Tod bestraft werden müssen. Wegen seiner Treue und Reue blickte der Herr aber nicht auf seine Sünden. Das, was der Herr an David getan hat, dürfen wir auch auf uns beziehen, wenn wir die notwendigen Voraussetzungen schaffen:

- *Schlachtopfer willst du nicht, ich würde sie dir geben; an Brandopfern hast du kein Gefallen* (Psalm 51,18).
- *Das Opfer, das Gott gefällt, ist ein zerknirschter Geist, ein zer-*

> *brochenes und zerschlagenes Herz wirst du, Gott, nicht verschmähen* (Psalm 51,19).
> ◆ *Denn ich erkenne meine bösen Taten, meine Sünde steht mir immer vor Augen* (Psalm 51,5).

Der Betrachtung unserer Sünden und dem Seufzen darüber, dass sie uns Leid tun, hat Gott eine wunderbare Kraft gegeben. Er nimmt die Sünden nur kurz in Augenschein, um sie dann zu vernichten. Wenn wir mit Bedauern und Schmerz unsere Augen auf unsere Sünden richten, dann richtet Gott die seinigen auf die Rettung und Erlösung seines Geschöpfes.

Siebenundachtzigstes Kapitel

> Von den vielen und großen Gütern, die den Menschen dadurch zuteil werden, dass der ewige Vater das Antlitz Jesu Christi, seines geliebten Sohnes, betrachtet.

Wie ist es denkbar, dass durch das Betrachten unserer Schuld und der daraus entstehenden Reue eine so große Kraft entsteht, dass Gott verzeiht? Die Kraft resultiert sicher nicht aus dem Betrachten, Seufzen und Weinen selbst. Wenn ein Dieb erkennt, dass er anderen etwas gestohlen hat, es bereut und bitterlich weint, dann heißt dies noch lange nicht, dass er freigesprochen wird. Dies dürfen wir auch auf uns und unsere Sünden beziehen. Die Vergebung unserer Sünden durch Gott kommt von einem ganz anderen, freundlichen und gleichzeitig so gewaltigen Blick, der zur Quelle unseres gesamten Heils geworden ist.

Dieser Blick ist es, von dem der Psalmist sagt: *Gott, sieh her auf unsren Schild, schau auf das Antlitz deines Gesalbten!* (Psalm 84,10) »Unser Schild«, »dein Gesalbter« bezieht sich auf den König, der seiner grundlegenden Erwählung und Bestimmung entsprechend Repräsentant des Herrschafts- und Heilswirken Gottes ist. »Unser Schild« bedeutet, dass dieser König nicht nur sein Volk verteidigt, sondern auch Garant der göttlichen Schutzmacht ist. Zweimal fleht der Betende, Gott möge schauen, und zwar auf seinen eingeborenen und geliebten Sohn, Jesus Christus. Die liebreichen Strahlen der Augen Gottes gehen in dem Augenblick, in dem er uns begnadet, geradezu von seinem Sohn auf uns herab. Christus ist also in diesen Akt der Vergebung voll und ganz einbezogen.

Die liebenden Strahlen Gottes strömen zunächst auf Christus und von dort kommen sie durch ihn und mit ihm und in ihm direkt zu uns. Der Herr wird niemandem auf der gesamten Welt ein Wort oder einen Blick der Liebe schenken, wenn Wort oder Blick von Christus getrennt wären. Durch Christus schaut der Herr auf alle, die geschaut werden wollen, um ihnen zu vergeben. Er schaut in Christus, um das Gute, das wir empfangen haben, zu bewahren und zu mehren. Dass Christus geliebt wird, ist der Grund, dass wir begnadet werden.

Wer wir auch sind und was wir auch getan oder nicht getan haben: Wir bedürfen allzeit des Erlösers. Seien wir ihm dankbar, denn das Gute, das wir besitzen, ist uns nicht durch uns, sondern durch Christus zuteil geworden. In ihm wird es von Gott für uns bewahrt und gemehrt. Seit Beginn der Welt ist dieses bereits vorgebildet. Als Abel, der Hirte, Gott von seiner Herde ein Opfer darbrachte, und dieses Opfer dem Herrn wohlgefällig war, sah der Herr auf Abel und seine Gaben (vgl. Genesis 4). Dass Gott auf Abel sah, bedeutet, dass er Wohlgefallen an ihm hatte. Zum Zeichen seines unsichtbaren Wohlgefallens sandte Gott sichtbares Feuer, welches das Opfer verbrannte.

Dieses Opfer ist ein Sinnbild unseres gerechten und erhabenen Herrn, der von sich sagt: *Ich bin der gute Hirt* (Johannes 10,11). Ebenso ist Jesus Priester, und daher bringt er, wie Paulus sagt, Gott Gaben und Opfer dar: *Denn jeder Hohepriester wird aus den Menschen ausgewählt und für die Menschen eingesetzt zum Dienst vor Gott, um Gaben und Opfer für die Sünden darzubringen* (Hebräerbrief 5,1). Was aber wird Jesus darbringen, das des Vaters würdig ist? Gewiss sündigen Menschen, denn diese sind mehr dazu geeignet, den Zorn Gottes hervorzurufen als Barmherzigkeit zu erlangen. Nicht ohne Grund heißt es von einem Opfertier im Alten Testament, es *muss, damit ihr Annahme findet, ein fehlerloses, männliches Tier von den Rindern, Schafen oder Ziegen* sein. *Ihr dürft dem Herrn kein Tier opfern, das blind, verstümmelt, krätzig, aussätzig, eitrig ist oder zerbrochene Gliedmaßen hat* (Levitikus 22,19.22). Der Herr wollte damit kundtun, dass nichts zur Vertilgung der Sünden geopfert werden darf, das einen Fehler hat.

Da sich jedoch kein Geschöpf ohne einen Fehler fand, was konnte der Hohepriester für die Sünden der Welt anderes opfern, als sich selbst?

- Er, der Reine, brachte sich selbst zum Opfer dar, um die Unreinen zu reinigen.
- Er, der Gerechte, um die Sünder zu rechtfertigen.
- Er, an dem der ewige Vater ein Wohlgefallen hat und den er liebt, damit jene, die des Wohlgefallens und der Liebe Gottes verlustig waren, von ihm begnadet würden.

Dieses Opfer, das Jesus Christus darbringt, und das gleichzeitig in jeder heiligen Messe vollzogen wird, hat einen so großen Wert, dass wir, die wir von Gott getrennt waren, zurückgeführt, gereinigt, geheiligt und würdig gemacht werden, um Gott dargebracht zu werden. Von uns selbst aus besitzen wir wenig, was würdig wäre, Gott zu gefallen.

- Dies geschieht jedoch, weil wir mit dem Blut Christi benetzt wurden und angetan sind mit der Schönheit seiner Gnade, die uns immer neu durch ihn verliehen wird.
- Wir gefallen Gott und sind seiner würdig, weil wir, von unseren Sünden gereinigt, Christus einverleibt wurden. Gott blickt auf uns als ein Opfer, das ihm durch den Hohenpriester dargebracht wird.

Dies drückt Petrus mit den folgenden Worten aus: *Denn auch Christus ist der Sünden wegen ein einziges Mal gestorben, er, der Gerechte, für die Ungerechten, um euch zu Gott hinzuführen; dem Fleisch nach wurde er getötet, dem Geist nach lebendig gemacht* (1. Petrusbrief 3,18). Im Alten Testament brachte Abel eine Gabe von seiner Herde dar, auf die Gott herabsah, sodass sichtbar Feuer auf das Opfer herabkam. Im Neuen Testament – nachdem Gott zuerst sein Auge auf seinen geliebten Sohn richtete – kam dieses göttliche Feuer am Pfingsttag in Gestalt feuriger Zungen auf die Menschen herab. Das geschah, nachdem Christus zum Himmel aufgestiegen war, um für uns vor dem Angesicht Gottes zu erscheinen.

Aus dem Blick des ewigen Vaters auf das Angesicht seines Sohnes geht das Feuer des Heiligen Geistes hervor. Noach sah zum Zeichen der Freundschaft Gottes mit den Menschen einen Bogen in den Wolken und wusste, dass Gott die Erde nicht mehr mit Wasserfluten verheeren würde (vgl. Genesis 9,14–17). Christus ist zu diesem Bogen der Freundschaft Gottes mit den Menschen geworden, als er am Kreuz seine Arme ausspannte und die ganze Welt und alle Menschen umfing. Statt uns zu strafen für unsere Sünden, umarmt uns Gott, indem er durch den göttlichen Bogen der Liebe, durch Christus, bewogen wird, barmherzig zu uns zu sein.

Selbst wenn wir den rechten Weg verlassen und dem Licht den Rücken gekehrt haben, weil wir lieber in der Dunkelheit der Nacht unsere Sünden ausleben wollten, stehen wir doch weiterhin unter dem Schutz und Schirm Jesu Christi. Der Herr schaut so lange auf uns, bis wir ihn wahrnehmen und unsere Augen auf ihn richten. Er hat uns immer im Blick und trägt Sorge für uns, damit wir uns nicht verirren. *Ich unterweise dich und zeige dir den Weg, den du gehen sollst. Ich will dir raten; über dir wacht mein Auge* (Psalm 32,8). Diese wunderbaren und vielversprechenden Worte sind möglich und wahrhaftig geworden, weil Gott seinen geliebten Sohn, Jesus Christus, anschaut.

- Er ist die Weisheit, die uns den rechten Weg weist, auf dem wir ohne Anstoß fortschreiten.
- Er ist der wahre Hirt, der als Gottmensch seine Augen auf uns richtet, damit wir nicht Gefahr laufen, falsche Entscheidungen zu treffen.
- Er hält uns aufrecht in den Gefahren, die wir bestehen müssen, und befreit uns aus jenen, in die wir durch unsere Schuld gefallen sind.
- Er trägt Sorge, dass wir das erhalten, was wir notwendig brauchen – selbst wenn wir sorglos handeln.
- Er sorgt dafür, dass es uns gut geht – selbst dann, wenn wir ihn vergessen.
- Er wacht über uns, wenn wir schlafen, damit uns kein Unheil zustößt.
- Er hält uns an sich, wenn wir uns von ihm trennen wollen.
- Er ruft uns, wenn wir fliehen.
- Er umarmt uns, wenn wir kommen.
- Er hält freundschaftlich zu uns, selbst wenn er von uns beleidigt wird.
- Er schaut wachsam und voll Liebe auf alles, was uns betrifft, und ordnet alles zu unserem Besten.

Wir können auf dieses liebende Entgegenkommen Jesu Christi nur mit einem einfachen Dank antworten, dass er sich auch der Dunkelheit aussetzt, um uns wieder ins Licht zu führen. Über seinen Mensch gewordenen Sohn, der Leid und Tod auf sich nahm, blickt der Vater mit den Augen der Barmherzigkeit auf uns, die wir schuldig geworden sind. So dürfen auch wir hoffnungsvoll aufschauen und in das Angesicht des Gesalbten schauen – im Wissen, dass Gott liebevoller auf uns blickt und auf uns hört, als wir uns je auf ihn ausrichten können.

Achtundachtzigstes Kapitel

Die Liebe Christi gilt nicht nur den Verlorenen, sondern auch den Begnadeten. Die Chance von seinen Sünden und der Sündenstrafe befreit zu werden, hat ein jeder durch die heiligen Sakramente der Kirche. Vergebung der Sünden und Erneuerung des Lebens gehen Hand in Hand.

Das Unkraut, das unser Feind in die Herzen derer sät, die ihm Glauben schenken, ist so vielfältig und wirkungsvoll, dass sie die Worte der Heiligen Schrift, die vom Geheimnis Jesu Christi sprechen, verkehrt deuten. Auf diesem Hintergrund muss klargestellt werden, dass alle, die durch Christus das Wohlgefallen Gottes erlangt haben, teilnehmen an der Gerechtigkeit und Herrlichkeit Jesu Christi. Es ist notwendig, nicht nur die Liebe zu sehen, mit der Jesus den verlorenen Schafen nachgeht, sondern auch die Liebe, die er denen erweist, die bereits im Besitz der Gnade sind. Ganz gleich, in welchem Status wir uns befinden: Wir sollen einander achten und lieben, *wie Christus die Kirche geliebt und sich für sie hingegeben hat, um sie im Wasser und durch das Wort rein und heilig zu machen* (Epheserbrief 5,25–26).

Jesus Christus hat uns nicht nur gereinigt und geheiligt – sogar mit seinem eigenen Blut –, sondern auch die Kirche, die uns die heiligen Sakramente spendet. Die in ihnen wohnende Kraft setzt das von Christus begonnene Heilswerk der Reinigung, Heilung und Heiligung fort. Wie kann diese Liebeskraft Gottes, die uns durch die Sakramente zufließen möchte, wirkungslos sein, ungerecht oder schmutzig bleiben, da sie aus der reinsten und wirkungsvollsten Quelle entspringt, die Jesus Christus selbst ist? Gott hat zur Zeit des Messias versprochen, uns diese Reinigung zu schenken: *Ich gieße reines Wasser über euch aus, dann werdet ihr rein. Ich reinige euch von aller Unreinheit und von allen euren Götzen* (Ezechiel 36,25).

Der Herr selbst hat beim letzten Abendmahl, als er das Sakrament der Liebe einsetzte und vorher seinen Jüngern die Füße wusch, bezeugt, dass seine elf Jünger vor dem Empfang dieses Sakramentes rein von Sünden und vorbereitet sein müssen. Die Sünden, die durch allzu große Neigungen und Regungen des Gemüts entstehen, werden – gleich dem Schmutz und Staub, der an den Füßen hängen bleibt – durch die heiligen Sakramente und die gute Vorbereitung dessen, der sie empfängt, entfernt. Jesus wusch äußerlich seinen Jüngern die Füße und gleichzeitig machte er sie innerlich rein von jeder Sünde. Dies macht mit anderen Worten auch der Apostel deutlich:

- *Das Blut seines Sohnes Jesus reinigt uns von aller Sünde* (1. Johannesbrief 1,7).
- Dieses Blut nannte der Prophet Micha, lange bevor es vergossen wurde, ein Meer, in das all unsere Sünden versenkt werden: *Ja, du wirfst all unsere Sünden in die Tiefe des Meeres hinab* (Micha 7,19).

An vielen Stellen bezeugt die Schrift, dass der Mensch von jeder Sünde gereinigt werden kann. Wie kann da jemand noch behaupten, der Mensch werde niemals von seinen Sünden gerettet und befreit? Zu sagen, die Sünde bleibt im Menschen, ist unwahr, da durch die Liebe Jesu Christi die Strafe, die einer solchen Sünde gebührt, dem Menschen erlassen wird. Eine solche Behauptung lässt sich weder durch die Heilige Schrift beweisen, noch ist sie der Ehre Jesu Christi angemessen.

Wenn wir die entsprechenden Stellen in der Heiligen Schrift verinnerlichen, ergibt sich ein wunderbarer Einklang, denn wenn uns die Vergebung der Sünden geschenkt wird, schenkt sich uns gleichzeitig die Erneuerung unseres Lebens.

- *Erschaffe mir, Gott, ein reines Herz, und gib mir einen neuen, beständigen Geist!* (Psalm 51,12)

- *Ich schenke euch ein neues Herz und lege einen neuen Geist in euch. Ich nehme das Herz von Stein aus eurer Brust und gebe euch ein Herz von Fleisch. Ich lege meinen Geist in euch und bewirke, dass ihr meinen Gesetzen folgt und auf meine Gebote achtet und sie erfüllt* (Ezechiel 36, 26–27).
- Der Herr geht in seiner großen Barmherzigkeit noch einen Schritt weiter und verspricht uns: *Ich befreie euch von allem, womit ihr euch unrein gemacht habt* (Ezechiel 36,29). Damit gibt er deutlich zu erkennen, dass »von den Sünden befreien« nicht nur heißt, die Strafe dafür hinweg zu nehmen, sondern zusätzlich innere Reinheit zu verleihen und ein solches Herz und einen solchen Geist zu schaffen, der zur Beachtung der Gebote Gottes fähig ist.
- *Ich stehe vor der Tür und klopfe an. Wer meine Stimme hört und die Tür öffnet, bei dem werde ich eintreten, und wir werden Mahl halten, ich mit ihm und er mit mir* (Offenbarung 3,20).
- Der Prophet vermittelt, dass alle am Heil teilnehmen sollen: *Auf, ihr Durstigen, kommt alle zum Wasser! Auch wer kein Geld hat, soll kommen. Kauft Getreide, und esst, kommt und kauft ohne Geld, kauft Wein und Milch ohne Bezahlung!* (Jesaja 55,1)
- *Zieht darum weg aus ihrer Mitte* (aus der Mitte böser Elemente), *und sondert euch ab, spricht der Herr, und fasst nichts Unreines an. Dann will ich euch aufnehmen und euer Vater sein, und ihr sollt meine Söhne und Töchter sein* (2. Korintherbrief 6,17–18).

Die Güter, die uns auf dem Weg der Umkehr zu Gott geschenkt werden, sind weitaus größer und umfassender als die Tatsache, dass Gott uns die Sünde nicht als strafbar anrechnet. Das umfassendste Gut besteht darin, dass uns die Gnade zuteil wird, die die Reinheit des Herzens bewirkt und uns den Geist des Herrn und die damit verbundene Fähigkeit schenkt, seine Gebote zu halten, um sich einmal seiner Anschauung ewig erfreuen zu können. Christus schenkt uns diese Güter zusammen mit dem Erlassen der Strafe und wird deshalb »Erlöser der Sünden« genannt. Er befreit uns von der Schuld und bewirkt, dass wir die Sünde verabscheuen, und schenkt uns darüber hinaus die Teilnahme an Gott, die wir niemals mehr verlieren werden.

Neunundachtzigstes Kapitel

An denen, die Gott lieben und ihm wohl gefallen, bleibt keine Sünde haften. Gott vernichtet nicht nur ihre Sünden, sondern auch die damit verbundene Schuld, sodass sie rein werden.

Die Verblendung mancher Menschen kann so weit gehen, dass sie glauben, da sie Christus einverleibt seien und da der Vater ihn liebe, sie gleichfalls geliebt würden und rein wären – obgleich die Sünden an ihnen haften. Diejenigen jedoch, die Diener Christi sein möchten und an denen der Herr sein Wohlgefallen hat, dürfen mit keiner Todsünde belastet sein. Da der Geist Christi und seine Gnade auf sie einwirken, leben sie ein der Sünde fremdes Leben, ein Leben, das Christus ähnlich ist. Die Bildrede vom wahren Weinstock soll uns erkennen lassen, wie es sich mit den Seinen verhält, die ihm durch die Gnade einverleibt sind.

- *Bleibt in mir, dann bleibe ich in euch. Wie die Rebe aus sich keine Frucht bringen kann, sondern nur, wenn sie am Weinstock bleibt, so könnt auch ihr keine Frucht bringen, wenn ihr nicht in mir bleibt. Ich bin der Weinstock, ihr seid die Reben. Wer in mir bleibt und in wem ich bleibe, der bringt reiche Frucht; denn getrennt von mir könnt ihr nichts vollbringen* (Johannes 15,4–5).
- Wir sind dem Herrn ähnlich, da wir Eigenschaften und Güter besitzen, die wir von ihm und durch ihn empfangen haben. *Wir wissen, dass Gott bei denen, die ihn lieben, alles*

zum Guten führt, bei denen, die nach seinem ewigen Plan berufen sind; denn alle, die er im Voraus erkannt hat, hat er auch im Voraus dazu bestimmt, an Wesen und Gestalt seines Sohnes teilzuhaben (Römerbrief 8,28–29).

Doch wie kann es eine Ähnlichkeit geben zwischen Jesus Christus, der die Gebote seines Vaters stets beachtet, und uns, die wir – so oft uns auch vergeben wird – das erste und neunte Gebot immer wieder übertreten? Die Rechtschaffenheit kann mit der Schlechtigkeit nicht einher gehen, und Christus wird auch nicht mit denjenigen verkehren, die die Gebote seines Vaters willentlich und ständig übertreten. Sagt er doch eindeutig: *Nicht jeder, der zu mir sagt: Herr! Herr!, wird in das Himmelreich kommen, sondern nur, wer den Willen meines Vaters im Himmel erfüllt* (Matthäus 7,21). Die Liebe Christi so zu deuten, dass diejenigen, die die Gebote Christi übertreten, zwar seine Gnade nicht besitzen, wohl aber die des ewigen Vaters, ist falsch. Jesus selbst versichert uns doch: *Wenn ihr meine Gebote haltet, werdet ihr in meiner Liebe bleiben, so wie ich die Gebote meines Vaters gehalten habe und in seiner Liebe bleibe* (Johannes 15,10).

Niemand darf darauf hoffen, dass er – wenn er die Gebote übertritt – vom Vater aus Hochachtung vor seinem Sohn geliebt wird, da dieser in der Liebe seines Vaters steht, indem er die göttlichen Gebote hält. Der Vater wird nur demjenigen, der seine Gebote hält, seine Gnade und Liebe erweisen.

- *Ein Gräuel ist dem Herrn der Weg des Frevlers* (Sprichwörter 15,9).
- Jesus spricht von dem Tag, an dem er nicht mehr in verhüllter Rede spricht, sondern offen von seinem Vater: *An jenem Tag werdet ihr in meinem Namen bitten, und ich sage nicht, dass ich den Vater für euch bitten werde; denn der Vater selbst liebt euch, weil ihr mich geliebt und weil ihr geglaubt habt, dass ich von Gott ausgegangen bin* (Johannes 16,26–27).

Wer Jesus liebt und an ihn glaubt, findet auch beim Vater Liebe und Wohlgefallen. So dürfen wir als die von ihm Geliebten mit unserer eigenen Liebe vor ihm erscheinen und ihn im Namen Jesu um alles bitten, was wir nötig haben. Nachdem wir durch Jesus Christus die Gnade geschenkt bekommen haben, die wir vorher nicht besaßen, wird diese Gabe uns jetzt zur Aufgabe, die von uns Mitarbeit verlangt, um das ewige Leben zu verdienen. Isoliert von dieser Gnade dürften wir keinen Menschen in seiner Niedrigkeit ansehen, sondern wir sollten ihn wahrnehmen als geehrt und bekleidet mit der himmlischen Gnade, die in seine Seele gegossen wurde und durch die er der göttlichen Natur teilhaftig geworden ist.

Alles, was für unser Leben gut ist, hat uns Gott geschenkt; vor allem hat er uns den erkennen lassen, der uns durch seine Kraft berufen hat. *Durch sie wurden uns die kostbaren und überaus großen Verheißungen geschenkt, damit ihr der verderblichen Begierde, die in der Welt herrscht, entflieht und an der göttlichen Natur Anteil erhaltet* (2. Petrusbrief 1,4).

Ein Leben zu führen, das dem Herrn würdig ist (vgl. Kolosserbrief 1,10 und 1. Thessalonicherbrief 1,6), wird nur möglich durch den Empfang der göttlichen Gnade. Es ist daher mehr ein Werk Gottes als ein Werk des Menschen.

- *Dankt dem Vater mit Freude! Er hat euch fähig gemacht, Anteil zu haben am Los der Heiligen, die im Licht sind* (Kolosserbrief 1,12).
- *Mein Anteil ist der Herr, sagt meine Seele, darum harre ich auf ihn* (Klagelieder 3,24).
- *Auch wenn mein Leib und mein Herz verschmachten, Gott ist der Fels meines Herzens und mein Anteil auf ewig* (Psalm 73,26).

Durch gutes Denken und durch gute Werke und, wenn wir zusätzlich bei Prüfungen und Schicksalsschlägen Gott treu bleiben, erfüllen wir das göttliche Gesetz und erhalten Anteil am göttlichen ewigen Leben. All unser Tun löst eine spezielle

Wirkung aus. Möge beides gut sein in unserem Leben, sodass das Wort der Weisheit auf uns anwendbar ist: *Denn Gott hat sie geprüft und fand sie seiner würdig* (Weisheit 3,5).

Neunzigstes Kapitel

> Durch die Verdienste Jesu Christi schenkt uns der Herr Befreiung von unseren Sünden. Dieser unendliche Akt der Barmherzigkeit trägt dazu bei, in allem und immer Gott die Ehre zu geben.

Die Verdienste Jesu Christi sind so groß und so einmalig, dass wir sie in ihrer Fülle gar nicht fassen können. Alles, was wir besitzen, ist uns durch ihn zuteil geworden. Deshalb möge der dreieinige Gott in unserem Leben – in guten und in schlechten Tagen – immer und bei allem den Vorrang haben. Je mehr unsere Seele göttlichen Glanz widerspiegelt, umso klarer und bewusster wird es uns, dass die Verdienste dessen, der uns eine solche Fülle von Gnadengütern zukommen lässt, einen unendlich hohen Wert haben.

Wenn sich jemand durch seine Arbeit keine Verdienste erwirbt, bleibt kaum etwas zum Leben. Die Sprichwörter bringen dies drastisch auf einen Punkt: *Wo keine Ochsen sind, bleibt die Krippe leer, reicher Ertrag kommt durch die Kraft des Stieres* (Sprichwörter 14,4). Wenn wir durch unsere Verdienste etwas erreicht haben, vielleicht Güter, die anderen und uns von großem Nutzen sind, bessere Charaktereigenschaften oder gar Ehre, gibt es immer Menschen – besonders unsere Vorgesetzten –, denen dies durchaus nicht gefällt, weil sie glauben, es beeinträchtige ihr Ansehen und ihre Ehre. Christus ist genau das Gegenteil: Er freut sich über all unsere Verdienste und rechnet sie uns hoch an. Er ist nicht wie eitle und ichbezogene Frauen, die neben sich keine weitere Frau dulden, damit ihre Schönheit nicht verdunkelt wird.

Die Liebe Christi zu uns übersteigt alle Begriffe.

- *Der Friede Gottes, der alles Verstehen übersteigt, wird eure Herzen und eure Gedanken in der Gemeinschaft mit Christus Jesus bewahren* (Philipperbrief 4,7).
- Unser Heil ist das Heil des Herrn; unsere Verdienste sind die seinigen.
- Damit wir reich werden, ist er arm geworden und hat sein Leben am Kreuz hingegeben.
- Durch ihn sind wir Kinder Gottes geworden.
- Er hat uns zu Brüdern und Schwestern erwählt, indem er uns seinen Vater zum Vater gab – wie er es versprochen hat.
- Zu Maria von Magdala sagt der Auferstandene: *Geh zu meinen Brüdern, und sag ihnen: Ich gehe hinauf zu meinem und zu eurem Vater, zu meinem und zu eurem Gott* (Johannes 20,17).
- Die Ehre und der geistige Reichtum der an Kindes statt angenommenen Söhne und Töchter sind die Ehre und der Reichtum von Kindern eines Vaters, der Gott ist. *Wir haben seine Herrlichkeit gesehen, die Herrlichkeit des einzigen Sohnes vom Vater, voll Gnade und Wahrheit* (Johannes 1, 14). Die Gnade und Wahrheit ist nicht allein für Christus geschaffen, sondern auch dafür, dass sie auch auf uns überströmt und wir aus dieser Fülle leben dürfen.
- Im Gebet fühlen wir uns angesichts der großen Gnade, die Gott uns geschenkt hat, eng miteinander verbunden. *Dank sei Gott für sein unfassbares Geschenk* (2. Korintherbrief 9,15).
- Damit wir das unaussprechliche Geschenk, die Gnade Jesu Christi und die Gemeinschaft mit ihm, auch erkennen und wertschätzen, bitten wir darum, er möge uns den Geist der Weisheit und Offenbarung schenken. *Der Gott Jesu Christi, unseres Herrn, der Vater der Herrlichkeit, gebe euch den Geist der Weisheit und Offenbarung, damit ihr ihn erkennt. Er er-*

leuchte die Augen eures Herzens, damit ihr versteht, zu welcher Hoffnung ihr durch ihn berufen seid (Epheserbrief 1,17–18).

Ehre und Dank sei dir, o Herr, immerdar.
Mit deinen Gaben hast du uns so reich beschenkt
und mit der lebendigen Hoffnung erfüllt,
dass wir zugleich mit dir Erben Gottes werden.

Die Liebe des Vaters ist in dir gegenwärtig.
Weil du uns zu deinen Freunden machen wolltest,
hast du zum Vater mit den Worten gefleht:
»Die Liebe, mit der du mich geliebt hast,
möge in ihnen sein, wie auch ich in ihnen sein möge.«

Von Herzen will ich mich freuen über den Herrn.
Meine Seele soll jubeln über meinen Gott.
Denn er kleidet mich in Gewänder des Heils,
er hüllt mich in den Mantel der Gerechtigkeit.
   (Jesaja 61,10)

Der göttliche Vater hat durch seinen Sohn ein kräftiges Heilmittel der Sünde verheißen und versprochen, es werde zu seiner Zeit die Sünde ein Ende nehmen und das Verheißene erfüllt. Nun kann man sich allerdings fragen, wie das geschieht, denn trotz des Kommens des göttlichen Sohnes bleibt noch die Sünde in demjenigen, der die Lehre des Sohnes annimmt. Wie können denn da die Worte in Erfüllung gehen: *Ich gieße reines Wasser über euch aus, dann werdet ihr rein. Ich reinige euch von aller Unreinheit und von allen euren Götzen?* (Ezechiel 36,25) Werde ich denn in Wahrheit gereinigt oder wird mir nur durch das Versprechen ein reiner Mantel umgelegt? Letzteres bedeutet eher, meine Unreinheit und Sündigkeit zuzudecken, als sie hinweg zu nehmen.

Jesus Christus jedoch – und das dürfen wir nicht in Abrede stellen – ist der von Gott verheißene Messias, der uns nicht nur von der Schuld befreit, die durch eine Sünde verursacht wird, sondern uns auch von der Sünde selbst erlöst. Wie dieses tiefe und wunderbare Geheimnis sich letztlich vollzieht, bleibt unseren Augen vorerst noch verborgen. Wir dürfen jedoch in unserer Seele spüren – vorausgesetzt, wir haben einen guten und sensiblen Kontakt zu ihr –, dass sie sich wohler und wohler fühlt, wenn sie von Dunkelheit und von Sünden befreit wird.

Einundneunzigstes Kapitel

Um das vorherige Kapitel und den Ausspruch des Apostels Paulus noch besser zu verstehen: *Von ihm* (Gott) *her seid ihr in Christus Jesus, den Gott für uns zur Weisheit gemacht hat, zur Gerechtigkeit, Heiligung und Erlösung* (1. Korintherbrief 1,30), soll auf diese und ähnliche Stellen Bezug genommen werden.

Dass Christus unsere Weisheit, Gerechtigkeit, Heiligung und Erlösung geworden ist, darf nicht so verstanden werden, dass die Gerechten keine eigene Gerechtigkeit hätten und die Weisen keine Weisheit, keine Heiligung und Erlösung. Christus macht uns die göttlichen Gaben bewusst, reinigt sie und führt sie zur Vollendung, indem er uns Wege zeigt und uns Einsicht und die Kraft schenkt, diese auch zu gehen.

- *Ihr habt die Salbung von dem, der heilig ist, und ihr alle wisst es* (1. Johannesbrief 2,20).
- *Aber ihr seid reingewaschen, seid geheiligt, seid gerecht geworden im Namen Jesu Christi, des Herrn, und im Geist unseres Gottes* (1. Korintherbrief 6,11).
- *Ihr wisst, dass ihr aus eurer sinnlosen, von den Vätern ererbten Lebensweise nicht um einen vergänglichen Preis losgekauft wurdet, nicht um Silber oder Gold, sondern mit dem kostbaren Blut Christi, des Lammes, ohne Fehl und Makel* (1. Petrusbrief 1,18–19).

Obgleich Christus nicht erlöst wurde, da er ohne Sünde war, so ist er doch unsere Erlösung geworden. Er ist unser Leben.

- *Denn ihr seid gestorben, und euer Leben ist mit Christus verborgen in Gott* (Kolosserbrief 3,3).
- *Gott ist dein Leben und die Länge deiner Tage. Wähle also das Leben, damit du lebst, du und deine Nachkommen. Liebe den Herrn, deinen Gott, hör auf seine Stimme, und halte dich an ihm fest; denn er ist dein Leben. Er ist die Länge deines Lebens* (Deuteronomium 30,19–20).
- *Was kann uns scheiden von der Liebe Christi?* (Römerbrief 8,35) Es ist die Liebe Gottes, die in Jesus Christus ist, und da er uns liebt, ist sie auch in uns.
- *Die Liebe Gottes ist ausgegossen in unsere Herzen, durch den Heiligen Geist, der uns gegeben ist* (Römerbrief 5,5). Selbst wenn es nicht um geistige Güter geht, sondern um natürliche und körperliche, so gilt trotzdem diese genannte Wahrheit.
- *Denn in ihm leben wir, bewegen wir uns und sind wir, wie auch einige von euren Dichtern gesagt haben: Wir sind von Gottes Art. Da wir also von Gottes Art sind, dürfen wir nicht meinen, das Göttliche sei wie ein goldenes oder silbernes oder steinernes Gebilde menschlicher Kunst und Erfindung* (Apostelgeschichte 17,28–29). Selbst wenn wir von Gottes Art sind, haben wir ein eigenes Sein und ein eigenes Leben und vollziehen Handlungen, die von denen Gottes verschieden sind. Gott lässt uns in allem eine große Freiheit.

Die Heilige Schrift möchte lediglich betonen, dass wir das Gute weder aus uns selbst in uns haben noch es in uns bewahren können. Und manchmal sagt sie sogar: Außerordentlich gute Handlungen sind weder die unsrigen noch können wir sie aus uns selbst vollbringen. Es gibt zum Beispiel Lebenssituationen, in denen wir nicht wissen, was wir sagen sollen. Der Herr ermutigt uns, uns keine Sorgen darüber zu machen, was wir sagen sollen, denn im rechten Augenblick wird es uns eingegeben.

Nicht ihr werdet dann reden, sondern der Geist eures Vaters wird durch euch reden (Matthäus 10,20).

Das heißt allerdings nicht, dass der Mensch nichts Gutes aus seinem freien Willen vollbringen kann. Wir werden geradezu dazu aufgefordert, aus uns heraus immer wieder Gutes zu tun – und es wird nicht erwähnt, dass Gott es tut. Er schenkt uns sogar ein neues Herz und einen neuen Geist, damit unser Fühlen, Denken, Sprechen und Tun eigenständig und kreativ von uns vollzogen werden. *Ich schenke euch ein neues Herz und lege einen neuen Geist in euch* (Ezechiel 36,26).

Viele Stellen in der Heiligen Schrift bezeugen, dass das Gute, das die Menschen besitzen, von Gott kommt (vgl. Römerbrief 9,16 und 1. Korintherbrief 9,26). Bei einem guten Werk allerdings, das ein Mensch ausführt, wirken Gott und der Mensch mit. Die Ehre letztlich aber gebührt Gott, da wir alles Gute ihm zu verdanken haben. So sagt Christus: *Meine Lehre stammt nicht von mir, sondern von dem, der mich gesandt hat* (Johannes 7,16). Er hätte ebenso sagen können: »Meine Werke sind nicht mein, meine Gerechtigkeit ist nicht mein, sondern sie gehören dem, der mich gesandt hat.« Das heißt allerdings nicht, dass der Herr keine Weisheit oder andere Güter besäße. Die Worte »Meine Lehre ist nicht mein« wollen sagen: »Ich habe sie nicht von mir, sondern von meinem Vater.« *Das Wort, das ihr hört, stammt nicht von mir, sondern vom Vater, der mich gesandt hat* (Johannes 14,24). Ist auch die Gerechtigkeit in uns, sodass wir über sie verfügen, so haben wir sie doch nicht von uns selbst, sondern sie ist uns von Gott verliehen worden.

Zweiundneunzigstes Kapitel

Aus den guten Werken, die wir mit der Hilfe Gottes vollbringen, entsteht schnell Stolz und Überheblichkeit, indem wir das Gutsein allein uns selbst zuschreiben. Der Herr zeigt uns, wie wir dieser großen Versuchung widerstehen können.

Es besteht ein großer Unterschied darin, eine Wahrheit bloß zu kennen, und darin, diese Wahrheit auch praktisch anzuwenden. Wenn wir eine Erkenntnis haben und sie bei passender Gelegenheit nicht in die Tat umsetzen, so kann dies von großem Nachteil für uns sein. *Wenn einer meint, er sei zur Erkenntnis gelangt, hat er noch nicht so erkannt, wie man erkennen muss* (1. Korintherbrief 8,2). Wir dürfen nicht damit zufrieden sein, nur eine Wahrheit zu kennen, ohne sie in unserem Leben anzuwenden. Wahren Fortschritt im Glauben machen wir nur, wenn auch gute Werke aus unserer Erkenntnis entstehen. Wenn beides Hand in Hand geht, wird auch Gottes Wohlgefallen an uns größer und wir dürfen uns über eine intensivere Gnadenzuwendung freuen.

Oft müssen wir uns darum bemühen, einer erkannten Wahrheit den rechten Platz in unserem praktischen Leben einzuräumen. Geschieht dies, erwartet uns eine neue Herausforderung. Es gibt viele Menschen, die durch Gottes Gnade von ihren langjährigen großen Übeln befreit worden sind. Sie haben jedoch nicht gelernt, die guten Taten, die aus ihrer geistigen Entwicklung entstehen, richtig einzuordnen und bescheiden zu bleiben. Die Gefahren, die ihren Erfolg begleiten, bedrohen sie und bringen manche zu Fall.

- Unsere Feinde suchen uns nicht nur darin vom Weg des Guten abzubringen, dass sie uns anlocken, Böses zu tun, sondern sie stellen uns auch Fallen auf den Weg unserer guten Werke. So verlocken sie uns, von dem Guten unrechten Gebrauch zu machen. *Hochmütige legen mir heimlich Schlingen, Böse spannen ein Netz aus, stellen mir Fallen am Wegrand* (Psalm 140,6).

♦ Es kommt noch die Möglichkeit eines weiteren Übels hinzu. Wenn wir von dem uns anvertrauten Gut – erworben durch Erbschaft oder durch eigene Leistung – falschen Gebrauch machen, wäre es besser, wenn wir es nicht besitzen würden. Dies bezieht sich ebenso auf Reichtum und Schätze, die sich deren Besitzer zu seinem Schaden und Nachteil erworben hat.

Gute Werke zu vollbringen, birgt eine große Gefahr in sich: Einmal, wenn man sie selbst betrachtet und sie sich immer wieder vor Augen führt, und zum anderen, wenn andere Menschen über unseren großen Verdienst sprechen. Vor lauter guten Werken und dem, was man an Lob darüber hört, entsteht leicht Eitelkeit und Selbstgefälligkeit und man übersieht völlig die eigenen Mängel und Fehler. Eine derartige Situation bringt den geistigen Fortschritt zum Stillstand. Deshalb dürfen wir auch bei gutem Erfolg in unserem Leben nicht unbesorgt sein, wenn wir betrachten, was wir an Gutem besitzen. Wir müssen vielmehr Sorge tragen für vieles, woran es uns noch fehlt.

Es gibt Menschen, die durch ihren einfältigen Stolz so verblendet sind, dass sie glauben, wegen ihrer Verdienste sei Gott verpflichtet, ihnen zu geben, was sie verlangen und erhoffen. Sie denken nicht daran, dass ihre Verdienste ja eine Gnade Gottes sind und meinen, Erwünschtes stehe ihnen zu. Und wenn der Herr ihnen etwas versagt, was ja unweigerlich die Folge ihres Stolzes ist, beklagen sie sich im Herzen, halten sich für beeinträchtigt und glauben, ihnen geschehe Unrecht. Sie verstehen nicht, dass – wenn sie Gott so »treu« dienen – er ihnen manches nicht gewährt und ihre Wünsche nicht erfüllt.

Möge der Herr uns vor diesem sündhaften Stolz bewahren, über den der Prophet Jesaja sagt: *Sie fordern von mir ein gerechtes*

Urteil und möchten dass Gott ihnen nahe ist. Warum fasten wir, und du siehst es nicht? Warum tun wir Buße, und du merkst es nicht? (Jesaja 58,2–3) Damit nun nicht dieses gefährliche Gift mit allem, was es im Gefolge hat, in unsere Seele kommt, müssen wir uns die folgende äußerst wichtige Lehre Jesu Christi zu Herzen nehmen: *Wenn einer von euch einen Knecht hat, der pflügt oder das Vieh hütet, wird er etwa zu ihm, wenn er vom Feld kommt, sagen: Nimm gleich Platz zum Essen? Wird er nicht vielmehr zu ihm sagen: Mach mir etwas zu essen, gürte dich und bediene mich; wenn ich gegessen und getrunken habe, kannst auch du essen und trinken. Bedankt er sich etwa bei dem Knecht, weil er getan hat, was ihm befohlen wurde? So soll es auch bei euch sein: Wenn ihr alles getan habt, was euch befohlen wurde, sollt ihr sagen: Wir sind unnütze Knechte; wir haben nur unsere Schuldigkeit getan* (Lukas 17,7–10).

Wir sollen als Christen zwar dem Herrn nicht dienen, wie es ein Knecht gewohnt ist, es zu tun – nämlich aus Abhängigkeit, zwingender Notwendigkeit oder gar Furcht –, sondern mit Liebe. *Ihr habt nicht einen Geist empfangen, der euch zu Sklaven macht, sodass ihr euch immer noch fürchten müsstet, sondern ihr habt den Geist empfangen, der euch zu Söhnen macht, den Geist, in dem wir rufen: Abba, Vater!* (Römerbrief 8,15) Augustinus sagt dazu: »Der Unterschied zwischen dem alten und dem neuen Bund ist jener, der obwaltet zwischen Furcht und Liebe.«

Um dem Schöpfer näher zu kommen – der Wunsch letztlich eines jeden Menschen –, müssen wir den Geist der Knechtschaft bei Seite lassen, weil er nicht zu den Kindern Gottes gehört. Auch der Geist der Furcht gehört nicht auf unseren Weg, da er unvollkommen ist. Bedingt jedoch kann es für den einen oder anderen sehr hilfreich sein, Gott zu fürchten – zum Beispiel der Strafe wegen. Im Hinblick auf die zunehmende Gottesliebe, die der Herr uns schenken möchte und die wiederum auch in uns zu wachsen beginnt, sollten wir sowohl in unserem Inneren als auch in unserer äußeren Welt alles tun, was Gott gefällt, um ihn zu verherrlichen.

In unserem Gott gefälligen Tun sollten wir nicht träge werden und erlahmen, weil wir dem Herrn vielleicht schon über Jahre gedient haben, der erwartete Lohn aber ausblieb. Wenn sich eine solche Erwartungshaltung Gott gegenüber einschleicht, sollten wir versuchen, alles aus der Hand zu legen und uns immer wieder in Gott hineinfallen lassen oder uns in ihn zu versenken – im Wissen, dass alles, was wir getan und vollbracht haben letztlich doch sehr gering ist. Eine gute praktische Hilfe steckt in dem einfachen Pauluswort: *Ich vergesse, was hinter mir liegt, und strecke mich nach dem aus, was vor mir ist* (Philipperbrief 3,13).

Gott ist keineswegs für das, was wir an Gutem tun, zu Dank verpflichtet. Betrachtet jemand seine guten Werken als aus ihm selbst hervorgegangen, so kann dieser Mensch niemals an Gott das wieder gut machen, was dieser für ihn getan hat. Um nicht überheblich und stolz zu werden, sollten wir des Öfteren diese oder ähnliche Worte aussprechen: »Herr, ich habe all das getan, was die Liebe, die Nächstenliebe und meine Pflichten von mir fordern und versucht, deine Gebote zu halten. Ich habe getan, was ich dir schuldig bin und möchte mir nichts als eigenen Verdienst anrechnen. Ich weiß, dass du mir einmal das ewige Leben schenken wirst.«

Es wird gut sein, uns als Diener Gottes zu bezeichnen, denn in diesem Wort steckt Demut, Gehorsam, Eifer und Liebe. Dies empfand Maria, als der Engel bei ihr eintrat und sie fragte, ob sie bereit sei, die Mutter des Herrn zu werden. *Da sagte Maria: Ich bin die Magd des Herrn; mir geschehe, wie du es gesagt hast* (Lukas 1,38). Ohne sich selbst in den Mittelpunkt zu stellen, bot Maria dem Herrn ihren Dienst und ihre Liebe an, um Sorge dafür zu tragen, dass sie ihm in allem, was er ihr zu seiner Verherrlichung auftrug, treu diene. Der Apostel legt sich denselben Namen zu, wenn er sagt: *Paulus, Knecht Christi* (Römerbrief 1,1).

Sich als Magd, Knecht, Diener oder Dienerin Gottes zu bezeichnen und sich entsprechend dem Herrn gegenüber zu verhalten, ist das größte Heilmittel gegen die Gefahren, die allzu leicht aus unseren guten Werken entstehen – nicht ihrer Beschaffenheit wegen, sondern wegen der Unvollkommenheit dessen, der sie ausführt. Eine sehr hilfreiche Gebetsübung besteht darin, mit geschlossenen Augen mehrmals mit dem Mund und dann nur noch innerlich, also mit dem Herzen, zu sprechen: »Ich bin eine Magd des Herrn« oder »Ich bin ein Diener des Herrn« oder »Ich bin eine Dienerin des Herrn«. Dies geschieht in Anbetracht dessen, was Gott ist, und wegen der wunderbaren Gnaden, die wir aus seiner Hand empfangen.

So viel ich auch um des Herrn willen tun mag, in keiner Weise kann ich ihm das wieder gutmachen, was er durch seine Menschwerdung für mich getan hat –
- weder für die Qualen, die er für mich gelitten hat
- noch für die Vergebung meiner Sünden
- noch für die Befreiung von meinen Sünden
- noch für einen guten Vorsatz, den er mir eingegeben hat, ihm zu dienen
- noch für einen einzigen Tag im Himmel, den ich mir erhoffe.

Jakob drückt mit seinen Worten aus, wie notwendig es ist, vor Gott demütig und bescheiden zu sein: *Ich bin nicht wert all der Hulderweise und all der Treue, die du deinem Knecht erwiesen hast* (Genesis 32,11). Wir dürfen uns nicht selbst wegen einer gelungenen Sache rühmen – ist es doch der Herr, der uns die Möglichkeiten dazu in unser Herz gelegt hat. Wegen meiner vielen Sünden diene ich Gott nicht in der Weise wie ich es könnte und wie ich es ihm schuldig bin.

Hätte der Herr das, was ich meiner Vergehen wegen verdiene, berücksichtigt, hätte er mich längst von sich gewiesen und fallen lassen. Wir sollten des Öfteren einmal in diese Richtung denken. Es müsste uns ein Herzensanliegen sein, so gut wie wir können dem Herrn zu dienen, ohne darauf zu warten, einen Dank von Gott zu erhalten. Aus dem kurzen Wort Ijobs spricht die Größe Gottes und die Ohnmacht des Menschen: *Wenn er* (der Mensch) *mit ihm* (Gott) *rechten wollte, nicht auf eins von tausend könnt` er ihm Rede stehen* (Ijob 9,3).

Wenn du vom großen Verdienst deiner guten Werke reden hörst, so lass keinen Stolz und keine Überheblichkeit aufkommen, sondern bleibe bescheiden und dankbar und bete im Stillen:

> Alles, o Herr, entströmt deiner Gnade.
> So sei dir Dank dafür,
> dass du unseren unwürdigen Diensten
> einen solch großen Wert gibst!
> Lass mich an dem Platz bleiben,
> den du für mich ausgesucht hast.

Dreiundneunzigstes Kapitel

> Wenn der Christ seine Seele einigermaßen vor den erwähnten Gefahren sicher stellen kann, darf er auf die Wertschätzung seiner Werke durch den Herrn vertrauen. Großer Dank dem Herrn gegenüber wird seine Seele erfüllen und tiefe Freude bleibt nicht aus.

Wenn du es erreicht hast, Stolz und Überheblichkeit auszuschließen, darfst du sicher sein, dass Gott deine Werke unterstützt und ihnen Wert und Größe verleiht. Du darfst ihn preisen, dass er dir seine Gnade beschert, durch die du zu einem Kind Gottes geworden bist. *Sind wir aber Kinder, dann auch Erben; wir sind Erben Gottes und sind Miterben Christi, wenn wir mit ihm leiden, um mit ihm auch verherrlicht zu werden* (Römerbrief 8,17).

Wenn wir an Kindes statt angenommen sind, dann müssen wir auch leben und wirken wie es dem Vater angemessen ist. Dazu schenkt uns der Herr seinen Heiligen Geist und viele Gnaden, um ihm dienen und seine Gebote halten zu können. Bleiben wir bei all dem bescheiden und erheben uns nicht über unser eigenes Dach hinaus, dürfen wir weiterhin aus der Quelle der Gnade trinken. Jesus antwortet der Samariterin am Jakobsbrunnen: *Wer aber von dem Wasser trinkt, das ich ihm geben werde, wird niemals mehr Durst haben; vielmehr wird das Wasser, das ich ihm gebe, in ihm zur sprudelnden Quelle werden, deren Wasser ewiges Leben schenkt* (Johannes 4,14). Durch die Wirksamkeit dieser Gnade ist uns die Möglichkeit geschenkt, uns bis zum Himmel zu erheben, den Christus für uns wieder geöffnet hat.

Zwischen zwei Betrachtungsweisen sollten wir einmal wechseln:

- Betrachte dich und das, was von dir kommt. Aller Wahrscheinlichkeit nach haften an dir eine Menge von Sünden. Was du auch tun magst: Aus dir allein heraus bist du nicht im Stande, das ewige Leben zu erwerben. Im Grunde kannst du nicht einmal bezahlen, was du dem Schöpfer schuldig bist.
- Betrachte dich in Rücksicht auf Gott und seine Gnade. Durch ihn und mit ihm und in ihm bist du fähig, gute Werke zu vollbringen, um das ewige Leben zu erwerben. Obgleich der Herr dir nicht zu Dank verpflichtet ist für das, was du um seinetwillen tust, so ordnet und lenkt er doch alles, sodass deine guten Werke dazu beitragen, Anteil an Christus im Himmel zu besitzen.

Bei der zweiten Betrachtungsweise müsste uns das Herz aufgehen vor lauter liebendem Entgegenkommen Gottes. Die dem barmherzigen Vater gegenüber angemessene Sprache wäre Lob, Preis und Dank. Hätte der Herr dem Apostel Paulus nicht ein Leben voll der Verdienste geschenkt, hätte dieser nicht kurz vor seinem Tod zu sprechen gewagt: *Schon jetzt liegt für mich der Kranz der Gerechtigkeit bereit, den mir der Herr, der gerechte Richter, an jenem Tag geben wird, aber nicht nur mir, sondern allen, die sehnsüchtig auf sein Erscheinen warten* (2. Timotheusbrief 4,8).

Letztlich gereicht alles Gute zur Verherrlichung Gottes, der diese unsere Werke belohnt. Als barmherziger Vater verlieh er uns zuvor seine Gnade, durch deren rechten Gebrauch wir zu allem Guten fähig sind. Wichtig allerdings ist, dass wir den Platz in unserem Leben finden und einnehmen, den Gott uns zugewiesen hat. Wenn wir den uns gebührenden Platz durch Stolz, Überheblichkeit und andere Sünden nicht verlassen, wird uns der Herr auf diesem Weg, auf den er uns gestellt hat, stärken, kräftigen und weiter führen. Sollte uns Unsicherheit und Hoffnungslosigkeit überfallen, verliere nicht den Mut, sondern opfere allen Kleinmut dem Herrn auf und hoffe auf seine Barmherzigkeit. Da er dich auf den Weg gebracht hat, der zu ihm führt, wird er auch diesen Weg mit dir vollenden. Im ewigen Leben wirst du die Früchte der guten Werke ernten, die du durch seine Gnade in dieser Welt vollbracht hast.

Vierundneunzigstes Kapitel

Aus der Liebe, die wir zu uns selbst haben, ist es nicht schwer, die Liebe zu unserem Nächsten zu schöpfen. Doch müssen wir dazu bereit sein.

Nachdem wir vernommen haben, mit welchen Augen wir uns selbst, vornehmlich aber Jesus Christus, betrachten müssen, steht jetzt noch die Frage und die Antwort aus: Mit welchen Augen müssen wir unseren Mitmenschen sehen? Die Betrachtungsweise unseres Nächsten darf nicht durch Vorurteile belastet sein, sodass sich keine Dunkelheit einmischt, sondern Licht uns von allen Seiten umgibt. Wir nehmen unseren Nächsten mit den Augen wahr, mit denen wir uns selbst betrachten und mit den Augen, die auf Christus schauen. Je nach unserer Befindlichkeit nehmen wir uns sehr unterschiedlich wahr.

- Körperliche Leiden, Schmerzen, Behinderungen und andere Befindlichkeiten beeinflussen und bestimmen unsere Sichtweise.
- Traurigkeit, Mangel an Einsicht, Schwächen und Leidenschaften wie auch hohe Zeiten in unserem Leben haben eine Auswirkung auf die Stimmung unserer Seele.
- Äußere Erfahrungen wie auch innere Erlebnisse hinterlassen bestimmende Eindrücke, die nicht unterschätzt werden dürfen.

Wünscht sich nicht ein jeder, dass er wegen seiner Schwächen und Fehler nicht von anderen Menschen abgelehnt oder verschmäht wird? Wir möchten nicht von anderen gering geschätzt werden, nein, wir haben den Wunsch, mit unseren Schwächen und Minderwertigkeiten von anderen kritiklos ertragen und angenommen zu werden. Da wir letztlich alle dieselbe menschliche und damit nicht vollkommene Natur haben, sollten wir aufeinander Rücksicht nehmen. Mit der Wahrnehmung dessen, was in uns vorgeht – ob wir Leid und Kummer empfinden, den dringenden Wunsch haben, ein gutes Heilmittel anzuwenden oder ob wir von Freude erfüllt sind – sollten wir auch unseren Mitmenschen sehen und empfinden. Aus unserer eigenen Erfahrung erwächst die Fähigkeit, auch den anderen so wahrzunehmen wie er wirklich ist. Auf diese Weise können wir die Schwächen des anderen besser ertragen ohne ihn ständig zu kritisieren. Anstatt uns über ihn zu erheben, empfinden wir Mitleid mit ihm und suchen nach Wegen, ihm zu helfen. Lerne an dir selbst, was deinem Nächsten gefällt. *Sorge für deinen Nächsten wie für dich selbst, und denk an all das, was auch dir zuwider ist* (Jesus Sirach 31,15).

Leider gibt es viele Menschen, die nicht so handeln. Jemand verlangt bei seinen Irrtümern und Vergehen von anderen Rücksicht und Erbarmen; doch selbst zeigt er anderen gegenüber kein Erbarmen, ist hart und unerbittlich in seinem Urteil. Er verlangt, dass ein jeder mit ihm große Geduld hat, da er seine Fehler und Vergehen für gering hält; er selbst jedoch will mit niemandem Geduld haben, da er in dem Splitter eines fremden Fehlers einen großen Balken sieht. Menschen mit einem so hässlichen Verhalten wünschen sich, dass sich alle Augen auf sie richten und sie trösten, doch um andere kümmern sie sich nicht und sind hartherzig gegen sie. Diese Menschen, so darf man sagen, betrachten andere nicht mit menschlichen Augen, die im Grund voll Mitleid sein müssten.

- *Zweierlei Gewicht und zweierlei Maß, beide sind dem Herrn ein Gräuel* (Sprichwörter 20,10). Wer also ein großes Maß hat, um zu empfangen, aber nur ein kleines, um zu geben, der ist vor den Augen Gottes verabscheuungswürdig, da er für sich selbst Barmherzigkeit wünscht, doch für andere keine aufbringt. Wahrscheinlich wird Gott ihn seine Rücksichtslosigkeit spüren lassen und ihm mit äußerst knappem Maß an Liebe begegnen.
- *Denn wie ihr richtet, so werdet ihr gerichtet werden, und nach dem Maß, mit dem ihr messt und zuteilt, wird euch zugeteilt werden* (Matthäus 7,2). Man darf folgern: Wer keine Barmherzigkeit übt, wird auch selbst keine erfahren und womöglich ohne Barmherzigkeit gerichtet werden.

Versetze dich in einen anderen Menschen und bemühe dich, ihn wahrzunehmen wie du dich wahrnimmst. Denke von ihm, was nach deinem Wunsch andere von dir denken möchten. Betrachte deinen Nächsten mit den Augen, mit denen du dich betrachtest, habe Mitleid mit ihm und sei ihm behilflich so sehr du kannst. Gott wird dann auch dich mit diesem Maß des Mitleids messen. *Selig die Barmherzigen; denn sie werden Erbarmen finden* (Matthäus 5,7). Schöpfe die Erkenntnis deines Nächsten aus deiner Selbsterkenntnis, und du wirst mitleidig und barmherzig sein – gegen alle.

Fünfundneunzigstes Kapitel

An der Liebe, die Christus uns entgegenbringt, können wir erkennen, welche Liebe wir zu unserem Nächsten haben sollen.

Aus übergroßer Barmherzigkeit ist der Sohn Gottes in unsere Welt hinab gestiegen und Mensch geworden. Aus Liebe zu den Menschen tat er diesen Schritt. Mit größter Sorgfalt strebte er während seines gesamten Lebens und darüber hinaus das Heil der Menschen an, und mit außerordentlicher Liebe und unendlichem Schmerz gab er am Kreuz sein Leben für uns. So wie du dich anschaust, so mögest du auch deinen Nächsten mit menschlichen Augen anschauen. Und wenn du Christus betrachtest, dann wirst du ihn mit christlichen Augen betrachten – mit den Augen, mit denen er dich betrachtet. Denn wenn Christus in deinem Inneren wohnt, wirst du mehr und mehr denken wie er denkt und einsehen, dass du mit deinem Nächsten Geduld haben musst und ihn lieben sollst. Deinen Nächsten schätzt und liebt Christus genauso wie dich – wie der liebreiche Vater und die herzensgute Mutter ihre Kinder lieben, und noch weit darüber hinaus.

Bete zum Herrn, er möge dir die Augen öffnen, um das flammende Feuer seiner Liebe zu sehen, das in seinem Herzen brannte, als er ans Kreuz geschlagen wurde, und weiterhin brennt zum Heil für alle – für Kleine und Große, Gute und Böse, für alle, die leben, die gelebt haben und die in Zukunft leben werden, sogar für die, die ihn kreuzigten. Wenn der erste Tod, den Jesus für uns gestorben ist, nicht hinreichend zu unserer Heilung wäre, so würde er mit jener Liebe, mit der er damals gestorben ist, jetzt noch einmal für uns sterben. Selbst

wenn wir es nicht sehen oder es uns im Geheimnis des Glaubens nicht offenbar wird: Christus bringt sich, entsprechend dem Willen des Vaters, mit derselben Liebe oftmals für uns zum Opfer dar.
- ◆ Können wir denn gegen jene, gegen die Christus barmherzig war, unbarmherzig sein?
- ◆ Wie sollten wir dazu kommen, demjenigen Böses zu wünschen, dem Gott nur Gutes und die Seligkeit wünscht?

Beurteilen wir unseren Mitmenschen nicht nach dem Äußeren, sondern lassen zu ihm eine unaussprechlich zarte Liebe wachsen, die der Herr selbst in uns anregt. Hohe Positionen, Reichtum, Abstammung, körperliche Schönheit und vieles mehr sollten für uns nicht ausschlaggebend sein, sondern wir sollten den anderen als einen Teil vom Leib Christi betrachten, als jemanden, der verwandtschaftlich und freundschaftlich innig mit Jesus Christus verbunden ist. Ein altes Sprichwort sagt: »Wer jemanden liebt, der liebt auch dessen Angehörige.«

Es müsste selbstverständlich sein, dass alle, die Christus lieben, auch ihren Mitmenschen freundlich entgegenkommen. Vielleicht darf man noch einen Schritt weiter gehen und fragen, ob du in deinem Nächsten nicht den mystischen Leib Christi sehen kannst. Es sei an das Wort Jesu erinnert: *Was ihr für einen meiner geringsten Brüder getan habt, das habt ihr mir getan* (Matthäus 25,40). Bei der ernsthaften Betrachtung dieser Worte müssten wir dahin kommen, unserem Nächsten mit freundlichem Entgegenkommen, mit Sanftmut und Herzlichkeit zu begegnen, mit Geduld und – wenn nötig – mit Nachsicht. Er soll durch uns keinen Nachteil oder gar Schaden erfahren, sondern die Begegnung mit ihm soll ihm Freude bereiten und ihn ein Stück dem Himmel näher bringen. Wir pflegen bereits Umgang mit Christus, wenn wir in unserem Nächsten den Herrn sehen können.

Wenn wir den hohen Preis betrachten, den Christus in einen jeden Menschen investierte, als er ihn mit seinem kostbaren

Blut am Kreuz erlöste, müssten wir aus Dank für diese Erlösung unser Leben dem Herrn weihen und uns in seinen Dienst stellen. Jesus bereitet seine Jünger und damit auch uns darauf vor, nach seinem Aufstieg zum Vater entsprechend seinem Sinn und Auftrag in dieser Welt weiter zu leben und das Reich Gottes zu verbreiten.

- Bei der Erscheinung des Auferstandenen am See sagt Jesus zu Petrus: »Wenn du mich liebst, dann weide meine Schafe« (vgl. Johannes 21,15).
- *Wer ein solches Kind um meinetwillen aufnimmt, der nimmt mich auf* (Matthäus 18,5). »Wer Barmherzigkeit übt an einem von diesen Kleinen, übt sie an mir.«
- *Das ist mein Gebot: Liebt einander, so wie ich euch geliebt habe* (Johannes 15,12).

Jesus legt uns mit wenigen und einfachen Worten nah, wie wir uns zu verhalten haben, um den Willen Gottes zu erfüllen und Gnade zu empfangen. Wenn wir auf diesem Weg zu Gott sind, achten wir Aufwand und Mühsal, die wir für den Nächsten erdulden, gering, und die Zeit, die wir dem anderen geschenkt haben, kommt uns kurz vor. Die mit dem Dasein für unseren Nächsten verbundene Freude und das subjektive Empfinden, die Zeit sei fast stehen geblieben, entspringen der Tatsache, dass wir Christus lieben und diese seine Liebe durch uns auf den Menschen, den der Herr uns begegnen lässt, übergeht.

Sechsundneunzigstes Kapitel

Ein weiterer Aspekt, der uns hilft, unseren Nächsten anzunehmen, und wie wir uns ihm gegenüber zu verhalten haben.

Der Herr verlangt für das Gute, das er uns zukommen lässt, keine Gegenleistung, denn er ist der Reichste, und an Reichtum kann er nicht mehr zunehmen. Das, was er uns beschert, geschieht aus reiner Liebe. Gott verlangt jedoch von uns, dass wir uns unseren Mitmenschen zuwenden und ihnen Achtung und Liebe schenken und, wenn notwendig, ihnen auch Hilfe zukommen lassen. Ein Beispiel möge dies veranschaulichen: Es hat jemand einem anderen viel Geld geliehen und für ihn viel Gutes getan. »Für alles, was ich dir gegeben habe, benötige ich weder Zinsen noch die Rückgabe des Kapitals. Ich trete jedoch mein Anrecht an jemanden ab, der dessen dringend bedarf. Wenn du ihm begegnest, dann lass ihn teilhaben an deinem Reichtum und gib ihm das, was du mir schuldig bist.«

Auf diese Weise denke darüber nach, was du alles an Gutem und welche Gnade du von Gott empfangen hast:
- durch die große Barmherzigkeit, die er dir schenkte, seitdem er dich erschaffen hat,
- durch die Todesqualen, die der Sohn Gottes für uns litt,
- durch die unverdiente Lossprechung von deinen Sünden,
- durch die unendliche Geduld mit deinen Schwächen und Fehlern.

Der Herr erfüllt dir viele deiner Wünsche, doch wartet er nur darauf, dass du deine Fehler und Sünden erkennst, umkehrst und ihn um Vergebung und Verzeihung bittest. Anstatt dich Böses erfahren zu lassen, schickt er dir nur Gutes: Gnaden, die sich nicht zählen lassen.

Ein solch vertrauter und liebevoller Umgang des Herrn mit dir sollte dir Beispiel sein, wie du mit deinem Nächsten und all deinen Mitmenschen umgehen solltest. Die Absicht, warum dir Gott so große Gnaden verliehen hat, besteht darin, dass du sie weiter schenken sollst – und selbst wenn sie dein Nächster nicht verdient hat, so zeige ihm gegenüber Geduld und Nachsicht und hilf ihm, wenn er deiner Hilfe bedarf. Fühle dich einem anderen gegenüber verpflichtet, das weiter zu schenken, was du vom Herrn empfangen hast. Die unausgesprochene und vielleicht auch unbewusste Haltung desjenigen, der dir begegnet und hilfsbedürftig ist, lautet: »Lass mich teilhaben an der Fülle der Gnaden, die du von Gott empfangen hast.«

Pass auf dich auf und hüte dich, zu jemandem, der deiner Hilfe bedarf, hart und lieblos zu sein, damit es nicht Gott auch gegen dich ist. Zeige durch deine Bewegung zum anderen, dass du nicht undankbar für die Vergebung deiner begangenen Sünden bist. Erinnere dich an das Gleichnis vom unbarmherzigen Gläubiger. Der Herr hat seinem Knecht die Schuld erlassen – und gerade dieser Knecht ist anschließend grausam gegen seinen Mitknecht, indem er diesem weder seine Schuld erließ noch ihm eine Frist einräumte, bis wann er zu zahlen habe. Der Herr zürnte über diese Grausamkeit und machte dem Knecht harte Vorwürfe: *Du elender Diener! Deine ganze Schuld habe ich dir erlassen, weil du mich so angefleht hast. Hättest nicht auch du mit jenem, der gemeinsam mit dir in meinem Dienst steht, Erbarmen haben müssen, so wie ich mit dir Erbarmen hatte?* (Matthäus 18,32–33) Gott will nicht die Sünder, nachdem er ihnen einmal verziehen hat, bestrafen, sondern er bestraft den Undank desjenigen, dem er verziehen hat.

Es ist wohl nicht zu bezweifeln: Würde ein solcher Knecht seinen Herrn anrufen, so würde ihm dieser antworten: *Wer sein Ohr verschließt vor dem Schreien des Armen, wird selbst nicht erhört, wenn er um Hilfe ruft* (Sprichwörter 21,13). Wenn wir auf Christus schauen und all das betrachten, was er uns an Gutem getan hat, dann müsste ganz von selbst in unserem Herzen eine Achtung und Liebe unserem Nächsten gegenüber entstehen. Es können durchaus Fragen aufkommen wie: Welche Verpflichtung habe ich denn, gerade diesem Menschen gegenüber Gutes zu tun? Oder: Wie soll ich ihn lieben, da er mir durch sein Gerede großen Schaden zugefügt hat?

Diese und ähnliche Fragen wären berechtigt, wenn der Grund deiner Liebe der Nächste wäre. Der Grund jedoch ist Christus, der das Gute, das du deinem Nächsten entgegenbringst, oder die Verzeihung, die du ihm gewährst, so aufnimmt, als würde es ihm gewährt. Was kann da noch Veranlassung sein, zu zweifeln oder dem Nächsten die Liebe nicht zukommen zu lassen? Der Nächste mag sein wie er will oder gar Böses tun: Ich zähle nicht auf ihn, sondern auf Christus.

- Lieben wir den Nächsten, weil wir Christus lieben, wird in unserem Herzen die Liebe so stark erglühen, dass Kränkungen und Beleidigungen, die uns angetan werden, die Liebe nicht zu ertränken vermögen. *Auch mächtige Wasser können die Liebe nicht löschen; auch Ströme schwemmen sie nicht weg* (Hohelied 8,7).
- Die Liebe wird wie eine lebendige Flamme emporsteigen, und sie wird zu deinen Mitmenschen strömen, ohne dass du dir viele Fragen stellen musst oder gar ins Straucheln gerätst. *Alle, die deine Weisung lieben, empfangen Heil in Fülle; es trifft sie kein Unheil* (Psalm 119,165).
- *Die Liebe tut dem Nächsten nichts Böses. Also ist die Liebe die Erfüllung des Gesetzes* (Römerbrief 13,10).
- *Denn das ganze Gesetz ist in dem einen Wort zusammengefasst: Du sollst deinen Nächsten lieben wie dich selbst!* (Galaterbrief 5,14)
- Wir erweisen unserem Nächsten gegenüber Achtung und ehren ihn als einen Sohn oder eine Tochter – von Gott an Kindes statt angenommen. *In Demut schätze einer den anderen höher ein als sich selbst. Jeder achte nicht nur auf das eigene Wohl, sondern auch auf das des anderen. Seid untereinander so gesinnt, wie es dem Leben in Christus Jesus entspricht: Er war Gott gleich, hielt aber nicht daran fest, wie Gott zu sein* (Philipperbrief 2,3–6).

Demut und Liebe zeigte Christus, als er vor seinem Tod den Jüngern die Füße wusch. Er lehrte und empfahl uns, Gleiches zu tun. In dem niedrigen Dienst des Füßewaschens zeigt sich Demut, und Liebe zeigt sich in dem, was dem Nächsten gut tut und ihm heilsam ist. Beides – Demut und Liebe – sollen wir von dem Herrn lernen. Sieh in deinen Mitmenschen, dass Gott sie an Kindes statt angenommen hat und Christus für sie sein

Leben am Kreuz hingab. Daher liebe alle, die mit Christus verbunden sind. Auf diese Weise wird eine starke Liebe in dir wachsen, die auf Jesus Christus gegründet ist; denn die Liebe, die nicht diesen Quellen entspringt, ist schwach. Bei jeder kleinen Belastung wird sie müde und verdorrt, sie stürzt wie ein Haus, das auf Sand gebaut ist, bei kleinsten Erschütterungen zusammen.

Siebenundneunzigstes Kapitel

> *Vergiss dein Volk und dein Vaterhaus!* Der Unterschied zwischen der irdischen und der himmlischen Stadt und ihrer Bewohner, die geographisch in derselben Stadt wohnen.

Höre, Tochter, sieh her und neige dein Ohr, vergiss dein Volk und dein Vaterhaus! (Psalm 45,11) Alle Menschen gehören einer der beiden Völkerscharen an, oder, um in einem anderen Bild zu sprechen, sie sind in einer der beiden Städte angesiedelt. Diese beiden Städte – so unterschiedlich sie auch sind – unterscheiden sich geographisch nicht voneinander, denn die Einwohner der einen und der anderen Stadt leben zusammen – sogar im selben Haus. Der Unterschied jedoch liegt in der Verschiedenheit der Neigungen und Empfindungen.

»Die zweifache Liebe«, sagt Augustinus, »schuf die zwei Städte. Die Selbstliebe, die sich bis zur Geringschätzung Gottes steigerte, schuf die irdische Stadt; die Liebe Gottes, die sich bis zur Selbstverachtung erhöht, schuf die himmlische Stadt.«

* Die Selbstliebe rühmt sich; die Liebe Gottes rühmt sich nicht.
* Die Selbstliebe will von den Menschen geehrt sein; die Liebe

zu Gott hält es für eine Ehre, in den Augen Gottes ein reines Gewissen zu haben.
- Die Selbstliebe erhebt ihr Haupt zur eigenen Ehre; die Liebe zu Gott spricht zu Gott: *Du aber, Herr, bist ein Schild für mich, du bist meine Ehre und richtest mich auf* (Psalm 3,4).
- Die Eigenliebe ist herrschsüchtig; bei der Liebe zu Gott dient der eine dem anderen aus Liebe.
- Die Eigenliebe schreibt ihre Stärke sich selbst zu; die Liebe zu Gott spricht: *Ich will dich rühmen, Herr, meine Stärke, Herr, du mein Fels, meine Burg, mein Retter* (Psalm 18,2).
- Bei der Eigenliebe stellen die sogenannten Weisen die geschaffenen Güter in den Mittelpunkt. Wenn sie auch Gott erkennen, so macht sich doch bei ihnen Eitelkeit breit und sie kreisen nur um ihre eigenen Gedanken. Weil sie sich selbst für weise halten, werden sie zu Toren. Bei der Liebe zu Gott gibt es keine andere Weisheit als die wahre Gottesverehrung. Ihr Ziel ist es, einmal vereint mit allen Heiligen und Engeln Gott zu verherrlichen, denn Gott ist alles in allem (vgl. 1. Korintherbrief 15,28).

Da wir von Adam abstammen – der Sohn Gottes und seine heilige Mutter sind ausgenommen –, haftet an uns allen die Sünde. Deshalb sind wir von Natur aus Bewohner der irdischen Stadt. Aus dieser belastenden Situation möchte uns Jesus Christus befreien und uns zu Bewohnern der himmlischen Stadt machen. Die irdische Stadt mit ihrer Anfälligkeit und Sündhaftigkeit besteht nicht aus Gassen und Straßen, sondern aus Menschen, die sich selbst in den Mittelpunkt stellen und sich ausschließlich nur selbst lieben. Diese Stadt wird »Finsternis« genannt, weil ihre Einwohner nicht das Licht der Erkenntnis Gottes besitzen und keinen Glauben haben. Es mangelt ihnen an der Liebe, die das Leben des Glaubens ist. *Wer nicht liebt, hat Gott nicht erkannt; denn Gott ist die Liebe* (1. Johannesbrief 4,8). Wem die Erkenntnis Gottes und damit die Liebe zu ihm fehlt, kann nicht selig werden.

Die einen Bewohner dieser irdischen Stadt leben in der Nacht des Unglaubens und die anderen in der Nacht der Sünde. Beide entbehren die wahrhafte Freude, denn Angst und Kummer breiten sich in ihnen aus. Welch wahrhaft bleibende Freude können wir haben, wenn wir das Licht des Himmels nicht sehen? Die rein irdisch gesinnte Stadt wird auch »Babylon« genannt, das heißt übersetzt »Verwirrung«. In ihrer Überheblichkeit wollten die Menschen einen Turm bis in den Himmel bauen, um sich gegen den Zorn Gottes zu schützen, sollte er die Welt durch eine Flut zum zweiten Mal vernichten wollen. Der Herr jedoch legte ihrer Torheit ein Hindernis in den Weg, indem er ihre Sprache verwirrte, sodass sie sich untereinander nicht mehr verstehen konnten. Aus dieser Verwirrung entstand Zank und Streit (vgl. Genesis 11,1–9).

Der Name »Verwirrung« ist für die Stadt der Bösen angemessen. Ihre Einwohner wollen sündigen, aber keine Strafe annehmen. Der Strafe Gottes zu entgehen ist aber nur möglich, wenn man vermeidet, Gott zu beleidigen. Doch steht die Sünde im Vordergrund, von der sie nicht lassen können. Die Einwohner der irdischen Stadt sind stolz, und ihre gesamte Absicht besteht darin: Es möge ihr Name auf Erden gefeiert werden. Sie bauen Türme von eitlen Werken, und wenn es ihnen nicht gelingt, so geschieht es in Gedanken und Vorstellungen. *Gott tritt den Stolzen entgegen, den Demütigen aber schenkt er seine Gnade* (Jakobusbrief 4,6).

Weil die Einwohner dieser Stadt nicht nur mit der einen Sprache leben wollen – in Einklang mit Gottes Wort –, so werden sie damit gestraft, dass

- sie sich selbst nicht verstehen,
- sie die Sprache Gottes nicht verstehen,
- sie sich unter einander nicht verstehen,
- sie nicht von Gott Geschaffenes verstehen,
- sie nichts von dem verstehen, was zu ihrem Vorteil wäre,
- Gott ihnen die Weisheit versagt, um zu verstehen.

Vieles geht in ihren Herzen vor, das ihnen die Besinnung raubt. Das Verlangen und Sehnen ihrer Herzen begehrt einmal dieses und einmal jenes – und oftmals etwas sehr Schädliches. Leider geschieht das, was sie tun, auf verkehrte Weise:

- Sie bauen auf und vernichten es wieder
- sie sind traurig und dann wieder überschwänglich freundlich
- sie freuen sich und im gleichen Augenblick weinen sie
- bald wollen sie verzweifeln, bald sind sie übermütig
- sie suchen etwas mit großer Mühe, und wenn sie es gefunden haben, verwerfen sie es wieder
- das ihnen Zugedachte entspricht niemals ihren egoistischen Vorstellungen
- sie wünschen sich etwas, tun aber das Gegenteil, indem sie sich nicht von der Vernunft, sondern von der Leidenschaft leiten lassen.

Der Mensch ist ein vernunftbegabtes Wesen und sollte auch der Vernunft nach leben. Die Einwohner der rein irdischen Stadt jedoch leben nach ihren Lüsten und Begierden ein verkehrtes Leben, das nicht von der Vernunft gesteuert wird. Da Gott Geist ist, können wir ihm auch nur auf geistige Weise dienen. Diejenigen, deren Lebensführung Gottes Geboten widerspricht, dienen ihm nicht. Da die Eintracht der Christen aus der Eintracht eines jeden mit sich selbst und aus der Eintracht mit Gott besteht, können die von Gott getrennten Einwohner keinen rechten und dauerhaften Frieden miteinander haben. Aus ihrem Reden und Tun entsteht eine Spannung, aus der dann Entzweiung, Zank und Streit hervorgehen. Jeder lebt nach seinem Eigenwillen, ohne auf den anderen Rücksicht zu nehmen und ohne dafür Sorge zu tragen, dass wechselseitige Geduld und Nachsicht geübt werden.

Die Einwohner der rein irdischen Stadt setzen weder ihr eigenes Ich noch die Geschöpfe und die geschaffene Welt ein, um das Ziel allen Lebens zu erreichen, das Ziel, auf das hin sie geschaffen sind. Sie begehren sich selbst, die anderen und die

Dinge für sich selbst, indem sie sich selbst das Endziel sind. In diesem Verhalten ist jede Beziehung zum Schöpfer verkehrt. Daher, um das nochmals zu betonen, tragen sie den Namen »Babylon« oder »Verwirrung« zu Recht.

Diese Menschen sind einzig und allein auf die »Welt« ausgerichtet, in der Gott nicht vorkommt. Damit ist nicht die von Gott geschaffene Welt gemeint, denn die ist gut, sondern die ausschließliche Hinwendung zu allem Sichtbaren.

- *Denn alles, was in der Welt ist, die Begierde des Fleisches, die Begierde der Augen und das Prahlen mit dem Besitz, ist nicht vom Vater, sondern von der Welt* (1. Johannesbrief 2,16).
- *Die Welt und ihre Begierde vergeht; wer aber den Willen Gottes tut, bleibt in Ewigkeit* (1. Johannesbrief 2,17).
- *Ihr aber seid nicht vom Fleisch, sondern vom Geist bestimmt, da ja der Geist Gottes in euch wohnt. Wer den Geist Christi nicht hat, der gehört nicht zu ihm* (Römerbrief 8,9).
- *Ihr Ehebrecher, wisst ihr nicht, dass Freundschaft mit der Welt Feindschaft mit Gott ist? Wer also ein Freund der Welt sein will, der wird zum Feind Gottes* (Jakobusbrief 4,4).

Achtundneunzigstes Kapitel

Einer Welt ohne Gott müssen wir entfliehen. Unter den Menschen, die in der rein irdisch orientierten Welt leben, herrscht Zank, Streit und Krieg. Viele enden auf grausame Weise.

Sollten wir uns in einer Welt ohne Gott aufhalten – gemeint ist das innerlich –, dürfen wir sicher sein: Es ist der Wille Gottes, dass wir diese Welt sofort verlassen. Es ist eine innere Wanderung geboten, die aus Ägypten in das gelobte Land, in das Land der Verheißung, führt. Gott befahl Abraham, dieses Land mit seinen Einwohnern zu verlassen:

- *Zieh weg aus deinem Land, von deiner Verwandtschaft und aus deinem Vaterhaus in das Land, das ich dir zeigen werde* (Genesis 12,1).
- *Aufgrund des Glaubens gehorchte Abraham dem Ruf, wegzuziehen in ein Land, das er zum Erbe erhalten sollte; und er zog weg, ohne zu wissen, wohin er kommen würde* (Hebräerbrief 11,8).
- Die Engel, die in Sodom zu Lot gekommen waren, drängten ihn am Morgen zur Eile: *Auf, nimm deine Frau und deine beiden Töchter, die hier sind, damit du nicht wegen der Schuld der Stadt hinweggerafft wirst* (Genesis 19,15). Die Engel hatten vorher zu Lot gesagt, sie würden Sodom vernichten wegen der Klage, die über die Einwohner zum Herrn gedrungen war. *Rette dich ins Gebirge, sonst wirst du auch weggerafft* (Genesis 19,17). Die Berge symbolisieren hier die Höhe des Glaubens und ein Gott gefälliges Leben.

Der Herr sucht sich immer wieder neu Menschen aus, die zu ihm aufschauen und bereit sind, sich von ihm senden zu lassen. Paulus bittet seine Zuhörer, ein weites Herz zu haben und sich die folgenden Fragen zu stellen: *Beugt euch nicht mit Ungläubigen unter das gleiche Joch! Was haben denn Gerechtigkeit und Gesetzwidrigkeit miteinander zu tun? Was haben Licht und Finsternis gemeinsam? Was für ein Einklang herrscht zwischen Christus und Beliar? Was hat ein Gläubiger mit einem Ungläubigen gemeinsam? Wie verträgt sich der Tempel Gottes mit Götzenbildern? Wir sind doch der Tempel des lebendigen Gottes; denn Gott hat gesprochen:*

Ich will unter ihnen wohnen und mit ihnen gehen. Ich werde ihr Gott sein, und sie werden mein Volk sein. Zieht darum weg aus ihrer Mitte, und sondert euch ab, spricht der Herr, und fasst nichts Unreines an. Dann will ich euch aufnehmen und euer Vater sein, und ihr sollt meine Söhne und Töchter sein, spricht der Herr, der Herrscher über die ganze Schöpfung (2. Korintherbrief 6,14–18).

Um des Guten willen, das uns verheißen wird, müssen wir den Mut fassen, von allem Bösen Abstand zu nehmen. Wie kannst du die Unsicherheit ertragen und länger in einem Haus wohnen, das über kurz oder lang einstürzen und alle, die darin wohnen, unter sich begraben wird? Werden wir nicht demjenigen zu großem Dank verpflichtet sein, der uns vor einer solchen Gefahr warnt, damit wir ihr rechtzeitig entrinnen können?

Im Namen Gottes dürfen wir versichert sein, dass ein Tag kommen wird, an dem die Vision, die Johannes in der Geheimen Offenbarung im Hinblick auf dieses böse Volk hatte, in geistiger Weise in Erfüllung geht:

- *Ich sah einen anderen Engel aus dem Himmel herabsteigen; er hatte große Macht, und die Erde leuchtete auf von seiner Herrlichkeit. Und er rief mit gewaltiger Stimme: Gefallen, gefallen ist Babylon, die Große! Zur Wohnung von Dämonen ist sie geworden, zur Behausung aller unreinen Geister und zum Schlupfwinkel aller unreinen und abscheulichen Vögel* (Offenbarung 18,1–2).
- *Dann hob ein gewaltiger Engel einen Stein auf, so groß wie ein Mühlstein; er warf ihn ins Meer und rief: So wird Babylon, die große Stadt, mit Wucht hinab geworfen werden, und man wird sie nicht mehr finden* (Offenbarung 18,21).
- Johannes beteuert, dass er eine andere Stimme vom Himmel her rufen hörte: *Verlass die Stadt, mein Volk, damit du nicht mitschuldig wirst an ihren Sünden und von ihren Plagen mit getroffen wirst. Denn ihre Sünden haben sich bis zum Himmel aufgetürmt, und Gott hat ihre Schandtaten nicht vergessen* (Offenbarung 18,4–5).

Viele Menschen jedoch können nicht einfach vor dem Bösen fliehen und die »Stadt« verlassen, da bestimmte Lebens- und Schicksalsumstände wie auch Aufgaben und Pflichten es nicht zulassen. Dazu sagt Augustinus treffend: »Das Auswandern aus ›Babylon‹ besteht darin, dass wir vom Herzen her die Mitte des Bösen verlassen, indem wir das lieben, was andere verabscheuen, und das verabscheuen, was sie lieben. Körperlich gesehen wohnen in derselben Stadt, ja, in demselben Haus ›Jerusalem‹ und ›Babylon‹. Wenn wir jedoch die Herzen betrachten, so unterscheiden sie sich doch stark voneinander: Da ist in dem einen Menschen ›Jerusalem‹, die Stadt Gottes, gegenwärtig, und in dem anderen ›Babylon‹, die Stadt der Gott fernen Menschen.«

Ein neues Leben können wir nur beginnen, wenn wir unserem alten Leben eine Absage erteilen und uns von ihm entfernen. *Deshalb hat auch Jesus, um durch sein eigenes Blut das Volk zu heiligen, außerhalb des Tores gelitten. Lasst uns also zu ihm vor das Lager hinaus ziehen und seine Schmach auf uns nehmen. Denn wir haben hier keine Stadt, die bestehen bleibt, sondern wir suchen die künftige* (Hebräerbrief 13,12–14). Paulus möchte uns daran erinnern, dass Christus außerhalb der Stadt gelitten hat. Wenn wir ihm nachfolgen möchten, dann müssen auch wir diese »Stadt« verlassen, das heißt, all die Menschen, die ohne Gott nur auf sich selbst bezogen sind.

In Betsaida brachte man einen Blinden zu Jesus und bat ihn, den Blinden zu heilen. *Er nahm den Blinden bei der Hand, führte ihn vor das Dorf hinaus, bestrich seine Augen mit Speichel, legte ihm die Hände auf und fragte ihn: Siehst du etwas?* (Markus 8,23) Hätte Jesus den Blinden denn nicht im Dorf selbst heilen können? Nein, er wollte den Blinden erst hinaus führen, um uns zu zeigen, dass wir, wenn wir von Jesus geheilt werden möchten, nicht den Weg gehen dürfen, den viele Menschen gehen, sondern mit Jesus den schmalen Weg betreten müssen, der zum Leben führt. *Geht durch das enge Tor! Denn das Tor ist weit, das ins Verderben führt, und der Weg dahin ist breit, und viele gehen auf ihm. Aber das Tor, das zum Leben führt, ist eng, und der Weg dahin ist schmal, und nur wenige finden ihn* (Matthäus 7,13–14).

Christus liebt diejenigen nicht, die es mit ihm halten wollen und gleichzeitig mit der »Welt« paktieren. Daher müssen wir uns fragen, wo in unserem Leben der Schwerpunkt liegt: Räumen wir Jesus Christus die erste Stelle in unserem Leben

ein oder sind es Menschen, an die wir uns klammern, oder gar vergängliche Dinge in dieser Welt? Mögen dir die folgenden Bibelzitate zu einer klaren Entscheidung helfen:
- *Niemand kann zwei Herren dienen; er wird entweder den einen hassen und den anderen lieben, oder er wird zu dem einen halten und den anderen verachten. Ihr könnt nicht beiden dienen, Gott und dem Mammon* (Matthäus 6,24).
- *Er* (Jesus) *sagte zu ihnen: Ihr stammt von unten, ich stamme von oben; ihr seid aus dieser Welt, ich bin nicht aus dieser Welt. Ich habe euch gesagt: Ihr werdet in euren Sünden sterben; denn wenn ihr nicht glaubt, das Ich es bin, werdet ihr in euren Sünden sterben* (Johannes 8,23–24).
- Jesus antwortete dem Pilatus: *Mein Königtum ist nicht von dieser Welt* (Johannes 18,36).

Wenn die rein irdisch gesinnten Menschen die Konsequenzen und das Ziel ihres Tuns bedächten, dürfte es für sie Anlass sein, sich der Gemeinschaft mit dem Widersacher und der Welt zu entziehen und sich Gott zuzuwenden. Als der verlorene Sohn an seinem Tiefpunkt angelangt war, kam er zur Besinnung und ihm wurde der krasse Unterschied bewusst zwischen dem Wohnen im Haus seines Vaters und dem Wohnen im Haus der Welt. Er fasste den Entschluss, seiner katastrophalen Lage den Rücken zu kehren, seinen Vater um Erbarmen zu bitten und zu ihm zurückzukehren (vgl. Lukas 15,11–32).

Wenn du das Verlangen spürst, nach Hause zurückzukehren und dir sehnlichst wünschst, dass
- der Herr dich aufnehmen möge, musst du dein »Volk« verlassen
- der Herr an dich denken möge, so musst du dein »Volk« vergessen
- der Herr dich lieben möge, so liebe nicht übermäßig dich selbst
- der Herr für dich sorgen möge, verlass dich nicht auf eigene Versorgung

- du den Augen des Herrn gefallen mögest, so betrachte dich nicht selbst mit Wohlgefallen
- der Herr sein Wohlgefallen an dir habe, dann scheue dich nicht, seinetwillen der ganzen Welt zu missfallen.

Wenn du Gott finden willst und es ist auf dem Weg zu ihm geboten, dann trage keine Bedenken, Vater und Mutter, Bruder und Schwester, Haus und Hof zu verlassen. Da du mit all deiner Liebe dein Antlitz auf Christus richtest und er sein Wohlgefallen an dir hat, sollte dir nichts daran liegen, irgendjemandem oder sogar dir selbst zu gefallen. *Die Zeit ist kurz. Daher soll, wer eine Frau hat, sich in Zukunft so verhalten, als habe er keine, wer weint, als weine er nicht, wer sich freut, als freue er sich nicht, wer kauft, als würde er nicht Eigentümer, wer sich die Welt zunutze macht, als nutze er sie nicht; denn die Gestalt dieser Welt vergeht* (1. Korintherbrief 7,29–31).

Besitze Eltern, Geschwister, Verwandte und Freunde, als wenn du sie nicht besitzen würdest; nicht, um sie nicht zu verehren und zu lieben, sondern sie sollten dein Herz nicht total einnehmen und kein Hindernis für das Fließen der Liebe Gottes sein. Liebe sie in Christus. Christus hat dir deine Eltern und deine Freunde nicht gegeben, um dich daran zu hindern, den Herrn zu lieben und ihm zu dienen.

Auf Pergament lässt sich solange nicht schreiben, bis es gut geschabt und von allen hindernden Fasern gereinigt ist. So ist auch die Seele solange nicht dazu geeignet, dass der Herr auf sie seine besonderen Gnaden schreibt, bis die Neigungen und Begierden des Menschen, die aus seinem Fleisch entstehen, nicht mehr vorherrschend, sondern kultiviert sind. Wer Christus nachfolgt und sein Kreuz auf sich nimmt, sollte trotz der natürlichen Liebesempfindungen zur Familie, trotz Glücks- oder Unglücksempfindungen seinen Weg fortsetzen. Menschen in der Nachfolge Christi sollten so stark in ihm verwurzelt sein, dass weder Traurigkeit noch Freude sie vom Herrn trennen können.

Wenn zum Beispiel Eltern sehen, dass ihr Sohn oder ihre Tochter Gott auf eine Weise dienen möchte, die ihnen nicht zusagt, mögen sie danach fragen, was Gott will. Selbst wenn sie seufzen aus Liebe zu ihren Kindern, so mögen sie sich der Liebe Gottes ergeben und ihm ihre Kinder überlassen. Die Eltern kommen nicht umhin, den Schmerz, der in diesen entscheidenden Augenblicken zu leiden ist, anzunehmen und in Geduld zu ertragen. Er wird nicht unbelohnt bleiben, da der Herr die erwähnte Liebe zu den Kindern eingepflanzt hat, diese Liebe aber durch die Liebe der Kinder zu Gott überwunden wird.

Wenn der Ruf, Gott zu dienen, in einem Menschen so stark und eindeutig vernehmbar ist, dürfen wir – so sagt Bernhard von Clairvaux – auch Eltern und Verwandte verlassen. Im Herzen derjenigen, die sich auf diesem Weg zu Gott befinden, darf nichts sein, das fesselt oder sich hindernd auf ihren Weg stellt. Sollte es jedoch der Fall sein, darf der von Gott Gerufene seine Schritte, die ihn zu Gott führen, nicht unterbrechen und sich nicht aufhalten lassen.

Neunundneunzigstes Kapitel

> Niemand sollte sich seiner leiblichen Abstammung rühmen. Wenn wir wissen, dass wir von Christus abstammen, spielt die familiäre Abstammung keine Rolle; selbst bei hochbegabten oder adligen Eltern.

Als eine Adlige in sein Kloster eintreten wollte, sagte Hieronymus zu ihr: »Blicke nicht auf Frauen, die der Welt und nicht Christus gehören, die einzig und allein an ihren Vergnügungen Freude finden und ihre eitlen Einbildungen pflegen. Würden diese Frauen wahrnehmen, dass sie Töchter Gottes sind, würden sei bei der Bewusstwerdung ihrer göttlichen Abstammung nichts mehr auf ihre leibliche hohe Herkunft geben. Sie würden Gott als ihren Vater ansehen und ihre weltliche Herkunft dem unterordnen.«

Gott hat am Anfang der Welt einen Mann und eine Frau geschaffen, von denen das menschliche Geschlecht abstammt. Die hohe leibliche Abstammung ist kein Geschenk der Natur, sondern ein Geschenk des Ehrgeizes. Im Grunde gibt es diese Unterschiede zwischen den Menschen nicht, denn alle sind Kinder Gottes. So wird die leibliche Abstammung verdunkelt durch den Glanz der himmlischen Abstammung, ja, sie hat durch das himmlische Licht in keiner Hinsicht mehr ein Ansehen. Alle Menschen, auch diejenigen, die sich infolge ihrer leiblichen hohen Abstammung heraushoben, sind jetzt auf gleiche Weise mit dem göttlichen, dem himmlischen Adel ausgezeichnet. Alle verschönt die göttliche Abstammung. Wer jedoch noch einen Unterschied wahrnehmen will, findet diesen nur in der Meinung, die das Himmlische höher schätzt als das Menschliche.

Unsere Eltern haben uns den Körper geschenkt, in den die Seele von Gott eingegossen ist. Dieser unser Körper hat tausend Bedürfnisse und ist Krankheit und Tod unterworfen.

- Wenn wir unseren Leib ungesteuert gewähren lassen, würde er uns viel Schmerz und Reue bereiten.
- Äußerlich sieht unser Leib sauber und gepflegt aus; was sich aber in ihm und in der Psyche an Dunklem versteckt, ist zum Teil noch vor unseren Augen verborgen.
- Wenn wir unseren Leib falsch ernähren oder generell falsch behandeln, kann er einen frühen Tod erleiden.
- Wenn wir kurzfristig körperliche Lust genießen, können wir Gott schwer beleidigen und unsere Seele beschweren.
- Wenn wir unseren Leib nicht zügeln, kann er träge werden wie ein Esel oder aber mit uns durchgehen.
- Wenn wir zu wenig Sorge für unseren Körper tragen, ver-

wandelt er sich in eine Baracke, anstatt ein Tempel Gottes zu sein.

Als Jesaja den Auftrag erhielt, zu verkünden, fragte er, was er verkünden solle. Die Stimme sagte zu ihm: *Alles Sterbliche ist wie Gras, und all seine Schönheit ist wie die Blume auf dem Feld* (Jesaja 40,6). Immer wieder muss der Herr uns durch seine Boten, Propheten und Heiligen kundtun, wie vergänglich alles Weltliche ist, dass körperliche Lust keine bleibenden Werte schafft und wir zu wenig von der Hoheit des Heiligen Geistes Gebrauch machen, der einem jeden von uns geschenkt ist. Der Wert, den du in den Augen Gottes hast, liegt in deiner Seele. Durch den Empfang der Taufe und der anderen Sakramente bist du in Jesus Christus wiedergeboren. Zusätzlich zu unserer körperlichen Geburt dürfen wir auch eine Geburt des Geistes erfahren, der uns belebt, zu Kindern Gottes macht und der uns über den Tod hinaus in das ewige Leben trägt.

Einerseits sind wir Erben unserer Eltern, von denen wir nicht nur ihren Besitz erben, sondern auch manche Anfälligkeit für Leiden jeglicher Art. Erbliche Belastungen können unser Leben sehr beschweren und in jeglicher Hinsicht belasten. Durch die Geburt des Geistes jedoch sind wir Erben Christi geworden und mit ihm Erben des Himmels. Wenn wir uns ihm öffnen, dürfen wir immer wieder Gottes Heiligen Geist empfangen und in der Hoffnung leben, Gott einmal von Angesicht zu Angesicht schauen zu dürfen. Was wird Gott wohl zu demjenigen sagen, der mehr Wert darauf legt, von Menschen geboren worden zu sein und den Wunsch hat, in Sünde zu leben, statt in Gott wiedergeboren zu werden, um einmal für immer selig zu sein? Diese Menschen gleichen jemandem, dessen Vater der König und dessen Mutter eine Bedienstete des Königs ist. Dieser Sohn oder diese Tochter rühmen sich nun, ausschließlich Kind dieser Mutter zu sein, ohne es zu berücksichtigen, auch ein Sohn oder eine Tochter des Königs zu sein.

Neben aller weltlichen Herkunft dürfen wir niemals vergessen, auch ein Kind Gottes zu sein und zu seinem Volk zu gehören. Wenn wir nicht einzig und allein Irdisches im Auge und im Herzen haben, sondern uns eher von ihm lösen, wird der Herr uns das Seinige zuteil werden lassen: seine Gnade, seinen Adel und seine Liebe. Solange wir selbst uns jedoch in den Mittelpunkt stellen, verschließen wir uns den göttlichen Gnadengaben. Christus möchte, dass wir vor ihm arm werden, um zu Empfangenden seiner Liebe zu werden. *Selig, die arm sind vor Gott; denn ihnen gehört das Himmelreich* (Matthäus 5,3).

Um diese Armut vor Gott zu erreichen, hilft uns unser Wollen nicht, wenn wir nicht bereit sind, uns von unseren früheren Sünden zu entfernen. Das ist mit dem Psalmwort *Vergiss dein Volk* (45,11) gemeint: nicht ausschließlich in der Welt zu leben, in der mich immer wieder die Sünde umschleicht, sondern diese zu vergessen und mich immer wieder erneuernd dem Herrn zuzuwenden und zu öffnen. Suche nicht nur äußerlich, sondern auch in dir die Stille, sodass allmählich die lauten Geräusche und das Getöse in deinem Herzen verstummen und sich dir die leise Sprache Gottes offenbaren kann. Wie wunderbar, wenn du die Gelegenheit hast, dich des Öfteren zusammen mit Gott in ein tiefes Schweigen zurückzuziehen.

Hundertstes Kapitel

Erklärung der zweiten Aussage in Psalm 45, Vers 11: *Vergiss dein Vaterhaus!* Unser eigener Wille darf nicht an der ersten Stelle stehen, wollen wir Christus nachfolgen. Nur in Hingabe an seinen Willen gelingt Nachfolge, und wir erhalten die Kraft, die mit der Nachfolge verbundenen Belastungen auf uns zu nehmen.

Derjenige, der gesündigt hat, sollte sich mit dem Wort: *Vergiss dein Vaterhaus!* angesprochen fühlen. Mit dem Vater ist hier der Widersacher gemeint, der uns hindert, Gutes zu tun und auf Gott zuzugehen. Johannes drückt diese Zugehörigkeit mit sehr radikalen Worten aus: *Wer die Sünde tut, stammt vom Teufel; denn der Teufel sündigt von Anfang an. Der Sohn Gottes aber ist erschienen, um die Werke des Teufels zu zerstören* (1. Johannesbrief 3,8). Die der Sünde verfallenen Menschen werden dem Bösen zugeschrieben – nicht weil der Widersacher sie erschaffen hat, sondern weil die Menschen seine Werke nachahmen. Wer die Werke dessen nachahmt, der sie vorgibt, wird in der Heiligen Schrift der Sohn desselben genannt. Dieser sogenannte »Unglück bringende Vater« lebt in der Welt – versteckt unter Schatten schläft er im Rohrgebüsch und an feuchten Orten.

- Mit »Schatten« sind die Reichtümer gemeint, die niemals Ruhe geben, obwohl sie diese versprechen. Sie durchstechen das Herz und verwunden es. Die Reichtümer halten nicht, was ihr Name sagt, denn sie lösen oftmals seelische Armut und Not aus.
- Mit dem »Rohr«, oder besser Schilfrohr, ist der Ruhm dieser Welt gemeint. Umso größer er nach außen erscheint, desto leerer und hohler ist er innen. Aber auch das nach außen Sichtbare des Ruhms ist schnell veränderlich, denn es passt sich jeweils der vorgegebenen Windrichtung an.
- Mit den »feuchten Orten« sind die Seelen gemeint, die sich ständig den sinnlichen Lüsten hingeben und ihnen zügellos nacheilen. Sie stehen im Gegensatz zu den Seelen, die der unreine Geist verlassen hat. *Ein unreiner Geist, der einen Menschen verlassen hat, wandert durch die Wüste und sucht einen Ort, wo er bleiben kann* (Matthäus 12,43). Er sucht Ruhe, findet sie aber nicht.

In den Seelen der Menschen, die Christus nachfolgen, und die von den rein sinnlich geprägten so verschieden sind, findet der Widersacher keinen Platz, keine Wohnung und kein Zuhause. Sein Zuhause ist die Habsucht, der Ehrgeiz, die Lüge, die Unkeuschheit, die Genusssucht und viele weitere schlechte Eigenschaften. Daher wird er auch der »Herrscher der Welt« genannt (vgl. Johannes 14,30); nicht als hätte er sie geschaffen, sondern weil Teile der Welt den Widersacher nachahmen und ihm gehören wollen. Sie richten sich nach seinem Willen, um ihm ähnlich zu werden. Die eigentliche Wohnung des Widersachers ist der böse Wille des Menschen. Hier setzt er sich wie auf einen Thron nieder und gebietet dem Menschen.

Vergiss dein Vaterhaus! heißt nichts anderes, als den Vater der dunklen widergöttlichen Macht zu vergessen, nachdem wir ihm eine Zeit lang Wohnung bei uns gewährt haben. Das Vergessen beinhaltet aber auch, ihm eine Absage zu erteilen und sich dem göttlichen Willen zuzuwenden und aus aufrichtigem Herzen zu beten: »Herr, nicht mein, sondern dein Wille soll geschehen.«

Dies ist die wichtigste Botschaft, die uns überhaupt gegeben werden kann. Haben wir unseren Willen in die Hände Gottes gelegt und versuchen es, immer und immer wieder zu tun, werden wir allmählich frei von allen Sünden. Der Verfasser der beiden Timotheusbriefe, der in der Autorität des Apostels Paulus schreibt, zählt eine Menge Sünden auf, die aus der Eigenliebe entstehen (vgl. 2. Timotheusbrief 3,2–5). Er will damit die ungeordnete Selbstliebe als Wurzel und Quelle aller Sünden zu erkennen geben. Die Ursache vieler Widerwärtigkeiten in unserem Leben, vieler Bedrängnisse und Traurigkeiten ist unser Eigenwille. Wir möchten ihn unbedingt durchsetzen, doch weil dies in der Regel nicht geschieht, werden wir ungehalten und verursachen selbst Hindernisse, Leid und Schmerz.

Der Wichtigkeit halber kann es nicht oft genug betont werden, dass wir im Gebet der Hingabe unseren eigenen oft starren und verhärteten Willen immer wieder in die Hände Gottes legen sollten, um nicht das Leid der Welt durch uns noch zu vergrößern. Das, was uns jetzt erfüllt, ist der Wille Gottes und seine Liebe zu uns, und daraus kann nur etwas Gutes entstehen, sodass Leid und Traurigkeit schwinden – sowohl in dieser als auch in der Welt, die uns erwartet.

Unseren Willen, unsere Vorstellungen und die Sicht unserer begrenzt wahrnehmbaren Welt aufzugeben und sie Gott zu übereignen, ist das Allerheilsamste, aber auch das Schwerste, was es gibt. Aus eigener Willenskraft, so sehr wir uns auch darum bemühen mögen, wird es uns nicht gelingen, den Stein vom Grab des Lazarus hinweg zu wälzen. Der Herr selbst muss unseren Felsenstein des Eigenwillens zertrümmern und entfernen, denn sonst werden wir im Grabesdunkel unserer Eigenwilligkeit festgehalten. Die Eigenwilligkeit kann zu einem gewaltigen Riesen werden, der uns beherrscht und eines Tages unüberwindlich wird. Nur mit Hilfe des Herrn ist er zu besiegen.

Wenn wir auch über einen längeren Zeitraum die Ketten im Nacken noch spüren, die unsere Eigenwilligkeit hinterlässt, so dürfen wir uns nicht entmutigen lassen, Christus weiterhin nachzufolgen und auf seine Kraft und Stärke zu vertrauen, die er uns verleihen wird. Da wir jedoch immer wieder geneigt sind, ausschließlich unserem eigenen Willen ohne Einbeziehung des göttlichen zu folgen, ist es notwendig, im Gebet der Hingabe alles loszulassen und uns dem Herrn zu übereignen. Ohne Jesus Christus in dieser radikalen Form der Hingabe zu folgen, wird unser Leben nicht gelingen, da unser Eigenwille die Tendenz hat, die Zügel unseres Lebens allein in die Hand zu nehmen. Möchten wir konsequent den Weg der Befreiung und Erlösung gehen, heißt es, in die Nachfolge Christi zu treten und oftmals sein Wort zu bedenken: *Ich bin nicht vom Himmel herabgekommen, um meinen Willen zu tun, sondern den Willen dessen, der mich gesandt hat* (Johannes 6,38).

Dazu gehört für uns, oftmals Dinge anzunehmen, die uns nicht behagen oder gar unser Leben »angreifen«. Jesus wäre bestimmt gern als Mensch dem Leiden ausgewichen, doch hat er sich immer wieder neu bejahend in den Willen und die Liebe seines Vaters hinein gebetet. Damit gibt er uns ein Beispiel, dass uns nichts lieber sein darf, als den Willen Gottes anzunehmen und ihn auf Erden zu verwirklichen – selbst wenn es uns oftmals schwer fällt und es schmerzhaft ist.

Kapitel Hundertundeins

> Ein einfach gangbarer Weg, um unseren Eigenwillen in die Hände Gottes zu legen und von ihm her den nächsten Schritt zu empfangen. Rücksichtnahme auf die Menschen, die in unserer Umgebung leben und auf diejenigen, für die wir Verantwortung mittragen.

Um geistlich Fortschritte zu machen und aufzusteigen, ist es notwendig, unten zu beginnen und immer wieder Kontakt zur Erde aufzunehmen. Das einfachste und wunderbarste Gebet ist das der Hingabe, bei dem ich lerne, meinen eigenen Willen, meine Vorstellungen und Gedanken zurückzunehmen, um dem Herrn in mir Raum zu gewähren. Du wirst dahin kommen, dich selbst nicht mehr für so wichtig zu halten und in den Situationen, in denen es geboten ist, zu schweigen, still zu sein und in denen es geboten ist, zu reden, deinen Mund aufzumachen. Wähle in allem zuerst den, der uns erwählt hat. Nimm also, auch wenn es nur sehr kurz ist, immer wieder eine Beziehung zu Jesus Christus auf und spüre, wie er dein gesamtes Sein durchdringt. Dann nimm gestärkt durch ihn und mit ihm und in ihm deine Gedanken, deine Worte und deine Handlungen auf. Du wirst eine unbeschreibliche innere Freiheit und eine wesentliche Unterstützung spüren.

Zusätzlich zum Gebet der Hingabe kannst du dich bei folgenden Gelegenheiten kurz in den Willen und die Gegenwart Gottes einfügen, denn Übergänge von einem Tun zum anderen erlauben uns oftmals, für ein paar Momente innezuhalten:

- Wenn du am Morgen erwachst, wende dich hingebend an den Herrn, um dich von der Dunkelheit der Nacht zu verabschieden, und erbitte seinen Beistand für den bevorstehenden Tag.

- Bevor du dein Zimmer oder deine Wohnung verlässt, um zu deinem Arbeitsplatz zu gehen, wende dich mit geschlossenen Augen an den Herrn, spüre seine Gegenwart und bitte ihn, dich zu begleiten.
- Bestimmt bietet deine Arbeit – besonders, wenn du etwas abgeschlossen hast und dich Neuem zuwendest – die Möglichkeit, für kurze Augenblicke innezuhalten und dich dem Herrn zuzuwenden.
- Vor jeder Mahlzeit gibt es nicht nur für dich, sondern auch für alle, die mit dir zusammen essen, eine wunderbare Gelegenheit, dem Herrn zu danken und ihn um Gesundheit zu bitten.
- Pausen kannst du wunderbar nutzen, um dich zur Bewusstwerdung Gottes und seiner Gegenwart zurückzuziehen, anstatt die kostbare Zeit mit Oberflächlichkeiten oder gar Geschwätz zu vollbringen.
- Versuche viel zu schweigen und nur dann zu reden, wenn du gefragt wirst oder gefragt bist. Du wirst eine Kraft und Sicherheit in deinem Denken, Sprechen und Tun fühlen, die du unweigerlich dem Herrn zuschreiben kannst.
- Nimm am Abend nicht mehr viele neue Eindrücke auf und verabschiede dich mit einer liebenden Hinwendung vom Herrn.

Schon sehr bald wirst du spüren, wie gut und heilsam es ist, nicht immer nur dein Selbst im Mittelpunkt zu haben, sondern dich immer wieder an den zu wenden, der die Güte, das Heil und die Mitte der gesamten Schöpfung ist. In strenger Askese übten die Wüstenväter durch das hesychastische oder Ruhe-Gebet, ihren Eigenwillen loszulassen und sich ganz dem Herrn anzuvertrauen. In etwas sanfterer Weise gaben sie diese alte Gebetstradition an ihre Schüler weiter und übten sie mit alltäglichen Dingen in das ein, was sie von sich aus gar nicht wollten. Vielen Menschen ist das Ge-horchen auch in täglichen Kleinigkeiten fremd, und sie meinen, immer nur ihren eigenen

Willen und ihre Vorstellungen durchsetzen zu müssen. Dabei bemerken sie nicht, wie sie immer mehr durch ihren Egoismus verhärten. Die Übung der Hingabe setzt bei kleinen und geringfügigen Dingen an und führt dazu, dass bei größeren Entscheidungen nicht das Ego im Mittelpunkt steht, sondern das Wohl der anderen und der Wille Gottes.

Es ist der Wille Gottes, dass ihr durch eure guten Taten die Unwissenheit unverständiger Menschen zum Schweigen bringt. Handelt als Freie, aber nicht als solche, die die Freiheit als Deckmantel für das Böse nehmen, sondern wie Knechte Gottes (1. Petrusbrief 2,15–16). Erfahren wir überstarke Kritik, Missachtung oder gar Ignoranz, dann sollten wir uns nicht darüber ärgern oder in Abwehrstellung gehen, sondern uns eher darüber freuen, dass wir durch einen fremden Menschen lernen, unsere eigenen Feinde zu besiegen.

Jesus Christus war seinem Vater gehorsam – sowohl im Leben als auch im Tod. Bereits vom zwölfjährigen Jesus sagt der Evangelist Lukas, dass er seinen Eltern gehorsam war (vgl. Lukas 2,51). *Er erniedrigte sich und war gehorsam bis zum Tod, bis zum Tod am Kreuz* (Philipperbrief 2,8). Gehorsam Gott gegenüber zu sein gilt auch für uns, denn unser Eigenwille, über dessen Eigenwilligkeit wir ja bereits sprachen, möchte ständig eigene Wege gehen. Unsere vornehmliche Aufgabe ist es, auf Gottes leise Stimme zu horchen und im Ge-horchen seinen Willen anzunehmen. Indem wir Ja sagen zum Plan Gottes mit uns und wir uns ihm fügen, empfangen wir eine derart große innere Freiheit wie wir sie uns nicht vorstellen können.

Komm auch den Menschen entgegen, die dir eigentlich nicht viel bedeuten, und leihe ihnen dein Ohr. Versuche auch einmal ihrem Willen zu entsprechen – vorausgesetzt du kannst es verantworten. Erhebe dich nicht über andere, sondern versuche eher, ihnen behilflich zu sein. Denke daran, wie der Herr sich niederkniete und seinen Jüngern die Füße wusch. In Demut und Liebe begegnete er allen, auch dem, der Jesus kurz darauf verraten sollte. *Wenn nun ich, der Herr und Meister, euch die*

Füße gewaschen habe, dann müsst auch ihr einander die Füße waschen (Johannes 13,14).

Erhebe dich nicht über andere und bemühe dich, ihnen entgegenzukommen, indem du wahrnimmst, was sie nötig haben. Lerne in Geduld, die vielleicht widerwärtige Gemütsart anderer, ihre harten Worte und Beleidigungen zu ertragen. Denke immer daran, dass der Herr jeden Menschen, den er dich begegnen lässt, für dich ausgesucht hat und auch verantwortet. Lies einmal die Lebensgeschichte der heiligen Katharina von Siena (1347 –1380) – nicht der Offenbarungen wegen, die ihr zuteil wurden –, sondern um zu erfahren, wie offen und wie beweglich sie war, als es ihr versagt wurde, sich zum Gebet zurückzuziehen. Sie wurde auf ihrem geistlichen Weg von ihren Eltern aufgehalten und gezwungen, Dienst in der Küche zu tun. Katharina fügte sich und fand zu ihrer großen Freude den Herrn genauso in der »Küche«, wie sie ihn in der stillen Zurückgezogenheit gefunden hatte.

Mache dir keine Sorgen, wenn in der Zeit, in der du dir vorgenommen hast, zu beten, etwas anderes, Dringendes, anliegt und du vorerst nicht dazu kommst, deinem inneren Wunsch zu entsprechen. Halte deine Bereitschaft, ihm im Gebet zu dienen, einfach und vertrauensvoll hin und opfere ihm auf diese Weise dein Gebet. Setze dein ganzes Vertrauen auf die Güte Gottes im Wissen, dass er nur Gutes für dich vorgesehen hat. Nimm daher alles, was er dir zuweist, in Ruhe aus seiner Hand an. Andere Menschen, die dich fordern, müssen sowohl ihr Tun als auch das deinige mitverantworten. Du brauchst keine Rechenschaft abzulegen oder irgendetwas anderes zu berücksichtigen, wenn du dem Ruf folgst, der jenseits deines Gewissens hörbar ist.

Kapitel Hundertundzwei

Wie können wir erkennen, was unserem Eigenwillen entspringt und was der Wille Gottes ist? Denn nicht alles, was wir als unseren eigenen Willen empfinden, ist Eigenwille – in dem Sinne, dass er nicht dem göttlichen Willen entspricht.

Wenn du Gott inständig bittest, er möge dich vor diesem oder jenem Übel bewahren – vornehmlich vor etwas, das dich in Gefahr bringt – oder er möge dir eine Fähigkeit verleihen, die du besonders nötig hast, so ist dies kein Ausdruck deines Eigenwillens, sondern ein Mittel, um den Willen Gottes zu tun. Du willst ja damit das Böse vermeiden, um das zu tun, was Gott gefällt. Je inniger und intensiver du um etwas bittest, dessen du besonders bedarfst, desto schneller kommst du auf deinem Weg der geistlichen Entwicklung weiter.

Warum sollte uns Gott nicht das gewähren, worum wir so innig und flehentlich bitten?

- Der Herr selbst hat uns das Vaterunser geschenkt, damit wir lernen, seinen und unseren Vater anzusprechen, ihn zu heiligen und ihn zu bitten, uns das Notwendige zu schenken.
- Jesus selbst hat in besonderen Situationen und immer zu seinem Vater im Himmel gebetet. Als aus Angst sein eigener Wille durchbrach und er am Ölberg darum bat, dass der Kelch an ihm vorüber gehen möge, nahm er sich sofort zurück und betete inständig, dass der Wille des Vaters geschehen möge.
- Zu allen Zeiten – angefangen von den Jüngern Jesu über die Wüstenväter bis zu den Heiligen unserer Tage – haben immer wieder gläubige Menschen versucht, im Sinne Jesu Christi eine Gebetskultur aufzubauen. Sie schauten und schauen auf Jesu Gebet, um von ihm das hingebende und das fürbittende Beten zu lernen.
- Wir sollten das Gleiche tun und das Gebet der Hingabe an die erste Stelle setzen. Im sich oftmals anschließenden Bitt-

gebet sollte die Bitte um zeitliche Güter gegenüber der Bitte um geistliche und ewige Güter zurücktreten, denn die Liebe zu Vergänglichem kann für uns sehr gefahrvoll werden. Im Gegensatz zur Bitte um geistige Güter sollten wir unsere Wünsche und Bitten um weltliche Dinge mäßigen.

Wenn wir um etwas Bestimmtes bitten, sollten wir die innere Haltung annehmen und sie auch aussprechen: »Herr, wenn es dir wohlgefällig ist.« »Dein Wille geschehe wie im Himmel so auf Erden.« Selbst wenn wir bereit sind, den göttlichen Willen so weit wie möglich zu erfüllen, erhebt sich die berechtigte Frage, wie und woran wir den Willen Gottes erkennen. Wo sich ein Gebot und ein Wort Gottes zu deiner Situation finden, wirst du durch beides eine klare Antwort auf dein Fragen bekommen und den Willen des Herrn sofort erkennen. Weitaus schwieriger ist es, den Willen Gottes zu erkennen, wenn dir kein Gebot und kein Wort Gottes entgegen kommen. Oft spricht Gott durch deine Intuition zu dir, durch einen Menschen, der dir gerade begegnet, oder durch eine Situation, die sich dir eindeutig offenbart. Auch das logische Denken und die Vernunft können dir eine klare Antwort geben; ebenso ein Gott naher Mensch, dem du dich anvertraust. Gibt er dir einen Rat, so nimmt er an der Verantwortung teil; und leistest du ihm Gehorsam, wirst du erfahren, wie dein Gewissen entlastet wird (vgl. Römerbrief 13,5).

Immer darfst und sollst du – falls du keine Entscheidungshilfe hast – den Heiligen Geist anrufen und um seinen Beistand bitten, damit es dir gelingt, dem Willen Gottes zu entsprechen. Unsere Bedürfnisse sind so groß, vielfältig und von besonderer Art, dass wir letztlich durch Menschen keine endgültige Antwort auf unsere Fragen erwarten dürfen, sondern nur durch Jesus Christus, unseren Herrn und Gott, dessen Sehnsucht der Mensch ist.

Kapitel Hundertunddrei

Die Sehnsucht Gottes ist der Mensch, denn Gott möchte dem Menschen seine ganze Liebe zuwenden. Diese Sehnsucht ist keine körperliche, sondern eine geistige. Eine von Gott gegebene körperliche Schönheit ist ein Geschenk, das jedoch auch Gefahren in sich birgt.

Es ist etwas Bewundernswertes, dass sich am Geschöpf eine Schönheit findet, die die Augen Gottes auf sich lenkt, sodass Gott bei seinen Geschöpfen weilen möchte. Es ist etwas Beglückendes für die Seele, dass Gott sie mit Liebe erfüllt. Sollte da nicht ganz von selbst das Geschöpf seinen Schöpfer wiederlieben? Wir haben Grund, Gott dafür zu danken, dass er sich nach uns sehnt und eine Verbindung zu uns aufrechterhalten und pflegen möchte. Wir haben einen unaussprechlichen Grund zur Freude, dass Gott sich einem jeden von uns zuneigt – so, als wäre er die einzige Sorge Gottes.

Wer die tiefen Zusammenhänge zwischen dem Schöpfer und seinem Geschöpf nicht nur erkannt, sondern auch erfahren hat, wird verstehen, dass Paulus sich als Gefangenen Jesu Christi bezeichnet (vgl. Epheserbrief 3,1). Sind wir es nicht auch – Gefangene der Liebe Christi –, wenn wir uns öffnen für die Fülle der Gnaden, die der Herr uns schenken möchte? Und andererseits: Welch große Ehre wird es sein, wenn Gott infolge unserer Liebe zu ihm bei uns wohnt und wir ihn in den Banden der Liebe »gefangen« halten? Wir öffnen unser Herz für Gott und er schenkt uns durch seinen geliebten Sohn das Herz Jesu. Diese Hingabe unseres Herzens muss immer wieder neu vollzogen werden, da es sich so schnell verkrampft und verhärtet – im Gegensatz zum Herzen Jesu, das immer für uns geöffnet ist. Wem unser Herz gehört, dem gehören auch wir – ohne Zweifel.

Groß und vielfältig sind die Güter, die die unendliche Güte Gottes den Menschen beschert. Aus Zurückhaltung und in Bescheidenheit fragt Ijob: *Was ist der Mensch, dass du groß ihn achtest und deinen Sinn auf ihn richtest?* (Ijob 7,17) Ist nicht zwischen der Liebe Gottes, der uns sein Herz schenkt, und unserer Liebe, die wir ihm zurück schenken, ein so großer Unterschied wie der Abstand zwischen Gott und seinem Geschöpf? Sind wir dem Herrn nicht unendlichen Dank schuldig für all seine Gaben, die er uns aus Liebe schenkt?

Wir dürfen uns nicht nur freuen, sondern uns auch rühmen, dass wir so reich beschenkt werden. Allerdings dürfen wir uns nicht rühmen, dass wir Gott lieben, denn unsere Liebe steht in keinem Verhältnis zu seiner Liebe. Generell dürfen wir uns unserer Werke und Taten wegen nicht hochschätzen, denn auch sie sind eine Gabe des Herrn. Unsere Aufmerksamkeit sollten wir immer wieder auf den Herrn richten und ihm damit zeigen, wie sehr wir nach ihm verlangen, nach ihm, dessen Sehnsucht wir sind. Auf den ersten Blick ist nicht immer einfach, was er von uns verlangt, doch infolge seiner Verheißungen und der Gnade, die er uns unmittelbar schenkt, wird unsere Aufgabe, die er uns durch seine Gabe vermittelt, leicht.

Wie können wir trotz unserer Sünden noch über eine Schönheit verfügen und für Gott anziehend sein, wo doch der Verfasser der Klagelieder von den Sündern sagt: *Schwärzer als Ruß sehen sie aus, man erkennt sie nicht auf den Straßen* (Klagelieder 4,8). Der Herr jedoch meint keine körperliche Schönheit, sondern die verborgene Schönheit der Seele, in der ein oft nur winziges Abbild seiner unaussprechlichen Schönheit leuchtet. Unsere Schönheit, nach der der Herr sich sehnt, liegt ganz im Inneren unserer Seele verborgen. Dagegen ist die äußere Schönheit eines Menschen etwas ganz Geringes, die sich sogar bei jemandem finden kann, der eine hässliche Seele hat. Ist es nicht im Hinblick auf das Wichtigste besser, äußerlich nicht unbedingt schön, dafür aber in der Selle hell zu sein, als eine dunkle Seele zu haben? Gott blickt stets auf unser Inneres. Was nutzt es da, nach außen ein Engel, im Inneren aber ein Teufel zu sein?

Die äußere Schönheit, die uns vorübergehend stolz machen kann, kann Veranlassung dafür sein, dass Gott uns seine Liebe entzieht. Geistige Schönheit verleiht Einsicht und Weisheit; körperliche Schönheit ist in der Lage, Einsicht und Weisheit zu rauben oder erst gar nicht aufkommen zu lassen. Innerlichkeit, Demut und Keuschheit haben es in den meisten Fällen schwer, sich bei körperlicher Schönheit eines Menschen zu entfalten und beständig durchzusetzen.

- *Hochmütig warst du geworden, weil du so schön warst. Du hast deine Weisheit vernichtet, verblendet vom strahlenden Glanz* (Ezechiel 28,17).
- *Du hast deine Schönheit schändlich missbraucht, hast dich jedem angeboten, der vorbeiging, und hast unaufhörlich Unzucht getrieben* (Ezechiel 16,25).

Wenn mit der körperlichen Schönheit ein innerer Wandel zum Schlechten verbunden ist, wird eine solche Schönheit verabscheuungswürdig und verwandelt sich in wahre Hässlichkeit. Viele Menschen, die mit reinen Sinnen Schönheit jeglicher Art betrachten, schauen in der Schönheit der Geschöpfe oder gar der Gegenstände Gottes Schönheit wie in einem klaren Spiegel. Gott hat die Schönheit geschaffen, damit wir durch sie Gott lieben, ihm dienen und wie auf einer Leiter zu ihm emporsteigen. Augustinus klagt nach seiner Bekehrung darüber, dass er früher den mit Schönheit geschmückten Geschöpfen nachgelaufen sei, aber die eigentliche Schönheit einer Seele nicht erkannt habe.

Die Schönheit vieler Menschen gibt ihnen Anlass, zu sündigen. Von diesen Menschen sagt die Heilige Schrift: *Ein goldener Ring im Rüssel eines Schweins ist ein Weib, schön, aber sittenlos* (Sprichwörter 11,22). Viele wenden ihre Schönheit ohne Scheu zu Ausschweifungen an – sowohl körperlich als auch seelisch. Wenn die Schönheit die Seele nicht unterstützt und nicht dazu beiträgt, ihre Reinheit zu bewahren, sondern hinderlich ist: Was bewirkt sie dann wohl in der Seele?

Viele Menschen, die sich auf ihr Äußeres etwas einbilden, sind voll Unruhe und gehen ständig aus, um zu sehen und gesehen zu werden. Ihr sündhaftes Verlangen und Wünschen verdunkelt ihre Seele und fügt ihr mehr und mehr Dolchstiche zu. Nur wenige sehen unter der scheinenden Schönheit die wahre Hässlichkeit. Die körperliche Schönheit, um die sich viele Menschen so sehr bemühen, wird noch in dieser Welt und Zeit vergehen, und der Alterungs- und Verfallsprozess hinterlässt seine Spuren. Was werden wir sagen, wenn wir – von aller äußeren Schönheit entblößt – im Licht Gottes erscheinen und uns unserer geheimen Sünden wegen schämen? Möge Gott seine Drohung nicht verwirklichen und unseren Namen aus dem Buch des Lebens ausrotten. Möge er barmherzig mit uns sein und den Geist der Unreinheit, der uns fesselt, für immer vertreiben.

Die eitle und die sogenannte schöne Welt empfiehlt den Menschen, ihr Aussehen zu verschönern; und wir beginnen, uns selbst besser zu zeichnen, als Gott uns gezeichnet hat. Die Färbungen und die Hervorhebungen der Konturen geschehen nicht nur in der Absicht, jünger zu erscheinen, sondern häufig auch, um einen anderen Menschen zu verführen. Was nutzt es uns, wenn unsere Namen kurzfristig im Mund anderer leben, aber es nicht gewiss ist, ob sie auch im Buch des Lebens erhalten bleiben?

Mögen wir die uns vorgestellte Mode und Schönheit nicht dazu missbrauchen, um in dieser Welt gesehen zu werden. Denken wir vielmehr daran, von allen Engeln und dem Herrn der Menschen und der Engel im rechten Licht gesehen zu werden. Dann wird ein schmerzhaftes Angesicht lieblicher erscheinen als das nur lächelnde, und die ärmliche Kleidung kostbarer als aller Schmuck und die Qualitäten des Herzens schöner als alle Schönheit.

Durch die Kultur und das Gebet der Hingabe werden wir

frei von aller Eitelkeit, und wir sind nicht mehr darauf bedacht, unbedingt einem Menschen oder gar mehreren zu gefallen. Wie oft haben wir in früherer Zeit erfahren, dass sich unser Herz von Gott abwandte, als wir einem Menschen nachliefen, um ihm zu gefallen und zu besitzen! Es gibt keine schlimmere Torheit, als sich das zu wünschen, was für uns und für andere gefährlich ist. Hieronymus mahnt eindringlich, nicht zu einer bösen Begierde Veranlassung zu geben.

Wenn wir immer wieder am Opfer Jesu Christi teilnehmen und uns selbst als Opfergabe verstehen, dürfen wir an Körper, Geist und Seele erfahren, dass auch wir geheiligt werden. Diese Gabe Gottes wird uns zur Aufgabe, auch andere zu heiligen. Welch ein wunderbares Geschenk Gottes an uns ist es, wenn andere uns sehen oder hören und sie in sich die Kraft der Heiligung fühlen! Ohne sie zu suchen oder für sie besonders attraktiv sein zu müssen, führt uns Gott zu den Menschen, die er für uns vorgesehen hat. So wie wir für den anderen wichtig und gefragt sind, so ist auch der andere für uns wichtig und gefragt.

Kapitel Hundertundvier

> Machen wir auf unserem Glaubensweg Fortschritte, werden wir aufgefordert, in allen Dingen große Sorgfalt zu wahren. Ohne es vielleicht zu wollen, werden wir sowohl durch unsere äußere Erscheinung als auch durch die Kraft unserer Innerlichkeit zum Vorbild für andere.

Wird uns die Ehre zuteil, dass wir uns auf unserem Weg immer mehr der Gegenwart Gottes nähern dürfen, bringt dies mit sich, in kleinen und in großen Dingen noch weitaus sorgfältiger zu sein als bisher. Selbst wenn wir keinen Ehepartner und keine Familie haben, dürfen wir nicht glauben, sorgloser leben zu können. Wir müssen sogar in allem noch vorsichtiger zu Werke gehen, weil die Anforderungen, die der Herr an uns stellt, vielfältiger und vielleicht sogar größer sind. Daher sollten wir sehr aufpassen und uns keiner größeren Vergehen schuldig machen. Vermeide vor allem unnütze Worte, die schnell und manchmal auch aus Verlegenheit gesprochen werden. Man kann sich darin üben, dass man Gesprächspausen zulässt und sie auch aushält.

Stell dir den Herrn, zu dem du betest, des Öfteren und besonders in deinem Gebet vor und bedenke, dass er Gottes Sohn ist und zusammen mit dem Heiligen Geist eine Einheit bildet. Gebote, die wir als geringfügig erachten, sollten wir ernst nehmen, und ebenso wissen, dass es für uns keine geringfügige Sünde gibt.

In einem Brief, den Hieronymus im Jahr 384 an Marcella schrieb, beschreibt er den Lebenslauf einer jungen Frau namens Asella, die sich entschieden hatte, in Rom monastisch zu leben. Er stellt dem Leser eine edle, schlichte, kernige und zielbewusste Persönlichkeit als Vorbild vor Augen: »Trotz ihres ernsten Wesens war sie immer heiter gestimmt; trotz ihrer Heiterkeit wahrte sie stets die Würde. Nichts war wehmütiger als ihr Liebreiz, nichts nahm mehr für sie ein als ihre Wehmut. Sie lebte ein tief religiöses Leben, ohne jedoch irgendwie Aufsehen zu erregen. Ihr Sprechen schwieg und ihr Schweigen sprach. Ihr Gang war weder langsam noch schnell. Ihre Haltung blieb stets die gleiche. Auf eine gefällige Erscheinung legte sie keinen Wert, ihre Kleidung war nicht aufdringlich und ihr Schmuck bestand darin, dass sie sich nicht schmückte.«

Im vierten Jahrhundert, in dem Asella lebte, gab es in Rom viel Reichtum und Prunk. Demut wurde als Armut angesehen und Bescheidenheit als Not. Und trotzdem konnten die Guten nur Gutes von ihr sprechen und die böse gesinnten Menschen nichts Nachteiliges. Wenn ein Mensch so zu leben versteht, wird er zu einem großen Vorbild für andere. Es sind vornehmlich äußere Dinge, die von Asella beschrieben sind, doch sie weisen auf ihre innere Haltung hin. Für ihr Inneres gab es nur den gekreuzigten und auferstandenen Herrn Jesus Christus.

Kapitel Hundertundfünf

Selbstgewählt – nach Gottes Willen – ehelos zu leben darf einen Menschen niemals entmutigen, weil Jesus Christus ihm zur rechten Zeit das Notwendige zukommen lässt. Hierzu gehören: der Rat und die innere Aufforderung, ehelos zu leben, die Freude, die ein solch Gott geweihtes Leben mit sich bringt und die vielen guten Eigenschaften, die sich entwickeln und die vom Herrn geschenkt werden.

Wenn du dich durch Zeichen und Hinweise Gottes wie auch durch den Rat Gott naher Menschen entschlossen hast, ehelos zu leben, dann verliere nicht den Mut, auch in weniger guten Zeiten durchzuhalten, in denen du versucht wirst, auszusteigen. Wohl keine Familie bleibt von Sorgen unverschont. Wenn sich die Eheleute auch nach Jahren gut verstehen, werden sie die auf sie zukommenden Belastungen gemeinsam tragen – jeder auf seine eigene individuelle Weise. Ein zölibatär lebender Mensch wird, ob er allein oder in einer Gemeinschaft lebt, oftmals eine Bürde auf seinen Schultern spüren und viele Fragen zur Pflege seiner Seele haben. In jedem Fall ist das Leben ohne eine Gottesbeziehung und religiöse Zugehörigkeit für niemanden auf die Dauer zu meistern.

Wer du auch bist und welche Vergangenheit du auch hast: Nimm eine Verbindung zum Quellgrund allen Lebens auf und bitte Gott – vorausgesetzt, du öffnest dich ihm immer und immer wieder –, dir Intuitionen zu schenken, auf die du dich verlassen kannst. Bedenkenlos und dich ganz auf den Herrn verlassend, kannst du diese göttlichen Eingebungen verwirklichen und in die Tat umsetzen. Wenn sich einmal der Gnadenquell für dich geöffnet hat und mehr und mehr deine Seele erfüllt, liegt es an dir, das Fließen der dir zuströmenden Gnade nicht durch stolzes Verhalten zu trüben oder gar durch unbesonnenen Eifer zu unterbrechen.

Lebst du ehelos, allein und sexuell enthaltsam, werden dich manches Mal eine besondere Unruhe und entsprechende Zweifel überfallen, ob du auf dem rechten Weg bist. Bleibe jetzt vor allem ganz ruhig – nicht im Vertrauen auf dich, sondern im Vertrauen auf den Herrn, der für den notwendigen Unterhalt deiner Seele zur rechten Zeit sorgen wird. Bitte den Herrn, er möge dir beistehen und dich durch seinen Heiligen Geist sicher geleiten. Wähle den zölibatären Weg nicht voreilig aus vielleicht einer frommen Herzensbewegung oder aus Flucht vor der Verbindung mit einem Menschen, sondern lass dir Zeit für eine solche Entscheidung, indem du dir Rat holst, Erfahrungen sammelst und dich vorbereitest, um nicht das, was du leichtsinnig wählst, nachlässig auszuführen.

Wenn du dich für diesen Weg entschlossen hast, sollte es mit Freude geschehen, und auch mit Freude solltest du versuchen, ihn zu gehen. Wie Maria Jesus in ihrem Schoß getragen hat, und doch ihre Lauterkeit nicht verlor, so kannst auch du von deinem Seelenvermögen her außerordentlich fruchtbar sein und dabei die Unversehrtheit deines Leibes bewahren. Jesus Christus bewahrt – im Gegensatz zu vielen menschlichen Partnern – die Schönheit und Lauterkeit unserer Seele und weiß es hoch zu schätzen, wenn wir diese Eigenschaften unterstützen. Die heilige Agnes (4. Jahrhundert) versprach, dem Herrn treu zu sein, sich nur ihm allein hinzugeben und keusch, rein und lauter zu bleiben. Sie empfing die Gnade, von dem kosten zu dürfen, was droben ist.

Schmerzen, Sorgen und Unruhe bleiben sowohl in der Ehe als auch in einem zölibatären Leben nicht aus. In beiden Lebensformen ist es möglich, aus dem Geist Gottes zu leben.

- *Daher betete ich, und es wurde mir Klugheit gegeben; ich flehte, und der Geist der Weisheit kam zu mir* (Weisheit 7,7).
- *Die Frucht des Geistes aber ist Liebe, Freude, Friede, Langmut,*

Freundlichkeit, Güte, Treue, Sanftmut und Selbstbeherrschung (Galaterbrief 5,22–23).
- *Das Trachten des Geistes führt zu Leben und Frieden* (Römerbrief 8,6).
- *Der Geist der Herrlichkeit, der Geist Gottes, ruht auf euch* (1. Petrusbrief 4,14).

Jeder, der sich an den Herrn wendet, empfängt zur rechten Zeit die Gnade, die ihm zugedacht ist. Diese kann darin bestehen, dass der Kinderwunsch der Eltern in Erfüllung geht, aber auch, dass dem zölibatär Lebenden geistige Kinder geschenkt werden, zu denen auch die Ruhe der Seele gehört. Hieronymus tröstet eine Mutter, die sich darüber beklagt, dass ihre Tochter ein eheloses Leben gewählt hat: »Ich weiß nicht, warum du etwas Schlimmes darin siehst, dass deine Tochter nicht die Gemahlin eines Edelmanns werden wollte, weil sie eine Braut des Königs ist, der dich zur Mutter seiner Braut erkoren hat.«

In allem ist es wichtig, den Wunsch und den Willen Gottes zu erkennen und zu dem Menschen zu werden, wie der Schöpfer uns gedacht hat, also: das zu werden, was du sein sollst. Gott hat mit uns etwas Wunderbares begonnen. So sollten wir ihn nur immer wieder bitten und uns ihm zur Verfügung stellen, damit er Begonnenes vollenden kann. Die uns erwiesene Gnade darf uns nicht überheblich werden lassen, sollte uns jedoch einen Grund zur Freude geben und uns unsere Pflichten erkennen lassen. Möge uns die Hoffnung auf die vollkommene Liebe im Himmel, die uns einmal für immer erwartet, auch dann nicht abhanden kommen, wenn uns Sorgen und Zweifel überfallen.

Kapitel Hundertundsechs

Vier Eigenschaften, die erforderlich sind, um etwas »schön« zu nennen. Diese Eigenschaften sind auf die Seele zu übertragen, damit sie die Sünde, die sie gefangen hält, ablegen und überwinden kann.

Woher erhält die Seele ihre Schönheit, sodass Gott sogar nach ihr verlangt? Um schön zu sein, müssen vier Eigenschaften erfüllt werden, die im Folgenden bildhaft dargestellt werden:

1. Ein Gegenstand muss alles besitzen, was zu ihm gehört und was ihn somit vollständig macht, denn wenn etwas fehlt, kann er nicht »schön« genannt werden.
2. Das Ebenmaß zwischen den Gliedern muss stimmen. Ein Abbild von etwas muss seinem Urbild so ähnlich wie möglich nachgebildet sein.
3. Das Abbild vom Urbild muss farbenrein sein.
4. Eine hinlängliche Größe muss gegeben sein, denn das, was zu klein ist – mag es auch verhältnismäßig gut sein –, kann nicht »schön« genannt werden.

Wie viel von diesen Eigenschaften finden wir an einer sündigen Seele? Verfügt sie über den Vollbesitz von Glauben, von Liebe und besitzt sie alle Gaben des Heiligen Geistes, die die Seele an sich besitzen sollte? Wenn es ihr nur an Einem mangelt, kann sie nicht »schön« genannt werden. In gewisser Weise fehlt unserer Seele auch das Ebenmaß, denn weder gehorcht die Sinnlichkeit voll und ganz der Vernunft noch gehorcht die Vernunft Gott.

Da unsere Seele nach dem Bild Gottes geschaffen ist, müsste sie in Bewahrung ihrer Schönheit ihrem Urbild ähnlich sein. Im Hinblick auf ihr natürliches und ursprüngliches Sein ist sie es; im Hinblick auf die Sünde jedoch ist sie es nicht. Gott ist licht, hell und gut – unsere Seele ist dagegen oft verschattet und weniger gut. Gott ist rein – sein Abbild, unsere Seele, ist jedoch teilweise befleckt. Wenn Gott sanftmütig ist und wir dagegen aufbrausend und zornig: Wie kann sich da an dem Abbild Schönheit finden, wenn es seinem Vorbild so unähnlich ist?

Wie die Farben den Leib, so beleben das geistige Licht der Gnade und der Erkenntnis unsere Seele und bilden ihre Schönheit. Wenn unsere Seele jedoch Nacht und Finsternis sucht und in ihnen wandeln möchte, verliert sie an Farbenreinheit und wird getrübt. Der Verfasser der Klagelieder sagt sogar von den sündigen Seelen: *Schwärzer als Ruß sehen sie aus, man erkennt sie nicht auf den Straßen* (Klagelieder 4,8).

Durch die Sünde entfernen wir uns immer mehr von Gott und werden in seinen Augen immer kleiner und kleiner. Und das, was schrumpft, kann nicht »schön« genannt werden. Recht gesehen und beurteilt: Unsere Seele besitzt wenig Größe, und trotz dieser aufgezeigten vier mangelhaften Eigenschaften wird sie von Gott geliebt, und Gott verlangt nach ihr.

Kapitel Hundertundsieben

> Durch Jesus Christus allein kann der Seele, die durch die Sünde teilweise hässlich geworden ist, ihre ursprüngliche Schönheit wiedergegeben werden. Diese Wandlung kann sich weder durch Einhaltung von Gesetzen noch durch den menschlichen Willen vollziehen, sondern nur durch die Gnade Gottes.

Die Unansehnlichkeit der Seele, die durch die Sünde entstanden ist, kann unter keinen Umständen durch menschliche Kräfte neutralisiert oder gar in ihre ursprüngliche Schönheit verwandelt werden. Selbst alle menschlichen Kräfte zusammen genommen vermögen es nicht, eine einzige hässliche Seele zu verschönern. *Selbst wenn du dich mit Lauge waschen und noch so viel Seife verwenden wolltest, deine Schuld bliebe doch ein Schmutzfleck vor meinen Augen – Spruch Gottes, des Herrn* (Jeremia 2,22). Auch die strengsten Strafen des alten Gesetzes würden nicht in der Lage sein, deine Schuld von dir zu nehmen und deine Seele rein zu waschen. *Dass durch das Gesetz niemand vor Gott gerecht wird, ist offenkundig; denn: Der aus Glauben Gerechte wird leben* (Galaterbrief 3,11).

Weder das geschriebene Gesetz noch Opfer oder gar der menschliche Wille haben die Möglichkeit, die ursprüngliche Schönheit und Gottähnlichkeit der Seele wieder herzustellen. Auch das Naturgesetz vermag in dieser Hinsicht rein gar nichts. Das kostbare Blut des Lammes hat die Kraft und Vollmacht, der verschatteten menschlichen Seele ihre Schönheit und Gottähnlichkeit zurück zu geben. *Alle Bewohner der Erde fallen nieder vor ihm: alle, deren Name nicht seit der Erschaffung der Welt eingetragen ist ins Lebensbuch des Lammes, das geschlachtet wurde* (Offenbarung 13,8).

Wenn auch Christus zu einer bestimmten Weltzeit am Kreuz gestorben ist, so sagt doch der heilige Johannes in der Offenbarung, das Lamm sei von Anbeginn der Welt geschlachtet worden. Denn schon von Anfang an begann der Tod des Lammes Versöhnung und Gnade in den Menschen zu bewirken, die sie aufnahmen. Christus gab bereits hier seinen Tod zur Bürgschaft, um ihn nachher am Kreuz zu erleiden.

Gleich wie der Widersacher das Haupt und die Quelle der Sünde war – für alle, die von ihm abstammten –, so sollte nach Gottes Plan sich einer finden, durch den alle von ihren Sünden befreit würden, in die der Widersacher sie stürzte. Es kommen noch die Sünden durch unsere eigene falsche Wahl hinzu.

* *Wie durch den Ungehorsam des einen Menschen die vielen zu Sündern wurden, so werden auch durch den Gehorsam des einen die vielen zu Gerechten gemacht werden* (Römerbrief 5,19).
* *Er erniedrigte sich und war gehorsam bis zum Tod, bis zum Tod am Kreuz* (Philipperbrief 2,8).
* *Und in keinem anderen* (als Jesus Christus) *ist das Heil zu finden. Denn es ist uns Menschen kein anderer Name unter dem Himmel gegeben, durch den wir gerettet werden sollen* (Apostelgeschichte 4,12).

Das Übel, das Adam der Menschheit zufügte, bestand nicht nur darin, dass er uns ein Vorbild der Sünde war, sondern auch darin, dass er uns durch seine Sünde in Wahrheit zu Sündern machte. Das Heil Jesu Christi strömt nicht erst seit seiner Menschwerdung von ihm aus, sondern bereits vom Anfang der Welt. Zu allen Zeiten gab und gibt es Menschen, die in der Gnade Gottes lebten und leben. Durch Jesus Christus und durch ihren Glauben wird ihnen dieses Gottesgeschenk zuteil.

Auch vor der Menschwerdung Jesu Christi hatten die Menschen durch ihren Glauben, zu dem auch der Glaube an den kommenden Messias gehört, und durch die Reue über ihre Sünden Anteil am kostbaren Blut Christi, das zur Vergebung der Sünden vergossen werden sollte. Der Herr möchte – und das zu allen Zeiten –, dass alle gerettet und selig werden. Daher gibt es, so verschieden die Völker und ihre Kulturen auch nach außen sind, nur einen Erlöser und Mittler zwischen Gott und den Menschen: Jesus Christus. *Einer ist Gott, Einer auch Mittler zwischen Gott und den Menschen: der Mensch Jesus Christus, der sich als Lösegeld hingegeben hat für alle, ein Zeugnis zur vorherbestimmten Zeit* (1. Timotheusbrief 2,5–6).

Kapitel Hundertundacht

> Jesus Christus hat die einmalige Kraft, aus Liebe und durch sein Blut die Verwundungen der Seele zu heilen. Warum war es gerade der Sohn, der Mensch wurde, und nicht der Vater oder der Heilige Geist?

Das im Alten Testament geopferte Blut war nicht in der Lage, die durch Sünde befleckte Seele des Menschen rein zu waschen. Auch alle menschlichen Kräfte reichen dazu nicht aus. Seit Anbeginn jedoch existiert das ewige Wort, der Sohn Gottes, das makellose Lamm, und bietet den Menschen die Möglichkeit, sie von der Verschattung ihrer Seele zu befreien und ihnen die ursprüngliche Schönheit wieder zu schenken. Nicht der Vater oder der Heilige Geist, sondern der Sohn ist es, der mit seinem Blut die sündige Seele befreit und verschönt.

- Gott, dem Vater, wird als Erstes die Ewigkeit zugeschrieben.
- Der Heilige Geist ist der Wahrer und Bringer der Liebe.
- Dem Sohn Gottes, Jesus Christus, ist die Schönheit eigen, weil er ganz vollkommen ist.

Der Kirchenlehrer Basilius der Große sagt in seiner Predigt »Am Anfang war das Wort«: »Es ist nicht schwer, das Schöne zu bewundern; aber das Bewunderte genau zu verstehen, das ist schwer und fast unerreichbar. Wo Johannes uns die Lehre über den Sohn Gottes übermitteln will, da gab er seinen Worten keinen anderen Anfang als den Anfang des Weltalls. Die Spitze des Anfangs kann man nicht fassen, denn sie ist von nichts abhängig und wird mit nichts zusammen geschaut.

Johannes nennt den Eingeborenen ›Wort‹, den er auch Licht und Leben und Auferstehung nennt. ›Wort‹ will sagen, dass er aus dem Geist hervorging und Ebenbild des Erzeugers ist. Johannes zeigt das vollkommene göttliche Wesen des Sohnes und die zeitlose Verbindung des Sohnes mit dem Vater.

Steig hinab in das Verborgene deiner eigenen Seele und erkenne den, über den du belehrt worden bist, dass er am Anfang Gott war, dass er als Wort hervorging, dass er bei Gott war und in dir grundgelegt ist.«

Jesus Christus ist derselbe gestern, heute und in Ewigkeit (Hebräerbrief 13,8). Er ist durch den Verstand des Vaters gezeugt und ganz und gar dem Vater ähnlich, der ihm sein Wesen mitgeteilt hat, sodass der, der den Sohn sieht, den Vater sieht (vgl. Johannes 14,9). Da er das Abbild seines Vaters ist und wegen dieser Wesensgleichheit des Sohnes mit dem Vater wird dem Sohn mit Recht die »Schönheit« zugesprochen. Dem Sohn, der auch das wahre Licht genannt wird, fehlt nicht die Größe, denn er ist unermesslich. Deshalb musste er, durch den wir erschaffen wurden als wir nicht waren, zu uns kommen, um uns wieder herzustellen. Er bekleidete sich mit unserem Fleisch und nahm menschliche Gestalt an, um unserer Seele – soweit sie bereit ist – den Schmuck seiner himmlischen Schönheit zu verleihen.

Jesus Christus verließ seine himmlische Schönheit, um uns nahe zu sein und auf Erden wandeln zu können. Aus freiem Willen nahm er das Leiden und den Tod am Kreuz auf sich, damit wir Entlastung, Erlösung und Befreiung erfahren.

- Zwar sagt Gott zu dem Sünder: *Selbst wenn du dich mit Lauge waschen und noch so viel Seife verwenden wolltest, deine Schuld bliebe doch ein Schmutzfleck vor meinen Augen* (Jeremia 2,22).
- Gleichzeitig aber gibt der Herr zu erkennen, dass er uns ein Heilmittel senden wird: *Wären eure Sünden auch rot wie Scharlach, sie wollen weiß werden wie Schnee. Wären sie rot wie Purpur, sie sollen weiß werden wie Wolle* (Jesaja 1,18).

- Nachdem König David sich an Batseba vergangen hatte, bat er im Beisein des Propheten Natan um Vergebung seiner Sünden: *Entsündige mich mit Ysop, dann werde ich rein; wasche mich, dann werde ich weißer als Schnee* (Psalm 51,9).

Der Ysop ist ein kleines buschartiges, Wärme bringendes Gewächs mit vielen dicht nebeneinander aufwachsenden Stengeln. Sie eignen sich vorzüglich zu Sprengwedeln. Der herbbittere Duft der Blätter hat die Eigenschaft, die Atemwege und die Lunge zu reinigen. Man befestigte Ysop an einen Zedernzweig, den man wiederum auf einen Stab steckte. Das Kraut wurde einmal mit Blut und Wasser befeuchtet und ein anderes Mal mit Wasser und Asche. Damit besprengte man die Aussätzigen oder jemanden, der unrein geworden war, weil er etwas Totes berührt hatte. Dadurch wurde er für rein gehalten.

Trotz des Sinnbildes für Reinheit wusste König David genau, dass weder Ysop noch der Zedernzweig noch das Blut von Tieren noch das Wasser und die Asche in Wahrheit der Seele Reinheit geben konnten. David bat Gott nicht, er möge Ysop in die Hand nehmen und ihn damit besprengen, nein, er sagte dieses in Bezug auf die gesamte Menschheit und in Bezug auf die Demut des kommenden Erlösers. Darum heißt es von Christus, er sei eine Blume auf den Wiesen (vgl. Hohelied 2,1), der Niedrigkeit des Ysop gleich. *Ich aber bin ein Wurm und kein Mensch, der Leute Spott, vom Volk verachtet* (Psalm 22,7).

Und gerade er, Jesus Christus, ist gekommen, nahm Menschengestalt an und wurde zum Heilmittel für unsere kranke Seele. Er allein – hier im Bild des Ysop – kann uns reinigen von aller Schuld. Die Wärme, die der Ysop verursacht, wird mit dem Feuer der Liebe verglichen, die im Herzen Jesu brennt, um auch uns zu entflammen und uns durch das Feuer der Liebe von aller Schuld zu reinigen. Als Gottessohn hat sich Christus erniedrigt, um uns zu sagen: »Wenn der Gottessohn sich erniedrigt, um wie viel mehr haben dann die Menschen Grund, sich weder über sich selbst oder Gott zu erheben? Vieles Dunkle findet sich an ihnen, und sie sollten die Demut üben. Und wenn Gott demütig ist, um wie viel mehr sollte es dann der Mensch sein?«

Jesus lässt sich aus Gehorsam dem Vater gegenüber und aus Liebe zu allen Menschen, die er von dem schweren Kreuz der Sünde befreien möchte, selbst ans Kreuz nageln. Da er sein Leben opfern wollte, um unseren Tod zu töten, waren es nicht die Nägel, die ihn gefesselt hielten, sondern die Liebe, die in zweifache Richtung strömte: zum Vater, um ihm die Ehre zu geben, da er durch all unsere Sünden beleidigt wird, und zu uns, die wir gesündigt haben, um uns zu erlösen.

Kapitel Hundertundneun

Im Alten Testament finden sich Hinweise auf den kommenden Messias und Erlöser der Welt, Jesus Christus. König David wusste, auf welche Kraft er hoffen durfte, als er entsetzlich unter der Sünde des Ehebruchs litt. Das kostbare Blut Jesu Christi hat Verwandlungskraft.

Mose erhielt vom Herrn genaue Weisung, wie das Gewand der Hohenpriester auszusehen habe. *Das Efod sollen sie als Kunstweberarbeit herstellen, aus Gold, violettem und rotem Purpur, Karmesin und gezwirntem Byssus* (Exodus 28,6). Dieses rote Gewand aus dem Alten Bund symbolisiert die Christenheit, für die Christus sein Blut aus Liebe zu Gott und aus Liebe zu den Menschen vergossen hat. Die rote Farbe versinnbildlicht nicht nur das Blut Christi, sondern auch das Feuer des Heiligen Geistes, das die Herzen der Menschen entzünden soll.

Das Gewand soll aus gezwirntem Byssus gefertigt werden. Byssus ist eine Muschelseide, die von der im Mittelmeer lebenden Steckmuschel gewonnen wird – um ein vielfaches feiner und kostbarer als Seide. Dieser Stoff, der später mit Karmesin rot eingefärbt wird, hat von Natur aus eine weiß-goldene Farbe, die wiederum die Unschuld und Keuschheit des Christen symbolisieren soll. Dass es ein gezwirnter Faden ist, weist auf die Festigkeit hin, die ein Christ haben sollte – gehärtet und gefestigt in Jesus Christus.

Mose erhält auch den Auftrag, nicht nur Tücher und Vorhänge zur Errichtung des Heiligtums zu verwenden, sondern auch kostbare Edelsteine wie zum Beispiel der Hyazinth (vgl. Exodus 28,19). Seine blaue Farbe symbolisiert die des Himmels. So wird die Christenheit als ein übernatürliches Werk des Heiligen Geistes gesehen und deshalb »himmlisch« genannt.

Der aus gezwirntem Byssus gefertigte rote Vorhang soll an die vier mit Gold überzogenen Akaziensäulen gehängt werden (vgl. Exodus 26,32). Übertragen auf das Neue Testament bedeutet der rote Vorhang die mit dem Blut Christi durchtränkte Gemeinschaft der Christen; die vier Säulen symbolisieren die vier Arme des Kreuzes, an das Christus genagelt wurde, das heißt, die Christen mögen das Kreuz Christi mit ihrer Liebe umhüllen.

König David muss im Hinblick auf die Geheimnisse Jesu Christi Offenbarungen empfangen und gewusst haben, dass der Erlöser kommen wird. Umso schlimmer stand ihm seine schmachvolle Sünde vor Augen, eine verheiratete Frau zu sich genommen und ihren Mann erschlagen zu haben. David flehte zu Gott, er möge diesen Schandfleck auf seiner Seele entfernen und sie von aller Schuld reinigen. Er wusste, dass dies nicht mit dem gewöhnlichen Ysop geschehen konnte und betete daher: *Schlachtopfer willst du nicht, ich würde sie dir geben; an Brandopfern hast du kein Gefallen. Das Opfer, das Gott gefällt, ist ein zerknirschter Geist, ein zerbrochenes und zerschlagenes Herz wirst du, Gott, nicht verschmähen* (Psalm 51,18–19). David betete – vielleicht unbewusst in der Tiefe seiner Seele –, er möge besprengt werden mit der Liebe und Vergebung Jesu Christi, dem Messias, dem kommenden Erlöser der Welt – besprengt mit seinem Blut, damit seine Seele weißer werde als Schnee.

Du, Herr Jesus, hast die göttliche Kraft,
durch deine Liebe und dein heiliges Blut
die Seelen der Menschen rein zu waschen,
damit sie weißer werden als der Schnee.

Du wurdest gewaltsam ans Kreuz geschlagen
und hast gewaltlos Arme und Füße ausgebreitet
und deinen Henkern keinen Widerstand geleistet.

Du, Herr, hast dich liebend für uns aufgeopfert
und mit deinem kostbaren Blut der Liebe
unsere Vergehen, Begierden und Sünden getilgt.

Deine Feinde wenden alle Gewalt gegen dich an,
doch größere Gewalt geht von deiner Liebe aus,
die deine Feinde und alle Sünden der Welt besiegt.

Du bist der Schönste von allen Menschen,
Anmut ist ausgegossen über deine Lippen;
darum hat Gott dich für immer gesegnet. (Psalm 45,3)

Schöner als Menschen und Engel bist du, o Herr.
Doch wie du deine Schönheit verborgen hast,
haben wir die Flecken auf unserer Seele versteckt.

Herr, deine unermessliche Güte und Liebe
haben unsere Sünden und unsere Schuld
verschlungen wie das Feuer einen Strohhalm.

Kapitel Hundertundzehn

Als Christus in diese Welt trat, verbarg er all seine göttliche Schönheit, um uns Menschen wieder die ursprüngliche Schönheit unserer Seele zu verleihen. Der Prophet Jesaja sah dieses Ereignis voraus.

Als der Gottessohn als das ewige Wort des Vaters in die Welt kam, hat er sich zurück genommen und eine Vielzahl der göttlichen Eigenschaften verborgen, um sie jedoch in den Menschen wieder zu belichten und offenbar werden zu lassen. Das ewige Wort bleibt trotzdem vollendet, vollkommen und reich. Ihm selbst mangelt es an nichts, und es entfernt den Mangel unter dem die Geschöpfe leiden.

Dem ewigen Wort ist alle Schönheit und aller Reichtum im Schoß des Vaters eigen. Als es jedoch im Schoß Marias Fleisch annahm und Mensch wurde, geschah dies in äußerster Armut. In Betlehem war kein Platz für ihn, und so war er angewiesen auf den letzten Platz in der Krippe wie auch am Kreuz. Wie oft mangelte es Jesus an Speise und Trank; wie oft konnte er sich nicht schützen gegen Hitze und Kälte; wie oft hatte er nur das, was man ihm gab! Jesus sagt selbst von sich: *Der Menschensohn aber hat keinen Ort, wo er sein Haupt hinlegen kann* (Lukas 9,58). Bei seinem Tod hatte er noch weniger einen Platz, wo er sein Haupt hinlegen konnte, denn er war allem beraubt. Wenn er seinen Kopf zurückgelegt hätte, wären die Dornen noch schmerzhafter gewesen.

Die Braut sagt: *Sein Haupt ist reines Gold* (Hohelied 5,11), weil es das Haupt Gottes ist, von dem nur Liebe ausgeht. Und wir handeln dieser uns entgegen kommenden Liebe zuwider, indem wir uns an Menschen klammern und Gott dabei außer Acht lassen. Wir möchten von den Menschen bedingungslos geliebt und gelobt werden und glauben, bei ihnen und mit ihnen einen seelischen Ort der Ruhe zu finden. Doch sollten wir wissen, dass es diesen Ort unter Menschen dauerhaft nicht gibt. Er ist aber für einen jeden von uns im Herzen Jesu vorbereitet.

Den Grund, warum Christus jeden Mangel auf sich nimmt und arm ist, erklärt der Apostel: *Ihr wisst, was Jesus Christus, unser Herr, in seiner Liebe getan hat: Er, der reich war, wurde euretwegen arm, um euch durch seine Armut reich zu machen* (2. Korintherbrief 8,9). Er, der im Himmel die Fülle selbst ist, verbarg auf Erden die erste Eigenschaft seiner Schönheit, ohne Mangel und ganz vollendet zu sein. Wenn wir die anderen Eigenschaften der Schönheit des ewigen Wortes betrachten, wie zum Beispiel die vollkommene Übersteinstimmung seines Bildes mit dem Bild des Vaters, so stellen wir fest, dass er auch diese Eigenschaft auf Erden verborgen hielt. Wo bleiben Stärke, Weisheit, Ehre, Ewigkeit, Schönheit, Güte und Freude und alles, was der himmlische Vater an unaussprechlichem Gut besitzt? Denke an den dreieinigen Gott: Christus sitzt zur Rechten des Vaters, geeint durch den Heiligen Geist, der ausgeht, um Leben zu schaffen.

Denke einerseits an den, der sich in der Glorie befindet und von den Engeln angebetet wird, und andererseits an das Leiden unseres Herrn Jesus Christus. Er, das Abbild des Vaters, wird zum Verhör vor Pilatus geführt, grausam gegeißelt, mit Dornen gekrönt und wird zum Spott der Menschen. Als er mit gebundenen Händen abgeführt wird, fließen Tränen aus seinen Augen und Blut tropft von seinem Haupt. Sein Gesicht ist blass, mit Blut von den Hieben und der Dornenkrone bedeckt und mit ekligem Speichel seiner Hasser.

In diesem Schmerz und in dieser Schmach wird Jesus von Pilatus dem ganzen Volk vorgestellt, indem dieser sagt: *Seht, da ist der Mensch!* (Johannes 19,5) Pilatus, der keinen Grund findet,

Jesus zu verurteilen, will Mitleid beim Volk wecken, damit es davon ablässt, Jesus, der bereits so unendlich leidet, weiter zu verfolgen. Der wütende Hass des Volkes steigert sich jedoch noch weiter, und man will ihn nicht als leidenden Menschen sehen, wie Pilatus ihn vorstellt, sondern hingerichtet als Verbrecher am Kreuz.

Pilatus lässt den leidenden und geschundenen Jesus mit seinen unendlichen Schmerzen den Juden vorführen, um durch diesen Anblick ihre grausamen Herzen zu besänftigen. Pilatus zeigt dem Volk den Schmerzensmann, nicht um ihn zu lieben – er kennt ja ihren unversöhnlichen Hass gegen Christus –, sondern um sie durch die großen Qualen Jesu zu besänftigen und Mitleid in ihren Herzen zu erwecken. Pilatus zeigt Christus so bedrängt, so erniedrigt, so entehrt, so durch Schmerzen verstellt, um auf diese Weise den Zorn der Menschen zu beruhigen, da er es auf andere Weise, wie er es beabsichtigt, nicht vermag. Wenn auch der Anblick Jesu nicht ausreichte, das Feuer des Hasses in den Herzen seiner Feinde auszulöschen: Wie muss da sein Erscheinen das Feuer der Liebe im Herzen dessen anfachen, der in Jesus Gott erkennt und ihn als seinen Erlöser und Heiland sieht?

Lange bevor all dies geschah, sah der Prophet Jesaja dieses Ereignis voraus. Indem er den Herrn betrachtet, spricht er die bedeutungsvollen Worte: *Er hatte keine schöne und edle Gestalt, sodass wir ihn anschauen mochten. Er sah nicht aus, dass wir Gefallen fanden an ihm. Er wurde verachtet und von den Menschen gemieden, ein Mann voller Schmerzen, mit Krankheit vertraut. Wie einer, vor dem man das Gesicht verhüllt, war er verachtet; wir schätzten ihn nicht. Aber er hat unsere Krankheit getragen und unsere Schmerzen auf sich geladen. Wir meinten, er sei von Gott geschlagen, von ihm getroffen und gebeugt. Doch er wurde durchbohrt wegen unserer Verbrechen, wegen unserer Sünden zermalmt. Zu unserem Heil lag die Strafe auf ihm, durch seine Wunden sind wir geheilt* (Jesaja 53,2–5).

Auch diese Worte zeigen, wie die Schönheit Christi verborgen und wie bemüht er war, unsere Schönheit der Seele wieder zum Leuchten zu bringen. Beim Eintritt in diese Welt wurde er von allen Engeln angebetet, und bei seinem Austritt aus dieser Welt von den Menschen verachtet. Ja, das Volk vergleicht Jesus sogar mit dem Mörder und Räuber Barabbas und hält diesen für besser als Jesus Christus, der das Leben verleiht und Frieden stiftet zwischen Himmel und Erde.

Für Christus gab es keinen Grund, Schmerzen zu leiden, denn die Ursache des Schmerzes ist die Sünde. Jesaja aber nennt ihn den »Mann voller Schmerzen«. Jesus kennt zwar die Sünde aus eigener Erfahrung nicht, doch ist er ein Mann, der um die schmerzvollen Konsequenzen eines sündigen Lebens weiß. Aus unendlicher Gottesliebe kommt er den Menschen so weit entgegen, dass er die Schmerzen als Folge unserer Sünden freiwillig auf sich nimmt und uns damit entlastet und Erlösung anbietet. Dabei geht er mit uns in die Passion, ja, sogar in den leidvollen Tod am Kreuz, um uns als Heiland in jeder Situation nahe zu sein und – wie den einen Schächer, der seine Schuld bekannte und bereute – zu erlösen. Christus wird das »Licht« genannt, weil er mit seinen Worten und Werken die Welt erfreut und aus der Finsternis befreit.

- *In ihm war das Leben, und das Leben war das Licht der Menschen. Und das Licht leuchtet in der Finsternis, und die Finsternis hat es nicht erfasst* (Johannes 1,4–5).
- *Das wahre Licht, das jeden Menschen erleuchtet, kam in die Welt* (Johannes 1,9).
- *Ich bin das Licht der Welt. Wer mir nachfolgt, wird nicht in der Finsternis umhergehen, sondern wird das Licht des Lebens haben* (Johannes 8,12).

Bis auf einige Ausnahmen, in denen sich Jesus seinen Jüngern offenbarte – wie zum Beispiel auf dem Berg Tabor – hatte sein menschliches Angesicht dieses göttliche Licht verhüllt. Und erst recht verborgen war es, als Jesus gefoltert und gekreuzigt wurde. Wie muss Maria, die Mutter Jesu, gelitten haben, als ihr geliebter Sohn gefoltert und gekreuzigt wurde? Sie sah sich selbst im

Antlitz ihres Sohnes wie in einem leuchtenden Spiegel. Doch jetzt in seinem Leiden blickte sie, mit Tränen in ihren Augen und Schmerz in ihrem Herzen, nachdenkend, verwundert und staunend auf ihren Sohn, der ganz anders aussah als sie ihn kannte.

Das Volk, das für Jesus die Kreuzigung verlangte, glaubte, Gott schlage und demütige ihn seiner Sünden wegen, die er auf sich geladen habe. So hielten sie ihn für einen Gottlosen, dem Recht geschah. Sie wandten ihre Augen von ihm ab, denn sie empfanden Ekel vor ihm wie vor einem Aussätzigen. Wer von seinen Gegnern Jesus jedoch ansah, empfand Widerwillen und spuckte ihn an. Die Lästerungen, die sie gegen Jesus aussprachen, müssen ihm unendlich weh getan und ihm weitere Schmerzen zugefügt haben. Das Volk schrie, er erleide nicht, was er verdient – man solle ihn ans Kreuz schlagen!

Kapitel Hundertundelf

> Das größte Verbrechen der Menschen bestand darin, Jesus Christus zu töten. Aus seiner Kreuzigung jedoch – und so unendlich gütig ist der Herr – entstanden und erstehen bis heute die größten Wunder. Die Auswirkung des Pilatuswortes: *Seht, da ist der Mensch!*

In diesem Kapitel soll versucht werden, auf drei wichtige Fragen eine verstehbare Antwort zu finden.
* Welch unendliche Weisheit steckt hinter dem Plan Gottes, auf eine ganz besondere seltsame Weise die sündige Welt zu erlösen, indem er aus dem größten Verbrechen, das die Menschen begingen, eine so wunderbare Erlösung hervor gehen ließ?

- Was ist in unserer Welt Gottloseres begangen worden oder kann begangen werden, als dem Sohn Gottes Schmach und Unehre anzutun und ihn zu foltern und zu kreuzigen?
- Wie ist es möglich, dass gerade aus dem Leiden und dem Tod Jesu Christi eine unendlich große Fülle an Gnade für alle Menschen hervor gegangen ist?

In dem Augenblick, als Pilatus den gefolterten Jesus dem Volk zeigte, erfüllte sich das Wort des Propheten Jesaja: *Alle Enden der Erde sehen das Heil unseres Gottes* (Jesaja 52,10). Dieses Heil ist Jesus Christus, zu dem der Vater sprach: *Es ist zu wenig, dass du mein Knecht bist, nur um die Stämme Jakobs wieder aufzurichten und die Verschonten Israels heimzuführen. Ich mache dich zum Licht für die Völker; damit mein Heil bis an das Ende der Erde reicht* (Jesaja 49,6). Zuerst predigte Jesus den verlorenen Schafen Israels, dann zog er hinaus und verkündete das Wort Gottes allen. Die Apostel verbreiteten dann das Christentum auf der gesamten Welt, sodass heute jeder auch in den fernsten Ländern die Möglichkeit hat, das Wort Gottes zu hören und Christus nachzufolgen. So wird Jesus Christus für alle Menschen zum Licht der Welt.

Auf dem greisen Simeon, der auf die Rettung Israels wartete, ruhte der Heilige Geist, als er das Kind in seinen Armen hielt und Gott mit den Worten pries: *Nun lässt du, Herr, deinen Knecht, wie du gesagt hast, in Frieden scheiden. Denn meine Augen haben das Heil gesehen, das du vor allen Völkern bereitet hast, ein Licht, das die Heiden erleuchtet, und Herrlichkeit für dein Volk Israel* (Lukas 2,29–32).

- *Doch ihre Botschaft geht in die ganze Welt hinaus, ihre Kunde bis zu den Enden der Erde* (Psalm 19,5).
- Dem Fleisch nach stammt Christus von den Vätern, den Juden, ab. Er ist das Licht und die Ehre für die Juden, die an ihn glauben. Doch steht *Christus über allem als Gott, er ist gepriesen in Ewigkeit. Amen* (Römerbrief 9,5).

Das Wort des Pilatus: *Seht, da ist der Mensch!* (Johannes 19,5) hat eine weltweite Bedeutung bekommen, obwohl er es von sich aus nur zu dem Volk gesprochen hat, das die Verurteilung Jesu verlangte. Er hatte die Vorstellung, dass Jesus nach der Kreuzigung von niemandem mehr gesehen werden würde. Die Stimme des Pilatus tönte nur dumpf, und es war eine, mit der er das Todesurteil Christi aussprach. Pilatus verdiente es daher nicht, der Verkünder dieser umfassenden Worte zu sein: »Seht, da ist der Mensch!« Deshalb ließ Gott diese Worte durch andere in der ganzen Welt verkünden.

♦ Von denen, die das Wort Gottes überall verbreiten, sagt der Prophet: *Wie willkommen sind auf den Bergen die Schritte des Freudenboten, der Frieden ankündigt, der eine frohe Botschaft bringt und Rettung verheißt, der zu Zion sagt: Dein Gott ist König* (Jesaja 52,7).

♦ Der Gott Zions ist Jesus Christus, in dessen Namen David sagt: *Ich selber habe meinen König eingesetzt auf Zion, meinen heiligen Berg* (Psalm 2,6).

Jesus verkündigte während seiner drei öffentlichen Jahre die frohe Botschaft vom Reich Gottes. Seine Apostel und Jünger setzten und setzen bis heute fort, diese vom Heiligen Geist inspirierte Botschaft der gesamten Welt zu verkünden. Nach der Pfingstpredigt des Petrus bekehrten sich mehrere tausend Menschen: *Die nun, die sein Wort annahmen, ließen sich taufen. An diesem Tag wurden ihrer Gemeinschaft etwa dreitausend Menschen hinzugefügt. Sie hielten an der Lehre der Apostel fest und an der Gemeinschaft, am Brechen des Brotes und an den Gebeten* (Apostelgeschichte 2,41–42).

Selbst wenn der Herr nur von wenigen erkannt wird, so wird sich doch sein Reich immer weiter ausdehnen, bis einmal alle Menschen von der Güte und Barmherzigkeit Gottes erreicht werden. Im Inneren vieler Menschen herrscht jedoch noch die Sünde statt Christus. Es ist ein Vergehen, wenn ein Mensch, in dessen Herzen die Sünde eher zu- als abnimmt, anderen Menschen das Reich Christi verkündet. Ein Freudenbote, der Frieden bringt, muss selbst diesen Frieden in sich tragen und ausstrahlen. Ein unreiner Mund darf die Botschaft eines so großen und wunderbaren Königs wie es Jesus Christus ist, nicht an andere Menschen weitergeben.

Da Pilatus, als er Jesus vorführte, beim Volk durch den Anblick des Leidenden und Schmerzerfüllten kein Mitleid erwecken konnte, war er der festen Überzeugung, dass es nach der Kreuzigung Christi kein Andenken an ihn mehr geben werde. Doch gab und gibt es danach auf der ganzen Welt so unendlich viele Menschen, die Christus nachfolgten, ihm weiterhin nachfolgen und ihn anbeten. Die Verehrung des hochheiligen Kreuzes ist für viele ein wunderbarer Ausgangspunkt, um von hier die Auferstehung Jesu Christi mitzufeiern und mitzuerleben. Sein heiligstes Antlitz – am Kreuz geprägt durch entsetzliche Todesqualen – wandelt sich in der Auferstehung und Auffahrt zum Vater zu einem strahlenden Antlitz göttlicher Herrlichkeit. In diese Bewegung zum ewigen Leben möchte Christus uns alle mit hinein nehmen, um uns an der Herrlichkeit des Vaters teilnehmen zu lassen.

Nicht vergeblich hat Pilatus den Schmerzensmann dem Volk vorgeführt, um die Herzen dieser Menschen zu erweichen, die jedoch hart wie Stein bleiben. Er hat als Erster Christus verkündet als er sagte: »Seht, da ist der Mensch!« Doch war ihm die Konsequenz dieses Wortes nicht bewusst, da er im Augenblick lebte und den Tod Jesu vergessen machen wollte.

Paulus will ganz und gar für Gott leben und sagt: *Ich bin mit Christus gekreuzigt worden; nicht mehr ich lebe, sondern Christus lebt in mir. Soweit ich aber jetzt noch in dieser Welt lebe, lebe ich im Glauben an den Sohn Gottes, der mich geliebt und sich für mich hingegeben hat* (Galaterbrief 2,19–20).

Kapitel Hundertundzwölf

Je mehr wir Jesus Christus in den Blick nehmen, umso präsenter wird er in unserem Herzen. Durch den Vorgang der Hingabe an Jesus Christus nehmen wir uns zurück und schenken dem Herrn Zeit und Raum. So kann er uns verwandeln, damit wir ihm immer ähnlicher werden. Diese Wandlung zur »Schönheit« geschieht nicht durch unsere Verdienste, sondern ist Gnade.

Mittelmäßigkeit im Glauben führt zur Routine, die abläuft, ohne dass wir es recht bemerken. Es ist daher wichtig, dass wir durch unser Tun den Glauben immer wieder beleben und uns öffnen für die Wandlung, die an uns geschehen soll. Wenden wir uns des Öfteren am Tag – besonders zu unseren Gebetszeiten – an den Herrn mit der Bitte, die Liebe in uns zu entzünden, damit wir nicht zu den Hartherzigen gehören, die die leise Sprache Gottes vergeblich vernehmen.

Mögen wir das Wort Gottes und die Heilige Eucharistie, das Kostbarste, was wir auf Erden besitzen, nicht aus unseren Augen und aus unserem Herzen verlieren, sondern die Sehnsucht danach auch tatkräftig erfüllen. *Viele Propheten und Könige wollten sehen, was ihr seht, und haben es nicht gesehen, und wollten hören, was ihr hört, und haben es nicht gehört* (Lukas 10,24).

- Betrachte Jesus Christus sowohl als Gott als auch als Mensch, um durch ihn die leise Sprache Gottes zu vernehmen, und um sein Wort, das er an dich richtet, zu hören. Er ist unser Herr und Meister, den uns der Vater geschenkt hat.
- Betrachte Jesus Christus und den Weg, den er vor dir ausbreitet, damit du ihm nachfolgen kannst. Es gibt keinen anderen Weg, um zur Seligkeit zu gelangen.

- Betrachte Jesus Christus und das Kreuz, das er auch für dich getragen hat, damit deine Last nicht zu schwer wird und du einen Freund an deiner Seite spürst.
- Betrachte Jesus Christus, sein Leben, sein Leiden und seine Auferstehung und lass dich durch ihn den Weg führen, den er für dich vorgesehen hat – selbst wenn du seine Schwere nicht sofort einsiehst.
- Betrachte Jesus Christus, der fortan unter unseren Sünden, die uns von Gott trennen, leidet, und nimm dir fest vor, allein schon seinetwegen die Sünde zu meiden.
- Betrachte Jesus Christus, indem du im Gebet der Hingabe deine körperlichen Augen schließt, die Augen deiner Seele jedoch öffnest. Rufe innerlich wiederholt seinen Namen und bitte um sein Erbarmen.
- Betrachte Jesus Christus und bitte den Heiligen Geist, das Feuer seiner Liebe in dir zu entfachen, sodass du seine dir entgegenkommende Liebe erwidern kannst.

Möge dir die Vielfältigkeit des Lebens Jesu immer wieder vor Augen treten, wenn du in der Heiligen Schrift liest und den Weg durch diese Welt mit ihm zusammen gehst. Habe auch dann Mut und Kraft, deinen Weg weiter zu gehen, wenn große Hindernisse ihn blockieren. Wisse: Der Herr steht dir zur Seite und verlässt dich nicht, denn er weist allen den Weg zum Himmel, den er durch Leiden und Kreuz für uns ausgetreten hat. Im dritten Lied vom Gottesknecht sagt Jesaja im Namen Christi: *Ich hielt meinen Rücken denen hin, die mich schlugen, und denen, die mir den Bart ausrissen, meine Wangen. Mein Gesicht verbarg ich nicht vor Schmähungen und Speichel* (Jesaja 50,6).

Schau auf Jesus Christus, denn wer ihn nicht betrachtet, wird vieles Schwere auf sich nehmen müsse, was ihm sonst erspart bliebe. Wie Mose in der Wüste die eherne Schlange aufrichtet, damit alle, die sie anschauen, von ihren Wunden geheilt werden und leben, so schau auch du im Glauben und in der

Liebe auf zu Christus am Kreuz. Wisse und spüre, dass er das Kreuz und den Tod immer wieder überwindet und auch dich mit hinein in die Auferstehung nimmt.
- *Gott, sieh her auf unsern Schild, schau auf das Antlitz deines Gesalbten!* (Psalm 84,10)
- So wie wir Gott bitten, in das Angesicht seines Gesalbten zu schauen, so bittet Gott uns: »Sieh an, o Mensch, das Angesicht deines Erlösers. Wenn ich sein Angesicht ansehen soll, um dir um seinetwillen zu vergeben, so sieh du sein Angesicht an, um mich durch ihn um Vergebung zu bitten.«

Im Angesicht Jesu Christi, unseres Mittlers, treffen sich der Blick des Vaters und unser Schauen, da berühren sich die Strahlen unseres Glaubens und unserer Liebe sowie die Strahlen seiner Vergebung und Gnade.
- Betrachte das Angesicht deines Erlösers: Glaube an ihn, vertraue auf ihn und liebe ihn und die gesamte Schöpfung um seinetwillen.
- Betrachte das Angesicht deines Erlösers: Vergleiche dein Leben mit dem Leben Jesu, damit du wie in einem Spiegel deine Mängel und Fehler sehen und erkennen kannst. Vielleicht bist du noch weit von ihm entfernt und die Umgestaltung in sein Bild hat sich kaum an dir vollzogen.
- Weil er uns mit seiner vergebenden Liebe anzieht, solltest du dieser Bewegung zu ihm folgen und im Gebet der Hingabe lernen, alles loszulassen, was dich in dieser Welt und an diese Welt bindet. Auf diesem geistlichen Weg wirst du von Ballast und Hindernissen befreit, sodass deine Seele lichter wird, um das Antlitz Jesu widerspiegeln zu können.

Ist deine Seele verschattet, dunkel und böse, wendet Christus seine Augen von dir ab, solange, bis du bereit bist, zu ihm zurück zu kehren. Wenn du diesen Schritt der Umkehr vollzogen hast, wird der Herr dich liebend an sich ziehen. Durch seine Gnade wird er dich verschönen und deine Seele mit göttlichem

Licht durchfluten. Christus möchte dich wandeln, sodass du schön bist an Leib und Seele. Innerlich ist dies im Hinblick auf deine vielleicht noch ungesteuerten Begierden gemeint, auf dein Verlangen und dein Sehnen. Augustinus sagt: »Die Schönheit der Seele besteht darin, dass sie Gott liebt.«

Schau auf zu Christus, damit auch er dich ansieht und dir Schönheit der Seele verleiht. Er hat unsere Menschennatur angenommen, um uns in jeder Situation des Lebens nahe zu sein und uns helfen zu können. Unverdienterweise und ohne Verpflichtung schenkt er dir die Fülle der Gnaden, wenn du ihn darum bittest und dich ihm öffnest. Glaube nicht, du besäßest die Schönheit deiner Seele aus dir selbst. Höre, was Gott aus dem Mund des Propheten zu dir sagt: *Mein Schmuck, den ich dir anlegte, hatte deine Schönheit vollkommen gemacht. Doch dann hast du dich auf deine Schönheit verlassen, du hast deinen Ruhm missbraucht und dich zur Dirne gemacht. Jedem, der vorbeiging, hast du dich angeboten, jedem bist du zu Willen gewesen* (Ezechiel 16,14–15).

Diese Worte sagt Gott zu einer Seele, die die Schönheit, die ihr Gott verliehen hat, sich selbst zuschreibt. Es ist dann nichts anderes, als wenn die Seele mit sich selbst Unzucht treibt, denn sie will ihre Freude an sich und in sich finden und nicht wahrhaben, dass es Gott ist, von dem ihre Schönheit kommt. Die Seele sucht ihren Ruhm lieber in sich selbst als in Gott, der ihr alles gab, was sie besitzt. Daher entzieht ihr Gott mit Recht die Schönheit. Das eitle und sündhafte Wohlgefallen, das die Seele an sich selbst findet, ist Hochmut und die Quelle allen Übels. Darum sagt Gott: »Du hast dich einem jedem preisgegeben, der vorübergeht.« Die Seele war nicht bereit, anzuerkennen, dass sie sich ganz und gar Gott verdankt, auf ihn angewiesen ist und ohne Gottes Hilfe, sein Zutun und seine Gnade nichts vermag.

Wende immer wieder deinen Blick von dir selbst ab und betrachte Jesus Christus, der Mensch wurde,
- in seinem Leben, Leiden und Sterben, um zu sehen, wer er ist.

- Betrachte Jesus Christus in dir, um zu sehen, wer du bist und wie weit du bist.
- Bedenke: Das Gute, das sich in dir findet, gehört ihm und gleichzeitig dir, weil es dir ohne deinen Verdienst zuteil geworden ist.

Kapitel Hundertunddreizehn

Jesus Christus möge im Mittelpunkt deines Lebens stehen. Lerne, über alle Betrachtung hinaus ihn mit geistigen Augen zu schauen. Alles an ihm ist vollendet und von unendlicher Schönheit. Auch seine Passion und sein grausamer Tod werden durch seine Auferstehung in Licht und Schönheit verwandelt. In diese Wandlung möchte er auch uns mit hinein nehmen.

Je mehr wir uns dem Herrn zuwenden, umso stärker geht uns geistig ein Licht auf, das Christus in unserem Inneren so zeigt, wie er in Wahrheit ist. Hier führt Erfahrung weiter und es gibt keine Worte mehr, um sie zu beschreiben. Wir erleben, dass diese Entwicklung von hoher Qualität und vor allem heilsam für uns ist. Das Antlitz Christi zu schauen, ist für unsere leiblichen Augen nicht möglich, da es verhüllt ist. Für die Augen des Glaubens jedoch, gibt es nichts, was sich ihnen letztlich verbirgt. Sie sind in der Lage, all das Vordergründige zu überschreiten, in das Innere zu dringen und dort göttliche Stärke, Schönheit und Verherrlichung zu finden.

Langsam gehen uns die Augen auf und wir schauen Christus, wie er wirklich ist:
- Er, der wie ein Sünder behandelt wurde, ist ohne jegliche Sünde und Makel. Er ist gerecht und kein Rechtfertiger der Sünde.

- Er, der zum Tod verurteilt wurde, ist unschuldig wie ein Lamm.
- Er, dessen Antlitz grausam verunstaltet war, nahm in seiner Auferstehung wieder die göttliche Schönheit an.

Da Jesus Christus sich zutiefst für uns erniedrigte, möchte er uns erheben und aufrichten. Er möchte uns zu unserem ursprünglichen Heil und der damit verbundenen Schönheit zurück führen, indem er die Verunstaltung seines Antlitzes und seines Körpers auf sich nimmt. Denn damit möchte er jedem Menschen zeigen – wie leidvoll und verunstaltet er auch sein mag –, dass Wandlung von Leid und Tod in Freude und in ewiges Leben möglich ist. Der Vater, nach dessen Bild der Sohn gestaltet ist, beschloss, uns über den Weg der Erniedrigung und Passion seines Sohnes, die Möglichkeit zu schenken, die ursprüngliche Schönheit unserer Seele wieder zu erlangen.

Alle Eigenschaften der göttlichen Schönheit verbarg der Herr, als er auf Erden wandelte, besonders aber, als sich im Anblick des Kreuzes seine strahlenden Augen verdunkelten und das Licht und die leuchtende Farbe seiner Ausstrahlung gänzlich schwand. Es geschah, um uns in unserer Nacht und Finsternis Licht und Farbe zu geben. Warum verbarg Jesus die göttliche Schönheit, die Größe und die Hoheit als er Mensch wurde und als hilfloses kleines Kind arm in der Krippe lag? Es geschah, um den Kleinen und niedrig Gestellten seine Hoheit mitzuteilen. Wenn wir Gott lieben, gehen sein Heil und seine Schönheit auf uns über. Durch das Werk immer größer werdender Gottesliebe wird unserer Seele eine immer größer werdende Schönheit zuteil.

Die größte Liebe für seinen Vater tat Jesus kund, indem er sich ganz dem Willen und Wunsch des Vaters hingab und ihn dadurch verherrlichte. *Die Welt soll erkennen, dass ich den Vater liebe und so handle, wie es mir der Vater aufgetragen hat. Steht auf, wir wollen weggehen von hier* (Johannes 14,31). Das Werk Christi war umso besser, je mehr und schneller er den Willen des Vaters verwirklichte. Zu all dem, durch das der Vater seinen Sohn führte, war er nicht verpflichtet, sondern er nahm es auf sich und erduldete es zur Ehre und Verherrlichung des Vaters und zu unserer Erlösung und Rettung. Warum dieser Weg über den Tod Jesu am Kreuz gehen musste, bleibt für uns ein großes Geheimnis.

Das Kreuz – gemeint ist damit der irdische Tod – kann niemand umgehen; doch da Jesus Christus uns vorausgegangen ist, hat er uns gezeigt, dass bereits im Tod für uns das neue und ewige Leben beginnt. Damit möchte er uns allen, die wir unweigerlich durch das enge Tor des Todes schreiten müssen, Begleiter und Freund sein; er möchte uns die Angst nehmen und schenkt uns Hoffnung auf das ewige Leben, wenn er uns mit hinein nimmt in seine Auferstehung. Wir werden, was wir schauen. Daher können wir nicht genug auf Jesus Christus schauen, seinen Worten folgen und somit seine Nachfolge antreten. Wenn wir ihn in den Blick und in unser Herz nehmen, werden die Augen unserer Seele immer mehr geöffnet und lichter – fähig, seine Herrlichkeit und Liebe zu schauen. Jeder, der Jesus betrachtet, ohne ihn zu kennen oder gar zu lieben, wird vieles an sogenannter Widersprüchlichkeit in seinem Leben, vor allem aber in seinem Leiden und in seinem Tod entdecken und es nicht verstehen können.

All denen aber, die Jesus Christus erkennen, erscheint alles, was er vollbracht hat, in einem großen Sinn gebenden göttlichen Zusammenhang.

- *Ich aber will mich allein des Kreuzes Jesu Christi, unseres Herrn, rühmen, durch das mir die Welt gekreuzigt ist und ich der Welt* (Galaterbrief 6,14).
- Obwohl Jesus als Gottes Sohn auch am Kreuz mit Schönheit geschmückt war, sahen dies die meisten der umstehenden Juden nicht. *Wir dagegen verkündigen Christus als den Gekreuzigten: für Juden ein empörendes Ärgernis, für Heiden eine Torheit* (1. Korintherbrief 1,23).

Die göttlichen Dinge, die vielen als Torheit erscheinen, sind von höherer Weisheit als der Weiseste unter allen Menschen. Die göttlichen Dinge, die schwach erscheinen, sind stärker und gewaltiger, als der Stärkste und Gewaltigste unter den Menschen. Als das ewige Wort des Vaters ist und bleibt Jesus Christus Gottes Sohn, der in Herrlichkeit und in Schönheit erstrahlt. Auch als Jesus im Schoß der Mutter Mensch wurde, hat er die Gottheit nicht verloren. Bei seiner Geburt sangen die Engel Loblieder; der Stern leitete die Weisen zur Krippe und sie beteten das Kind an.

Sowohl im Himmel als auch auf Erden ist Jesus Christus derselbe. Seine göttliche Schönheit wird bei seinen Wundern genauso offenbar wie bei seinen Geißelhieben und vor allem dann, wenn er zum Leben, zum ewigen Leben einlädt, und im Tod den Tod verachtet. Er bleibt Gottes Sohn in all seiner Schönheit, wenn

- er am Kreuz seine Seele aushaucht
- er ins Grab gelegt wird
- sich sein Leib wieder mit seiner Seele vereint
- er von den Toten aufersteht
- er im Himmel zur Rechten des Vaters sitzt.

Die höchste und wahre Schönheit ist die Gerechtigkeit. Wo du Christus nicht gerecht findest, da wirst du ihn auch nicht schön finden. Da er jedoch in jeglicher Hinsicht gerecht ist, so ist er auch in jeglicher Hinsicht schön. Mit den Augen der Apostel, die die Verklärung des Herrn auf dem Berg Tabor sahen, wirst auch du das Angesicht Jesu glänzend wie die Sonne und sein Gewand weiß wie Schnee sehen. Als Jesus vor den Augen seiner drei Apostel Petrus, Jakobus und Johannes verklärt wurde, *wurden seine Kleider strahlend weiß, so weiß, wie sie auf Erden kein Bleicher machen kann* (Markus 9,3).

Wir unterstützen den Glanz Jesu und umgeben ihn mit einem strahlend weißen Gewand, wenn wir an ihn glauben, ihn lieben und ihn lobpreisen. Er wiederum verleiht unserer Seele durch Gnade einen strahlenden Glanz, wie ihn niemand auf Erden uns verleihen kann. Christus möge in uns glänzend wie die Sonne und die Seelen, die er erlöst hat, aufgehen und auch uns in sein wunderbares Licht verwandeln. Aber beten wir auch für die Seelen, die verschattet und verdunkelt sind, damit sie bei sich diese Finsternis und Gottesferne erkennen und Jesus Christus bitten, sie in der klaren Quelle seines Blutes zu reinigen und zu verschönern.

Bitten wir für alle, dass sie aus der Quelle Christi Gnade empfangen und einmal selbst voll Liebe überfließen, die wiederum anderen Bedürftigen zuströmt. Mögen alle mit der Schönheit und Gott-Ebenbildlichkeit bekleidet werden und innerlich die freudigen Worte wahrnehmen:

Der König verlangt nach deiner Schönheit;
er ist ja dein Herr, verneig dich vor ihm!
(Psalm 45,12)

Johannes von Avila

Obwohl seine Botschaft an alle Christen zeitüberdauernd ist, können sich viele Menschen unter dem Namen Johannes von Avila (Juan de Avila) so recht niemanden vorstellen. Nicht selten hört man, dass Johannes von Avila mit Johannes vom Kreuz verwechselt wird, der ebenso im 16. Jahrhundert in Spanien lehrte. Wahrscheinlich kommt das von der unmittelbaren Nähe, die Johannes vom Kreuz zu Teresa von Avila hatte.

Johannes von Avila bekam seinen Namen von seinem Vater Alonso de Avila, der ein jüdischer Konvertit war und in Almodóvar del Campo (Kastilien) lebte. Johannes war Priester und Prediger – zuerst in Andalusien und dann in ganz Spanien.

Wenn man Johannes von Avila durch sein Hauptwerk »Audi, filia« (»Höre, Tochter«) etwas näher kennengelernt hat, ist es möglich, sich vorzustellen, welche Botschaften er heute für uns hätte:

»In meiner mehrjährigen Gefangenschaft hatte ich viel Zeit, über mein geistliches Leben und das vieler Menschen nachzudenken und mir Notizen zu machen, die ich dann in dem Buch »Audi, filia« zusammenfasste.

Trotz des Fortschritts, den der menschliche Geist in den letzten fünfhundert Jahren, die zwischen uns liegen, gemacht hat, muss ich Ihnen sagen, dass ich das geistliche Leben sehr vieler Menschen als völlig vernachlässigt sehe. Als ich nach meiner Priesterweihe im Jahr 1526 nach Sevilla kam und dort und in ganz Andalusien meinen priesterlichen Dienst begann, fand ich eine große ungestillte Sehnsucht nach Spiritualität vor. Liebe Leserinnen und Leser, Ihre Situation, in der Sie heute zum Teil leben oder gar leben müssen, kommt mir daher recht bekannt vor.

- Bitterkeit oder gar Depressionen überfallen Sie
- Ein innerer Druck will nicht von Ihnen weichen
- Seelische Schmerzen äußern sich in heftigen körperlichen Beschwerden

- Andere bedrängen Sie, und Sie können sich ihnen nicht entziehen
- Sie fühlen sich verlassen, besonders von Menschen, von denen Sie Hilfe erwartet haben
- Eine Ungeduld überfällt Sie und lässt Zweifel gegen Gott und den Glauben aufkommen
- Sie fühlen sich wie in einen eisernen Panzer gesperrt, sodass Sie nichts berührt
- Ihr Herz ist voll Angst, Ihre Gefühle voll Kälte und Ihre Willenskraft träge
- Kleinste Unstimmigkeiten – sowohl in Ihrem Berufs- als auch in Ihrem Privatleben – werden für Sie zu einem großen Problem und Sie meinen, zu versagen
- Sie haben jegliche Hoffnung verloren, vielleicht auch Ihren Glauben und zumindest einen Teil Ihrer Liebe.

Zu meiner Zeit wie auch heute gab und gibt es viele Menschen, deren Seele krank war oder ist. Der große Unterschied allerdings besteht darin, dass Sie heute die Hilfe von Psychologen, Psychotherapeuten oder Psychiatern in Anspruch nehmen können, deren Termine zudem oft auf Jahre hin ausgebucht sind.

Zu meiner Zeit gab es diese Berufe noch nicht; man suchte geistliche, in der christlichen Religion verankerte Menschen auf, um mit ihnen die anstehenden Probleme rechtzeitig zu besprechen oder seine Seele zu erleichtern. Es wurden daraus keine endlosen psychologischen Sitzungen über Jahre, und es gab anschließend keine Rechnungen.

Neben vielen Einsichten, die ich durch Gespräche und meine Predigten vermitteln durfte, stand am Ende des Beichtgespräches das befreiende Sakrament der Versöhnung. Durch die über viele Jahre dauernde geistliche Begleitung der adligen Doña Sancha Carrillo, Hofdame der Königin, die ihr veräußerlichtes Leben am Hof von Grund auf änderte, und angeregt sowie auf Bitten vieler wurde ich gebeten, die praktischen geistlichen Wegweisungen aufzuschreiben, damit sehr vielen Suchenden

Hilfe zuteil werden konnte. Ich habe in dem Buch »Audi, filia« einen Glaubensweg aufgezeigt, den jeder nachvollziehen kann und in einfachen Worten einen Prozess des Loslassens beschrieben, der es Ihnen ermöglicht, innere Ruhe zu erfahren und dem Schöpfer näher zu kommen.

Die heilsame Ruhe wird zu einem mystischen Schweigen, wo Reden, Denken und Streben aufhören und Gott zur Seele spricht. Die unmittelbare Mitteilung Gottes vollzieht sich im Seelengrund – jenseits des reflektierenden Verstandes und des bewussten Willens. Meiden Sie im Gebet jegliche Anstrengung und lassen Sie sich in die Hände Gottes fallen, damit in allem, was Sie tun, sein Wille geschehen kann.

Dieser Schritt des vertrauenden und gläubigen Loslassen scheint mir bei Ihnen heute der schwerste zu sein. Ich sehe und höre überall Verstärker, die das Schweigenwollen der Seele und ihre leisen Schwingungen übertönen und krank machen. Entspannung und Ruhe werden in weiten Reisen gesucht, im Konsum der vielen Fernsehprogramme und vor allem in betäubenden Getränken, Mitteln und Medikamenten.

Das Schlimmste jedoch, was mich am meisten dauert: Immer weniger Menschen suchen das Heil in der Praxis des christlichen Glaubens. Wenn es mir geschenkt wäre, würde ich heute alles daran setzen, Sie mit zündenden Argumenten diesem Geschenk des Glaubens wieder näher zu bringen. Ich würde Priester und Seelsorger wie auch alle, die einen geistlichen Beruf haben, dazu bewegen, neue Prioritäten in der Seelsorge zu setzen, Vertrauen und Glaubwürdigkeit zu erwecken, größere Nächstenliebe auszustrahlen und vor allem Zeit für den anderen zu haben.

Möge meine Schrift »Audi, filia«, die jetzt in Ihrer Zeit in einer neuen Sprache unter dem Titel »Die leise Sprache Gottes« erscheint, einen Beitrag leisten, damit Ihre inneren geistlichen Werte zum Ausdruck kommen und sich mehren. Sie müssten sich lediglich ein wenig Zeit nehmen, tiefer in den Glauben einzusteigen, um ihn persönlich durch gangbare und leichte Schritte erfahrbar zu machen.

Gehört es nicht zu den größten und schönsten Geschenken dieser Welt, einen Begleiter oder Freund zu haben, der uns annimmt wie wir sind, und der uns zu dem führt, was wesentlich ist und Bestand hat? Das Buch, das Sie in Händen halten, möchte dazu einen Beitrag leisten.

Wenn ich noch einmal leben dürfte: Ich würde mein Leben genau wie damals in Spanien einrichten, um viele Menschen auf den Weg der inneren und äußeren Befreiung zu führen. Ich würde alles daran setzen, ihnen zu helfen, ihre eigene Erfahrung im Gebet und im Glauben zu machen, um sie zu einem noch selbstständiger handelnden Christen werden zu lassen.

Warum legen manche von Ihnen heute so wenig Wert auf die bleibenden Werte, die Liebe, die auch dann einen Menschen weiterträgt, wenn er fällt oder große Fehler macht und verzweifeln möchte? Wenn ich das Gespräch mit Ihnen gleich abbrechen muss, könnte ich nicht beruhigt zurück in meine Ruhe gehen, ohne Ihnen konkret weitergeholfen zu haben:

- Brechen Sie Verhärtungen und Verkrustungen auf – oft wissen oder ahnen Sie nicht einmal, dass Sie darin leben
- Gehen Sie verantwortungsvoll mit sich selbst und mit anderen um
- Werden Sie still, wenn es um Sie herum zu laut wird
- Suchen Sie den Ausgleich, die Versöhnung und den Frieden
- Lassen Sie ein Innehalten und Staunen zu, denn intellektuell können Sie die Größe und die Liebe Gottes nicht erfassen
- Suchen Sie Menschen, die einen geistlichen Weg gehen und denen Sie sich restlos anvertrauen können
- Lassen Sie sich das Tor zur Versöhnung weisen, und nehmen Sie das Heilsangebot und die Sakramente der Kirche für sich in Anspruch
- Lernen Sie, im Gebet der Ruhe frei von Gedanken zu sein
- Machen Sie sich bewusst, dass Sie nicht allein sind und ein anderer Sie führt, der Sie niemals verlässt

- Vertrauen Sie darauf, dass der Schöpfer es mit Ihnen unter allen Umständen gut meint

Sie in Ihrer Zeit haben mir vieles voraus. Nutzen Sie es!
Mögen Sie sich auf den geistlichen Weg begeben, möge Ihnen neue Kraft für den Alltag zufließen und neues Licht leuchten. Mögen die Erfahrungen auf diesem Weg zu Erkenntnissen führen, die helfen, das Leben besser in den Griff zu bekommen, ihm tieferen Sinn zu geben und Ihnen Freude am Leben zu vermitteln
Ihr
Johannes von Avila« (fiktiv im 21. Jahrhundert)
5 Mos 30,14

Wer war Johannes von Avila?

Er hat nichts über sein Leben geschrieben wie es Teresa von Avila und Ignatius von Loyola taten, die ihm sehr nahe standen. Später, nach seinem Tod im Jahr 1569, sammelte Ludwig von Granada seine Schriften und verfasste 1588 die erste Lebensbeschreibung des Johannes von Avila.

Johannes von Avila hütete sein Geheimnis mit Gott und verlangte es auch von anderen. So gab er einem Priester und bekannten Prediger den Rat: *Entdecken Sie nicht den geistlichen Söhnen jene besonderen Geheimnisse, die Gott Ihnen mitteilt oder die er anderen mitgeteilt hat. Denn Sie werden die Erfahrung machen, dass es bei ihnen kaum Verschwiegenheit gibt.*

Am 6. Januar 1499 oder 1500 wurde Johannes von Avila in Almodóvar del Campo (Kastilien) als einziges Kind des wohlhabenden jüdischen Konvertiten Alonso des Avila und seiner Frau Catalina Gijón geboren. Mit vierzehn Jahren schickten ihn seine Eltern zum Studium der Rechte nach Salamanca. Während der vier Jahre, die er dort studierte, trat für ihn die berechtigte Frage auf: *Warum will man mich den düsteren Gesetzen weihen?*

1517 brach er sein Studium ab und kehrte zurück in seine Heimatstadt, um – entfernt vom Haus seiner Eltern – in einem kleinen Raum ein Einsiedlerleben zu führen. Hier begann sein mystischer Weg, der ihn mit Erfahrungen förmlich überwältigte: Ihm prägte sich die Sündhaftigkeit der Welt wie auch die Erbsündigkeit der eigenen Seele zutiefst ein und im liebenden Entgegenkommen offenbarte sich ihm die leise Sprache Gottes.

Ein ungenannter Franziskaner, der Johannes von Avila gut kannte, riet ihm und seinen Eltern, an der berühmten Hochschule von Alcalá de Henares in der Provinz Madrid Theologie zu studieren, um Priester zu werden. Die Eltern willigten ein, und Johannes begann dort im Jahr 1518 mit dem Studium der Philosophie und Theologie. Er beendete sein Studium mit einem Bakkalaureat. 1526 ging sein großer und ersehnter Wunsch in Erfüllung und er wurde im gotischen Dom von Toledo zum Priester geweiht. Sein erstes heiliges Messopfer, seine Primiz, feierte Johannes von Avila in seiner Heimatstadt Almodóvar – ohne seine Eltern, denn sie waren bereits beide verstorben. Statt nach seiner Primiz ein glänzendes Gastmahl zu veranstalten, lud er zwölf Arme ein und bediente sie mit großer Freude und Hingabe. Sein väterliches Erbe verkaufte er und teilte den Erlös unter die Armen in Almodóvar aus. Für sich selbst behielt er nichts.

Der Traum des Johannes von Avila war es, als junger Priester nach Mexico in die Mission zu gehen, um den neuen Bischof Fray Julián Garcés bei seiner Missionsarbeit zu unterstützen. Als er hörte, dass dieser Bischof von Sevilla aus Spanien mit dem Schiff verlassen wollte, um nach Mexico zu reisen, begab sich Johannes ebenso nach Sevilla, um mitzureisen. Der Herr jedoch verzögerte die Abreise, sodass der Erzbischof von Sevilla, Alonso Manrique, Kenntnis von dem Tatendrang des jungen Priesters erhielt, und es gelang ihm, Johannes von Avila für die Seelsorge in Spanien zurückzugewinnen. Ja, der Erzbischof verpflichtete ihn sogar unter Gehorsam, in seinem Erzbistum zu bleiben und dort als Prediger zu wirken.

1529 beginnt Johannes von Avila sein Apostolat als Prediger und Seelenführer in der Stiftskirche El Salvador in Sevilla. Theologisch bildete er sich weiter durch das Studium der Kirchenväter: Basilius der Große, Chrysostomus, Gregor von Nazianz und Gregor von Nyssa. Seine strenge Lebensweise blieb nicht verborgen. Er lebte mit noch einem Priester in einem kleinen ärmlichen Haus. Seine Nahrung bestand aus Pomeranzen, den säuerlichen Sevilla-Orangen, und Granatäpfeln sowie Milch, die er sich auf dem Markt kaufte. Feuer kam nicht in den Herd, da er nichts Warmes zu sich nahm. Johannes besaß nur einen abgetragenen Mantel. Als dieser ihm von besorgten Frauen fortgenommen und dafür ein neuer hingelegt wurde, bat er darum, ihm seinen alten Mantel wiederzugeben. Als das nichts half, lief er im Winter so lange ohne Mantel, bis ihm der alte wiedergegeben wurde.

Ganz erfüllt ist Johannes von Avila und wie umgewandelt in die Liebe und das Verlangen, Seelen aus ihrer Unkenntnis zu befreien und sie zu Gott zu führen. Er möchte die Seelen nicht nur der Sünde entreißen, sondern sie auch bis zur Vollkommenheit führen und durch Mehrung der Liebe bis zur Heiligkeit. Er weiß aber auch: Je tiefer ein von Gott gerufener Mensch die Botschaft Gottes ausstrahlen soll, umso tiefer muss er zuvor durchglüht werden von Leid und Liebe. Einen besonderen Wert legt Johannes von Avila auf die Anfangenden. Bei Übereifer dämpft er sie und bei mangelnder Motivation spornt er sie an. Die Fortgeschrittenen hält er an, Gott auch in den Kreaturen zu lieben, aber nicht im Geschöpflichen haften zu bleiben. Den Gott Liebenden gibt er Mut, gefühlsmäßige Gottesferne auszuhalten, wenn dadurch die Christus fernen Seelen Gott näher kommen.

Mit unbeschreiblicher Andacht feierte Johannes von Avila das heilige Messopfer. Anschließend zog er sich schweigend über eine längere Zeit zum inneren Gebet zurück, schloss die Pforte seines Herzens, um sich tief in die Gegenwart Jesu Christi zu versenken. An einen Priester schreibt er: *Ich gehe hin, das heilige Messopfer zu feiern und Gott in meine Hände zu nehmen und mit ihm zu sprechen und ihn zu bewirten in meinem Herzen. Wer sollte da nicht von Liebe entflammen, wenn er denkt: Ich will das höchste Gut empfangen? Wer sollte da nicht beben von liebender Ehrfurcht gegen Ihn, vor dem die Mächte des Himmels beben und zittern?*

Seine Predigten hatten vier wesentliche Inhalte: An der ersten Stelle stand für Johannes von Avila das heilige Altarssakrament; es folgte das Geheimnis der Menschwerdung Jesu Christi. Faszinierend und gleichzeitig erschütternd waren auch seine Predigten über den Heiligen Geist und seine Marienpredigten. Nach seinen Predigten drängten sich die Menschen in seinen Beichtstuhl. Das große Echo, das Johannes von Avila in Sevilla und in ganz Andalusien fand, sein ungeheurer Eifer und sein Ansehen als Prediger lösten einen derartigen Neid aus, dass ihn einige Kleriker 1531 in Sevilla verklagten. Bis 1533 führte die Inquisition einen Prozess gegen Johannes von Avila, während er diese Zeit in Inquisitionshaft verbringen musste.

Die Anschuldigungen waren für die damalige Zeit schwerwiegend:
- Er bezeichnete die von Irrlehrern verbrannten Menschen als Märtyrer.
- Er verschließe durch seine Predigten den Reichen den Himmel.
- Er erkläre das Geheimnis der heiligen Eucharistie für die Menschen irreführend.
- Er spräche von lässlichen Sünden der Mutter Gottes.
- Er verdrehe den Sinn der Heiligen Schrift und würde sie falsch auslegen.
- Er behaupte und lehre, dass das innerliche Gebet des Schweigens tiefgreifender und wirkmächtiger sei als das mündliche Gebet.
- Er sage, es sei besser, Almosen zu geben als Pfründe zu stiften, das heißt, indirekt ein Amt zu finanzieren.

Johannes von Avila verschmähte jedoch jede Verteidigung außer der göttlichen, der er voll und ganz vertraute. Auf alle Anschuldigungen antwortete er in großer Aufrichtigkeit, Klarheit und Demut und in einer tiefen Liebe zur Kirche und zur Wahrheit. Die Zeit seiner Gefangenschaft nannte er eine begnadete, da er mehr gelernt habe als in all den Jahren seines Studiums. Wie bei Johannes vom Kreuz so brachte auch für Johannes von Avila die Zeit im Gefängnis reichhaltige innere Früchte hervor. Er schrieb sein Hauptwerk »Audi, filia«, das zu den bedeutendsten Schriften aszetischer Literatur gehört. In dieser Schrift berücksichtigte er die besonderen Begnadungen, die seine geistliche Tochter Doña Sancha Carrillo auf ihrem mystischen Weg erfuhr.

Sein Hauptwerk: »Audi, filia«

Von der dunklen Nacht der Sünde führt Johannes von Avila den Leser und die Leserin dieser Schrift zum Licht der Erlösung, zum Erbarmen Gottes und seiner rettenden Liebe. Immer neu leuchtet das Wort der ewigen Wahrheit auf und weckt Vertrauen in die unendliche Liebe, die Quelle der Erlösung. Der Leser lernt, in sein eigenes Herz zu blicken, im Gebet der Hingabe seinen eigenen Willen aufzugeben und sich ganz dem Willen Gottes zu überlassen.

Immer wieder bemüht sich Johannes von Avila darum, in dieser 113 Kapitel umfassenden Schrift einem jeden den rechten Weg zu zeigen. Er nimmt den Leser behutsam an die Hand und ruht nicht, bis dieser die ersten lichtvollen Erfahrungen auf seinem Glaubensweg macht. Er führt in den Geist der heiligen Geheimnisse ein, in die unendliche Tiefe des Glaubens und erweckt im menschlichen Herzen Begeisterung und Liebe.

Tiefblickend enthüllt Johannes von Avila am Anfang der »Audi, filia« die Sprache der Welt, die des Widersachers, die Sprache des Fleisches und des Stolzes. Dabei führt er in das Innerste der Seele, damit der Mensch sich selbst erkennt. Liebend und sorgfältig – gleich einem Schutzengel – geleitet er die Seele durch alle verschlungenen Wege, durch Nacht und Dunkel bis zum lichten Ziel: Die Vereinigung der Seele mit Jesus Christus.

Sehr bestimmend und klar entlarvt er die Scheinoffenbarungen als Lüge und macht sie als solche offensichtlich. Auf Trost spendende Weise versichert er uns, dass Gott unser Bitten, Klagen und Flehen hört und in unserer Bedrängnis und in unseren Nöten zugegen ist. Sehr behutsam und rücksichtsvoll zeigt Johannes von Avila uns in der »Audi, filia« Wege, wie unsere Seele ihren eigenen Willen im Willen Gottes aufgehen lassen kann. Im Kapitel 70 schreibt er: *Durch das Gebet werden die Zweifel besser gelöst als durch wissenschaftliches Forschen. Ein Wort, mit dem wir gebetet haben, hat eine größere Wirkung als zehn Worte ohne Gebet.*

Durch äußerste Hingabe des eigenen Willens entsteht Gotteinigung. Die gesammelte Seele ist fähig, die leise Sprache Gottes und sein Wort zu vernehmen. Dazu ist es notwendig, sich immer wieder im Gebet in Gott zu versenken. Um die Fülle göttlicher Mitteilungen wahrnehmen zu können, gibt Johannes von Avila einige konkrete Weisungen: *Sammlung suchen, Schweigen, Staunen, Innehalten, zur Krippe gehen.* Er benutzt dabei nicht das Wort »Kontemplation«, weil es ihm zu theoretisch und für die einfachen Beter zu dunkel erscheint. Obwohl er selbst durch die »passive« Nacht des Geistes hindurch geführt wurde, lehrt er in seiner »Audi, filia« diesen Weg nicht wie es die großen Karmeliten tun. Dafür findet sich bei ihm vorrangig die Liebe in ihren mannigfaltigen Ausformungen. *Pfeile der Liebe verwunden uns, damit wir lernen, uns selbst zu vergessen.*

Das wohl allen Menschen auferlegte Kreuz ist nicht nur hinzunehmen, sondern freudig zu ergreifen, denn es bildet den Anfang des mystischen Weges zur Gotteinigung. Dieser Christus-Weg steht allen offen und kann von keinem, der mit dem Menschensohn die Vollkommenheit des Vaters sucht, verlassen werden. Daher nimmt Johannes von Avila den Betenden mehrmals still betrachtend mit in die Tiefen des Leidens Christi und lässt uns die Gewissheit erfahren, dass wir alle in die Auferstehung Jesu Christi mit hinein genommen sind. Seinen älteren Lesern schärft er ein, dass ihr Alter kein Vorwand zum Feiern und zum Schlafen ist, sondern zu hellerem Wachen, da sie dafür nur noch kurze Zeit haben. *Wenn es uns nicht gelingt, uns von unseren Fehlern zu befreien, dann wollen wir Gott danken, dass er uns Einsicht in unsere Fehler gab.*

Ausführlich zeigt er, dass die Schönheit der Seele durch die Sünde verdunkelt wird und durch die Menschwerdung Jesu Christi in all ihrer Anmut wieder erblühen kann. Behutsam nimmt er den Leser an die Hand und sucht mit ihm zusammen Heilmittel für unsere Wunden und Mut und Kraft, um zu diesem Ziel zu gelangen. Wie Blumen und Kräuter Heilmittel sind, so ist Jesus Christus ein Heilmittel für uns alle. Wenn wir diese Arznei auf unsere Wunden legen, dann werden sie – so schmerzhaft und groß sie auch sind – geheilt werden.

Das Frühwerk des Johannes von Avila, die »Audi, filia«, das während seiner Gefangenschaft entstand, begann er erst 25 Jahre später während seiner unaufhaltsam fortschreitenden Krankheit zu erweitern und für den Druck vorzubereiten. 1556 wurde – allerdings ohne sein Wissen – die »Audi, filia« in Alcalá de Henares veröffentlicht. Die Feinde und Neider des Johannes von Avila – er war zu seiner Zeit der beliebteste Priester Spaniens – brachten es jedoch fertig, dass das Buch auf den Index der verbotenen Bücher gesetzt wurde. 1574, fünf Jahre nach dem Tod des Johannes von Avila, wurde es erst frei gegeben.

König Philipp II. schätzte die »Audi, filia« so sehr, dass er verlangte, das Buch dürfe in der Bibliothek des Escorial nicht fehlen. Kardinal Astorga, Erzbischof von Toledo, sagte zu diesem Werk, es habe *mehr Seelen bekehrt als es Buchstaben enthalte.* Die »Audi, filia« wurde von Ignatius von Loyola und Franz von Borgia hoch geschätzt und immer wieder in den Refektorien der Klöster vorgelesen. Im 16. Jahrhundert gab es keinen Autor, der so viel zu Rate gezogen wurde wie Johannes von Avila.

Bekannte Persönlichkeiten seiner Zeit

Als Johannes von Avila im Jahr 1533 freigesprochen und aus der Inquisitionshaft entlassen wurde, ging er seinen priesterlichen Aufgaben wieder nach und predigte in seiner Kirche San Salvador in Sevilla. Als er auf die Kanzel stieg, ertönten vor Freude unerwartete Trompetenklänge.

Von Sevilla aus unternahm er oft unter großen Strapazen viele Reisen, um auch Menschen in entfernteren Städten mit der Botschaft Gottes zu erreichen. Er schlief bei jeglichem Wetter – auch bei Sturm, Wind und Regen – im Freien oder in Feld- und Hirtenhütten. Sein Leben wurde zu einem steten Wandern... In den Städten Sevilla, Ubeda, Granada, Cordova und Montilla gründete er Schulen und Seminare für den Priesternachwuchs. Als bedeutendste Gründung des Johannes von Avila gilt die Universität von Baeza. Seine großen Erfolge brachten ihm den Namen »Apostel von Andalusien« ein.

Die große Gelehrsamkeit des Johannes von Avila und seine hervorragenden Gaben als Seelsorger und Prediger machten ihn weit über Andalusien hinaus bekannt. Der **Erzbischof Gaspar de Avalos** bot ihm an, Kanonikus in Granada zu werden; **König Philipp II.** wollte ihn zunächst zum Bischof von Segovia und anschließend zum Erzbischof von Granada erheben und **Papst Paul III.** gedachte, ihm die Kardinalswürde zukommen zu lassen. Johannes von Avila jedoch verzichtete auf all die Würden.

Nach inständigen Bitten, sein stilles Kloster in den Bergen bei Cordova verlassen zu dürfen, kam **Ludwig von Granada** (Dominikaner, geistlicher Schriftsteller) des Öfteren zu den Markgrafen von Priego, bei denen auch Johannes von Avila zu Gast war. Beide freundeten sich an, und Ludwig von Granada wurde nicht nur Verehrer, sondern auch Schüler von Johannes von Avila. Als erster Biograph des »Meisters von Avila« – Johannes erhielt von der Universität Granada 1537 den Titel »Maestro« – nennt er die »Audi, filia« eine »ausgezeichnete Schrift« und einen »großen Schatz«. Ludwig von Granada schreibt: *Das Herz Avila's scheint ein Ort zu sein, wo der Heilige Geist die nötigen Arzneien aufbewahrt – sie aufbewahrt zur Heilung so vieler Krankheiten unserer Seelen, deren es ohne Zweifel mehr gibt als leibliche Krankheiten.*

Obwohl Johannes von Avila selbst vorschwebte, einen eigenen Orden zu gründen, unterließ er es, weil zur gleichen Zeit **Ignatius von Loyola** seinen Orden, die Jesuiten, gründete. Es ist kein Untergehen von Seiten Meister Avilas, sondern ein Aufgehen in der ignatianischen Spiritualität. Er vertraute viele dem neuen Orden des Ignatius an – wie zum Beispiel **Franz von Borja**, der spätere dritte Ordensgeneral der Jesuiten. 1546 begegneten sich zum ersten Mal Ignatius und Johannes von Avila. Ignatius bat Meister Avila, in den Orden einzutreten, da er dessen Liebe zu seinem Orden kannte, und versprach: *Wir würden ihn wie die Bundeslade auf unsere Schultern nehmen. Johannes* wandte ein: *Da ich aber schon alt bin, würde ich nur eine Last für den mir so lieben Orden sein.* Das sagte ihm wahrscheinlich ein Vorgefühl der nahenden und dann nicht mehr weichenden Krankheit. Als die Gesellschaft Jesu in Spanien einer bedrohlichen Verfolgung ausgesetzt war, erwies sich Johannes von Avila als treuer Freund des Ignatius.

1553 fand die erste Begegnung statt zwischen Johannes von Avila und dem Franziskaner und Reformer **Petrus von Alcántara**. Auf einer Reise durch Andalusien besuchte ihn Petrus und erfuhr von Johannes von Avila eine Unterstützung seiner Reform und höchste Anerkennung. Innige Freundschaft verband lebenslänglich diese zwei großen Männer, die sich bei jeder Begegnung stundenlang in den Geheimnissen der Askese und der mystischen Theologie austauschten. Bei allen wichtigen Entscheidungen, die Petrus von Alcántara zu fällen hatte, befragte er – um sicher zu gehen – stets vorher Johannes von Avila.

Zu seinen Schülern gehörte auch **Johannes von Gott**, der immer wieder wegen seines stürmischen Vorgehens von Johannes von Avila zum Schweigen und zum Gebet angehalten wurde. Unter dem Namen Juan Ciudad war er Soldat in den Truppen Karl V. Dieser Abenteurer lernte 1539 Johannes von Avila in Granada durch seine Predigten kennen und bekehrte sich, indem er zunächst Kranke und Arme im Königlichen Hospital von Granada pflegte, später ein eigenes Hospital gründete und unter der geistlichen Führung von Meister Avila später den Orden der »Barmherzigen Brüder« ins Leben rief.

Teresa von Avila verehrte Johannes von Avila in ganz besonderer Weise. Obwohl sie gerade Johannes vom Kreuz für ihre Reform gewonnen hatte, ruhte sie nicht eher, bis der Meister ihre »Vida« (Biographie) begutachtet hatte. Sie spürte, als sie ihn in Montilla besuchte, dass sein kranker Körper nicht mehr lange durchhalten würde. Doch erreichte sie es, dass Johannes von Avila noch kurz vor seinem Tod ihr Manuskript eingehend prüfte und sein Urteil schriftlich niederlegte. Die Begegnung dieser beiden großen Heiligen war von viel Gnade begleitet. *Ich kann nicht glauben,* schreibt der Meister zum Schluss seines Gutachtens an Teresa, *dass ich dies aus eigener Kraft geschrieben habe.* Teresa erhielt, was sie ersehnte: die Anerkennung ihres mystischen Gnadenlebens und ihrer Gebetslehre. *Herzlich hat mich diese gute Botschaft erfreut,* jubelt sie, *sie ist von großer Bedeutung.*

Der bekannte griechische Maler, Bildhauer und Architekt Dominikos Theotokópoulos, genannt **El Greco**, der bis zu seinem Lebensende in Toledo lebte, malte unter anderen auch den »Apostel Andalusiens«, Johannes von Avila. Sein Bild, Öl auf Leinwand, hängt im »Casa y Museo del Greco« in Toledo.

10. Mai 1569: sein Todestag

Das erfolgreiche Wirken seiner begeisterten Schüler in allen Gegenden Andalusiens und ganz Spaniens war für Johannes von Avila ein großer Trost, denn schon im Jahr 1551 konnte er wegen Krankheit viele seiner Aufgaben nicht mehr ausführen. Drei Jahre später zwang ihn sein schlechter Gesundheitszustand, sich in Motilla in die Einsamkeit zurückzuziehen. Selbst in seinen letzten Lebensjahren predigte Johannes von Avila – krank, schwach und erblindet – noch in den Kirchen von Montilla. Seine Stimme soll bis zuletzt klar, volltönend und jugendlich geklungen haben. Wenn es ihm eben möglich war, besuchte er am Abend Arme, Kranke und Menschen, die sich psychisch bedrängt fühlten. In ihm hatten sie alle einen wunderbaren geistlichen Vater, der sich regelmäßig zu ihnen ins Hospital führen ließ und viel Zeit mit den Kranken verbrachte.

Obgleich er zurückgezogen in Montilla in der Einsamkeit lebte, ging eine unendliche Fülle des Segens von ihm aus. Zu seinem nächtlichen Beten schreibt er: *In diesem nächtlichen Beten werden die Schranken der Zeit durchbrochen, die der Wechsel der Zeit und die Schwäche der menschlichen Natur dem Himmel anstrebenden Gemüt gesetzt haben.*

Die körperlichen Krankheiten, die wahrscheinlich durch die großen Mühen auf seinen Reisen und Wanderungen durch Andalusien und darüber hinaus entstanden sind, mehrten sich am Ende seines Lebens mit jedem Tag. Im Mai 1569 erreichten seine Schmerzen ihren Höhepunkt. Johannes von Avila flehte nicht um Linderung, sondern um Geduld. Er wünschte sich mehr Zeit, um sich auf das »Hinübergehen« vorzubereiten, und dass sich erfüllen möge, was er selbst einmal in der »Audi, filia« geschrieben hatte: *Nichts ist für den Fürsten der Hölle so fürchterlich, als eine Seele, die mit Gott verkehrt und immer an dieser Quelle des Heils weilt. Eine solche Seele vermag nichts Zeitliches zu betrüben, so bitter und herb es auch sein möge. Sie genießt mitten im gewaltigsten Sturm die vollkommenste Ruhe.*

Am Morgen des 9. Mai 1569 wurde er von entsetzlichen

Schmerzen im Brustraum geschüttelt. Er empfing zum letzten Mal die heilige Kommunion und anschließend die Krankensalbung, nach der er sehnlichst verlangte. Einige Jesuiten, die an seinem Krankenlager weilten, vernahmen seinen letzten Wunsch, in der Kirche der Jesuiten von Montilla begraben zu werden.

Gegen Abend wurden die Schmerzen noch unerträglicher und dauerten bis nach Mitternacht. Sein Erlöser, seine Sehnsucht und Hoffnung, hatte sein leise pochendes Herz zum Stillstand gebracht und seine Augen brachen – das Kruzifix in seinen Händen haltend.

Noch an seinem Todestag, dem 10. Mai 1569, erfuhr Teresa von Avila, die in Toledo weilte, vom Tod dieses von ihr so verehrten heiligen Mannes. Als sie von einer Mitschwester gefragt wurde, warum sie einen solchen Schmerz empfinde und über den Tod eines Mannes weine, der sich ja bereits der Anschauung Gottes erfreue, antwortete sie: *Dessen bin ich gewiss; aber was mir einen so großen Kummer bereitet, ist, dass die Kirche eine so starke Säule verliert und gar viele – zu denen auch ich gehöre – einen großen Beschützer.*

Sein Leben und Wirken...

1499 oder 1500	Am 6. Januar wurde Johannes von Avila in Almodóvar del Campo (Kastilien) als Sohn des wohlhabenden jüdischen Konvertiten Alonso de Avila geboren.
1514	Studium der Rechte in Salamanca
1517	Abbruch seines Studiums und Rückkehr nach Amodóvar zu seinen Eltern
1518	Studium der Philosophie und Theologie in Alcalá de Henares (Provinz Madrid) – beendet mit einem Bakkalaureat in Philosophie
1526	Priesterweihe Nach seiner Primiz in Almodóvar lud er statt zu einer großen Feier zwölf Arme zum Festessen ein.
1527	Wunsch, den neuen Bischof Fray Julián Garcés in Mexiko bei seiner Missionsarbeit zu unterstützen. Geplante Reise nach Sevilla, um mit dem Schiff nach Amerika zu fahren. Der Erzbischof von Sevilla hielt ihn jedoch davon ab.
1527	Am Fest der heiligen Maria Magdalena bestieg Johannes von Avila in Sevilla zum ersten Mal eine Kanzel.
1529	Beginn seines Apostolates als Prediger und Seelenführer in der Stiftskirche El Salvador in Sevilla
1530	Erstes Treffen mit Doña Sancha Carillo, der Hofdame der Königin. Ihr widmete er sein Hauptwerk »Audi filia« (»Höre Tochter«).
1531	Anklage durch die Inquisition, da er in seinen Predigten Missstände in der Kirche ansprach – ausgelöst von neidischen Klerikern
1531–1533	Gefängnishaft. Er verfasste in dieser Zeit seine bekannte Schrift »Audi filia«.
1533	Freispruch am 16. Juni
1533	Fortsetzung seiner priesterlichen Aufgaben in Andalusien. Diese Arbeit brachte ihm den Beinamen »Apostel von Andalusien«.

1534	Begegnung mit Ludwig von Granada in Córdoba und Beginn einer lebenslangen Freundschaft
1537	Aufbau der Universität von Granada – zusammen mit Erzbischof Gasparo Avalos. Johannes von Avila erhielt den Titel »Maestro«.
1539	Gründung der Universität von Baeza; Gründung von Schulen und Kollegien in Sevilla, Granada, Cordova und Montilla
1546	Begegnung mit Ignatius von Loyola und Franz von Borja
1551	Beginn seiner Krankheiten Sein schlechter Gesundheitszustand verhinderte die Teilnahme an der 2. Sitzung des Konzils von Trient.
1554	Johannes von Avila ließ sich wegen seiner angegriffenen Gesundheit in Montilla nieder, blieb jedoch noch 15 Jahre aktiv. Johannes war Ratgeber von Teresa von Avila.
1556	Erweiterung seiner Schrift »Audi filia«, die ohne sein Einverständnis in Alcalá de Henares veröffentlicht wurde und bis 1574 auf dem Index der verbotenen Bücher stand.
1565	Verfassen einer Schrift, mit der er Einfluss auf die Toleder Synode nahm, an der er wegen Krankheit nicht teilnehmen konnte.
1569	Am 10. Mai verstarb der erblindete Johannes von Avila in seinem Haus in Montilla – das Kruzifix in seinen Händen haltend. Sein Grab befindet sich in der dortigen Jesuiten-Kirche.
1588	Sammlung der Schriften durch Ludwig von Granada, der die erste Lebensbeschreibung von Johannes von Avila verfasste.
1894	Seligsprechung am 6. April durch Papst Leo XIII.
1946	Papst Pius XII. erklärte ihn am 2. Juli zum »Patron des weltlichen Klerus Spaniens«.
1970	Heiligsprechung durch Papst Paul VI. am 31. Mai
2012	Papst Benedikt XVI. erklärte am 7. Oktober Johannes von Avila zum Kirchenlehrer.

Literaturverzeichnis

Werke des Johannes von Avila

Juan de Avila: Obras, ed. Dr. J. F. Montaña. Madrid 1901.
Juan de Avila: Obras Completas. 6 Bde. Madrid 1970–71.
Juan de Avila (Johannes von Avila): Audifilia. Erster und zweiter Theil. Marienpredigten. Zum erstenmal aus dem spanischen Original übersetzt von Franz Joseph Schermer. Verlag von G. Joseph Manz. Regensburg 1859.
Sämmtliche Werke des ehrwürdigen Juan de Avila, des Apostels von Andalusien. Zum erstenmal aus dem spanischen Original übersetzt von Franz Joseph Schermer. Erster Theil: Selbständige, ausführliche Einleitung des Übersetzers: Juan de Avila's heilige Beredsamkeit nach ihrer inneren Entwicklung und äußeren Gestaltung. Nebst dessen sechs ersten Marienpredigten. Verlag von G. Joseph Manz. Regensburg 1856.
Juan de Avila: Triumph, uber die Welt / das Fleisch und den Teufel (Audi, filia). Verteutscht und dem Ehrwürdigen und Geistlichen Herrn Ioanni, Abbte in Augsburg, dedicirt von Aegidium Albertinum. Gedruckt in der Fürstlichen Haubtstatt Müchen durch Nicolaum Henricum den Jüngern. M. D CI. (1601)

Literatur, auf die sich Johannes von Avila bezieht

Aurelius Augustinus: Die Bekenntnisse. Übertragung, Einleitung und Anmerkungen von Hans Urs von Balthasar. Einsiedeln 1985.
Basilius der Große: Ausgewählte Homilien und Predigten. Aus dem griechischen Urtext übersetzt von Dr. Anton Stegmann. Bibliothek der Kirchenväter. München 1925, 396–403.
Benedikt von Nursia: Die Benediktusregel. Herausgegeben im Auftrag der Salzburger Äbtekonferenz. Beuron 2 1996.
Eusebius Hieronymus: Ausgewählte Briefe. 22. Brief an Estochia. Aus dem Lateinischen übersetzt von Dr. Ludwig Schade. Bibliothek der Kirchenväter. München 1936, 58–117.
Eusebius Hieronymus: I. Briefband. 24. Brief an Marcella (Asellas Lebenslauf). Aus dem Lateinischen übersetzt von Dr. Ludwig Schade. Bibliothek der Kirchenväter. München 1936, 118–122.
Teresa von Avila: Das Buch meines Lebens. Herausgegeben von Ulrich Dobhan und Elisabeth Peeters. Freiburg 2002.

Verwandte Literatur

Irene Behn: Spanische Mystik. Darstellung und Deutung. Juan de Avila. Düsseldorf 1957, 52–77.
Peter Dyckhoff: Über die Brücke gehen. Exerzitien im Alltag nach Petrus von Alcántara. München 2001.
–: Auf dem Weg in die Nachfolge Christi. Geistlich leben nach Thomas von Kempen. Freiburg 8 2004.
–: Wege der Freundschaft mit Gott. Geistlich leben nach Franz von Sales. Freiburg 2013.
Luis de Granada: Vida del Ven. Maestro Juan de Avila. o. A.
Joseph Ratzinger – Benedikt XVI.: Predigt in der heiligen Messe zur Eröffnung der Bischofssynode und Ernennung des heiligen Johannes von Avila und der heiligen Hildegard von Bingen zu Kirchenlehrern. Rom, Petersplatz, Sonntag, 7. Oktober 2012. Libreria Editrice Vaticana 2012.
Joseph Ratzinger – Benedikt XVI.: Apostolisches Schreiben. Der heilige Johannes von Avila, Weltpriester, wird zum Kirchenlehrer ernannt. Libreria Editrice Vaticana 2012.
Ernes Tobz: San Juan de Avila. Film: www.vimeo.com/14881627 Editado por la Conferencia Episcopal Española 2011.

Vignetten: quagga-illustrations, Berlin
Bild von Johannes von Avila, S. 460: gloria.tv